UTB 2239

Eine Arbeitsgemeinschaft der Verlage

Böhlau Verlag · Köln · Weimar · Wien
Verlag Barbara Budrich · Opladen · Farmington Hills
facultas.wuv · Wien
Wilhelm Fink · München
A. Francke Verlag · Tübingen und Basel
Haupt Verlag · Bern · Stuttgart · Wien
Julius Klinkhardt Verlagsbuchhandlung · Bad Heilbrunn
Lucius & Lucius Verlagsgesellschaft · Stuttgart
Mohr Siebeck · Tübingen
Orell Füssli Verlag · Zürich
Ernst Reinhardt Verlag · München · Basel
Ferdinand Schöningh · Paderborn · München · Wien · Zürich
Eugen Ulmer Verlag · Stuttgart
UVK Verlagsgesellschaft · Konstanz
Vandenhoeck & Ruprecht · Göttingen
vdf Hochschulverlag AG an der ETH Zürich

Inhalt

Hinweise zur Benutzung dieses Lehrbuches

Zur schnelleren Orientierung werden in den Randspalten Piktogramme benutzt, die folgende Bedeutung haben:

Literaturempfehlung

Pro und Contra, Kritik

Fallbeispiel

Übungsaufgaben am Ende der Kapitel

Vorwort

Zum Zeitpunkt der Herausgabe der dritten Auflage der *Einführung in die Psychomotorik* zeigt sich die Situation um das Fachgebiet der Psychomotorischen Entwicklungsförderung völlig verändert. Während die Neurowissenschaften sowie Entwicklungsspezialisten für den frühkindlichen Bereich in den USA schon Mitte der 1990er-Jahre ein *zweites Goldenes Zeitalter der Motorikforschung* und dessen Bedeutung für die allgemeine Entwicklungsforschung von Kindern prognostizierten (so etwa Esther Thelen 1995, 2000a), scheint die deutsche Forschung jetzt (verspätet) zu erwachen. Noch 1996 hatte der Kasseler Psychologe Klaus W. Zimmermann die Vernachlässigung der Psychomotorik in der Entwicklungspsychologie beklagt, jedoch gestaltet sich gegenwärtig die Situation zunehmend anders: Sowohl die Entwicklungspsychologie als auch die kognitive Psychologie (Wilkening / Krist 2002, 2008; Krist 2006; Michaelis 2003) sowie Teile der sportwissenschaftlichen Bewegungsforschung (Mechling / Effenberg 2006) weisen der Forschung zur (psycho-)motorischen Entwicklung eine „paradigmatische Bedeutung für das Verstehen der Entwicklung von Kindern" (Michaelis 2003, 853) im Allgemeinen zu. Dabei geht die interdisziplinäre scientific community von einem dynamisch-systemischen Entwicklungsverständnis aus (Thelen / Smith 1994, 1998; Schöner 2005). Danach stehen alle Entwicklungsdimensionen in einem wechselseitigen Abhängigkeitsverhältnis und beeinflussen sich gegenseitig; Entwicklungen auf einem Gebiet ziehen unweigerlich Konsequenzen in anderen Bereichen nach sich. Wegen der initialen Bedeutung des Körpers und der Bewegung kommt diesen eine fundamentale und verbindende Bedeutung für alle Entwicklungsdomänen zu. Die neue Debatte um Körper und Bewegung weist der Psychomotorischen Entwicklung eine integrierende Bedeutung zu (Krist 2006).

Der Begriff Psychomotorik betont innerhalb des Fachdiskurses über die menschliche Motorik den engen Zusammenhang von Wahrnehmen, Erleben, Erfahren und Handeln. Dabei gibt es fachhistorisch zwei Argumentationskomplexe, die sich jetzt in der Präferenz des Psychomotorikbegriffes integrieren. Zum einen ist es die eher experimentell-psychologisch und auch sportwissenschaftlich ausgerichtete Motorikforschung, die in jüngerer

Zeit wegen der Untrennbarkeit der kindlichen Bewegungsaktivität von anderen Entwicklungsdimensionen den Begriff der Psychomotorik (wieder-)entdeckt hat. Diese Diskussion hat ihren Ursprung in einer Monografie von Rüssel (1976) und wird in den Fachpublikationen von Heuer/Keele (1994) sowie Heuer/Jäncke (2006), die eher das Design der Erforschung neuronaler Steuerungsprozesse von Bewegung und Wahrnehmung verfolgen, und vor allem von Zimmermann/Kaul (1998, 20024) und Krist (2006) aktuell fortgeführt und auf die Entwicklungsfrage transferiert. Der andere Argumentationskomplex versteht sich stärker als pädagogisch-therapeutisches Konzept, geht ebenfalls von der Wechselwirkung psychischer und motorischer Prozesse aus und stellt diese in einen Bezug zur menschlichen Persönlichkeitsentwicklung (Fischer 2007, 129; Eggert 1994; Köckenberger/Hammer 2004; Zimmer 2006a, b).

Die Praxisthemen der Psychomotorik und ihre theoretischen Begründungszusammenhänge sind heute fester Bestandteil zahlreicher Ausbildungsgänge auf Fachschul-, Fachhochschul- und Universitätsebene, die die Themen Bewegungshandlung und Bewegungsspiel, Körper- und Sozialerfahrung, kognitive und emotionale Entwicklung, Wahrnehmungs- und Entwicklungsförderung sowie Entwicklungsdiagnostik zum Gegenstand haben. Sie sind somit aus dem Berufsalltag von Erziehern und Frühförderern, Diplom-, Sozial- und Heilpädagogen, Grund- und Förderschullehrern, aber auch Ärzten, Therapeuten und Psychologen nicht mehr fortzudenken. Insbesondere die aktuelle Neuorganisation der europäischen Hochschullandschaft in Form von Bachelor- und Masterstudiengängen (etwa zur Kindheitsforschung) berücksichtigt wesentliche Erkenntnisse der psychomotorischen Entwicklungsförderung für Anwendungsfelder zwischen Bildung und Gesundheit.

Die überarbeitete Einführung in die Psychomotorik gibt einen Überblick über die zahlreichen Mosaiksteine der psychomotorischen Theoriediskussion und leistet somit einen Beitrag zum Gestaltungs- und Implementationsprozess der Fachdiskussion. Dabei sollen verschiedene interdisziplinäre Diskussionsstränge und Zusammenhänge verdeutlicht und bisherige Ergebnisse gesichert werden.

Klaus Fischer
Köln, im Januar 2009

1 Historie und Entwicklung der Psychomotorik

1.1 Ursprünge

Konzeptbildung

Ein Konzept entsteht nicht plötzlich aus dem Nichts heraus, sondern es erwächst aus einem praxeologischen Hintergrund. Praxeologisch heißt praxisbezogen: Das Erkenntnisinteresse des Wissenschaftlers ist primär erfahrungs- und praxisfeldbezogen. Erst in einem zweiten Schritt wird der Versuch unternommen, durch Theorieanleihen eine Stimmigkeit des Theorie-Praxis-Verhältnisses herzustellen und das eigene fachliche Handeln zu begründen (Hölter 1998). Ein Konzept entwickelt sich also prozesshaft aus verschiedenen Ideen, Erfahrungen und Theoremen, die zusammengefasst, geordnet und weiterentwickelt werden.

Einen solchen Entwicklungsweg hat das psychomotorische Konzept genommen. Versucht man die Quellen der Psychomotorik zu beleuchten, so wird man feststellen, dass das Ideengut, das in die Psychomotorik eingeflossen ist, einer langen Tradition heil-, sonder- und sportpädagogischer Vorstellungen über die Bedeutung der Bewegung für die Förderung von Kindern, insbesondere entwicklungsbeeinträchtigten Kindern, entspricht. Das ursprüngliche Konzept der psychomotorischen Übungsbehandlung von Kiphard und Hünnekens nimmt also Anleihen bei der Leibeserziehung und Gymnastikbewegung, der Sinnes- und Bewegungsschulung und der rhythmischen Erziehung und macht Elemente für die individuelle Förderung motorisch beeinträchtigter Kinder nutzbar.

„Die großen Erfolge der Psychomotorischen Übungsbehandlung und Erziehung in der Förderung beeinträchtigter Kinder, die zu der großen Verbreitung dieser Methode führten, sind sicherlich darauf zurückzuführen, daß sie in besonderer Weise die enge Verbindung von Wahrnehmen, Bewegen, Denken und Erleben betonte und in das Zentrum praktischer Arbeit stellte" (Irmischer 1993, 9).

Sinneserziehung

Kiphard beobachtet in der kinder- und jugendpsychiatrischen Klinikpraxis, dass viele seiner Patienten Beeinträchtigungen in ihren Wahrnehmungs- und Bewegungsmustern aufweisen und versucht ihnen die Möglichkeit zu geben, Entwicklungsprozesse nachzuholen. Praktische Anregungen und theoretische Begründung holt er sich aus den Arbeiten von Maria Montessori sowie Itard und Seguin. Bereits in der ersten Hälfte des 19. Jahrhunderts publizieren diese ihre Ideen, dass die Förderung von Wahrnehmung und Bewegung einen entscheidenden Einfluss auf die Erziehung von Kindern nehmen kann. Aus seinen erzieherischen Experimenten mit Victor, einem „wilden" Jungen, der in den Wäldern Südfrankreichs aufgewachsen ist, entwickelt der französische Arzt Jean Itard eine Erziehungsmethode, bei der die Sinneserziehung einen wichtigen Platz einnimmt. Er versucht die „scheinbare Idiotie des Kindes" zu heilen, indem er über gezielte Übungen die Entwicklung der Sinnesfunktionen, der intellektuellen und der affektiven Fähigkeiten des Jungen fördert. Itard findet heraus, dass eine isolierte Stimulation der Sinne sich positiv auf deren Entwicklung auswirkt. Dieses Prinzip der Förderung empfehlen später auch Maria Montessori und Kiphard. Seguin greift die Ideen von Itard auf und erweitert das Anwendungskonzept: Er vermutet, dass die intellektuellen Fähigkeiten des Menschen auf der Wahrnehmungsentwicklung aufbauen. In der Konsequenz entwickelt er ein Fördersystem spezieller Übungen (etwa Tast- und Geschicklichkeitsübungen, Übungen zur Förderung des Gehörs, des Gesichts- und des Geschmackssinns) und besondere Materialien zur Schulung von Nerven, Muskeln und der Sinne als Grundlage der Entwicklung von Intellekt und Wille.

„Wenn Seguin als Voraussetzung für eine gezielte Förderung die Analyse der psychologischen und physiologischen Voraussetzungen der Kinder fordert, so erkennt er bereits den Wert dessen, was später als Diagnostik beschrieben wird" (Irmischer 1993, 10).

Maria Montessori greift die Ideen der beiden Franzosen auf und integriert sie in ihr differenziertes Erziehungskonzept. Sie stellt die Erziehung der Sinne und der Bewegung in den Vordergrund und entwickelt dazu vielfältige Sinnesmaterialien. So betont sie die Wichtigkeit der Selbsttätigkeit und des Selbstlernens des Kindes, was später von Kiphard aufgegriffen wird. Während jedoch Montessori das Spiel als unnütze Tätigkeit ablehnt, dient es in der

Psychomotorik als eine wichtige Ausdrucks- und Tätigkeitsform sowie als therapeutisches Medium (Irmischer 1993, 11). Kiphard entlehnt aus der Montessori-Pädagogik wertvolle Beiträge zur Sinnesschulung und auch einige Ideen über Fördermaterialien.

Geistig-orthopädische Übungen

In Auseinandersetzung mit der Arbeit von Maria Montessori entsteht in Deutschland das System der geistig-orthopädischen Übungen von Lesemann (1925, 1972), das die Sonderpädagogik in der Bundesrepublik bis in die fünfziger Jahre beeinflusst. In der reformpädagogischen Tradition stehend weist Lesemann schon sehr früh der motorischen Förderung seiner Hilfsschulkinder einen besonderen Stellenwert zu, um mit einem gezielteren Entgegenwirken körperlicher Beeinträchtigungen und Gebrechen einen Beitrag zur ganzheitlichen Erziehung zu leisten. In der besten Absicht, die kindliche Persönlichkeit als Ganzes zu thematisieren, sind diese Sichtweisen doch ein Beleg für die defektologische Grundlegung der Heilpädagogik der damaligen Zeit und ein Quellennachweis für Parallelen des psychomotorischen Konzepts der Anfangszeit.

Rhythmik

Die Entwicklung der Psychomotorik wird von Anbeginn stark durch die Rhythmik geprägt; Elemente der Rhythmik sind bis heute wichtige Bestandteile psychomotorischer Arbeit. Mimi Scheiblauer (1956) und Charlotte Pfeffer (1958) versuchen, phantasievoll und einfühlsam durch Rhythmik die ganzheitliche natürliche Bewegungsentwicklung ihrer behinderten Kinder zu fördern. Kiphard übernimmt beispielsweise Teile aus dem Orff-Schulwerk und Orff-Instrumente, um das rhythmisch-musikalische Angebot zu erweitern (Schäfer 1993, 21).

Individuelle Zielsetzung

Das Verdienst des Psychologen Löwnau ist es schließlich, die Bewegungserziehung entwicklungsbeeinträchtigter Kinder um gezielte (psycho-)therapeutische Akzente bereichert zu haben. Kennzeichen seiner therapeutischen Überlegungen ist es, stärker individualisierte Zielsetzungen in den Förderprozess zu integrieren. Kein fremdbestimmter Lehr- oder Stoffplan (etwa der Leibeserziehung) solle Problemkindern „übergestülpt" werden, um durch körperliche Ertüchtigung eine Verhaltensregulation zu erwirken, sondern gehemmte, ängstliche, aber auch unruhige und triebhafte Kinder bräuchten vielmehr einen möglichst behutsamen, nicht direktiven Weg, bei dem die Anerkennung der Persönlichkeit des Kindes im Vordergrund steht (Irmischer 1993, 16). Es sind dies bereits konzeptionelle Strukturelemente, die heute unter dem Begriff kindzentrierte Bewegungserziehung diskutiert werden und die Wesenszüge des psychomotorischen Konzepts ausmachen.

Einflüsse der Leibeserziehung

Wesentliche Impulse erhält die Psychomotorik aus der Leibeserziehung. Vertreter wie Liselott Diem, die bereits 1935 für den Primarbereich eine ganzheitliche Bewegungserziehung fordert, Ludwig Mester, der das Ziel der Leibeserziehung in der Grundschule 1954 in der „Erziehung durch Bewegung" sieht und Konrad Paschen, der dem Sportunterricht fachübergreifende Erziehungsaufgaben zuweist, sind nur einige Vertreter, die die Entstehung und Entwicklung der Psychomotorik beeinflussen. Von Seiten der Psychomotorik sind diese Quellen und Bezüge nicht hinreichend aufgearbeitet worden; allenfalls Irmischer (1984, 1993) beschäftigt sich mit einer historischen Perspektive. Sie sind jedoch wichtig für die Entstehungsgeschichte und wissenschaftliche Einordnung des Ansatzes sowie die Begründungslinien der aktuellen Annäherung von Psychomotorik und Sportpädagogik im Begriff der Bewegungserziehung. Wichtige Hinweise finden sich bei Röthig (1966) und Größing (1993), die die Quellen der Reformpädagogik und der Gymnastikbewegung – insbesondere des rhythmischen Prinzips – für eine sportpädagogische Grundlegung nachzeichnen. Als Überblicksdarstellung für den Elementar-, Primar- und Förderschulbereich unter einer inklusiven Perspektive ist auch das Werk von Stabe (1996) zur Rhythmik als ganzheitliche Entwicklungsförderung wertvoll. Erst in jüngerer Zeit wird das Thema des Rhythmisch-Musikalischen als wesentliches Element der psychomotorischen Entwicklungsförderung wiedererkannt (Röthig 2002; Wehle 2003; von Dreusche / Graul-Mayr 2006).

1.2 Psychomotorik als Meisterlehre

E. J. Kiphard

Der Begriff Psychomotorik ist in Deutschland eng mit dem Namen Kiphard verbunden; dieser wird nicht selten als „Urvater" und „Seele" bezeichnet (Abb. 1). Kiphard entwickelt die wesentlichen Grundzüge der Psychomotorik im Laufe seiner langjährigen Tätigkeit am Westfälischen Institut für Kinder- und Jugendpsychiatrie und Heilpädagogik in Hamm. Kiphard und Hünnekens (als ärztlicher Leiter) verknüpfen im klinischen Kontext die gerade bei dieser besonderen Klientel deutlich zu Tage tretende „diagnostische Erkenntnis des Zusammenhangs zwischen Entwicklungsstörungen/seelischen Behinderungen und motorischen Retardierungen mit dem Ansatz von Therapie über Bewegung, Förderung der Entwicklung über Motorik, der „Psychomotorischen Übungsbehandlung" (Jarosch et al. 1987, 12). Am Anfang der konzeptionellen Entwicklungen in Deutschland steht in den fünfziger und sechziger Jahren nicht die Theorie, sondern die Praxis.

Abb. 1: E. J. Kiphard, der Begründer der deutschen Psychomotorik

Nach dem Umzug der Gütersloher Fachklinik in das neu erbaute, eigenständige Institut für Kinder- und Jugendpsychiatrie und Heilpädagogik nach Hamm (1965) kommt es verstärkt zu Forschungen und Veröffentlichungen über die Bedeutung der Motorik für die kindliche Entwicklung, Möglichkeiten der Motodiagnostik und pädagogischer und therapeutischer Förderung durch Psychomotorik.

Erste Effizienzüberprüfung

Durch einen Forschungsauftrag des Sozialministeriums Nordrhein-Westfalen im Jahre 1957/58 kommt es zu einer ersten Effizienzüberprüfung der damaligen Psychomotorischen Übungsbehandlung. Die Ergebnisse werden 1960 im Jahrbuch der Jugendpsychiatrie (Band 2) veröffentlicht und im gleichen Jahr erscheint die erste Auflage des Büchleins „Bewegung heilt", in dem Kiphard versucht, die Grundzüge seiner praktischen Arbeit in systematisierter Form darzustellen. Er setzt sich zum Ziel, über die Motorik eine leibseelische Harmonisierung und Stabilisierung der Gesamtpersönlichkeit der ihm anvertrauten jungen Patienten zu bewirken. So werden Übungen zur Sinnesschulung, Körper-, Raumwahrnehmung, Behutsamkeit, Selbstbeherrschung, rhythmisch-musikalischen Schulung und zum Körperausdruck spielerisch motivierend in Kindergruppen durchgeführt.

„Die besondere Faszination, die von der Persönlichkeit Kiphards über Zauberkünste, Gags, akrobatische Einlagen, Einsatz des Schifferklaviers ausging, darf nicht unerwähnt bleiben. Verhaltensänderungen waren bei den Kindern nach einer ca. 6wöchigen psychomotorischen Übungsbehandlung deutlich beobachtbar: Die Kinder waren aufmerksamer, strukturierter, sozial integrierter, fröhlicher, mutiger und ausgeglichener im Verhalten" (Schäfer 1998, 82).

Entwicklung der Motodiagnostik

Ein Forschungsauftrag der Deutschen Forschungsgemeinschaft (DFG) im Jahre 1965/66 soll die ausgewiesenen Effekte belegen; jedoch erweisen sich die bekannten psychomotorischen Testbatterien als wenig effektiv. Forschungsanliegen wird es nun, neben der Erweiterung motometrischer Tests vor allem motoskopische Verfahren zu entwickeln. So entstehen in mehrjähriger interdisziplinärer Zusammenarbeit zwischen Kiphard (unterstützt durch seine Mitarbeiter Ingrid Schäfer und Georg Kesselmann), dem Jugendpsychiater Helmut Hünnekens und dem Psychologen Friedhelm Schilling

- der Trampolin-Körperkoordinations-Test (TKT); Veröffentlichung 1970
- der Körperkoordinations-Test für Kinder (KTK); Veröffentlichung 1974
- das Sensomotorische Entwicklungsgitter; Veröffentlichung mit Filmdokumentation 1975 (Schäfer 1998, 82).

Für die Anfangszeit der Psychomotorik konstitutiv – und wesentlich für ihre interdisziplinäre Anerkennung – ist somit ein diagnostisches Fundament (Schilling 1973, 2002; Schäfer 1993), das sich im Laufe der Ausdifferenzierung des Fachgebietes zu einem umfassenden (aber nicht einheitlichen) motodiagnostischen Konzept entwickelt hat. Dennoch bleibt die ursprüngliche psychomotorische Übungsbehandlung als Meisterlehre kiphardscher Prägung bekannt; sie gilt als Inbegriff der praxeologisch ausgerichteten Entwicklungslinie der Psychomotorik. Kiphards Verständnis zufolge handelt es sich um eine „Ermutigungspädagogik mit zirzensischen Mitteln“ (Seewald 1997, 4). Eine kategorische Zuordnung zu Pädagogik oder Therapie ist nicht erkennbar, vielmehr soll mittels einer spielerischen und darstellenden Methodik eine Hilfe zur Selbsterziehung ermöglicht werden. Kiphard selbst hat in seinem Werk eine Wandlung vollzogen, die die paradigmatischen Veränderungen der Psychomotorik widerspiegelt. Von einer medizinisch-psychiatrischen Sichtweise ausgehend hat er sich später verstärkt einem ganzheitlichen Paradigma verschrieben. Hierbei beruft er sich u. a. auf den Gestaltkreis von V. von Weizsäcker, auf die Reformpädagogik und die Rhythmikerziehung. Insgesamt ist die Meisterlehre (Kiphard 1998) jedoch vornehmlich als praxeologisches Konzept zu verstehen, da sie das Selbstverständnis aus der Praxis und weniger aus theoretischen Begründungszusammenhängen gewinnt. Kiphard bleibt sich im Grundkonzept seines Ansatzes ein Leben lang treu. In den persönlichen Rückblicken der letzten Jahre (Kiphard 2002, 2004a und b) wird deutlich, dass

Bewegung und Spiel als kindgerechte Elemente pädagogisch-therapeutischer Interventionen verbunden mit einem Schuss Freude, Humor und Clownerie immer ihre Wirkkraft entfalten. In einer Zeit der Verarmung des kindlichen Spielverhaltens gilt freudvolle Aktivität als Lebensbereicherung. Insofern hat das Lebenswerk Kiphards auch eine Zukunftsperspektive.

1.3 Etablierung der Psychomotorik als Wissenschaftsdisziplin (Motologie)

Aktionskreis Psychomotorik e. V.

Die Verwissenschaftlichung der Meisterlehre Kiphards ist in der Anfangsphase eng an die Gründung des Aktionskreises Psychomotorik (e. V.) gebunden. Dieser wird 1976 als gemeinnütziger Verein in Hamm / Westfalen gegründet. Der Begriff Psychomotorik betont innerhalb der menschlichen Motorik den engen Zusammenhang von Wahrnehmen, Erleben, Erfahren und Handeln. Damit ist der Gegenstandsbereich als Ausdruck der gesamten Persönlichkeit des Menschen programmatisch gesichert, der Zielbereich von Anfang an als interdisziplinäre Arbeitsgemeinschaft von Bewegungsfachleuten aus den Disziplinen Pädagogik, Psychologie und Medizin ausgewiesen (Kiphard 2004a; Müller 2001, 2002; Schilling 2001).

Internationale Motorik-Symposien

Vorausgegangen ist der Vereinsgründung ein erhöhtes Interesse der Fachöffentlichkeit an den Themen und Erfolgen der psychomotorischen Arbeit. Im Jahre 1968 findet das 1. Internationale Motorik-Symposium auf Initiative von Kiphard in Hamm statt. Es folgen das 2. Internationale Motorik-Symposium 1971 in Frankfurt zum Thema *Die Bedeutung der Motorik für die Entwicklung normaler und behinderter Kinder* und das 3. Symposium 1973 in Luxemburg zum Thema *Motorik im Vorschulalter*. Letzteres wird vom Bundesinstitut für Sportwissenschaft (Köln) durchgeführt und dokumentiert das gewachsene nationale und internationale Interesse an Ergebnissen der Motorikforschung in der Entwicklungsspanne der Kindheit. Der Kongressbericht wird dreisprachig (deutsch, englisch, französisch) von Müller et al. (1975) herausgegeben und wird zu einem Anknüpfungspunkt interdisziplinärer Fachgespräche.

Zeitschriftenpublikationen

In der Folgezeit häufen sich die wissenschaftlichen Publikationen zur Psychomotorik (für einen Rückblick s. Fischer 1999). Im

Jahre 1976 gibt der AKP die Zeitschrift *Psychomotorik* heraus. F. Schilling (Marburg) übernimmt die Funktion des verantwortlichen Redakteurs und vertritt fortan den inhaltlichen Schwerpunkt Motologie und Motodiagnostik. E. J. Kiphard wird Fachredakteur für Mototherapie und G. Neuhäuser wird zuständig für die medizinischen Grundlagen. Ab 1978 ändert sich die Zeitschriftenpublikation durch Herausgabe von zwei Zeitschriften, der eher praktisch orientierten *Praxis der Psychomotorik* und der eher theoretisch orientierten *Motorik*. In der Folge erscheinen psychomotorisch orientierte Beiträge in zahlreichen pädagogischen, psychologischen und medizinischen Fachzeitschriften. Mehrere wissenschaftliche Buchreihen mit psychomotorischen Themenschwerpunkten werden herausgegeben.

Grundlagenkommission

Nach der Gründung des Aktionskreises entsteht das Problem, das von Kiphard und seinen Mitstreitern geschaffene Gedanken- und Übungsgut lehrbar zu machen und weiter theoretisch zu fundieren. Zu diesem Zwecke wird eine Grundlagenkommission einberufen, die in den Jahren 1977–1979 die theoretischen Grundlagen der deutschen Psychomotorik entwickelt. In der Folge werden diese zum Fundament für

- die erste Motopädenausbildung (seit 1977 in Dortmund). Heute existieren in Deutschland mehr als ein Dutzend Fachschulausbildungen von 1–3-jähriger Dauer mit pädagogischen und therapeutischen Schwerpunktsetzungen (Bechstein et al. 2002; Borgmeier 2002);
- den ersten post-gradualen Studiengang Motologie (seit 1983 an der Universität Marburg, heute als 4-semestriger Master-Studiengang) mit einer wissenschaftlichen und berufspraktischen Doppelqualifikation in den Bereichen Motopädagogik und Mototherapie. Heute sind psychomotorisch orientierte Schwerpunkte in Hochschulausbildungen verbreitet: Etwa in den Ausbildungen zum Sonderpädagogen / Förderschul-Lehrer bzw. Diplom-Heilpädagogen (z. B. an den Universitäten Hannover, Dortmund und Köln) und etliche Fachhochschulstudiengänge für psycho-soziale Berufe und die Behindertenarbeit (z. B. in Bochum, Braunschweig-Wolfenbüttel, Darmstadt, Emden und Fulda). Gegenwärtig gibt es verschiedene Bestrebungen, die Fachqualifikationen in konsekutive Bachelor-Master-Modelle zu integrieren und auch die Motopädenausbildung zu akademisieren.

Es ist das Verdienst von Friedhelm Schilling (Abb. 2), mit seiner wissenschaftlichen Grundlegung des Fachgebietes Motologie (1976) sowie einigen wissenschaftlichen Projekten an der Universität Marburg die Voraussetzungen für die universitäre Etablierung und Entwicklung des Wissenschaftsgebietes Motologie geschaffen zu haben.

Abb. 2: F. Schilling, der Initiator des 1. Studiengangs Motologie bei seiner Festrede aus Anlass des 15-jährigen Jubiläums des Studiengangs im November 1998

Das Fachgebiet der Motologie beschäftigt sich mit der „Lehre von der Motorik als Grundlage der Handlungs- und Kommunikationsfähigkeit des Menschen, ihrer Entwicklung, ihrer Störungen und deren Behandlung" (Schilling 1981, 187). Es gliedert sich in die Teilgebiete der Motogenese, der Motodiagnostik und der Motopathologie sowie in der Anwendung von Fördermaßnahmen in Motopädagogik und Mototherapie. Abbildung 3 gibt einen Überblick über den Aufbau der Motologie im Entwurf der 1980er-Jahre.

Motopädagogik und Mototherapie gestalten die angewandte Motologie und beinhalten die abgeleiteten Ziele und Methoden der Grunddisziplin zur Persönlichkeitsbildung und -therapie über das Medium der Bewegung. Ba-

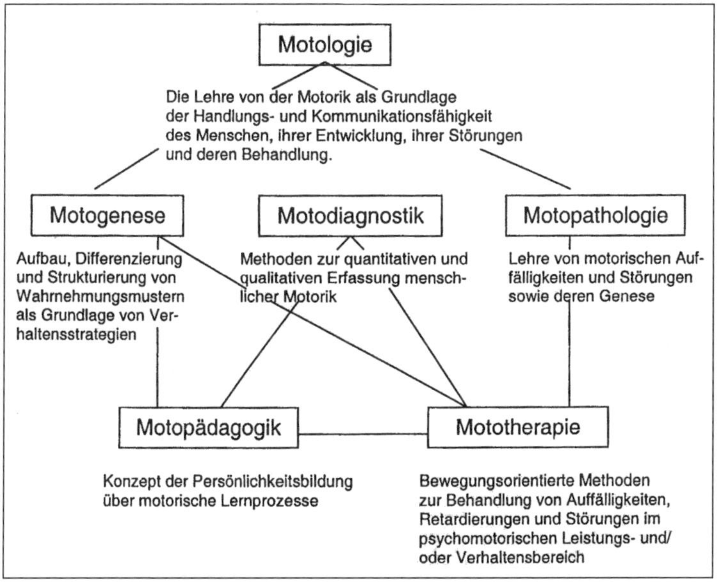

Abb. 3: Aufbau des Fachgebietes Motologie (Schilling 1981, 187)

sis für motopädagogisches Handeln sind die Erkenntnisse über die Entwicklung des Menschen (Motogenese) mittels diagnostischer Maßnahmen und Ableitungen aus Theorien (Motodiagnostik). Dabei steht das Prinzip einer ganzheitlichen Sichtweise der Motorik im Mittelpunkt des Fachinteresses. Schilling versteht Motopädagogik als Konzepterweiterung der psychomotorischen Erziehung und definiert sie als „ganzheitlich orientiertes Konzept der Erziehung durch Wahrnehmung, Erleben und Bewegung“. Mototherapie wird dagegen als

„bewegungsorientierte Methode zur Behandlung von Auffälligkeiten, Retardierungen und Störungen im psychomotorischen Verhaltens- und Leistungsbereich" verstanden (Schilling 1986a, 728).

Motopädagogik ist präventiv bedeutsam, so in der Frühförderung oder als bewegungserzieherisches Konzept der Vorschulpädagogik; Mototherapie wirkt eher rehabilitativ und ist u. a. dem klinischen Bereich der Kinder- und Erwachsenenpsychiatrie zuzuordnen. Auch für das mototherapeutische Handeln bilden die Grundlagen der Motogenese, der Motodiagnostik und Motopathologie die Voraussetzung.

Der von Schilling geleitete Studiengang ist äußerst erfolgreich und versteht sich als eine Art „Psychologie der Bewegung“. Diese versucht, die Persönlichkeit des Menschen nach dessen Handlungen, Verhalten und Körperausdruck zu verstehen und zu beurteilen.

„Die Motologie sucht nach Antworten auf diese drängenden gesellschaftspolitischen Fragen: Das Kind muss diese Welt selbsttätig erfahren können, muss durch Erfahrung am eigenen Körper in die Kulturtechniken unserer Gesellschaft hineinwachsen. Diese notwendigen Entwicklungsräume sind stark eingeschränkt oder fehlen sogar. Unsere Kinder werden mit geschickt verpackten Informationsportionen als Fertigprodukte, sozusagen aus zweiter Hand, gefüttert und oftmals ruhig gestellt. Unsicherheit und Aggressivität könnten die Folge sein. Das eigenständige tätige Auseinandersetzen mit den inneren und äußeren Bedingungen ist ein entscheidender Motor für die Entwicklung des Menschen und damit für seine Handlungsfähigkeit in sozialer Integration" (Schilling 2001, 13).

Evaluation des Studiengangs

Der Studiengang wird schon in den 1990er-Jahren extern evaluiert, und es werden Absolventenbefragungen durchgeführt, was ein Novum für die damalige Zeit darstellt. Lehraufgaben, Organisationsaufgaben, studienbegleitende Prüfungen und Forschungsaufgaben sind straff, aber kooperativ organisiert und führen zu regelmäßigen Anpassungen der Studien- und Prüfungsanforderungen in den verschiedenen Studienschwerpunkten (Eisenburger 2003a; Schilling 2003).

1.4 Ziele und Inhalte

Erfahrungen in Handlungssituationen

Motopädagogik will den Menschen anregen, sich handelnd seine Umwelt zu erschließen, um seinen Bedürfnissen entsprechend auf sie einwirken zu können. Sie versucht dies zu erreichen, indem sie vielfältige Wahrnehmungs- und Bewegungserfahrungen in Handlungssituationen vermittelt. Motopädagogik ist auf die Ganzheit der menschlichen Persönlichkeit gerichtet, weil sie nicht die Verbesserung bestimmter motorischer Fertigkeiten in das Zentrum ihrer Bemühungen stellt, sondern weil sie Bewegungshandeln als Verwirklichungsmöglichkeit der kindlichen Persönlichkeit und als wesentliches Mittel der Förderung betrachtet (Irmischer 1987, 13). Als Richtziel ihres Förderungsbemühens formuliert die Motopädagogik die Kompetenzerweiterung des Kindes, sich sinnvoll mit sich selbst, mit seiner materialen und personalen Umwelt auseinander zu setzen und entsprechend handeln zu können. Daraus lassen sich folgende, nur analytisch trennbare Kompetenzbereiche ableiten:

- sich und seinen Körper wahrzunehmen, zu erleben, zu verstehen, mit seinem Körper umzugehen und mit sich selbst zufrieden zu sein (*Ich-Kompetenz*);
- die materiale Umwelt wahrzunehmen (= sie zu erleben und zu verstehen) und in und mit ihr umzugehen (*Sach-Kompetenz*);
- *Sozial-Kompetenz* zu erwerben, d. h. zu erfahren und zu erkennen, dass sich alle Lernprozesse im Spannungsfeld zwischen den eigenen und den Bedürfnissen anderer vollziehen.

Körpererfahrung

Daraus ergeben sich die drei inhaltlichen Lernfelder der Körpererfahrung, der materialen Erfahrung und der Sozialerfahrung. Die Körperlichkeit des Kindes ist das Zentrum seiner Persönlichkeit, der Dreh- und Angelpunkt seiner Existenz. Handeln schließt immer die körperliche Bewegung mit ein. Im Bewegungshandeln lernt das Kind seinen Körper kennen, mit ihm umzugehen, ihn einzusetzen und auf die Umwelt einzuwirken. Die Orientierung am eigenen Körper ist die Basis jeder Orientierung im Raum. Zugleich ist der Körper der Spiegel psychischen Erlebens; über seinen Körper erlebt das Kind seine Befindlichkeit und bringt seine Gefühle und Bedürfnisse zum Ausdruck. Das Lernfeld Körpererfahrung in der Motopädagogik will Körper- und Bewegungserfahrungen vielfältigster Art ermöglichen und gestaltet seine Angebote adäquat dem Entwicklungsalter der Zielgruppen entsprechend.

Materiale Erfahrung

Der Lernbereich der materialen Erfahrung strukturiert schwerpunktmäßig die kognitiv-emotionalen Entwicklungsimplikationen der räumlich-gegenständlichen Umwelt. Der Umgang mit Materialien wird zum Medium der Erkenntnisgewinnung. Im Spiel mit unterschiedlichsten Objekten gewinnt das Kind Informationen über Eigenschaften und Gesetzmäßigkeiten der dinglichen Umwelt: Es erweitert seine Sach- und Handlungskompetenz. Entscheidend für die Förderung kindlicher Handlungskompetenz sind Materialien, die die Selbstständigkeit und das kreative Spiel des Kindes provozieren. Bevorzugt werden Alltagsmaterialien in die Angebote einbezogen, um sinnvolle Bezüge zur Alltagsrealität herzustellen. Materialgestaltete Spielsituationen im Kindesalter wären etwa die Benennung, Kategorisierung, Unterscheidung von Gegenständen, der sach- und zielgerichtete Einsatz von Material, die Kombination unterschiedlicher Spielobjekte, das Transportieren, Bewegen und Verändern von Material. Auch die Natur (Wald, Wiese, Wasser, Schnee etc.) bietet aus motopädagogischer Perspektive ein reichhaltiges Feld materialer Erfahrungen.

Sozialerfahrung

Nur im Kontakt mit den Mitmenschen lernt der Mensch sich zu verständigen und auszudrücken. In geeigneten Situationen lernen Kinder mit Partnern zu kooperieren, Rücksicht zu nehmen, Verantwortung zu tragen, Einfühlungsvermögen zu zeigen, aber auch sich durchsetzen zu können. So sind z. B. Wagnis und Abenteuerlust psychisch erlebbare Zustände, die pädagogisch viel zu selten im Sinne der Stärkung von Selbst- und Sozialerfahrungen genutzt werden. Dabei ist es durchaus legitim und pädagogisch sinnvoll, etwa durch das Arrangement eines Geräteparcours in der Turnhalle oder die Aufgabenstellung der Überwindung eines Hindernisses in der Natur (Erklimmen eines Hanges oder Überqueren eines Baches), bei Kindern Prozesse in Gang zu setzen, die das Selbstwertgefühl des einzelnen stärken und die Anerkennung in der Gruppe sichern. Die Erfahrungen gemeinsam durchlebter Abenteuersituationen und der kooperativen Bewältigung komplexer Aufgabenstellungen erweisen sich für die besondere Klientel beeinträchtigter Kinder als persönlichkeitsstärkende Lebenshilfe.

In der Anfangszeit der Verwissenschaftlichung der Meisterlehre sind die Übergänge zwischen Motopädagogik und Mototherapie fließend und lassen sich nur unscharf voneinander abgrenzen. So spielen in der Mototherapie pädagogische Grundlagen eine wichtige Rolle, während in der Motopädagogik auch therapeutische Elemente zum Tragen kommen. Dieses ändert sich in den 1980er-Jahren mit der Notwendigkeit, eine klare Definition und Indikationsstellung zu formulieren, will die Mototherapie die Verordnungsfähigkeit durch das medizinische System erreichen. Die wissenschaftliche Fundierung dient dazu, die damalige Psychomotorik zu legitimieren. Es zeigt sich, dass motorische Schwierigkeiten des Kindes immer in Verbindung mit anderen emotionalen und sozialen Persönlichkeitsbereichen stehen. Erstere werden als „zentrales Problem der Persönlichkeitsentwicklung" interpretiert. Dies führt zu dem theoretischen Grundaxiom der „Sekundärstörungen" (Schilling 1984, 102), wonach psychische Auffälligkeiten als sekundäre Kompensationsphänomene zu verstehen sind. Die weiteren Überlegungen führen zu einer dynamischen Betrachtungsweise von Störungen, da sich die behinderten Kinder trotz gleicher Ursachen ihrer Behinderungen im Verhaltens- und Leistungsbereich erheblich voneinander unterscheiden.

Abgrenzung von Mototherapie und -pädagogik

Da die Motologie zu diesem Zeitpunkt über keine eigene Entwicklungs- und Persönlichkeitstheorie verfügt, die individuelle Entwicklungsförderung jedoch zentrales Anliegen von Motopädagogik und -therapie ist, wird in der Theoriebildung auf allgemeine Theorien zurückgegriffen. Für den wissenschaftlichen Hintergrund der Motologie der 1970er- und 1980er-Jahre sind insbesondere die Gestaltkreistheorie von v. Weizsäcker (1947), die materialistische Handlungstheorie von Leontjew (1973) und die kognitive Entwicklungstheorie Piagets (1975) bedeutsam, wobei Theoriebezüge üblicherweise zu Grundlagen hergestellt werden, die von Piaget und seinen Mitarbeitern in der Zeit von 1936 bis 1948 erarbeitet wurden (Fischer 1996a, 19) (zur Vertiefung s. Kapitel 3 und 4). Für die motologische Theoriekonstruktion steht die Handlungs- und Kommunikationsfähigkeit des Menschen im Vordergrund. Entwicklung vollzieht sich danach „in der tätigen, wechselseitigen Interaktion mit der Umwelt in

Wissenschaftliche Grundlagen

Abhängigkeit von biologischen Bedingungen". Dem Bewegungsfachmann – auch dem Forscher – kommt dabei die Aufgabe zu, „Differenzierungsprozesse zwischen Reifen, Wachsen und Lernen als umfassende adaptive biologische Aneignungsprozesse zu verstehen" (Schilling 1986b, 59; 1993, 55).

Handlungsorientierte Mototherapie

Auf diesen Erkenntnissen basiert der 1984 konzipierte Ansatz der handlungsorientierten Mototherapie nach Schilling (Neuhäuser 1990). Im Zusammenhang mit den Ergebnissen empirischer Untersuchungen steht die Motodiagnostik im Zentrum des Interesses:

> „In der Motodiagnostik werden die Informationen über den individuellen psychomotorischen Leistungsstand und die psychomotorische Verhaltensstruktur erhoben, Informationen über die Genese dieser Strukturen und die sozialen Bedingungsfelder gesammelt und in Zusammenhang mit dem Wissen um allgemeine Entwicklungsgesetzmäßigkeiten zu einem Gesamtbild verarbeitet, das eine individuelle Persönlichkeitsstruktur aufscheinen läßt. Aus diesem Gesamtbild und dessen Eingebundensein in das soziale Umfeld lassen sich weitere Lern- bzw. Veränderungsmöglichkeiten ableiten" (Schilling 1986b, 62).

Es wird die Notwendigkeit einer umfassenden, mehrdimensionalen Motodiagnostik herausgestellt, die nicht nur der Therapie vorausgeht, sondern diese auch begleiten soll, „um Veränderungen aufzuzeigen und Veränderungspotentiale zu prognostizieren" (Schilling 1993, 58; 2002a; Neuhäuser 2002). Mototherapie ist bei somatisch und/oder psychisch bedingten Störungen der Motorik indiziert, die in Zusammenhang mit Auffälligkeiten im sensorischen, emotionalen, sozialen bzw. eingeschränkt auch im kognitiven Bereich stehen. Die Störungen müssen Krankheitswert haben, so dass sie im Rahmen pädagogischer Förderung nicht aufgefangen werden können. Die Indikation sollte eng gefasst sein und von einem Arzt gestellt werden. Kontraindiziert ist die handlungsorientierte Mototherapie bei allgemeinen motorischen Entwicklungsverzögerungen und progredienten Erkrankungen des Zentralen Nervensystems mit Bewegungsstörungen. Medizinisch werden bei psychomotorischen Leistungs- und Verhaltensstörungen meist Teilleistungsstörungen, Hirnfunktionsstörungen, psychoreaktive Fehlentwicklungen oder psychosomatische Störungen diagnostiziert (Schilling 1993).

Indikation

Ausgangspunkt der handlungsorientierten Mototherapie ist die „Symptomatik als Ausdruck nicht nur gestörter Funktionen, sondern einer gestörten Persönlichkeitsstruktur" (Schilling 1993,

59). Dabei ist nicht die Beseitigung der Symptomatik primäres Behandlungsziel, sondern die Aufhebung von Blockaden, von Sekundärveränderungen, mit dem vordringlichen Ziel, die Entwicklungsmöglichkeiten des Patienten wieder zu öffnen. Um dieses Ziel zu erreichen, wird an den Stärken und Interessen des Kindes angesetzt (dieses ist bereits ein Baustein neuerer konzeptioneller Überlegungen!). Gegebenenfalls soll es lernen, mit seiner Problematik umgehen zu können, was in der Regel zu innerer Stabilität, mehr Handlungsspielraum, mehr Selbstständigkeit und einer verbesserten Kommunikationsfähigkeit führt (Schilling 1993). Schilling nennt diese Vorgehensweise symptominduziert.

Entwicklungsmöglichkeiten öffnen

Die Inhalte und Methoden der handlungsorientierten Mototherapie leiten sich aus einem differenzierten, mehrdimensionalen Diagnoseschema ab. Schilling (1986b) verweist diesbezüglich auf Anregungen aus der Psychomotorischen Übungsbehandlung Kiphards. In Anlehnung an das Adaptationsmodell Piagets regt er vor allem variationsreiche, erlebnisorientierte, motivierende Bewegungssituationen an, die entwicklungs- und problemorientiert sein sollten.

Methodische Variationen

Neben inhaltlichen Variationen sollte auch das methodische Vorgehen variiert werden und vom direktiven Strukturieren vonseiten des Therapeuten über planerisches Mitgestalten des Kindes bis hin zum nicht-direktiven, offenen Vorgehen reichen, wobei das jeweilige Entwicklungsniveau des Kindes berücksichtigt werden muss. Der Therapeut sollte klinisch ausgebildet sein, über spezifisches medizinisches Wissen und klinische Erfahrungen verfügen. Soll die Therapie erfolgreich sein, muss der Therapeut die genannten Varianten beherrschen, Vorbild sein, Konfliktentladungen auffangen können, Gruppenprozesse begleiten können und vor allem Einfühlungsvermögen haben. Er darf sein Therapieziel nicht aus den Augen verlieren, sollte regelmäßige Erfolgs- und Lernkontrollen durchführen und seine Therapeutenrolle permanent kritisch hinterfragen.

Gruppentherapie

Ein besonderer Wert der Therapie liegt in den Gruppenprozessen, die sich förderlich auf die Handlungs- und Kommunikationsfähigkeit der Kinder auswirken. Das Konzept empfiehlt – abhängig vom Alter – eine Gruppengröße von etwa drei bis acht Kindern (Schilling 1986b, 1993).

Die klassische Theorielegung der Motologie ist ein Beitrag zur Verwissenschaftlichung der Psychomotorik, dennoch ein Kind ihrer Zeit und gerät aus diesem Grund mit dem sich wandelnden

Wissenschaftsverständnis der 1990er-Jahre in die Kritik. Diese bezieht sich im Wesentlichen auf die ursprünglich linear-kausale Modellvorstellung der Psychomotorik (Motologie) und den nur schleppenden Übergang zu einem ressourcenorientiert-kontextuellen Wissenschaftsverständnis des Ansatzes.

1.5 Paradigmenwechsel in der Fachdiskussion

Wandel des Menschenbildes

In der jüngeren Fachdiskussion vollzieht sich ein Wandel von einer dualistischen Weltauffassung zur Ganzheitlichkeit. Dabei handelt es sich um eine Neubestimmung des modernen Welt- und Menschenbildes. Als Begründer der modernen Wissenschaften gelten Descartes, Newton, Galilei und Kopernikus, denen im 17. Jahrhundert der geniale Entwurf eines neuen Weltbildes gelingt. Klassisch-religiöse Leitbilder werden überwunden und durch (natur-)wissenschaftliche Positionen ersetzt, ohne die Existenz Gottes in Frage zu stellen. Nach dem mechanistischen Weltbild Newtons funktioniert die Welt nach mechanischen Gesetzmäßigkeiten. Dem wissenschaftlich denkenden Menschen kommt dabei die Aufgabe zu, die Funktionsweisen und Naturgesetze zu entdecken. „Cogito, ergo sum – ich denke, also bin ich": Diese Aussage von Descartes, Philosoph und Mathematiker des Rationalismus im Zeitalter der Aufklärung, repräsentiert den Dualismus des Denkens, die Trennung von Natur und Geist, Seele und Körper, Wissen und Glauben. Diese kartesianischen Unterscheidungen – für unseren Zusammenhang ist die von Körper und Geist bedeutsam – führen letztlich zu unterschiedlichen Methoden in den Natur- und Geisteswissenschaften. Nur der Geist, die kritische Rationalität, liefert verlässliche Informationen über die Welt und bringt Klarheit über die widersprüchlichen Phantasiewelten der Sinne. Nur die Tatsache des eigenen Zweifels und die Methode des In-Frage-Stellens schafft Selbst-Bewusstsein und ermöglicht Einsicht in die Gesetzmäßigkeiten der Natur.

Der Mensch als Maschine

Der Mensch gilt als berechenbar und zerlegbar in physikalische, chemische und biologische Bestandteile, wird also einer Maschine gleichgesetzt. Gemäß der mechanistischen Betrachtungsweise ist der Mensch ein rein reaktives Wesen, das nur auf äußere Reize in Form von Reflexbewegungen reagiert. Der Glaube an

Objektivität wird als Weg zu Wahrheit, Verstand und Erkenntnis gesehen. Objektivität ist das Steuerungsinstrument für menschliches Verhalten und das Beweismittel für Wahrheit. Die Welt kann als eine Welt der „Gewissheit" betrachtet werden, die Sicherheit bietet, da sie vom Menschen beherrscht wird. Der Mensch nimmt in dieser Welt eher die Rolle eines außenstehenden Beobachters (Balgo 1996, 234), denn die eines Akteurs ein. Sein Handeln beschränkt sich auf Beobachten, Messen, Strukturieren und Werten, ohne Verantwortung zu übernehmen und die Auswirkungen seines Tuns für die Betroffenen zu bedenken.

Der Wandel zu einer eher ganzheitlichen Sichtweise in der Wissenschaft beginnt vor etwa einem halben Jahrhundert und ist noch nicht abgeschlossen. Der Mediziner und Philosoph Viktor von Weizsäcker kann als geistiger Initiator des Paradigmenwechsels in der wissenschaftlichen Diskussion betrachtet werden, da er in den fünfziger Jahren die Aufhebung des Dualismus fordert und der Frage nachgeht, wie sich Subjekt und Objekt, d. h. Mensch und Welt, begegnen (Philippi-Eisenburger 1991, 10). Er sieht den Menschen als einen aktiven, sich selbst gestaltenden und ganzheitlichen Organismus an, den das informationstheoretische Verarbeitungsmodell nicht hinreichend darstellen kann, da Phänomene von Wahrnehmung und Bewegung nicht berücksichtigt werden. Von Weizsäcker legt damit die theoretische Grundlage für neuere konzeptionelle Entwicklungen in der Psychomotorik (Motologie). In der gegenwärtigen postmodernen Sichtweise wird der Mensch als Subjekt, als ein „sich bewegendes, wahrnehmendes, fühlendes, denkendes und sinngebendes" (Philippi-Eisenburger 1991a, 10; Eisenburger 2003a) Wesen, damit als Person gesehen und innerhalb eines Netzwerkes von Entwicklungsfaktoren verortet. Über verschiedene Zwischenschritte des Fachdiskurses hat sich das Wissenschaftsverständnis der Psychomotorik und Motologie kontinuierlich weiterentwickelt und ein modernes Menschen- und Weltbild etabliert (Hammer 2004b; Mattner 2004).

Der Mensch als Subjekt

In der Konzeption der Psychomotorik der letzten Jahre gibt es verschiedene Diskussionslinien oder Perspektiven, die prinzipiell gemeinsame Leitmotive erkennen lassen (etwa die Orientierung am Kind bei gleichzeitiger Berücksichtigung der Prinzipien der Ganzheitlichkeit und der Nähe zur Lebenswelt); dennoch gibt es unterschiedliche begriffliche und inhaltliche Akzentsetzungen. Vier Perspektiven seien an dieser Stelle überblicksartig ange-

Vier Perspektiven

sprochen (vgl. Fischer 2007); einzelne Konzepte werden in Kapitel 4 ausführlicher dargestellt.

Die funktionale Perspektive

Die klassische Perspektive ist eher funktional ausgerichtet; sie umfasst den ursprünglichen Ansatz der Psychomotorischen Übungsbehandlung von Kiphard, das Konzept der Klinischen Psychomotorischen Therapie (Jarosch et al. 1993) sowie, aus der engen Zusammenarbeit mit Inge Flehmig am Institut für Kindesentwicklung in Hamburg, die Sensorische Integrationstherapie von Ayres (1984, 19983) in der Weiterentwicklung von Brand et al. (1985) sowie Kesper und Hottinger (1992, 20077), die Bewegung als Funktionsgeschehen betrachten. Hauptkriterien der funktionalen Perspektive sind: Gewandtheit, Wohlkoordiniertheit, Rhythmus, Sicherheit, Tempo, Kraft, Ausdauer, Tonusregulation. Der Ansatz orientiert sich traditionell stärker an der medizinisch-defizitorientierten Sichtweise, in der die vier Stationen Ursachendiagnostik, Therapieindikation, Durchführung der Therapie und Erfolgskontrolle programmatisch durchgeführt werden. In der Psychomotorischen Übungsbehandlung ist die Gruppentherapie mit ihrer sozialen Wechselwirkung von Anfang an wesentlich für den Erfolg. Sie zielt nicht nur auf die Verbesserung bestimmter Teilfunktionen. Das Kind soll durch die gezielte Sinnes- und Bewegungsschulung in seiner gesamten Persönlichkeit gefördert werden. Neuere Konzeptentwicklungen nehmen Bezug zur Systemtheorie (etwa Brüggebors Holistische Sensorische Integration, 1992), eröffnen eine ganzheitlich-dialogische (Kiesling 1999) oder eine symbolische Perspektive in Bezug auf die französische Psychomotorik (Esser 2000; Lapierre / Aucouturier 2002).

Die erkenntnisstrukturierende Perspektive

Die erkenntnisstrukturierende / kompetenztheoretische Perspektive: Dieser stärker an (kognitiven) Kompetenzen orientierte Ansatz, den u. a. Schilling (1977a) und Zimmer (1981a) vertreten, lässt sich entwicklungstheoretisch auf Piaget (1975) zurückführen und enthält lernpsychologische Regeln. Bewegung wird als Strukturierungsleistung und als wichtiger Teil der Handlungsfähigkeit betrachtet. Um Bewegungsmuster zu generalisieren und sich dadurch der sich stetig verändernden Umwelt anzupassen, muss die Wahrnehmung des Kindes in einem Lernprozess umstrukturiert werden. Nach diesem Ansatz ist die Differenzierung von Wahrnehmungs- und Bewegungsmustern die wichtigste Grundlage der Handlungsfähigkeit. Dementsprechend findet der

Ansatz eine starke Anwendung in der frühen Förderung, vor allem in vorschul-, grundschul- und heilpädagogischen Kontexten. Die Frage nach den Kompetenzen wird in den letzten Jahren stärker auf Aspekte des subjektiven Bewegungserlebens und die dahinterstehenden sozial-emotionalen Lebensthemen ausgeweitet. Die Konzepte der *kindzentrierten psychomotorischen Entwicklungsförderung* nach Zimmer (1999) und der *psychomotorischen Entwicklungstherapie* nach Krus (2004a) integrieren Erkenntnisse der nichtdirektiven Spieltherapie sowie der Selbstkonzepttheorien. Inhaltlich geht es in dieser Perspektive um die Stärkung eines positiven Selbstkonzeptes durch Selbstwirksamkeitserfahrungen in Problemlösesituationen durch Handeln. Insofern habe ich diesen Zugang in früheren Klassifikationen als identitätsbildende Perspektive bezeichnet (Fischer 2001a, b).

Der Verstehende Ansatz

Eine Besonderheit ist der Verstehende Ansatz von Seewald (2007). Er favorisiert eine phänomenologische Grundlegung und integriert tiefenpsychologische Aspekte. Gegenstand der Methode sind Bewegungs- und Spielsituationen, in denen Lebensthemen bespielt werden können. Es geht um das Ausleben von Erlebnissen, Gefühlen und Bedürfnissen der Kinder. Es werden Geschichten und Spielsituationen inszeniert, um ein dialogisches Verstehen der dahinterstehenden Lebensthemen zu ermöglichen.

Die ökologisch-systemische Perspektive

Die ökologisch-systemische Perspektive: Dieser Ansatz zielt auf eine Perspektivenerweiterung, da das Kind nicht länger individuumszentriert, sondern im Zusammenhang mit seiner Umwelt betrachtet wird. Zur Entwicklung braucht das Kind Sozialpartner, vor allem die Eltern, Geschwister und Gleichaltrigen sowie die Zeit und den Raum für gemeinsame Aktivität. Somit wird Bewegung zum *sozialen* und *sozialräumlichen Phänomen*, weil ein Verstehen der kindlichen Verhaltensweisen nur im Kontext sinnvoll ist (Fischer 1996b, d). Das neue Interesse des Pädagogen oder Therapeuten richtet sich auf den partnerschaftlichen Dialog in der Fördersituation, um die dominierenden Lebensthemen des Kindes zu verstehen (Seewald 1993) und entwicklungsfördernde Angebote zu machen. Das Interesse richtet sich aber auch auf die Frage, unter welchen Bedingungen (z. B. bei Überforderungen) Probleme sichtbar werden und wie Lebensräume und Beziehungen gestaltet sein müssen, um eine Vermittlung zwischen individuellen, sozialen und kulturellen Anforderungen zu ermöglichen (Balgo 1996).

1.6 Nationale und europäische Entwicklungen der Psychomotorik

Weiter oben wurde verdeutlicht, dass die Verbreitung der psychomotorischen Idee, und auch die Verwissenschaftlichung des ursprünglich rein praxeologischen Konzepts, über lange Zeit an die vielfältigen Aktivitäten des Aktionskreises Psychomotorik gebunden waren. Dabei haben die Verantwortlichen bis heute eine glückliche Hand bewiesen, nicht zuletzt aufgrund eines zielgerichteten Engagements, das sich mit zwei Strömungen beschreiben lässt: Die Regionalisierung und die Internationalisierung.

Regionalisierung und Internationalisierung

Die Regionalkreisarbeit wird gepflegt; Regionalkreise laden zu eigenen Treffen, Fortbildungen, Mini-Symposien und gründen regionale und landesbezogene Partnerschaften. Der Verein wächst rapide. Schon 1980 verkündet die Zeitschrift *Motorik* 1000 Mitglieder. Heute steuert der Verein bereits auf 2200 Mitglieder zu. Die Gründe für diese stürmische Entwicklung liegen zum einen in der aktiven Öffentlichkeitsarbeit und Partnerschaft mit verschiedenen Verbänden, wie dem Zentralverband Krankengymnastik (Physiotherapie), der Bundesvereinigung Lebenshilfe (Aktion Mensch), dem Behindertensportverband, dem Deutschen Olympischen Sportbund, der Bundesarbeitsgemeinschaft zur Förderung entwicklungsgefährdeter Kinder und Jugendlicher und dem Deutschen Turnerbund.

Vereinsgründungen

Regionalisierung bedeutet in den 1980er-Jahren auch Vereinsgründung. Gleichgesinnte, meist Eltern von entwicklungsbeeinträchtigten und behinderten Kindern, finden sich zusammen, um sich auszutauschen, gemeinsam Initiativen zur Verbesserung ihrer Situation – vor allem wohnortnah – zu starten. Hier deutet sich zu Beginn der 1980er-Jahre ein Element an, das die Psychomotorik konzeptionell erst viel später erfassen wird: Nicht allein die direkte therapeutische Hilfe für das betroffene (behinderte) Kind, sondern das gesamte familiäre, sozial-räumliche und gesellschaftliche Umfeld ist bedeutsam (Geburt der systemischen Sichtweise).

1982 wird der Verein für Spiel- und Bewegungsförderung (Psychomotorik) e. V. in Braunschweig gegründet. Sein Ziel ist die Förderung der kindlichen Persönlichkeit auf der Grundlage von Bewegung und Spiel. Vorsitzender ist Klaus Prenner. Wenig später können Jonny Kiphard, Klaus Miedzinski und Klaus Prenner

(1983) einen ersten Erfahrungsbericht geben, „Wie man einen Verein gründet“ und psychomotorisch orientierte Arbeitsmöglichkeiten im Verein aufzeigen.

In der Folge werden zahlreiche Elternvereine gegründet (Marburg, Borken, Bielefeld, Bonn, Münster, Offenbach etc., s. Anhang); alle müssen ihre eigenen Partnerschaftskonzepte und Arbeitsschwerpunkte entwickeln sowie Finanzierungsquellen für die allgemein anerkannte Förderarbeit eruieren (z. B. durch Krankenkassen, die Sozialhilfeträger – Bundessozialhilfegesetz: BSHG – oder Unterstützung durch den Behindertensportverband und durch Sponsoren). In einem ersten Schritt gelingt es, die Vereine als selbstständige Partner mit gewachsenen Strukturen unter dem Dach des Aktionskreises Psychomotorik, im Jahre 2007 als Sektion der neu gegründeten Deutschen Gesellschaft für Psychomotorik und Motologie e. V., zusammenzuführen. Diese Neugründung ist der erfolgreiche Abschluss eines jahrelangen Prozesses, der die in Deutschland tätigen Fachvertreter, Vereinigungen und Berufsverbände der Psychomotorik unter einem Dach zusammenführt.

„Bewegung in Bildung und Gesundheit“

Ein erster Schritt ist die Planung und Durchführung des Kongresses „Bewegung in Bildung und Gesundheit“ vom 6.–8. Oktober 2005 in Köln. Anlass bietet der 50. Jahrestag der Entwicklung des Fachgebietes Psychomotorik, der von der Heilpädagogischen Fakultät der Universität zu Köln, dem Aktionskreis Psychomotorik e. V., dem Berufsverband der Motopädinnen und Mototherapeutinnen (DMB e. V.) und dem Berufsverband der Diplom-Motologinnen (BVDM e. V.) initiiert wird. Eine Besonderheit des dreitägigen Kongresses mit über 500 Teilnehmern aus Deutschland und dem europäischen Ausland ist das sehr vielfältige Vortrags-, Seminar- und Workshop-Angebot zu vier Hauptthemenfeldern:

1. Lernforschung und Entwicklungsförderung;
2. Qualitätsentwicklung und konzeptionelle Profilierung der Psychomotorik;
3. Psychomotorik in Europa;
4. Die Bedeutung der Bewegung für Salutogenese und Resilienz

Ein gelungener Abschluss des Kongresses ist die gemeinsame Absichtserklärung der Veranstalter zur Gründung einer Fachgesellschaft für Psychomotorik in Deutschland.

WVPM e.V. und DGfPM e.V.

Weitere Meilensteine der Neustrukturierung der Psychomotorik in Deutschland sind die Gründung der Wissenschaftlichen Vereinigung Psychomotorik und Motologie (WVPM e.V.) am 27./28. Januar 2006 in Marburg und die Gründung der Deutschen Gesellschaft für Psychomotorik und Motologie (DGfPM e.V.) am 6. Mai 2007 in Hamm. Letztere resultiert aus der enormen Ausweitung und der damit verbundenen zunehmenden Unübersichtlichkeit der psychomotorischen Landschaft und der Intention der Bündelung der Ressourcen. Mit der Gründung der Gesellschaft gibt es in Deutschland zum ersten Mal eine fachspezifische Dachorganisation mit Sitz in Hamm. Damit erreicht in der Lippestadt ein historischer Entwicklungsprozess eine neue Qualität, der mit dem Westfälischen Institut als Wirkungsstätte Kiphards in den 1950er-Jahren seinen historischen Ausgangspunkt genommen hat.

Aufgaben und Ziele der DGfPM

Die DGfPM und ihre Mitgliedsvereinigungen verfolgen das Ziel der stärkeren Vernetzung und der Bündelung gemeinsamer Ziele: Die Aufklärung und Information von Öffentlichkeit, Politik und Verwaltung sowie die gemeinsame Verfolgung wissenschaftlicher, erzieherischer und therapeutischer Interessen von Psychomotorik, Motologie und Motopädie im Bildungs- und Gesundheitswesen. Unter dem Dach sammeln sich der Aktionskreis Psychomotorik e.V. (*Sektion 1*), der Deutsche Berufsverband der MotopädInnen/ MototherapeutInnen e.V. (DBM) (*Sektion 2*), der Berufsverband der Motologen – Diplom/Master e.V.– (*Sektion 3*), die Wissenschaftliche Vereinigung für Psychomotorik und Motologie e.V. (WVPM) (*Sektion 4*), der Bundesverband der Ausbildungsstätten für staatlich anerkannte Motopädinnen und Motopäden e.V. (BAM) und die AG Klinisch Orientierte Psycho-

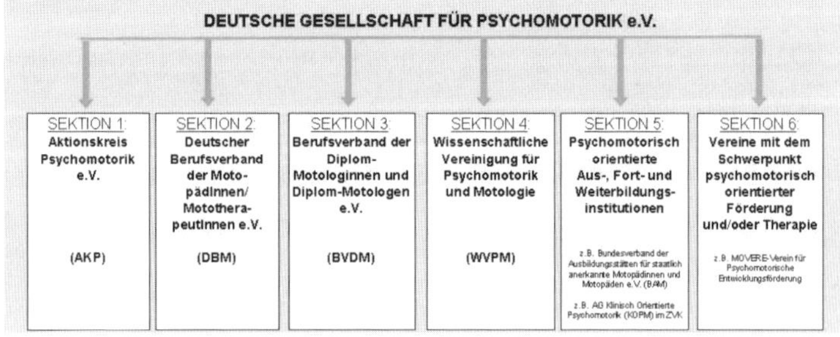

Abb. 4: Struktur der Deutschen Gesellschaft für Psychomotorik und Motologie

motorik (KOPM) im Zentralverband Krankengymnastik (Physiotherapie) (*Sektion 5*) sowie der MOVERE – Verein für Psychomotorische Entwicklungsförderung. (*Sektion 6*) (Abb. 4).

Internationale Kongresse

Ein herausragendes Beispiel ist die Idee der *Internationalisierung*. Schon immer konnten die Verantwortlichen in der Zeitschrift *Motorik* über internationale Begegnungen berichten, Symposiums- und Kongressberichte (etwa Paris, Florenz, Nizza, Den Haag, Amsterdam, Löwen) veröffentlichen. Als erstes Nachbarland gründet Luxemburg 1983 in kooperativer Partnerschaft mit dem AKP einen eigenen Aktionskreis für Psychomotorik. Suzette Everling (1985) berichtet von den Aktivitäten des Gründungsjahres, die sich auf die Beteiligung und Durchführung von Konferenzen, Seminaren und öffentlichkeitswirksamen Veranstaltungen (z. B. Spielfesten) konzentrieren.

Der AKP-Vorsitzende des Jahres 1989, Prof. Dr. Gerhard Neuhäuser, unterstützt diese Internationalisierung ausdrücklich und richtet sein Augenmerk in seinem Editorial zu Heft 1/1989 der *Motorik* auf den bevorstehenden Internationalen Kongress Psychomotorik in Therapie und Pädagogik im September des Jahres in Heidelberg. Zusammen mit dem Institut für Sport und Sportwissenschaft der Universität Heidelberg (Prof. Dr. Hermann Rieder) ist der AKP Veranstalter. Von diesem Jahr an ist die „Psychomotorische Aktivität" zunehmend international ausgerichtet.

Im Jahre 1994 treffen sich Fachleute aus Deutschland, Belgien und den Niederlanden unter dem Motto „Psychomotorik in Europa – ein länderübergreifender Erfahrungsaustausch" auf Initiative der Europäischen Akademie des Sports e. V., Rhede, und des Aktionskreises Psychomotorik. Zur Diskussion stehen die Entwicklungstendenzen der psychomotorischen Konzepte der beteiligten Länder sowie ein Erfahrungsaustausch zu den nationalen Ausbildungsbedingungen. Hieraus entwickelt sich ein regelmäßiger Austausch in einem immer größer werdenden Teilnehmerkreis. Im Mai 1995 findet ein Symposium in Marburg statt. 55 Delegierte aus 15 europäischen Ländern (Norwegen, Schweden, Dänemark, Belgien, Niederlande, Luxemburg, Frankreich, Spanien, Portugal, Italien, Schweiz, Österreich, Slowenien, Tschechien, Deutschland) kommen zusammen, um über das Verständnis von Psychomotorik, wissenschaftliche und Ausbildungskonzepte, Verbandstätigkeiten und über Erwartungen im Europa des Jahres 1995 zu diskutieren. Bereits im Vorfeld konnten die Stel-

Abb. 5: Einladung zum Europäischen Kongress für Psychomotorik 1996

lungnahmen der Partnerländer eingeholt werden und in einer zweisprachigen Dokumentation (deutsch und französisch) den teilnehmenden Delegationen zur Verfügung gestellt werden. Dieses Treffen wird zur Geburtsstunde einer europäischen Bewegung, vereinbaren die Teilnehmer doch,

- die wissenschaftliche Literatur zur Psychomotorik sowie zu Bewegung, Spiel und Sport für Behinderte auf europäischer Ebene zu einem stärkeren Austausch zu bringen und möglicherweise in einer gemeinsamen Datenbank zusammenzubringen;
- ein Europäisches Forum für Psychomotorik zu gründen, dessen Ziele und Statuten von einer Kommission erarbeitet werden sollen;
- vom 19.–21. September 1996 den 1. Europäischen Kongress für Psychomotorik unter dem Motto „Psychomotorik in der Entwicklung" an der Universität Marburg unter Beteiligung aller Partnerländer durchzuführen (Abb. 5).

Europäisches Forum für Psychomotorik

Tatsächlich wird der Marburger Kongress ein großer Erfolg, kommen doch fast 800 teilnehmende Fachleute aus 16 europäischen Ländern zusammen, die über 200 Vorträge, Workshops, Praxisdemonstrationen, Film- und Posterausstellungen einbringen. Während des Kongresses entsteht ein großer Bilderreigen, der die Vielfalt der Psychomotorik Europas in Theorie und Praxis widerspiegelt. Es wird aber auch die Notwendigkeit deutlich, diese Vielfalt zu vergleichen, zu analysieren, um die zugrunde liegenden Konzepte zu verstehen. Dazu wird das Europäische Forum für Psychomotorik gegründet (www.psychomot.org, Abb. 6). Tilo Irmischer, der 1. Präsident des Forums, verdeutlicht den inhaltlichen Konsens über den gemeinsamen Gegenstand, der nach langen Diskussionen in einer Präambel definiert wird.

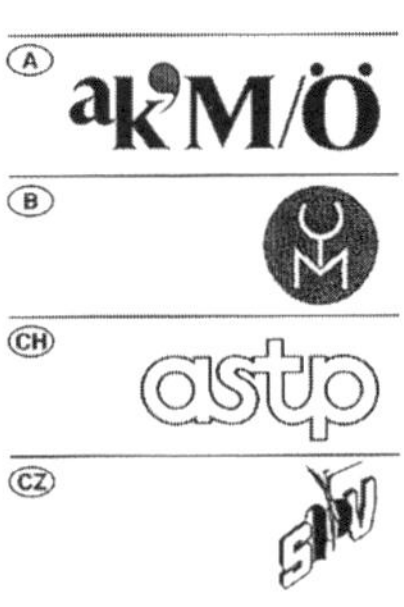

Abb. 6: Mitglieder des Europäischen Forums (Motorik 21, 3, 1998, 134)

Auf Grund eines holistischen Menschenbildes, das von einer Einheit von Körper, Seele und Geist ausgeht, beschreibt der Begriff Psychomotorik die Wechselwirkung von Kognition, Emotion und Bewegung und deren Bedeutung für die Entwicklung der Handlungskompetenz des Individuums im psychosozialen

Kontext. Das übergeordnete Ziel des „Europäischen Forums für Psychomotorik“ ist die Förderung der Psychomotorik in Europa, in der pädagogischen und therapeutischen Anwendung in der Aus- und Weiterbildung, in der Professionalisierung und wissenschaftlichen Forschung. Daraus abgeleitet stellt sich das „Europäische Forum für Psychomotorik“ folgende konkrete Aufgaben:

- Förderung der Zusammenarbeit zwischen Psychomotorikern und Psychomotorikerinnen in den Europäischen Ländern und Regionen (Austausch, Kongresse, Projekte, Forschungsvorhaben);
- Unterstützung für Länder und Regionen, in denen die Psychomotorik noch nicht ausreichend etabliert ist: organisatorische und finanzielle Hilfen, Unterstützung in der Fort- und Weiterbildung;
- Koordination der Aus- und Weiterbildung: Abstimmung von Inhalten, Richtlinien, Prüfungen, Förderung der Harmonisierung der beruflichen Ausbildung auf dem Niveau staatlicher Anerkennung;
- gegenseitige Anerkennung;
- Vertretung gemeinsamer berufspolitischer Interessen, Anerkennung durch die Krankenkassen, Lohnniveau, Schutz der Ausbildung (Irmischer 1998, 136).

Abb. 6: Fortsetzung

Diese Ziele sollen durch die Einrichtung ständiger Kommissionen zu den Aufgabenbereichen „Aus- und Weiterbildung“, „Berufe“ sowie „Wissenschaft und Forschung“ mit Leben gefüllt und spätestens aus Anlass des 2. Europäischen Kongresses für Psychomotorik im Frühjahr des Jahres 2000 in Straßburg zu einem weiteren Austausch gebracht werden. Da sich auch der spanischsprachige Weltverband Psychomotorik an diesem Kongress beteiligt, kommt es im Mai 2000 zu einem Weltkongress für Psychomotorik in Straßburg mit dem Thema *„Psychomotorik im Wandel der Gesellschaft auf der Schwelle in das 3. Jahrtausend“*, an dem sich über 1200 Personen aus 25 Nationen beteiligen (Abb. 7).

Im Jahre 2004 wird die dritte Auflage des europäischen Kongresses realisiert. Dieser findet vom 31. März bis 2. April 2004 zum Thema *„Psychomotorische Identität – Besonderheit und Verschiedenartigkeit“* in Lissabon / Portugal statt (Abb. 8). Im europäischen Raum existieren derzeit unterschiedliche Entwicklungsniveaus sowie verschiedene Vorgehensweisen auf den Gebieten

Abb. 7: Einladung zum Weltkongress Psychomotorik 2000

Abb. 8: Einladung zum 3. Europäischen Kongress 2004 in Lissabon

der Ausbildung, Forschung und der professionellen Integration. Der Kongress will es ermöglichen, den Aspekt der Gemeinsamkeit zu thematisieren, dabei jedoch nicht die Besonderheit und Eigenständigkeit der einzelnen Länder, also die Verschiedenartigkeit außer Acht zu lassen. In Vorträgen und Plenarsitzungen, Gesprächskreisen und Workshops werden die landesspezifischen Lösungen diskutiert. Kongressschwerpunkte sind:

- Konzeptionelle und epistomologische Grundlagen,
- Psychomotorische Semiologie, Diagnostik und Evaluation,
- Interventionsverfahren und -techniken,
- Menschliche Beziehungsthematiken und Interventionskonstrukte.

Der Kongress findet in der angesehenen Caluste-Gulbenkian-Stiftung in einer sehr angenehmen Umgebung im Zentrum Lissabons statt; die Räumlichkeiten bieten allerdings nur 300 Teilnehmern Platz.

Im Jahre 2008 steht die vierte Neuauflage des europäischen Kongresses ins Haus. Dieser findet vom 21.–23. Mai 2008 an der Freien Universität Amsterdam statt und möchte die landesspezifischen Grenzen der Fachdiskussion überwinden. „Crossing borders“ ist das übergeordnete Thema des Kongresses, der fünf zentrale Themen bedient (Abb. 9):

1. *Psychomotor functioning: biological, psychological, social and cultural aspects* (theoretische und empirische Beiträge zu verschiedenen psychomotorischen Funktionsbereichen und Teildisziplinen).
2. *Traumatic experiences and the body* (traumatische Erfahrungen und spezifische psychomotorische Interventionsformen).
3. *Philosophical dimensions of psychomotricity*

(Menschenbilder hinter den Bewegungs- und Körperkonzepten).
4. *Research methods in psychomotricity* (qualitative und quantitative Forschungsmethoden und Untersuchungsdesigns).
5. *Psychomotor interventions* (Diversität psychomotorischer Interventionsformen: Bildungs-, Förder- und therapeutische Prozesse).

Abb. 9: Einladung zum 4. Europäischen Kongress 2008 in Amsterdam

Inhaltlich hat sich die Psychomotorik in den Ländern Europas relativ eigenständig entwickelt. In Erweiterung der ersten Auflage der *Einführung in die Psychomotorik* werden die landesspezifischen Quellen der psychomotorischen Fachdiskussion hier differenzierter rezipiert, nicht zuletzt um historische und vergleichende Bearbeitungen und Forschungen in zukünftigen Bachelor- und Masterarbeiten anzuregen.

Dänemark hat im europäischen Vergleich die längste Tradition. Schon in den 1940er-Jahren gründen Gerda Alexander und Morrussia Bergh die ersten Ausbildungsinstitute zum „Entspannungspädagogen", dessen berufliche Qualifikation im Spannungsfeld zwischen Kunst, Ballet, Rhythmik, Theater und der Gesundheitspädagogik angesiedelt ist. Seit 1978 existiert die Berufsvereinigung der Dänischen Entspannungspädagogen, die seitdem eine klar gegliederte Ausbildungsstruktur von drei Jahren in sieben verschiedenen Ausbildungsstätten entwickelt, eine staatliche Anerkennung des Berufsbildes und eine konzeptionelle Abgrenzung und Absprache mit dem Berufsbild der Physiotherapeuten erreicht hat. Im Jahre 2002 kann der dänische Berufsverband mit dem Erziehungsministerium das Curriculum für eine akademische Ausbildung von dreieinhalb Jahren vereinbaren, die seither an den Colleges von Kopenhagen und Jütland angeboten wird. Die dänische Psychomotorik untersucht die Beziehung von muskulärem Tonus und der Psyche (Persönlichkeit) des Menschen. Als Teil der Gesundheitslehre beschäftigt sie sich mit der Bewegungsqualität insbesondere über die Entspannungsfähigkeit des Klienten. Dieses geschieht sowohl über direkte Praxis als auch über Beratungstätigkeit. Es werden Fragen gestellt, gemeinsam Entscheidungen, Antworten und Lösungen gesucht und die passenden Realisierungsmöglichkeiten erörtert. Im Vordergrund steht das Prinzip *Hilfe zur Selbsthilfe*. Weitere Bausteine der Arbeit sind die Gruppenarbeit und die Berücksichtigung des familiären Hintergrundes. Der Psychomotoriker arbeitet heute mit Menschen jeden Alters. Hat die klassische Arbeit sich stärker auf Erwachsene konzentriert, erreicht heute die Arbeit mit Kindern zwischen sechs und zehn Jahren annähernd den gleichen Anteil. Bei den Erwachsenen konzentriert sich die Arbeit auf Stress- und Beziehungsthematiken mit den damit verbundenen Haltungsproblemen und Körperspannungen; entsprechend verfügt der Psychomotoriker über ein reichhaltiges Angebot an Entspannungsmethoden (Frimodt 2003; Akasha 2004).

Finnland und Schweden

Die beiden anderen skandinavischen Länder haben erst in den 90er-Jahren des letzten Jahrhunderts eigene Psychomotorikorganisationen gegründet (Finnland 1994 und Schweden 1996). Seit den 1970er-Jahren bestehen intensive Fortbildungskontakte zu Personen und Einrichtungen vor allem in Deutschland; in der Folge werden psychomotorische Inhalte in zahlreiche Ausbildungsgänge der vorschulischen- , grund- und sonderschulischen Lehrerbildung und der Physiotherapie integriert. Seit der Gründung des Europäischen Forums gehen Schweden und Finnland verstärkt eigene Wege. In Schweden weisen die Universität Växjö, das Falun College und das Karolinska Institut (Stockholm) psychomotorische Teilcurricula für ihre Lehrer- bzw. Physiotherapeutenausbildungen aus. Seit 2008 bietet die Fachhochschule Helsinki (Finnland) größere curriculare Anteile in Psychomotorik im Rahmen ihrer akademischen Ausbildungen in pädagogischen und therapeutischen Feldern an.

Frankreich

Die weitestgehende Anerkennung im gesellschaftlich-staatlichen Sinne hat die Psychomotorik in Frankreich mit einer Tradition von mehr als einem halben Jahrhundert. Durch die Arbeiten des Psychiaters de Ajuriaguerra und der Beschäftigungstherapeutin Soubiran etabliert sich die psychomotorische Arbeit zuerst im klinischen Bereich mit eher funktionellen Methoden, die im Laufe der Zeit zu einer ganzheitlichen Methode der Körperarbeit mit Unterstützung von Entspannungstechniken weiterentwickelt werden. Heute existieren in Frankreich sechs staatlich anerkannte Ausbildungsinstitute zum „Psychmotricien" (zwei in Paris, je eine in Loos, Toulouse, Bordeaux und Lyon) und das Berufsbild ist gesetzlich geschützt. Parallel dazu hat sich eine erzieherische Strömung der Psychomotorik im Kindergarten und im Grundschulbereich etabliert.

Das Feld der Psychomotorik in Frankreich ist sehr weitläufig und speist sich aus mehreren Disziplinen: Kinderpsychiatrie, Neurologie, Sportpädagogik, Psychologie. Beeinflusst wurde sie von unterschiedlichen Entwicklungstheorien (Wallon, Piaget), Entspannungstechniken (Schultz, Jacobson), die Leibeserziehung (Demeny, Hebert etc.) und von der rhythmischen und gestuellen Erziehung (Duncan, Popard, Dalcroze). Obwohl es viele verschiedene Einflussquellen gibt, haben doch alle ein gemeinsames Ziel: die Erziehung des Menschen durch seinen Körper (Eggert 2005). Es kristallisieren sich in der französischen Psychomotorik vier wesentliche Ansätze heraus: der kinderpsychiatrische, der psychopädagogische, der sportpädagogische und der tiefenpsychologische Ansatz (Übersicht nach Bathke 2007).

Der kinderpsychiatrische Ansatz nach Ajuriaguerra

Die Kinderpsychiatrie beschäftigte sich schon in den 1950er- und 1960er-Jahren mit den Zusammenhängen zwischen Verhaltensstörungen, Schulschwierigkeiten und Störungen der psychomotorischen Entwicklung. Als Neuropsychiater arbeitete Ajuriaguerra am Hopital Henri-Roussel in Paris. Er interessierte sich für die Zusammenhänge von Störungen der Psychomotorik und der Sprache und erforschte das Fundament des Körpers für die Entwicklung des Kindes. Als erstes entwickelt das Kind durch motorische Funktion eine Idee seines Körpers und der Körperteile; in der Folge entsteht eine Vorstellung, ein innerer Plan seines Körperaufbaus, und letztendlich werden die erworbenen Bewegungen mit den einzelnen Körperteilen automatisiert. Eine besondere Rolle für Ajuriaguerra spielen die „tonischen und motorischen Funktionen in der Aktivität und der Organisation von Beziehungen“ (Heintz 1983, 105). Nur die tonische und motorische Funktionalität ermöglicht eine aktive Kontaktaufnahme zur Umwelt, so wird der Körper zum Kommunikationsmittel. Ihre ersten Erfahrungen machen Kinder durch ihren Körper und ihre Handlungen. Eine psychomotorische Störung tritt nach Ajuriaguerra nicht isoliert auf, sondern hängt mit weiteren Problemen des Kindes zusammen. Deswegen richtet sich seine Therapie nach der Gesamtpersönlichkeit des Patienten und vermeidet eine reine symptomorientierte Vorgehensweise. Das Ziel der Therapie richtet sich auf die indirekte Behebung der Störungssymptome und die Kontrolle des Tonus. Ajuriaguerra vertritt die

Meinung, dass psychische Störungen durch motorische Übungen zu beeinflussen und abzubauen sind. Grundlegend ist für ihn die Sichtweise der „tonisch-affektiven Dialektik“, dass „jede Gemütsbewegung auch eine tonische Veränderung zur Folge“ hat (Heintz 1983, 248). Daraus entwickelt er den Interventionszugang über Entspannungsmethoden. Interessant sind Parallelen zur deutschen Psychomotorik. Diese liegen im ganzheitlichen Zugang zum Kind mit einer Betonung der Bedeutung des Körpers. Unterschiede liegen in der Rolle der Bewegung, die im Ansatz von Ajuriaguerra eine geringere Rolle spielt.

Der psychopädagogische Ansatz nach Picq und Vayer

Als Sportlehrer definieren Louis Picq und Pierre Vayer psychomotorische Erziehung folgendermaßen: „Psychomotorische Erziehung ist eine pädagogische und psychologische Handlung, die die Mittel der Leibeserziehung braucht, um das Verhalten des Kindes zu normalisieren und zu verbessern“ (Picq, Vayer 1965, zit. nach Heintz 1983, 112). Die Bezugsgruppe ist das Klientel der verhaltensauffälligen Kinder, die Zielrichtung eine bessere Integration in der Schule über „eine systematische Erziehung motorischer und psychomotorischer Verhaltensweisen“ (Heintz 1983, 112). Der Ansatz folgt der Grundannahme der Untrennbarkeit von Motorik und Psyche und versteht sich eher als erzieherische denn als therapeutische Maßnahme. In der Praxis haben motorische Übungen bei „unangepassten Handlungen“ in den Entwicklungsbereichen Koordination, Raumorientierung, räumlich-zeitliche Strukturierung, Lateralität, Rhythmusgefühl etc. vor allem die vorschulische Erziehungspraxis (école maternelle) erobert.

Der sportpädagogische Ansatz nach Le Boulch

Als Sportlehrer und Psychologe entwickelt Le Boulch einen persönlichkeitsorientierten Ansatz und nennt diesen „Psychokinetik“ (1977, 1983). Es handelt sich dabei „um eine allgemeine Konzeption der Bewegung als Mittel der Gesamterziehung der Persönlichkeit“ (1983, 4). Le Boulch betont die Wichtigkeit der Förderung der Entwicklung perzeptiver, motorischer und kommunikativer Funktionen in Verbindung mit mentalen Prozessen. Dieser Ansatz weist viele Parallelen zum kindzentrierten Ansatz von Volkamer/Zimmer (1986) auf. Es ist durchaus beachtlich, dass Le Boulch schon in den 1960er-Jahren erkannte, dass der Sportunterricht in den Schulen verändert werden muss. Eine reine Stoffvermittlung und Leistungsorientierung lehnte er ab; der Ansatz an der Persönlichkeit des Kindes ist ihm wichtig. Das Körperschema als Grundvoraussetzung für das Selbstbewusstsein steht im Vordergrund. Dabei findet das Prinzip der Autonomie zur Förderung der Selbsttätigkeit des Kindes eine Berücksichtigung.

Der tiefenpsychologische Ansatz nach Aucouturier und Lapierre

Einer der neueren Ansätze ist der von Bernard Aucouturier und André Lapierre. Die Grundlage ihres Verständnisses ist die Psychoanalyse. Das Konzept findet mittlerweile Anhänger in ganz Europa und sogar Südamerika. Aucouturier, wie sein Kollege Lapierre Sportlehrer, arbeitete in den 1960er-Jahren als Leiter am Centre d'Éducation Physique specialisée in Tours mit Kindern unterschiedlicher motorischer Auffälligkeiten. Durch seine Arbeit erkannte er sehr bald den Zusammenhang von physischen und psychischen Störungen. Er wandte sich psychomotorischen Ansätzen zu und stieß dabei auf die Arbeiten von Le Boulch, Wallon, Piaget und Vayer. Die klassische symptomorientierte praktische Arbeit erzeugte jedoch Widerstände bei den Kindern; diese hielten – bewusst oder unbewusst – an ihren Störungen fest, was sich in Passivität ausdrückte. Die Analyse des Problems mündete in dem Eingeständnis, dass die fachliche Aufmerksamkeit sich mehr auf die Störung richtete als auf das Kind selbst. Daraus ergab sich eine Umorientierung der konzeptionellen Arbeit. Aucouturier spricht von dem Konzept der *Ganzheit des Körpers* (unité corporelle). Das Kind soll in seiner Gesamtpersönlichkeit unterstützt werden, es ist als ein ganzheitliches Wesen (être global) zu betrachten, das seine motorischen, affektiven und kognitiven Strukturen miteinander verbindet. Der Körper vereint all diese Strukturen und kann sie zum Ausdruck bringen. Er wird hier nicht als ein rein funktionales Instrument betrachtet, er ist vielmehr „Bezugs- und Orientierungspunkt in der Welt" (Esser 1992, 19).

Entfaltung der kindlichen Kreativität

Der Ansatz orientiert sich an der individuellen Entwicklung eines Kindes. Im Vordergrund steht die Entfaltung der kindlichen Kreativität. Dem Kind wird genügend Freiraum gegeben, sich selbst Übungen und Geschichten in Praxissituationen auszudenken. Der Therapeut hat dabei die Aufgabe, zu versuchen, die spontanen Handlungen und deren „innewohnende Symbolik" zu verstehen.

Aucouturier möchte in seiner Förderstunde drei Bereiche ansprechen und stellt im Raum die entsprechenden Materialien zur Verfügung, deren Auswahl den Kindern selbst überlassen wird. Die drei Bereiche sind:

- *Der sensomotorische Bereich:* Das Kind verwendet Material, das es ihm ermöglicht, elementare sensomotorische Aktivitäten zu erleben. Gleichgewichtssinn, Tiefensensibilität und Tastsinn werden angesprochen. Das Kind soll mit seinem Körper experimentieren, um seine Bedürfnisse und Stärken, aber auch seine Grenzen zu erfahren.
- *Der symbolische Bereich:* Die verwendeten Materialien lassen Freiraum für die kindliche Phantasie. Mit Hilfe von Tüchern, Schaumstoffblöcken oder alten Kleidungsstücken soll das Kind zum symbolischen Spiel/Rollenspiel angeregt werden. Das Kind kann in andere Rollen schlüpfen, Erfahrungen aufarbeiten oder Wunschvorstellungen ausleben. Die Rolle des Therapeuten ist eher begleitend und passiv.
- *Der Konstruktionsbereich:* Über Bautätigkeiten oder Spiel mit Knete etc. soll das Kind zu Ruhe und Konzentration kommen.

Die Grundvoraussetzungen der Therapie sind, das Kind von Anfang an ernst zu nehmen, es in seiner Einzigartigkeit zu akzeptieren, von seinen Fähigkeiten auszugehen und es in seinen Möglichkeiten zu unterstützen. Es sollen „die Handlungsfähigkeit, Eigenständigkeit und die Autonomie gestärkt werden und die Beziehungen zur Umwelt stabilisiert werden" (Esser 1992, 84).

Schlüsselbegriffe

Auch die französische Psychomotorik identifiziert sich über Schlüsselbegriffe: Körperschema (schéma corporel), Tonus als Kommunikationsmittel (de dialogue tonique) im Rückgriff auf Entspannungsmethoden (relaxation), Bewegung (le mouvement) und die Beziehungserfahrung im tonisch-emotionalen Dialog.

Als deutschsprachige Überblicksdarstellungen sei auf Amft 1990, Guillarmé 1990 und Prévost 1990 verwiesen.

Dennoch kann man auch bei der französischen Psychomotorik nicht von einem einheitlichen Konzept sprechen. Neben einem Schwerpunkt des Konzepts der Früherkennung und Vorbeugung in der école maternelle hat sich der Arbeitsschwerpunkt französischer Psychomotoriker auf den klinisch-psychiatrischen Bereich verlagert. Hier ergeben sich jedoch Identifikationsprobleme, da die Psychomotorik als ganzheitliches Konzept auf ein symptomorientiertes medizinisches System trifft (Contant / Calza 1994).

Trotz der Widersprüche hat sich die Psychomotorik in Frankreich heute als anerkannte Therapieform etabliert. Auch wenn es der französischen Psychomotorik im Vergleich zur deutschen an Strukturiertheit im wissenschaftlichen Diskurs mangelt (vgl. Bathke 2007, 91), ist es ersterer letztlich konzeptionell gelungen, die Dichotomie von Geist und Körper aufzuheben, um deutlich zu machen, dass beides eine unzertrennliche Einheit bildet.

Italien, Spanien, Portugal

Von Frankreich ausgehend werden psychomotorisch orientierte Ausbildungen in den romanischen Ländern (Italien, Spanien, Portugal) initiiert, die aber sehr schnell eigenen Entwicklungen unterliegen. Italien ist dabei noch relativ nah am französischen Modell einer klinisch-therapeutischen Berufsbildung. Allerdings existiert hier eine konkurrierende Strömung, die psychomotorische Inhalte eher als Bestandteile pädagogischer und psychologischer Hochschulausbildungen vermittelt sehen möchte. Berufsausbildungen in Psychomotorik selbst finden in Italien gegenwärtig nur auf der Ebene privater Fachschulen statt.

Der Lissabonner Kongress (2004) wirft Schlaglichter auf die kontinuierlichen landesspezifischen Entwicklungen seit Gründung des Europäischen Forums, macht aber auch die Notwendigkeit eines verstärkten internationalen wissenschaftlichen Diskurses über konzeptionelle, wissenschaftstheoretische und -methodische Positionen notwendig, um die Anschlussfähigkeit der Diskurse zu gewährleisten. In Italien, Spanien und Portugal sind in der ersten Entwicklungsphase viele Übersetzungen aus dem Französischen von grundlegender Bedeutung; parallel dazu hat sich sehr schnell eine eigene Entwicklungslinie verselbstständigt. Mit dem südamerikanischen Sprachraum hat dabei die spanische Fachliteratur die größte Verbreitung. Die spanische Fachzeitschrift *Psicomotricidad: Revista de Estudios y Experiencia* erscheint seit 1981 als erste, die Zeitschrift *Revista Psycomotrictà ReS* (Italien) seit 1993 und *A Psicomotricidade* (Portuguese Review of Psychomotricity) seit 2003 folgen und zeugen von einer lebhaften Fachdiskussion. Die Hauptbeiträge des Lissabonner Kongresses sind dabei in englischer Sprache in der Ausgabe 3 (2004) der portugiesischen Zeitschrift nachzulesen.

Nach der traditionellen therapeutischen Schwerpunktsetzung hat die Psychomotorik in *Italien* als pädagogisches und präventives Konzept Fuß gefasst (Boscaini 2004; Caliari 2004). In *Spanien* ist die Psychomotorik im therapeutischen Feld nicht offiziell anerkannt, obwohl psychomotorische Inhalte in anerkannte Berufsausbildungen (Psychologie, Logopädie, Sondererzieher) integriert sind. Hier hat die Psychomotorik eine stärker pädagogisch ausgerichtete Anerkennung erfahren. In den 1990er-Jahren wurde in Spanien der Dachverband der Psychomotoriker gegründet, dem sieben Teilorganisationen angehören. Auch wenn die staatliche Anerkennung der Psychomotorik als Fachberuf noch nicht erreicht ist, sind psychomotorische Inhalte in den Curricula von 10 spanischen Universitäten und zahlreichen weiteren Instituten und Ausbildungsstätten ausgewiesen.

Einen sehr guten Überblick (in spanischer Sprache) zur Psychomotorik im Erziehungfeld gibt der Revisionsband von Pescador et al. (2000).

Den größten Sprung in der fachlichen, wissenschaftlichen und fachpolitischen Anerkennung der letzten zehn Jahre hat die Psychomotorik in *Portugal* vorgenommen. An der Universität Lissabon existiert seit einigen Jahren ein 8-semestriger Bachelor-Studiengang, ein Master ist in Vorbereitung.

Für eine fachliche Vertiefung sei auf Fonseca 2004, Neto 2004 und Martins 2006 verwiesen.

Niederlande

In den Niederlanden ist der Terminus Psychomotorische Therapie (PMT) vorherrschend. Nach Bosscher (2006) sowie Bosscher/Probst (2001) etabliert sich die PMT historisch zuerst im psychiatrischen Kontext und wird dabei vor allem durch die „aktivere Krankheitsbehandlung“ psychiatrischer Patienten des deutschen Psychiaters Simon (1929) beeinflusst. Entsprechend übernimmt sie den Terminus „Aktivere Therapie“. Dahinter verbirgt sich die aus heutiger Sicht durchaus ressourcenorientierte Vorgehensweise, den „gesunden Teil“ des Patienten durch Arbeit, Körperübungen und Erholung zu aktivieren, wodurch das bisherige Fehlen von sinngebenden Aktivitäten in den psychiatrischen Krankenhäusern ausgeglichen werden sollte. Nach einer bewertenden Übersicht von van Praagh (2003) handelt es sich bei der Aktiveren Therapie bereits um einen systematisch durchgeführten therapeutischen Ansatz, denn es werden nach den Kriterien nötige Konzentration, Maß an selbstständigem Denken und Grad der Verantwortlichkeit fünf Niveaus unterschieden, auf denen mit den Patienten gearbeitet werden kann. Ausgehend von diesem Basiskonzept wird in den Jahrzehnten nach dem zweiten Weltkrieg systematisch ein Therapiekonzept entwickelt, das von den Wirksamkeiten der Bewegungsaktivitäten ausgeht und unter Hinzunahme anthropologischer und phänomenologischer Erkenntnisse ein umfassendes Erkenntnisinteresse entwickelt (Gordijn et al. 1975) und sowohl pädagogische als auch therapeutische Anwendungsfelder begründet (vgl. Bosscher, 2006, 240; Emck 2004).

Der aktuelle psychomotorische Ansatz wird als eine Sichtweise beschrieben, die sowohl bewegungsorientierte als auch körperorientierte Behandlungsweisen integriert. Obwohl in der Praxis entstanden, etabliert sich die PMT in den Niederlanden zunehmend als theoriegeleitetes Konzept, das zudem in einem Zwei-Wege-System studiert werden kann. Weg eins führt über ein praxisorientiertes BA-Studium (4 Jahre) an der Fachhochschule Windesheim in Zwolle und anschließender mindestens zweijähriger Berufspraxis zu einem Master-Abschluss. Der zweite Weg führt als wissenschaftliches Studium über den Bachelor of Science in Bewegungswissenschaften an der Freien Universität Amsterdam und anschließender (mindestens) zweijähiger Berufspraxis zu einem Master of Arts an der FH Windesheim / Zwolle. Aufgrund des sich wandelnden Anspruches im Gesundheitswesen verbunden mit einem erhöhten Kostendruck steigern sich die Anforderungen an die wissenschaftlichen Kompetenzen der Absolventen. Die Forderungen nach Qualitätssicherung und Effektivitätsnachweisen lassen die holländischen Kollegen mit ihren Partnern im Europäischen Forum für Psychomotorik bzw. den Hochschulausbildungsstätten der Nachbarländer zusammenrücken (vgl. Bosscher 2006, 246; Fischer 2006, 238).

Belgien

Enge konzeptionelle Verbindungen bestehen zum flämischen Teil Belgiens. Hier ist – wie in den Niederlanden – die psychomotorische Ausbildung seit fast 30 Jahren universitär ausgerichtet (Leuwen) und den Fakultäten für Bewegungswissenschaften zugeordnet. Nach Simons (2000a,b) können in der PMT zwei verschiedene Richtungen unterschieden werden. Die eine platziert sich im Rahmen der allgemeinen Therapiediskussion zwischen neurobiologischen, phänomenologischen und verhaltenstherapeutischen Modellvorstellungen, die andere Richtung entspricht dem holländischen Modell einer spezifischen und eigenständigen Behandlungsform mit den entsprechenden Erklärungsansätzen. Das belgisch-wallonische Ausbildungssystem folgt eher dem französischen Muster mit recht unterschiedlichen berufsspezifischen Akzentsetzungen zwischen Therapie und Pädagogik. Interessant ist, dass insbesondere der Ansatz von Aucouturier eine starke Berücksichtigung in der psychomotorischen Therapie gefunden hat.

Luxemburg

Die psychomotorische Erziehung in Luxemburg untersteht dem Erziehungsministerium und wird von einer kleinen Gruppe von Spezialisten, die meistens eine Aus- oder Weiterbildung in Frankreich oder Deutschland genossen haben, in unterschiedlichen Ausbildungsbereichen (Vorschule, Schule, klinischer und rehabilitativer Bereich) vertreten. Dabei hat das mehrsprachige Luxemburg schon immer eine Mittlerfunktion zwischen den deutschen und französischen Konzeptentwicklungen in Europa innegehabt. Robert Decker analysiert seit den 1960er-Jahren die spezifischen Entwicklungen und macht die psychomotorischen Prinzipien als Grundelemente für die Aus- und Fortbildung in Luxemburg nutzbar (Decker 1967, 1984, 2002). Schon im Jahre 1983 wird der „Letzeburger Aktiounskrees Psychomotorik" (LAP) gegründet. Die therapeutischen Arbeitsfelder werden heute eher von in Frankreich ausgebildeten Psychomotoriktherapeuten, die pädagogischen eher von in Deutschland ausgebildeten Spezialisten besetzt. In jüngster Zeit wird die Frage der Sozialen Gerechtigkeit unter besonderer Berücksichtigung des Themas „Kinderarmut und Bildung" diskutiert (Caritas Luxemburg 2008). Achten et al. (2008) nehmen dabei eine kindorientierte Perspektive ein und weisen der Bewegung / Psychomotorik eine herausragende Rolle für die nationale Bildungsdiskussion zu. Insbesondere in der (Vor-)schulischen Erziehung der drei- bis sechsjährigen Kinder (classe précoce und classe d'éducation préscolaire) hat die Vermittlung psychomotorischer Handlungskompetenzen – etwa durch das Konzept der Neuen Bewegungsbaustelle (Miedzinski / Fischer 2006) – Fuß gefasst (Koppes 2007).

Schweiz

Das schweizerische Psychomotorikkonzept ist ursprünglich durch eine enge Zusammenarbeit der Tanzpädagogin Suzanne Naville und dem Psychiater de Ajuriaguerra entstanden, hat sich aber von dem ursprünglich klinischen Vorbild Frankreichs sehr schnell zu einer anerkannten Ausbildung zum Psychomotorik-Therapeuten mit einer Qualifikation für den heilpädagogischen Bereich entwickelt. In der Schweiz werden in Zürich, Basel und Genf die Ausbildungen in Psychomotorischer Therapie auf Hochschulebene vermittelt. Von der heutigen Warte zurückblickend muss festgestellt werden, dass sich die klassische Klientel (nicht nur) in der Schweiz grundlegend verändert hat. Hartmut und Susanne Amft (2003) weisen mit ihrer groß angelegten Studie zu über 1300 Psychomotoriktherapien in der deutschen und französischen Schweiz mit Kindern im Grundschulalter nach, dass die Klientel der mit Psychomotorik geförderten Kinder umdefiniert werden muss. Nicht mehr Kinder mit „Bewegungsschwierigkeiten" sind Hauptklientel der Psychomotorischen Therapie (so der offizielle Begriff in der Schweiz), sondern „Kinder mit komplexen Auffälligkeiten und Störungen, welche auf psychosozial bedingte Ursachen- und Entstehungszusammenhänge hinweisen. Diese Kinder sind nicht behindert, sondern sie weisen problemanzeigende Verhaltensweisen auf. Der heilpädagogische Auftrag beeinhaltet daher nicht in erster Linie die Förderung von Bewegungskompetenzen, sondern von psychosozialen Bewältigungsressourcen. Dies sollte Konsequenzen für das Selbstverständnis und die paradigmatische Zuordnung der PMT haben" (Amft / Amft 2003, 30–31). Entsprechend hat die Interkantonale Hochschule für Heilpädagogik in Zürich ab dem Studienjahr 2006 das Curriculum verändert und bietet einen interdisziplinär ausgerichteten Bachelor-Studiengang „Psychomotoriktherapie" an, der den neuen fachwissenschaftlichen Qualifikationskriterien entspricht.

Österreich

Österreich folgt stark dem Entwicklungsweg Deutschlands und versucht Psychomotorik durch die bevorzugte Verwendung der Begriffe Motologie und Motopädagogik eher wissenschaftlich-universitär mit einer Akzentsetzung im (heil / sonder-)pädagogischen Feld zu etablieren. Ein interdisziplinär und international begleiteter Modell-Studiengang an der Donau-Universität Krems und der Niederösterreichischen Landesakademie St. Pölten entwickelt in den Jahren 1996–1998 ein Fachcurriculum nach europäischem Standard (zu den Ergebnissen s. Weiß / Ullmann 2003).

Leider ist der Abschluss anfangs trotz hoher Qualität national nicht anerkannt. Ab dem Wintersemester 2001/2002 wechselt der Studiengang an die Universität Wien. Im Februar 2002 gibt das Bundesministerium für Bildung, Wissenschaft und Kultur grünes Licht für eine Anerkennung der Ausbildung im Bereich *Motopädagogik*. Die Niederösterreichische Landesakademie ist berechtigt, den viersemestrigen Lehrgang „Motopädagogik (MAS)" als „Lehrgang universitären Charakters" zu bezeichnen und den Absolventen den akademischen Grad „Master of Advanced Studies (Motopädagogik) (MAS)" zu verleihen. Absolventen des dreisemestrigen Lehrgangs universitären Charakters Motopädagogik darf die Bezeichnung „Akademische Motopädagogin / Akademischer Motopädagoge" verliehen werden (Ullmann 2003, 14). Auch die Fortbildungskonzeption zur „Zusatzqualifikation Motopädagogik" des 1993 gegründeten Aktionskreises Motopädagogik Österreich (akmö) nach ursprünglichem Vorbild des Aktionskreises Psychomotorik e. V. in Deutschland (Stehno 1997) entwickelt sich in Kooperation mit zahlreichen Initiativen und Ausbildungsstätten im pädagogisch / therapeutischen Tätigkeitsbereich zu einem differenzierten und anerkannten Anwendungskonzept (Pinter-Theiss / Theiss 1997).

Tschechien und Slowenien

Die beiden (süd-)osteuropäischen Länder im Forum (Tschechien und Slowenien) halten schon seit den 1960er- bzw. 1970er-Jahren sehr intensive Fortbildungskontakte zu E. J. Kiphard und intensivieren seit ihrer Mitgliedschaft im Europäischen Forum und der Europäischen Union Bestrebungen zu eigenen Fort- und Ausbildungskonzeptionen. In Tschechien ist die Psychomotorik insbesondere in der Vorschul- und Grundschulpädagogik verbreitet. Im Sonderschulwesen (Special Education) besteht eine enge Verbindung zur Internationalen Vereinigung Adapted Physical Activity (APA). Gegenwärtig findet eine sehr differenzierte Auseinandersetzung – auch mit den wissenschaftlichen Konzepten des psychomotorischen Paradigmas – statt (Blahus 2004). Eine formale Organisation besteht in der tschechischen „Association Sport for All". In Slowenien existiert eine „Gesellschaft für Motopädagogik und Psychomotorik", die sich sehr um die therapeutische Versorgung von Kindern und Jugendlichen bemüht.

Griechenland

Griechenland ist bisher nicht Mitglied des Europäischen Forums für Psychomotorik. Dennoch gibt es in Griechenland eine kleine, vorwiegend in Deutschland ausgebildete Gruppe von Fachspezialisten. Deren Aktivitäten sind inzwischen so weitreichend, dass nicht nur im Jahre 2002 eine wissenschaftliche Vereinigung „Hellas“ der Psychomotoriker (Kambas 2003) gegründet wurde, auch wurden inzwischen geeignete Inhalte in die Curricula der (Sport-) Lehrerausbildungen der Universitäten Athen, Thessaloniki und Kreta sowie der Vorschulerziehung integriert. Darüber hinaus existiert seit 2005 eine wissenschaftliche Online-Zeitschrift.

Mit Bezug auf eine Darstellung Irmischers (1998, 134) und Fischers (2006a) sollen die Gemeinsamkeiten sowie die Unterschiede der europäischen Besonderheiten zusammenfassend dargestellt werden.

Gemeinsamkeiten in der Entwicklung:

- die Ursprünge der praktischen und theoretischen Überlegungen, die zu den unterschiedlichen Verfahren in den Ländern führen konnten, ergeben sich sehr oft aus der therapeutischen Arbeit mit gesellschaftlichen Randgruppen in klinisch-psychiatrischen Einrichtungen;
- die jeweiligen Initiatoren und Initiatorinnen hatten erkannt, dass nur ein holistisches Menschenbild Grundlage ihrer Arbeit, die über die Körper-, Sinnes-, und Bewegungsfunktionen hinaus ganzheitlich auf den Menschen wirken sollte, sein konnte;
- eine differenzierte Analyse der theoretischen Hintergründe lässt gemeinsame philosophische und anthropologische Quellen erkennen, die sicherlich erst auf der Grundlage der gemeinsamen Kulturgeschichte zu verstehen sind;
- die jeweiligen Initiatoren und Initiatorinnen fokussieren ihre Arbeit auf ein enges Zusammenspiel von motorischen und psychischen Vorgängen, um das Verhalten des Menschen beeinflussen zu können;
- das jeweilige Zentrum der Bemühungen ist die Behandlung von Beeinträchtigungen, die einen ursächlichen psychomotorischen Hintergrund haben können oder deren Auswirkungen sich in psychomotorischen Veränderungen darstellen lassen;
- allen gemeinsam ist das Bestreben, die psychomotorische Ausbildung zu akademisieren und in das gestufte europäische

Ausbildungssystem von Bachelor- und Masterstudiengängen einzugliedern;
- für die Psychomotoriker Europas kommt es zunehmend zu den gewünschten fachlichen und persönlichen Austauschprozessen bei Wahrung der kulturellen Identitäten (diversity and specifity);
- selbst die wissenschaftlichen Aktivitäten (Kongresse und Tagungen, Projekte) haben an Momentum zugenommen.

Unterschiede in der Entwicklung:

- die Begründer hatten durch ihre jeweilige Ausbildung unterschiedliche Ausgangspositionen (Entspannungstherapeutin, Beschäftigungstherapeutin, Tanztherapeutin, Sportlehrer, Mediziner), die bei ähnlichen Grundannahmen im Detail zu unterschiedlichen theoretischen und praktischen Konzepten führen mussten;
- in der französisch beeinflussten südeuropäischen, der dänischen und holländischen Psychomotorik wird intensiver mit dem Körper und am Körper gearbeitet. Hier findet das „Symbolische“ eine stärkere Beachtung;
- in der deutschen, schweizerischen und flämisch-belgischen Psychomotorik werden die Konstrukte Wahrnehmung und Bewegung intensiver in die Arbeit einbezogen;
- in Frankreich und Dänemark sind differenzierte Modelle der Entspannung entwickelt worden;
- im deutschsprachigen Raum ist der Aspekt des Erlebnisses, der Sensation viel stärker berücksichtigt worden.

Und welche sind die gemeinsamen neuen Herausforderungen?

Handlungsbedarf gibt es noch an einer Intensivierung der fachidentitätsbildenden Konzeptdiskussionen. Wir brauchen mehr Praxisforschung und –evaluation unseres Fachgebietes selbst (Qualitätsentwicklung): Mehr Beobachtungen, Erfahrungsberichte, Studien über Fördergruppen und deren reale Lebenskontexte in ganz Europa, mehr Forschungen über die Wirkfaktoren des psychomotorischen Methodenkanons. Dieses erfordert zwingend die Fortführung und Intensivierung der interdisziplinären und internationalen Zusammenarbeit und die Akquisition von

Mitteln für Forschung und wissenschaftliche Nachwuchsförderung. Das sind neue Herausforderungen unter einer Perspektive der Psychomotorik als Wissenschaftsdisziplin in Europa.

1.7 Evaluations- und Wirksamkeitsforschung in der Psychomotorik

Qualität im Gesundheitswesen

Vor dem Hintergrund der Verknappung öffentlicher Mittel hat sich in Deutschland seit Beginn der 90er Jahre des letzten Jahrhunderts eine Debatte entwickelt, die die *Qualität* der Arbeit im Gesundheits- und Sozialwesen in den Fokus des Interesses rückt. Im alltäglichen Sprachgebrauch wird der Begriff der Qualität nur selten gemäß seiner ursprünglichen Bedeutung (lateinisch *qualitas* für Beschaffenheit oder Eigenschaft) wertneutral verwendet, sondern eher, um die Güte einer Sache, einer Person oder deren Arbeit zum Ausdruck zu bringen. Dementsprechend versteht die *Deutsche Gesellschaft für Qualität* unter diesem Begriff „die Gesamtheit von Eigenschaften und Merkmalen einer Leistung oder Tätigkeit, die sich auf deren Eignung zur Erfüllung gegebener Erfordernisse bezieht" (zit. n. Burmeister 1996, 26). Die eigentliche Qualitätsdiskussion entwickelt sich erst mit der gesetzlichen Umorientierung der Finanzierung von Hilfeleistungen. In der Novellierung des § 93 des Bundessozialhilfegesetzes (BSHG) wird erstmals die *Qualität von Leistungen* erwähnt und stellt die Leistungserbringer vor neue Herausforderungen. „Zum einen sollen Qualitätsmerkmale im Rahmen der Leistungsvereinbarungen verbindlich festgelegt werden, zum anderen soll die Qualität der erbrachten Leistung überprüft werden können" (Frühauf 1997, 10).

Qualitätssicherung

Mit der Neufassung des BSHG und des KJHG (Kinder- und Jugendhilfegesetz) liegen heute Rechtsgrundlagen vor, die der Qualitätsdebatte einen verbindlichen Rahmen geben und sozialen wie pädagogischen Einrichtungen den Auftrag auferlegen, die jeweiligen Leistungen (Angebote, Konzepte etc.) auszuweisen und deren Effekte zu evaluieren.

Was ist in diesem Rahmen unter *Evaluation* zu verstehen? Unter Evaluation ist ein auf empirischen Methoden beruhendes

Verfahren der Bewertung von Interventionen zu verstehen, das bereits in den 1970er-Jahren unter der Bezeichnung „wissenschaftliche Begleitung" in die soziale und pädagogische Arbeit eingeführt wurde (Beywl 1996). Die empirische Grundlage einer Evaluation baut in der Regel auf einer guten Dokumentation auf. Beispielsweise kann durch Dokumentation des Entwicklungsstandes (oder anderer Aspekte) von Kindern und Jugendlichen zu verschiedenen Zeitpunkten eines Förder-/Therapieprozesses der Erfolg dieser Maßnahmen überprüft werden. Evaluation kann sowohl als Fremdevaluation, das heißt durch unabhängige Spezialisten (ohne Beteiligung der Personen, die mit der zu evaluierenden Intervention befasst sind) oder auch als Selbstevaluation (durch die beteiligten Partner) erfolgen. In der Praxis sind jedoch Mischformen aus beiden Ansätzen am häufigsten anzutreffen (Heiner 1996; Arnold, J. 2006).

Die Frage nach der Wirksamkeit einer Interventionsform trifft auch die Psychomotorik. Sie wird nicht nur durch das allgemeine Kosten-Nutzen-Interesse (Effizienz) gespeist, sondern ist so alt wie der generelle Anspruch eines Ansatzes auf Anerkennung im Spektrum wissenschaftlich fundierter Förder- und Therapiemethoden (vgl. Knab/Klein 2006, 167). Vor dem Hintergrund dieser Fragestellung hat sich im Jahre 2003 eine Arbeitsgruppe – bestehend aus Vertretern aus Wissenschaft und Praxis – gegründet, die

SPES

sich dem Feld der Verfahrensentwicklung psychomotorikspezifischer Qualität widmet. Das Ergebnis ist das System psychomotorischer Effekte-Sicherung (SPES) zur Evaluation und Qualitätsentwicklung psychomotorischer Förder- und Therapiemaßnahmen für Kinder und Jugendliche. Die speziell zu diesem Zweck entwickelten Fragebögen können dabei in verschiedenen Arbeitsfeldern (motopädische Praxen, klinisch-therapeutische Institutionen, Fördervereine, Kinder- und Jugendhilfeeinrichtungen, Förderschulen etc.) zur Einzelfalldokumentation von Kindern und Jugendlichen mit Förderbedarf eingesetzt werden. Was leistet das Verfahren? SPES ermöglicht den teilnehmenden Institutionen den Aufbau eines einheitlich strukturierten Dokumentationssystems zur Erfassung von Struktur-, Prozess- und Ergebnisqualität (Donabedian 1982). Darüber hinaus ergeben sich durch den Vergleich der eigenen Evaluationsergebnisse mit denen anderer Teilnehmer grundlegende Erkenntnisse über die Qualität der eigenen Angebote und Leistungen. Die SPES-Daten dienen somit einer wissenschaftlich fundierten Evaluation und

Qualitätsentwicklung des eigenen Förder- bzw. Therapiekonzepts.

Vor allem aber bietet SPES die Gelegenheit, auf der Basis einer gemeinsamen Sprache die psychomotorische Arbeit zu bewerten und zu reflektieren. Da in allen Einrichtungen nach dem gleichen Verfahren erhoben wird, kann die einzelne Einrichtung ihre persönlichen Daten in Beziehung zu den Daten aller anderen teilnehmenden Einrichtungen setzen, ohne dabei ihre Daten öffentlich zu machen. Durch Einzel-, Gruppen-, Einrichtungs-, Regional- und Bundesauswertungen werden konkrete Vergleiche ermöglicht, die zu Verbesserungen der psychomotorischen Praxis und zur Erkennung von Einsparungspotenzialen beim ökonomischen Mitteleinsatz führen können.

Ein weiteres zentrales Anliegen von SPES ist es, mit Hilfe spezifischer Kennwerte Effekte der Förderung bzw. Therapie sichtbar zu machen, wodurch fundierte Hinweise auf den Wirkungsgrad psychomotorischer Angebote gegeben werden. Typische Fragestellungen in diesem Kontext sind etwa:

- Welche inhaltlichen Angebote wirken besonders positiv?
- Bei welcher Ausgangslage sind große bzw. nur geringe Erfolge zu erwarten?
- Gibt es „sensible Phasen“ im Verlauf einer Intervention, in denen besonders effektiv gearbeitet werden kann?
- Wie wichtig ist eine gute Beziehung zwischen Psychomotoriker und Kind?
- Welche Rolle spielen die Eltern?
- Hat Psychomotorik nur Auswirkungen auf die motorische Entwicklung oder sind auch andere Effekte nachweisbar? (Arnold, J. 2006).

Vertiefte Informationen zur Wirksamkeitsforschung in der Psychomotorik sollen am Ende dieses Bandes diskutiert werden.

Übungsaufgaben zu Kapitel 1

1. Vergegenwärtigen Sie sich zunächst Ihren persönlichen Zugang zum Thema *Bewegung* und zur *Körperlichkeit*. Welche Erfahrungen habe ich selbst im Laufe meines Lebens mit Bewegung und auch mit sportlichen Aktivitäten gemacht?

2. Was bedeutet Psychomotorik?

3. Auf welchen historischen Quellen beruht der ursprüngliche Ansatz der Psychomotorischen Übungsbehandlung?

4. Was ist der Unterschied zwischen Motopädie und Motologie?

5. Skizzieren Sie die Lernfelder *Körpererfahrung*, *Materialerfahrung* und *Sozialerfahrung*.

6. Wodurch unterscheiden sich Motopädagogik und Mototherapie?

7. Was versteht man unter dem Paradigmenwechsel in der Wissenschaftsauffassung?

8. Warum kritisiert die moderne Fachdiskussion die dualistische Weltauffassung und welche sind die aktuellen Sichtweisen?

9. Welche Hintergründe führten zur Gründung der Deutschen Gesellschaft für Psychomotorik und Motologie?

10. Wann wurde das Europäische Forum für Psychomotorik gegründet und welche Aufgaben stellt sich dieses internationale Gremium?

11. Skizzieren Sie die inhaltlichen Schwerpunkte der psychomotorischen Arbeit in verschiedenen europäischen Ländern.

12. Beschreiben Sie die Eckpunkte der Evaluations- und Wirksamkeitsforschung in der Psychomotorik

2 Schlüsselbegriffe der Psychomotorik und deren Bezugstheorien

2.1 Bewegung und Wahrnehmung als Grundkategorien

Exploration und Kommunikation

Die beiden zentralen Kategorien des psychomotorischen Förderansatzes sind Bewegung und Wahrnehmung. *Bewegung* – hier immer verstanden im Handlungskontext – ist zunächst einmal Ausdrucksmittel zur Entfaltung der Sinne (Kükelhaus/zur Lippe 1982), zum anderen Medium der Erkenntnisgewinnung des Kindes. Über die grundlegenden Tätigkeiten des Schaukelns, Rutschens, Balancierens, Rollens, Kletterns etc. erwirbt das Kind eine Vorstellung von Schwung, Gleichgewicht, Schwerkraft, Reibung und entwickelt sein Verständnis für die Realität. Die Bewegung ist als erste und wichtigste Kommunikationsform des Kindes vor allem *das* entscheidende Mittel, um im vorsprachlichen Entwicklungsalter den Dialog zwischen dem Kind und seinen Bezugspersonen in Gang zu setzen. Die Bewegung erweist sich als Schlüssel zum Kind, da in Handlungssituationen ein freudvoller Zugang zum Kind gefunden werden kann.

Funktion und Emotion

Im traditionellen psychomotorischen Theorie-Praxis-Feld stehen diese explorativen und kommunikativen Funktionen der Bewegung im Vordergrund. Zunehmend werden auch weitere Sinngebungen menschlicher Bewegungshandlungen für die kindliche Persönlichkeitsentwicklung thematisiert und in bewegungsbezogene Förderkonzepte integriert. Es ist für das kleine Kind wichtig, den Umgang mit vielfältigem Spielmaterial zu erlernen, was den Erwerb von Kulturtechniken wie Schreiben, Malen und Konstruieren (funktioneller Aspekt) vorbereitet. Es müssen dem Kind aber auch Freiräume gegeben werden, um intensive psychische Zustände, wie Neugier und Spannung, Aufregung, Anstrengung, Ärger, Wut, Freude und Spaß zu erleben (Kretschmer 1981b, 25) und diese natürlichen Gefühlszustände in seinen Bewegungshandlungen zum Ausdruck zu bringen (impressive und expressive Aspekte). In diesem Sinne kommt der Bewegungshandlung entscheidende Bedeutung bei der Gestaltung des Förderprozesses eines (entwicklungsbeeinträchtigten) Kindes in der Psychomotorik zu.

Betrachten wir die Welt aus der Perspektive des Kindes, so geschieht die Welterschließung über den Körper und die Bewegung. Bewegungserfahrungen sind immer unmittelbar auf den Körper bezogen; als Bewegungserlebnisse sind sie von der Persönlichkeit des Kindes nicht zu trennen. Sie bilden geradezu die kindliche Identität. Bewegungen sind in ihrer unmittelbaren Qualität immer auch Welterfahrungen. Bewegungserfahrungen eröffnen dem Kind die Welt räumlich-dinglich und in ihren personalen Bezügen. Ein derart verstandener Bewegungsbegriff ist immer ganzheitlich ausgerichtet und somit als Mensch-Welt-Beziehung im Sinne einer Dialoggestaltung aufzufassen (s. auch Dietrich 2003).

Bewegungshandlung

Hier wird eine veränderte Sichtweise des Begriffes der Bewegungshandlung deutlich. In ihren Anfängen legt die psychomotorische Theorielegung ihren Handlungsbezug nicht eindeutig genug aus. Es wird sowohl Bezug auf die Gestaltkreistheorie v. Weizsäckers genommen und damit ein subjekt-orientiertes ganzheitliches Menschenbild angenommen als auch Bezüge zur bewegungswissenschaftlichen Handlungsregulationsforschung unter Berücksichtigung des sensomotorischen Regelkreismodells hergestellt (für eine Übersicht s. Philippi-Eisenburger 1991a und Vetter 2003). Eine solche Sichtweise läuft Gefahr, menschliches Handeln ausschließlich als Regelkreis zwischen sensorischem Input und motorischem Output zu verstehen und zu sehr auf eine neurophysiologische Basis zu verkürzen. Derartige Handlungsmodelle verfolgen das Ziel, ein Bewegungsgeschehen zu beschreiben, zu erklären, Verlaufsprozesse zu antizipieren und Erfolge zu beeinflussen. Auf der Strecke bleibt das handelnde Subjekt, die Frage nach der Bedeutungsebene und den Sinngebungen der Bewegungshandlung. In neuerer Zeit wird eher die Frage thematisiert, welche Bedeutung das Handeln für die Entwicklung des Menschen hat und wie sich Handlungskompetenz selbst entwickelt. Gegenwärtig laufen verschiedene Strömungen zusammen: Das in Bewegung handelnde Subjekt wird zum Forschungsgegenstand für verschiedene Disziplinen (Krist 2006; Storch et al. 2006; Schiebl 2007).

2.1.1 Entwicklung durch Handeln

Für die Psychomotorik bedeutsam ist ein Konzept, das Lerner (1988) als kontextualistischen Zugang in der Handlungsdiskussion bezeichnet. Kontextualismus bezieht sich auf die Wechselwirkungen des handelnden Subjekts mit seinen personalen sowie dinglichen Umweltbedingungen. Die Perspektive ist insofern interessant, als sie dem Individuum – dem handelnden Subjekt – die Rolle des Produzenten der eigenen Entwicklung zuschreibt. Diese aktive Einflussnahme auf die Gestaltung der eigenen Entwicklung ist inzwischen als eine übergeordnete Kategorie anerkannt und wird auch als aktionale Entwicklungsperspektive (Brandtstädter 1986) (also als Perspektive der Entwicklung durch Handeln) bezeichnet. In der Entwicklungspsychologie hat diese Sichtweise eine allgemeine Akzeptanz gefunden (Brandtstädter 2001; Brandtstädter / Greve 2006). Für das Menschenbild bedeutet dieses: Die Person ist nicht passives Produkt ihrer Umwelt, sondern nimmt aktiv Einfluss auf deren Veränderung, wird allerdings auch durch Umwelteinflüsse verändert.

Handlung statt Behandlung

So ist es verständlich, dass der Paradigmenwechsel die Praxis erreicht hat. Steht etwa in der Frühförderung entwicklungsbeeinträchtigter oder behinderter Kinder bis vor wenigen Jahren das *Behandlungskonzept* im Vordergrund, so gewinnt jetzt das *Handlungskonzept* die Oberhand: Die Eigenaktivität wird zum „Motor der Entwicklung des Kindes" (Schlack 2000, 32). In der Entwicklungsforschung hat dieses Prinzip der Eigenaktivität unwidersprochene Akzeptanz gefunden. „Entwicklung erfolgt wesentlich über die Eigenaktivität des Kindes in der Interaktion mit Personen und Gegenständen" (Ohrt 2006, 146).

Einigkeit besteht heute auch darin, Person-Kontext-Interaktionen als lebenslangen Prozess zu begreifen. Eine eben solche Übereinstimmung existiert in der Einschätzung, den frühen Lebensabschnitten eine besondere Bedeutung für die Ausbildung der Grundstrukturen oder basalen Kompetenzen menschlicher Persongenese beizumessen. Dazu zählen *sensorische* (z. B. Sehen), *motorische* (z. B. körperliche Beweglichkeit), *interaktive* (z. B. Fähigkeit zur Perspektivenübernahme, Kontaktbereitschaft), *intellektuelle* (z. B. Fähigkeit zur Informationsverarbeitung und Wissensspeicherung) und *affektive* (z. B. Bindungsfähigkeit, Empathie) Qualifikationen. Entscheidend ist aber, dass diese Entwicklungsbereiche sich nicht isoliert, sondern im Handeln konstituieren, das somit eine intrapersonale Vernetzung von Persönlichkeitsdimensionen ermöglicht.

2.1.2 Entwicklung der Handlungskompetenz

Nur folgerichtig sind daher aktuelle Tendenzen der Handlungsforschung – und diese sind überaus wichtig für das psychomotorische Konzept –, die Persönlichkeitsentwicklung als Entwicklung der Handlungskompetenz zu definieren. Hauptgegenstand aktueller Untersuchungen ist es, eine Periodisierung der Persönlichkeitsentwicklung im Kindes- und Jugendalter vorzunehmen, die für eine Entwicklungsintervention verwertbare Aussagen zulässt. Von besonderem Interesse ist dabei, dass als Periodisierungskriterium nicht die kognitive Entwicklung, sondern die Handlungskompetenz des Kindes als ganzheitliches Konstrukt zur Kennzeichnung der qualitativen Entwicklungsabfolge zugrunde liegt.

Meilensteine der Handlungskompetenz

Im Folgenden werden die Meilensteine in der Entwicklung der individuellen Handlungskompetenz im frühen und mittleren Kindesalter exemplarisch ausgewiesen (Kossakowski 1991, 74–76):

- Ein erster Meilenstein ist in Übereinstimmung mit vielen anderen Periodisierungsansätzen im Alter von 3-4 Monaten anzusetzen, wo mit den bereits ausgebildeten Erwartungshaltungen des Säuglings sowie der manipulativen Fähigkeit der Auge-Hand-Koordination die motivationalen und sensomotorischen Voraussetzungen für elementare antizipatorische Handlungen entwickelt sind. Das reflektorische Verhalten des Säuglings tritt weitestgehend zurück und das Kind öffnet sich mit erhöhter Aufmerksamkeit seiner personalen und dinglichen Umwelt.
- Um das erste Lebensjahr beherrscht das Kind das Gehen und erobert den umgebenden Raum selbstständig. Es ist nun in der Lage, Zielobjekte aktiv zu erreichen und erlebt sich dadurch verstärkt als Verursacher des Geschehens. Das Kind entwickelt seine Fähigkeit zur sprachlichen Kundgebung seiner Intentionen, besonders aber zu Reaktionen auf sprachliche Äußerungen.
- Ein entscheidender qualitativer Fortschritt liegt zu Beginn des Kindergartenalters (ab 3 Jahren). Zentral für diesen Zeitraum

ist die beginnende Herausbildung der reflektierenden Subjektposition des Kindes, die in einer deutlichen Ich-Umwelt-Differenzierung, in sich verstärkenden Bestrebungen, eigene Intentionen durchzusetzen, vieles selbst zu machen, in Reflexionen über eigene Wünsche und Möglichkeiten sowie deren soziale Bewertung und in ersten Formen des Abschätzens von Intentionen sowie Fähigkeiten der Handlungspartner zum Ausdruck kommt (Entwicklung sozialer Kognitionen durch Handeln).

- Im Grundschulalter sind zwei Ereigniskomplexe überindividuell entwicklungsrelevant. Zunächst ist es der Übergangsprozess der Einschulung selbst, der die gesamte Lebensweise des Kindes ändert. Die neuen Anforderungen der Schule beeinflussen die Leistungsmotivation und erhöhen die Fähigkeit zur Ausrichtung auf längerfristige Zielsetzungen. Das Schreibenlernen verbessert die feinmotorischen Steuerungsleistungen und der Klassenunterricht verändert das Bewusstsein über die eigene soziale Stellung in der Gruppe.
- Der zweite qualitative Sprung in der Entwicklung des Grundschulkindes erfolgt durch den Erwerb der Schriftsprache und des Lesens. Die schriftliche Fixierung eigener Überlegungen und das Verstehen schriftlichen Materials befreien das Denken von der Aktualität des Augenblicks und ermöglichen zeitlich weiterreichende Handlungsplanungen.

Die Wahl der *Handlungskompetenz* als Periodisierungskriterium hat wesentliche Vorzüge. Zum einen entspricht sie einer klaren Aufwertung des psychomotorischen Konzepts, das die Handlungskompetenz des Menschen als Schlüsselbegriff ausweist. Zum anderen erweist sich diese Vorgehensweise als richtungsweisend für pädagogische und therapeutische Entscheidungsprozesse. Die genannten Meilensteine der Entwicklung sind auch als *Entwicklungsaufgaben* zu verstehen (auf dieses Konzept und seine praktischen Implikationen wird in Kapitel 4 näher eingegangen). Dann geht es um die Fragestellung, mit Hilfe welcher Inhalte und Themen das Erreichen eines Strukturniveaus realisiert werden kann und wo eine Intervention anzusetzen ist (individuumszentriert und im Handlungsumfeld).

2.1.3 Wahrnehmung als Sinnestätigkeit

Die andere wesentliche Kategorie des psychomotorischen Theoriekonzeptes, die *Wahrnehmung*, ist eng mit der Kategorie der Bewegung verbunden: Bewegung und Wahrnehmung werden als Einheit verstanden (v. Weizsäcker 1947). Leider hat die *Förderpraxis* entwicklungsbeeinträchtigter Kinder diese untrennbare Einheit nicht immer realisiert. In der Vergangenheit wurden Wahrnehmungsprogramme in der Annahme entwickelt, über ein gezieltes *Sinnestraining* die Wahrnehmungsfähigkeit des Kindes zu fördern und somit „Grundfunktionen kindlicher Persönlichkeit zu entwickeln" (Kiphard 1979; Ohlmeier 1979). Wahrnehmung ist jedoch nicht die Verarbeitung visueller, akustischer, taktiler, vestibulärer, propriozeptiver, olfaktorischer und gustatorischer Reize. Und Wahrnehmungsförderung ist schon gar nicht die additive Förderung (Stimulation) der genannten Sinnesfunktionen. Die Kritik an dieser Praxis betrifft das *Menschenbild*, das den Menschen auf seine funktionierenden Nervenzellen und Synapsen reduziert und die intentionale Seite des Menschen mit seinen Ängsten, Hoffnungen und Wünschen nur peripher berücksichtigt. Aus diesem Grund ist der Anspruch auf *Ganzheitlichkeit* in Frage zu stellen.

Sinnestraining

Die Hauptkritik betrifft den Wahrnehmungsbegriff des Ansatzes. Die beschriebene Praxis ist sowohl aus wahrnehmungspsychologischer wie auch aus handlungstheoretischer Sicht zu kritisieren. Vor allem seitens der ökologisch orientierten Wahrnehmungspsychologie wird schlüssig nachgewiesen, dass Wahrnehmung nicht ein Abbild funktionierender Sinnestüchtigkeit ist, die sich quasi automatisch aus einem gezielten Sinnestraining ergibt. Wahrnehmung ist – bezogen auf den Prozess der kindlichen Entwicklung – von Anfang an eine komplexe, intermodale Leistung des Subjekts (der Person) auf der Basis bedeutungsgebundener Bewegungshandlungen. Für eine derartige Sicht – und für eine Fundierung des Wahrnehmungsbegriffes in der Psychomotorik – ist das Theorieverständnis Eleanor Gibsons grundlegend.

2.1.4 Wahrnehmung als Erkundungsaktivität

Eleanor Gibson

Für eine veränderte Fundierung des Wahrnehmungsbegriffes in der Psychomotorik ist das Theorieverständnis Eleanor Gibsons grundlegend (Gibson 1992, 2000; Fischer 2001c; Osterwälder 2004). Entscheidend ist die ökologische Ausrichtung des Wahrnehmungsprozesses, d. h. Wahrnehmung als Phänomen ist ohne seine Einbettung in Umweltbezüge gar kein Untersuchungsgegenstand. Umweltbezüge herstellen und Umwelt verändern kann der Mensch nur über seine Handlung. Folglich ist Wahrnehmung immer auf die Erfassung handlungsrelevanter Informationen ausgerichtet. Für Gibson ist Wahrnehmung ein Prozess der Differenzierung eines aktiv handelnden Kindes und niemals das Resultat eines Anreicherungsprozesses von Informationen (Pick 1992). Damit setzt sie sich von anderen Ansätzen ihrer Zeit ab, die Wahrnehmung als Abbildungsprozess im (klassischen) psychophysischen Sinne konzipieren. Ihre Theorie hat einen hohen Aussagewert für die gesamte Entwicklung des Kindes, stellt sie doch

„stärker als die meisten anderen Wahrnehmungstheorien das natürliche Verhalten in einer spezifischen Umgebung heraus. Der Mensch muß Objekte, räumliche Anordnungen und zeitliche Ereignisse wahrnehmen, um sich an die Welt anpassen zu können – um sich darin zu bewegen, Dinge zu finden, zu spielen und sogar, um darin zu überleben. Bei diesen Reizen handelt es sich um komplexe relationale Einheiten und nicht einfach um visuelle oder akustische Reize" (Miller 1993, 322).

Durch den Wahrnehmungsakt tritt das Individuum in Beziehung zu seiner Umwelt, es entdeckt, was die Umwelt anzubieten hat, was wiederum eine erhöhte Aufmerksamkeitszentrierung zur Folge hat. Wahrnehmungen sind nicht Selbstzweck, sondern erhalten Sinn und Bedeutung durch die Ausrichtung auf Handlungsziele, die uns die eigenen Erkundungsaktivitäten ins Blickfeld rücken.

Wahrnehmung der Umwelt

Auf die Wahrnehmung bezogen fordert das Konzept nun, dass die Umwelt einem Individuum jede Art von Angeboten macht:

„Ein Angebot ist eine Leistung, die eine bestimmte Umwelt einem Organismus gewährt oder zur Verfügung stellt; es handelt sich um Gelegenheiten zum Handeln. Die Umwelt des Menschen bietet ihm stabile Oberflächen, Gegenstände, die er ergreifen kann, Wege, auf denen er sich bewegen kann und Barrieren, die ihn daran hindern. Mensch und Umwelt bilden also ein Ganzes, in dem die Aktivitäten des Menschen und die Angebote der Umwelt ineinandergreifen" (Miller 1993, 322).

Vom Kind aus betrachtet sind diese Angebote Handlungsmöglichkeiten, die es im Wahrnehmungsprozess erkennen lassen, was es mit dem Objekt tun kann: „Ein Stuhl bietet uns an, darauf zu sitzen, eine Tür bietet uns an hindurchzugehen, ein Mensch bietet uns an, sozialen Kontakt herzustellen“ (Kaufmann-Hayoz 1989, 415; Kaufmann-Hayoz/van Leeuwen 2003). Die Qualität der Wahrnehmungsfähigkeit hängt also von der Variationsbreite der Erkundungsaktivität ab. Entsprechend wichtig sind die Prozesse der Wahrnehmungsentwicklung und des Wahrnehmungslernens.

2.1.5 Wahrnehmungsentwicklung und Wahrnehmungslernen

In ihrem Konzept geht Gibson von der Frage aus, was sich entwickelt bzw. was gelernt wird, und bezieht die Frage auf das (frühe) Kindesalter.

> „Säuglinge lernen, Information zu entdecken, die für Fortbewegung, Greifen und Handhabung von Objekten sowie für grundlegende Kommunikationsfertigkeiten relevant ist (…). Sie lernen, daß das Selbst von anderen Objekten getrennt ist und daß die planmäßigen Anordnungen und die dauerhaften Eigenschaften der Umwelt konstant bleiben. Wenn wir im Laufe unserer Entwicklung durch Wahrnehmen erkunden, können wir die Wahrnehmungsstruktur unserer Umwelt, einschließlich ihrer Angebote, entdecken und lernen, wie sich dieses Wissen gezielt anwenden läßt“ (Miller 1993, 332).

Es ist dies eine Charakterisierung des Forschungsgegenstandes, der sowohl von der inhaltlichen Ausrichtung als auch vom zugrunde liegenden Menschenbild sehr stark an Piaget erinnert. Allerdings steht nicht die Genese der Intelligenz des Kindes, sondern dessen Wahrnehmungsentwicklung im Zentrum des Interesses, die Gibson interessanterweise als Erkundungsaktivität (exploratory activity) bezeichnet. Diese unterliegt einer eigendynamischen, aber für die Persönlichkeitsentwicklung des Individuums sehr bedeutsamen Veränderung. Die Meilensteine dieser Entwicklung will ich exemplarisch für das erste Lebensjahr verdeutlichen.

Meilensteine der Wahrnehmungsentwicklung

- Die ersten Lebensmonate (Phase I) stehen unter dem vordringlichen Lebensthema der interpersonalen Beziehungsgestaltung. Die Aktivitäten des Säuglings (z. B. Schauen und Zuhören) sind von Anfang an koordiniert und auf Interaktion ausgerichtet. Auch die Tätigkeiten, Gesten und die Sprache der Mutter sind synchronisiert (face-to-face interaction); eine gelungene „Absprache" führt zu wechselseitiger Responsivität. Es ist dies eine Grundeigenschaft, die aus der gelungenen interaktiven Passung entsteht, ihrerseits die Basis für die dynamische Herausbildung der eigenen Identität und weiteren Öffnung (Aufmerksamkeitsausrichtung) zur Welt bildet. Der Lernbezug zur materialen Umwelt ist zwangsläufig sekundär, weil das manipulative Explorationsvermögen des Säuglings anfangs noch relativ gering ist.

- Dieses ändert sich in der zweiten Phase (4.–7. Monat). Erkundungsaktivität durch Handeln wird zum beherrschenden Element der Lebensgestaltung. Alles Gegenständliche ist jetzt motivierend: Die Sinne sind darauf gerichtet, durch Tasten, Lutschen, Anschauen, Zusammendrücken, Fallenlassen, Wegwerfen, Nachhorchen (den Aufschlag erwartend) die Objekteigenschaften des Spielgegenstandes zu erkunden und zu einem multimodalen Eindruck zu verschmelzen. In diesem Sinne geht die Taktilität über Spüren und Fühlen hinaus und wird zum Außenfühler und Werkzeug des Erfahrungsprozesses.
- Mit der Fortbewegung (Phase III; ab etwa 8 Monaten) erhält die perzeptive Orientierung zur Welt eine neue Dimension. Doch beginnt die Lokomotion nicht erst mit dem Laufen, entscheidend sind die Möglichkeiten, die sich das Kleinkind durch Krabbeln, Rutschen, Gehen, Laufen, Rennen und Klettern eröffnet. Es entdeckt, dass es Distanzen überbrücken kann, um Dinge zu erreichen, die bisher außerhalb seiner Reichweite lagen. Stufen, Abhänge, schwankende oder glitschige Untergrundbeschaffenheiten (Umweltangebote) beanspruchen die Aufmerksamkeitszentrierung des gesamten Wahrnehmungssystems.

2.1.6 Implikationen für die Psychomotorik

Mit einer solchen aktivitäts- oder handlungsgebundenen Skizzierung der Wahrnehmungsentwicklung erfährt der Wahrnehmungsbegriff eine entscheidende Bedeutungsveränderung. Wahrnehmung ist nicht mehr Teilfunktion, sondern Integral der Persönlichkeitsentwicklung. Das Entscheidende in dem hier favorisierten Konzept ist nun, dass Entwicklung immer als Passung der Person-Umwelt-Interaktion zu sehen ist, wobei die von Gibson beschriebenen Phasen als entwicklungslogische Schwerpunktsetzung zu verstehen sind, bei denen beispielhaft die gelungene Passung zwischen dem sich entwickelnden Säugling bzw. Kleinkind und der personalen und dinglichen Umwelt gelingt. Man kann diese als *Entwicklungsaufgaben* bezeichnen, die gleichsam an das Individuum wie an die Umwelt zu stellen sind. Die Entwicklungsaufgabe entspricht dabei jener Anforderungsstruktur, die in einem Entwicklungsabschnitt thematisch vorherrschend ist. Gibson beschreibt in ihrem Ansatz diejenigen Erkundungsaktivitäten, die das Erreichen der Knotenpunkte (Entwicklungsaufgaben) ermöglichen (Zum Konzept der Entwicklungsaufgaben s. Kapitel 3.5.2). Dabei sind zwei Elemente des Gesamtkonzeptes von besonderer Bedeutung: erstens die Tatsache, dass Wahrnehmungsentwicklung immer *multimodal* ausgerichtet ist und zweitens, dass Wahrnehmungslernen wesentlich von der Selbstbewegung, d. h. von den *eigenmotorischen Erfahrungen* des Kindes abhängen (Gibson 1992, Pick 1992).

Entwicklungsaufgaben

Was ist das Besondere an diesem Ansatz? Mit Hilfe des bei Gibson zugrundegelegten Wahrnehmungskonstrukts lässt sich erklären, wie das Kind durch Erkundungs- und Handlungsprozesse Wissen über die Welt erwirbt und sein Wissen in Veränderungsstrategien umsetzt. Die Wahrnehmungspsychologin Kaufmann-Hayoz (1988, 417) weist mit Recht daraufhin, dass bis heute in Lehrbüchern der Psychologie die Themen „motorische Entwicklung" und Wahrnehmungsentwicklung" üblicherweise in verschiedenen Kapiteln und durch verschiedene Spezialisten „abgehandelt" werden, obwohl in der Entwicklung des Kindes die Differenzierung der Wahrnehmung und der Handlungsmöglichkeiten Hand in Hand gehen. Mit der hier vorgestellten *ökologischen Wahrnehmungstheorie* ist es möglich, ein integriertes, entwicklungsorientiertes Verständnis zugrunde zu legen, wie es im Fachdiskurs der psychomotorischen Theoriekonstruktion vorherrschend ist.

Ökologische Wahrnehmungstheorie

2.1.7 Aktuelle Entwicklungen in interdisziplinärer Blickrichtung

Interessanterweise wird das bei E. Gibson ausgewiesene Grundverständnis zum Kernstück des gegenwärtigen Fachdiskurses um kindliche Entwicklung. Sowohl die Entwicklungspsychologie als auch die kognitive Psychologie (Wilkening/Krist 2002, 2008; Krist 2006; Michaelis 2003) sowie Teile der sportwissenschaftlichen Bewegungsforschung (Mechling/Effenberg 2006; Effenberg 2007) weisen der Forschung zur motorischen Entwicklung eine „paradigmatische Bedeutung für das Verstehen der Entwicklung von Kindern" (Michaelis 2003, 853) im Allgemeinen zu. Dabei geht die interdisziplinäre scientific community von einem dynamisch-systemischen Entwicklungsverständnis aus. Die dynamische Systemtheorie (Thelen/Smith 1994; 1998) versucht, Entwicklung als Interaktion aller biologischen Funktionen des Körpersystems mit der untrennbaren Natur individueller, umweltbezogener und aufgabenspezifischer Faktoren bzw. Herausforderungen zu erklären (Haywood/Getchel 2005, 23). Dabei werden so genannte Wahrnehmung-Handlungs-Kopplungen zum strukturierenden, d. h. entwicklungsfördernden Prinzip (vgl. Michaelis 2003, 844). Diese geballte Positionsbestimmung soll im Folgenden noch etwas näher ausgeführt werden.

Dynamisch-systemisches Entwicklungsverständnis

Kurz (2005) beschäftigt sich in einem sportpädagogisch-psychomotorisch motivierten Beitrag mit der Bedeutung der Wahrnehmung und nennt diesen „Der siebte Sinn". Ausgehend von der aristotelischen Einteilung der ersten fünf Sinne Sehen, Hören, Riechen, Schmecken und Tasten kommt er über den bewegungspädagogisch/psychomotorisch bedeutsamen *Gleichgewichtssinn* als sechsten Sinn zur Beschreibung des siebten Sinnes und tut sich damit schwer. Alle üblichen Begriffsfassungen als Stellungs-, Kraft- und Bewegungssinn sind für ihn nicht präzise oder umfassend genug, sodass er es bei der Bezeichnung „siebter Sinn" belässt. Auch wenn man diesen Sinn offensichtlich definitorisch schlecht erfassen kann, so ist er doch allgegenwärtig und damit grundlegend für die Wahrnehmung. Er speist sich aus allen anderen Sinnen und ist – wie beim Beispiel der Wahrnehmungshandlungen eines Radfahrers auf unwegsamen, holprigen Gelände – von Prozessen der Selbst- und Umweltwahrnehmung des Akteurs gar nicht zu trennen. Das Meistern der Aufgabe gibt um-

Der siebte Sinn

fassende Informationen und ist dabei für den Handelnden subjektiv realistisch (= unersetzlicher Zugang zur Wirklichkeit). Der siebte Sinn ist multimodal (= wir sehen nicht nur mit den Augen) und ist von Verstehen und Erleben nicht zu trennen (= wir begreifen und fühlen nicht nur mit dem Tastsinn). Der siebte Sinn ist eigentlich von der Bewegung nicht zu trennen. Die Wahrnehmungsfähigkeit des Kindes entwickelt sich durch Bewegung: vielseitige Bewegung wird zum *Entwicklungs-Elexier für Kinder* (Kurz 2005, 233; vgl. auch Fischer 2001c).

Auch die bewegungswissenschaftliche Forschung legt den Fokus des aktuellen Interesses auf die Wahrnehmungs-Handlungs-Zusammenhänge.

„Bereits eine triviale Situation wie das Verlassen eines Raumes stellt sich wahrnehmungsseitig als durchaus anspruchsvolles Unterfangen dar: Die Raumwahrnehmung wird aus der Vielzahl elementarer Reize und Reizkonstellationen konstruiert, wie z. B. aus der relationalen Lage und Anordnung von Linien, Kanten und Konturen oder die Lage, Ausrichtung und Entfernung von Oberflächen zum Subjekt. Wo ist die Tür und wie stelle ich sicher, dass ich mich auf diese zubewege und in zweckmäßigem Abstand davon stehen bleibe?" (Beispiel aus Effenberg 2007, 189).

In der Forschung geht es um die Fragestellungen der Anpassung des „Wahrnehmungs-Handlungs-Systems" bei der Raumwahrnehmung oder bei (sportlichen) Lokomotionsbewegungen. Dabei steht die Bewegungsanalyse der *multisensorischen Wahrnehmungsintegration* (Effenberg 2003, 207) im Vordergrund.

Die jüngere Wahrnehmungsforschung (Goldstein 2007, 407ff), insbesondere zur frühkindlichen Entwicklung (Bahrick 2003; Kaufmann-Hayoz/van Leeuwen 2003) bringt zunehmend Klarheit. Danach ist die intermodale Wahrnehmungsfähigkeit eine der fundamentalen menschlichen Fähigkeiten in der Entwicklung. Bahrick (2003) räumt jedoch mit einem Missverständnis auf: Das Kind ist von Anfang an in der Lage, komplexe Anforderungen/Leistungen bimodal bzw. multimodal zu lösen (Sprache, Wahrnehmungs-Bewegungs-Korrespondenz, Selbst-Umwelt-Entwicklung). Insofern ist der bei Piaget (1975) grundgelegte Integrationsbegriff – der in der Folge auch von Affolter (1987) zur Sprachentwicklung übernommen wurde – falsch. Integration ist zwar als Entwicklungsprinzip richtig, nicht aber als Ergebnis intermodaler Zusammenschlüsse anfänglich getrennter Sinne zu verstehen. Insofern wird dem bei Gibson (1969, 2000) grundge-

Integration

legten ökologischen Begriff der Differenzierung (differentiation) in der Wahrnehmungsentwicklung der Vorrang gegeben (vgl. Bahrick 2003, 614).

Was bedeutet das für die Psychomotorik?

1. Fragestellungen zur psychomotorischen Entwicklung sind auf dem richtigen Weg, solange ein Bewegungsverständnis zugrunde gelegt wird, das Bewegung und Wahrnehmung als Einheit versteht. Die Förderpraxis muss sich hüten, Wahrnehmungsförderung als Sinnestraining misszuverstehen.
2. Der veränderte Wahrnehmungsbegriff erfordert eine veränderte Förderpraxis: Erstens ist die bewegungsbezogene Förderung immer im Sinne Gibsons als mehrdimensionale (= multimodale) Erkundungstätigkeit zu verstehen und in ganzheitlichen Handlungssituationen zu vermitteln. Zweitens sind Handlungssituationen immer als Problemlösesituationen zu gestalten, die Kindern den kreativen Umgang mit Handlungsmöglichkeiten erlaubt und nicht den Nachvollzug vorgegebener Lösungswege vorschreibt.
3. Anders als die Bewegungswissenschaft stellt die Psychomotorik auch verstärkt Fragen zu den psychoemotionalen Entwicklungsprozessen, die das Wahrnehmungsverständnis auch auf die Facetten der Sozialwahrnehmung und die Emotionsverarbeitung richten (Mroncz 2001). Insofern sind Fragen zur Wahrnehmungsentwicklung des Kindes nie ohne Aspekte des Identitätsbildungsprozesses (Selbstkonzept) zu behandeln.

2.2 Bedeutung und Entwicklung emotionaler Kompetenzen

Umgang mit Emotionen

Als „emotionale Kompetenzen" (Petermann/Wiedebusch 2003, 9) werden ausgeprägte emotionale Fähigkeiten und Fertigkeiten eines Kindes bezeichnet, die sich in den Bereichen Emotionsausdruck, -verständnis und -regulation widerspiegeln. Das Erlernen eines kontrollierten Umgangs mit den eigenen positiven wie negativen Emotionen und den Gefühlen anderer wird als Entwicklungsaufgabe bezeichnet (Helmsen/Petermann 2008, 8) und nimmt eine Schlüsselstellung in der Entwicklung eines Kindes ein. Emotionsverständnis impliziert ein Bewusstsein für die eigenen emotionalen Zustände sowie die Fähigkeit, die Emotionen des Gegenübers zu erkennen und zu verstehen. Kompetenter Emotionsausdruck äußert sich schließlich in der Fähigkeit, die eigenen Gefühle angemessen zeigen sowie auf die Emotionen anderer empathisch reagieren zu können (vgl. Petermann/Wiedebusch 2003, 9ff).

Kinder erleben ihre Emotionen als Widerfahrnisse, die ihnen unvorhergesehen zustoßen, die nach Ausdruck drängen und sich ihrer direkten und willkürlichen Kontrolle entziehen. Auch Erwachsene können situativ heftige Emotionen zeigen; dennoch unterliegen sie der Tendenz zunehmender Kontrolle im Einklang mit Handlungen. Dahinter steht die Absicht der Misserfolgsvermeidung infolge sozialer Bewertungen der gezeigten Verhaltensweisen. Dieses gilt gleichermaßen für das Erlebnis positiver Emotionserfahrungen. Nach Friedlmeier/Holodynski (1999, 2ff) vermindert sich mit dem Entwicklungsalter die Spontaneität und Variationsbreite der emotionalen Verhaltensweisen, da die Erfolge mit den dazugehörigen Erlebniszuständen zunehmend vorhersagbar geplant werden. Während Kleinkinder in ihrem Handeln wesentlich von Emotionen geleitet werden, lernen Erwachsene es im Laufe ihrer Entwicklung also, ihre Emotionen weitgehend zu kontrollieren bzw. gezielt einzusetzen. Die Facetten der Emotionsregulation wurden erstmals bei Goleman (1997) als emotionale Intelligenz bezeichnet. War die Emotionalität lange Zeit als individuelles Konzept verstanden worden, scheint hier die erfahrungsabhängige und soziale Determiniertheit des Konstrukts durch. Die Emotionsforschung hat vor dem Hintergrund differenzierter Beobachtungen und Problemstellungen vier übergreifende Forschungsparadigmen entwickelt, die bezugnehmend auf Friedlmeier/Holodynski (1999) bzw. Holodynski (2006) für die weiteren Erörterungen erläutert werden.

Das strukturalistische Emotionsparadigma

4 Formen der Emotion

Das strukturelle Paradigma versteht Emotion als einen spezifischen emotionalen Zustand, der quasi als Reaktion auf einen emotionsspezifischen Anlass erfolgt. Eine solche Sichtweise kommt am ehesten einem Alltagsverständnis nahe (Friedlmeier/Holodynski 1999, 5). Der Forscher sucht nach beschreibbaren Formen oder Konfigurationen, die er als Anzeichen für das Vorhandensein einer Emotion heranzieht. Diese werden vier Klassen zugeordnet:

1. *Das Gefühl:* Diese Form umfasst das subjektive Erleben und wird über Selbstberichte von Personen zugänglich, z. B. Aussagen wie, „Ich fühle mich fröhlich" als subjektives Anzeichen für Freude.
2. *Der Körperzustand:* Diese Form beinhaltet (peripher-)physiologische Reaktionen und wird über Blutdruck, Hautwiderstand etc. erfasst. So gilt z. B. eine erhöhte Durchblutung der peripheren Muskelgruppen als körperbezogenes Anzeichen von Freude.
3. *Ausdruck:* Der Ausdruck beinhaltet expressive und instrumentelle, beobachtbare Verhaltensweisen. So wird z. B. ein Lächeln oder ein Luftsprung jeweils als ausdrucksbezogenes Anzeichen für Freude bewertet.
4. *Situative Kontexte und Ereignisse als Emotionsanlass:* Diese Form umfasst das Wissen, welche emotionalen Reaktionen in welchen Kontexten mit sehr hoher Wahrscheinlichkeit auftreten. So nimmt man z. B. an, dass das Ereignis „Geburt eines Kindes" bei den Eltern Freude auslöst (Holodynski/Friedlmeier 1999, 5).

Basisemotionen

Emotionalität muss aus dieser Perspektive heraus als ein qualitativ näher beschreibbarer Zustand gesehen werden, der mit Veränderungen dieser Klassifikationsebenen einhergeht. Die Forschungen ergaben eine Differenzierung von universalen Basisemotionen – Plutchik (1991) etwa differenziert acht Basisemotionen in vier Gegensatzpaaren: Freude/Traurigkeit; Furcht/Wut; Überraschung/Vorahnung; Akzeptanz/Ekel –, die sich über Reifungsvorgänge sowie über Anregungen der Umwelt entfalten. Emotionale Entwicklung wird danach im Wesentlichen als eine Veränderung quantitativer Parameter wie Häufigkeit oder Intensität der Basisemotionen konzeptualisiert (Holodynski/Friedlmeier 1999, 7). Veränderungsprozesse münden allenfalls in Variationen und Kombinationen von Basisemotionen, die man Mischformen nennt: aus Freude und Akzeptanz wird etwa Liebe. Da Sozialisation und Erziehung lediglich auf Anlässe und den Ausdruck von Emotionen Einfluss nehmen können, müssen Kinder lernen, ihr emotionales Verhalten strukturell vorgegebenen Ausdrucksregeln anzupassen (Holodynski/Friedlmeier 1999, 7).

Kritisch muss angemerkt werden, dass dieses Paradigma empirisch nicht belegt werden konnte. Es gelang nicht, diskrete Emotionen eindeutig und valide zu identifizieren, sodass das Erklärungsparadigma angepasst werden musste.

Das funktionalistische Emotionsparadigma

Handlungsregulation

Die Schwierigkeit, die Modellannahmen eindeutig zu belegen, führt zur Ergänzung um den Aspekt der Handlungsregulation. So definiert man in den 1980er-Jahren Emotion u. a. als eine „… Änderung der Handlungsbereitschaft, die auf eine Transformation der Person-Umwelt-Beziehung gerichtet ist" (Holodynski / Friedlmeier 1999, 8). Emotion wird nun als Mittel der Sicherstellung und Überwachung der Befriedigung individueller Motive und Anliegen betrachtet. Im Gegensatz zum strukturalistischen Paradigma, in dem eine diskrete Emotion über eine Konfiguration von Emotionsformen definiert wird, definiert sich die Emotion aus funktionalistischer Perspektive über ihre Funktion im System der individuellen Handlungsregulation.

Die Veränderungsperspektive der Emotionen eines Individuums über die Zeit erfolgt also über *Handlungsprozesse*. Einfluss nehmen dabei drei Systemkomponenten, die für die Wirkweise von Emotionen bedeutsam sind.

- *Vorauslaufende Bewertungsprozesse (appraisals):* Im Kontakt mit seiner Umwelt versucht der Mensch eine Vielzahl an Motiven zu befriedigen. Alle Ereignisse, Personen, Gegenstände werden fortlaufend auf ihre Bedeutung für die Motivbefriedigung hin überprüft. Holodynski / Friedlmeier nennen in Anlehnung an Frijda (1986) als Beispiele das Motiv sich Nahrungsmittel zu beschaffen oder das Bindungsmotiv.
- *Handlungsbereitschaft (action readiness):* Emotionen stellen erlebte Handlungsbereitschaften dar, welche die Intention verfolgen, die Person-Umwelt-Beziehung derart zu verändern, dass sie der aktuellen Motivlage dient. Bei der zuvor beschriebenen strukturalistischen Analyse wird die Emotion aufgrund ihrer Unvorhersagbarkeit und Unwillkürlichkeit als ein passives Widerfahrnis verstanden. Im Fokus steht als charakteristisches Merkmal der subjektive Zustand. In der funktionalistischen Analyse ändern sich die Kriterien insofern, als sie die aktive Wirkung auf die nachfolgenden Handlungen der Per-

son in den Vordergrund rücken. „Die Qualität der Emotion ist dabei abhängig von der Art der Bewertung, die zu einer spezifischen Beziehungsbedeutung führt und eine dieser Beziehungsbedeutung entsprechende Handlungsbereitschaft auslöst“ (Holodynski/Friedlmeier 1999, 10). Demzufolge besteht eine direkte Abhängigkeit zwischen der Art der Emotion, die ausgelöst wird und der Bedeutung, die dem Ereignis hinsichtlich der eigenen Motivbefriedigung beigemessen wird. Die Handlungsbereitschaft wiederum führt zur Auswahl geeigneter Verhaltensweisen, die unter den jeweiligen situativen Bedingungen eine Motivbefriedigung sicherstellen.

- *Die nachfolgenden Bewältigungshandlungen (coping):* Für die Psychomotorik bedeutsam ist nun die Tatsache, dass der Mensch im Laufe seiner Entwicklung ein flexibel kombinierbares Handlungssystem entwickelt, das er willkürlich zur Bewältigung seiner Ziele und Motive einsetzen kann. Handlungen und Emotionen stehen also in einem wechselseitigen Abhängigkeitsverhältnis.

In seiner überarbeiteten Fassung von 2006 gibt Holodynski ein eindrucksvolles Beispiel zur Illustration der regulativen Funktion von Emotionen:

B

„... Der fünfjährige Max führt seinem besten Freund Timo voller Stolz ein neues Rutschauto vor, lässt ihn jedoch (zunächst) nicht fahren, obwohl Timo diesen Wunsch zum Ausdruck bringt. Je nachdem wie Timo diese Situation in Bezug auf seinen Wunsch (Rutschauto) einschätzt, werden sich unterschiedliche Emotionen zeigen, die spezifische Handlungsimpulse und letztlich auch unterschiedliche Bewältigungshandlungen nach sich ziehen: Schätzt Timo die Situation allein als Nichterfüllung seines Wunsches ein, wird er mit der Emotion Frustration reagieren, einen Schmollmund und den Handlungsimpuls „sich zurückziehen“ zeigen und als resultierende Bewältigungshandlung sich vielleicht zum Trösten an seine Mutter wenden. Schätzt Timo die Situation so ein, dass Max seine Wunscherfüllung absichtlich verweigert und er sich gegen Max zur Wehr setzen kann, wird Timo mit der Reaktion Ärger reagieren, um Max z. B. durch eine aggressive Drohgebärde zum Herleiten des Rutschautos zu bewegen.

Steht statt dessen der Zwiespalt im Vordergrund, dass der Max etwas besitzt, das er auch gern besitzen würde, aber nicht hat, dann würde Timo mit Neid reagieren und als Bewältigungshandlung versuchen, auf irgendeine Weise in den Besitz eines Rutschautos zu kommen.

Während die Frustration „nur“ auf die Nichtbefriedigung des Wunsches orientiert, orientiert der Ärger auf die Ursache, die ungerechtfertigte Verweigerung des Wunsches durch den anderen, und der Neid auf das begehrte Objekt selbst, das man nicht hier und jetzt nur einmal benutzen, sondern besitzen möchte. Der Ärger verschwindet, wenn Max seinen Freund Timo mit dem Auto fahren lässt. Dies wäre beim Neid nicht der Fall, da er auf den Besitz gerichtet ist.

Wie in dem Beispiel verdeutlicht, bedingt die Art der Situationseinschätzung eine je unterschiedliche Emotion und je nach Emotion wird eine unterschiedliche Auswahl an motivdienlichen Handlungen vorgenommen" (Holodynski 2006, 17–18).

Das kontextualistische Emotionsparadigma

Die beiden ersten Perspektiven betrachten Emotionen als intrapsychisches Konstrukt. Der Fokus des strukturalistischen Paradigmas liegt auf den inneren Wirkweisen von Emotionen und vernachlässigt Effekte, die über die Körpergrenzen hinausgehen. Der Neuigkeitsgrad der Handlungsperspektive im funktionalistischen Handlungsparadigma kann nicht darüber hinwegtäuschen, dass diese individualistisch – d. h. rein subjektbezogen – gesehen wird. Die Handlungsbedingungen der kulturellen Kontexte bleiben untergeordnet (vgl. Holodynski / Friedlmeier 1999, 16).

Emotion und Kultur

Das kontextualistische Paradigma fokussiert den Menschen als Kultur schaffendes Wesen. Kulturell tradiert werden technische Instrumente und Handlungsverfahren genauso wie Normen, Werthaltungen, Einstellungen und Verhaltensweisen. Zu diesen kulturellen Bedeutungssystemen zählen nun auch die Erfahrungen hinsichtlich der Wirkung und Bedeutung einzelner Emotionsformen und Bewältigungshandlungen, also die Regeln bezüglich der kontextspezifischen Angemessenheit der emotionalen Expressivität.

Das Bewertungssystem der sozialen und kulturellen Umwelt prägt den Verlauf der Emotionsgenese. Der kulturspezifische Erwartungshorizont beeinflusst wie, warum und wo Emotionen erlebt, ausgedrückt und reguliert werden. Auch die Auswahl von Bewältigungshandlungen zur Motivbefriedigung hängt von der jeweiligen Kultur und ihren Wertvorstellungen ab. Es ist also nur verständlich, dass die kontextualistisch ausgerichtete Emotionsforschung ihr Augenmerk auf die kulturspezifische Ausprägung und auf interkulturelle Vergleichsstudien richtet. Als Beispiel führen Holodynski / Friedlmeier (1999, 20) die Entwicklung der sozialen Ängstlichkeit (Schüchternheit) an. Während in der westlichen Kultur (übertriebene) Schüchternheit als Problemverhalten angesehen wird, das mit geringer Selbstbehauptung und einem geringen Selbstbild in Verbindung gebracht wird und etwa für ein Vorschulkind nicht selten zu Zurückweisung durch Gleichaltrige führt, erfährt dasselbe emotionale Verhalten unter einer kulturvergleichenden Perspektive ein völlig anderes Erklärungsmuster. So entwickeln schüchterne Kinder in China ein positives Selbstbild und bewerten auch ihre Beziehungen zu anderen positiv. Hier erfährt ein schüchternes Kind Ermutigung in seinem Verhalten, weil dieses prosoziale Verhalten als Zeichen der Leistungsorientierung gilt und die Anerkennung der peers bewirkt.

Holodynski (2006, 34) bezeichnet den kulturellen Kontext als distale Bedingung, die Vielfalt und Variabilität der emotionalen Expressivität ermöglicht. Insofern ist die soziokulturelle Perspektive der Emotionsthematik geeignet für Fragestellungen, die der besonderen Symbolkraft von Körperlichkeit und Emotionalität (Psychomotorik) für die kindliche Entwicklung nachspüren.

Das dynamisch-systemische Emotionsparadigma

In seiner aktuellen Überarbeitung hat Holodynski (2006) seinem Emotionsmodell eine weitere Perspektive hinzugefügt, die sich aus der disziplinübergreifenden Betrachtungsweise ergibt. Auch Emotionen lassen sich als dynamisches System betrachten, das aus der Wechselwirkung einer Komponentenvielfalt besteht und im Laufe seiner Entwicklung seine Ordnungsstrukturen hervorbringt (Lewis/Granic 2000, zit. nach Holodynski 2006, 27). In diesem Paradigma geht es eigentlich nicht um neue Grundlagenerkenntnisse. Das Modell berücksichtigt die bekannten Systemkomponenten:

- Motivrelevante Interpretationen emotionaler Zustände und Betrachtung der zugehörigen Handlungssysteme;
- Veränderungsperspektive emotionaler Erfahrungen über die Zeit in Abhängigkeit spezifischer sozialer Kontexte;
- Die Systemwirkung aller Komponenten als evolvierendes System (vgl. Holodynski 2006, 27–29).

Das Neue ist die Anwendung der Systemperspektive auf das Emotionsparadigma. Die Praxisforschung beschäftigt sich dann eher mit den Entwicklungsprozessen der Emotionen und der Überprüfung der Kontrollparameter. Wie und unter welchen Bedingungen wird aus Freude am Effekt einer Handlung Stolz über diesen Erfolg? Oder, wie wird aus Enttäuschung über einen misslungenen Effekt Beschämung über einen Misserfolg (Holodynski 2006, 32)?

Der Mensch und die Systemkomponenten der Entwicklung über handlungsbezogene Regulationsprozesse treten neuerlich in den Fokus der Betrachtung. Hier liegen die relevanten Parallelen zur Selbstwirksamkeitsdebatte in der Psychomotorik.

2.3 Selbstkonzept und Körpererfahrung

Das Selbst

Das Selbst ist ein Konstrukt; es ist quasi als Sammelbegriff für verschiedene Positionen und Fragestellungen zu verstehen. In einer Retrospektive verortet die Begründerin der deutschen Selbstkonzeptforschung, Sigrun-Heide Filipp, das Selbst im Spannungsfeld verschiedener Kraftlinien:

> „Das Selbst steht im Spannungsfeld zwischen personaler Kontinuität und situationsbezogener Adaptivität; aber auch im Spannungsfeld zwischen dem Bedürfnis nach Einzigartigkeit und sozialer Verortung, im Spannungsfeld zwischen Normativem („Idealselbst") und Faktischem („Realselbst"), im Spannungsfeld zwischen Wissen und Wollen, zwischen Denken und Fühlen – das Selbst im Schnittpunkt nahezu aller teildisziplinären Perspektiven unseres Faches" (der Psychologie, K. F.) (Filipp 2000, 9–10).

Das Selbst ist auch ein Schlüsselbegriff der Psychomotorik (Fischer 1996c; Zimmer 1999, 55ff; 2002; Reichenbach 2006a), vor allem deshalb, weil das Körperkonzept ein wichtiges Teilkonzept des Selbstkonzeptes darstellt. Die nachfolgenden Ausführungen sollen Grundpositionen ansprechen und die für die Psychomotorik bedeutsamen Akzentsetzungen des Konstruktes zusammenfassen.

Erst ab Mitte der 1960er-Jahre wird das Selbstkonzept intensiver wissenschaftlich erforscht. Bis dahin ist zwar die Trennung zwischen dem Selbst als erkennendem Subjekt („I" = ich) und dem Selbst als Objekt der Erkenntnis („me" = mich) durch die Arbeiten von James (1890) bekannt, es wird jedoch fast ausschließlich das Selbst als erkennendes Subjekt untersucht. Die moderne Selbstkonzept-Forschung basiert auf der Grundannahme, dass der Mensch die Fähigkeit besitzt, sich selbst zu beobachten und wahrzunehmen und zwischen seinen Beobachtungen und

Wahrnehmungen und seiner Person eine angemessene Verbindung herzustellen (Filipp 1984). Die Struktur des Selbstkonzeptes wird nach vorrangiger Fachmeinung durch ein System von Teilkonzepten des Selbst repräsentiert, das einer hierarchischen Organisisation unterliegt. Dazu sollen zwei Konzepte exemplarisch vorgestellt werden.

2.3.1 Das Selbstkonzept nach Epstein

Die integrative Persönlichkeitstheorie

Im Rahmen der Integrativen Persönlichkeitstheorie Epsteins (1984) wird das Selbstkonzept als eine Theorie über das eigene Selbst verstanden. Diese Selbsttheorie muss von jeder Person für cinc crfolgreiche Lebensbewältigung entwickelt werden. Die integrative Persönlichkeitstheorie basiert auf der grundlegenden Annahme, dass jeder Mensch seine Erfahrungen und Erlebnisse speichert, mit Deutungen wie Schmerz oder Freude verbindet und durch Verknüpfungen dieser Informationen ein differenziertes, integriertes und konzeptuelles System aufbaut, aus dem die Selbsttheorie hervorgeht. Er entwickelt Hypothesen über sich selbst und sein Leben, die an den neuen Erfahrungen gemessen und ggf. modifiziert werden. So entwickelt der Mensch eine eigene Theorie über die Wirklichkeit, die die Welt und das Leben für ihn übersichtlich machen und sinnvoll erscheinen lassen. Da der Mensch ein ständiges Bestreben nach positiven Erfahrungen hat, steht er vor der lebenslangen Aufgabe, ein konzeptuelles System zu konstruieren, das eine optimale Lust-Unlust-Balance gewährleistet. Dieses wird entscheidend durch die Zuschreibungen der Umwelt beeinflusst:

„Die Theorie eines Individuums von der Wirklichkeit umfaßt Subtheorien über die eigene Person (eine Selbsttheorie), über die Außenwelt (eine Umwelttheorie) und über die Wechselwirkung zwischen beiden Subtheorien. Wie das Individuum sich selbst sieht, ist natürlich nicht unabhängig von der Wahrnehmung seiner Umwelt. Wie es seine Umwelt konzeptualisiert, ist in hohem Maße eine Reflexion seiner Selbstkognitionen und umgekehrt" (Epstein 1984, 16).

Postulate

Die Postulate der von Epstein aufgestellten Selbsttheorie sind hierarchisch geordnet. Postulate unterer Ordnung sind sehr konkret und entstehen aus unmittelbaren Erfahrungen; sie werden zu übergeordneten Postulaten mit steigendem Abstraktionsgrad zusammengefasst. Auch diese werden wiederum höheren Postulaten zugeordnet. Ein Postulat unterer Ordnung ist beispielsweise: „Ich habe schöne Augen“; ein Postulat höherer Ordnung: „Ich bin ein gut aussehender Typ“. Je konkreter und verhaltensnäher die Postulate sind, desto eher sind sie überprüf- und veränderbar. Postulate höherer Ordnung sind situationsinvarianter und entstehen aus Generalisierungen. Die Entkräftung eines niedrigen Postulates hat kaum Auswirkungen auf die Selbsttheorie einer Person. Dagegen hat die Widerlegung eines höheren Postulates deutlichere Konsequenzen für eine Person, da wesentlich mehr Postulate betroffen sind. Jedoch erhöht der Generalisierungsgrad dessen Konsistenz. Eine breite Generalisierung schützt gewissermaßen die von der Person formulierte Selbsttheorie. Die Selbsttheorie des Menschen erfüllt damit nach Epstein drei wesentliche Funktionen:

- Erfahrungsdaten zu assimilieren,
- die Lust-Unlust-Balance über vorhersehbare Zeiträume zu maximieren und
- das Selbstwertgefühl aufrechtzuerhalten.

Dabei hat das Selbstwertgefühl entscheidenden Einfluss auf die Lust-Unlust-Balance und damit eine fundamentale Bedeutung für die Funktionsweise des Selbstsystems. Eine Veränderung der Selbstwertschätzung löst potentiell weitreichende Modifikationen innerhalb des Selbstsystems aus. Die Aufrechterhaltung des Selbstwertgefühls einerseits und die Stabilisierung des Systems andererseits sind zwei Systemeigenschaften, die miteinander in Konflikt geraten können. Treten Unvereinbarkeiten der beiden Systembedürfnisse auf, dominiert das Bedürfnis nach Konsistenz des Selbstsystems gegenüber der Erhaltung der situativen Selbstwertschätzung. Ist die Stabilität des Selbstsystems dennoch gefährdet, kann das Individuum auf zweierlei Art die kritische Situation bewältigen:

> „Sobald das Selbstsystem bedroht wird, kann die Person das bedrohliche Ereignis entweder assimilieren und dadurch das Selbstsystem um den Preis momentaner Angstzustände erweitern; sie kann aber auch Abwehrmechanismen entwickeln, das Selbstsystem schützen und so Angst vermeiden" (Epstein 1984, 21).

Der Persönlichkeitstheorie Epsteins liegt ein integratives Verständnis entwicklungstheoretischer Positionen zugrunde, weil es sowohl die Relevanz unbewusster innerer Bedürfnisse und Konflikte als auch den zentralen Wunsch nach Selbstwertschätzung und Geschlossenheit des Systems, gestiftet durch interaktive Beziehungsprozesse, konzeptionell integriert.

2.3.2 Das Selbstkonzept nach Filipp

Die Informations- und handlungsorientierte Persönlichkeitstheorie von Filipp beschreibt das Selbstkonzept als ein Produkt der menschlichen Erfahrung und Informationsverarbeitung, das zusammen mit individuellen Vorstellungen über die Umwelt im Sinne einer Handlungstheorie wirksam wird. Danach ist der Mensch Konstrukteur seines Wissens und aktiver Gestalter und Planer seiner Handlungen. Dies geschieht auf der Basis selbstbezogener Informationen.

„Die Grundannahme, daß der Mensch als informationsverarbeitendes System und als aktiver Konstrukteur seines Wissens zu betrachten ist, impliziert zunächst, daß interne Selbstmodelle und die sie konstituierenden Einheiten [...] zu verstehen sind als die jeweils zu einem Zeitpunkt gegebenen Endprodukte, die aus dem Prozeß der Verarbeitung selbstbezogener Informationen resultieren" (Filipp 1984, 131).

Wissen über die eigene Person

Die Aufnahme und Verarbeitung aller selbstbezogenen Informationen sind verantwortlich für den Aufbau und Wandel interner Selbstmodelle. Dieser Begriff bezeichnet den Wissensbestand eines Individuums über die eigene Person. Als organisierende Einheiten innerhalb dieser Modelle werden Selbstschemata angenommen. Diese werden gemäß einer wahrgenommenen und erlebten Unveränderlichkeit der eigenen Person in der Selbsterfahrung aufgebaut. Quellen selbstbezogener Informationen können alle realen und/oder symbolischen Kontakte des Menschen mit Personen und Gegenständen seiner Umwelt sein, die von ihm in Abgrenzung von außenweltbezogenen Informationen als selbstbezogene Informationen eingestuft werden. Unterschieden werden die Informationsquellen nach folgenden Kennzeichen:

Direkte Prädikatenzuweisungen durch andere Personen: Es sind dies alle Merkmalszuschreibungen, die im Laufe einer Interaktion direkt verbal geäußert werden.

Beispiel: Jemand sagt zu einem Kind: „Du kannst aber gut klettern!“

Indirekte Prädikatenzuweisungen durch andere Personen: Darunter sind Informationen zu verstehen, die eine Person aufgrund eigener Schlussfolgerungen aus dem Verhalten anderer gewinnt.

Beispiel: Ein Heranwachsender wird von seinen Freunden häufig nach Hause eingeladen und schließt daraus: „Ich bin in meinem Freundeskreis sehr beliebt“.

Komparative Prädikaten-Selbstzuweisungen: Hierbei handelt es sich um selbstbezogene Informationen, die aus Vergleichen mit anderen Personen hervorgehen.

Beispiel: Nach einem Vergleich mit seinen Mitschülern kommt ein Schüler zu dem Ergebnis: „Ich treffe den Korb am besten!“

Reflexive Prädikaten-Selbstzuweisungen: Die Fähigkeit jeder Person, das eigene Verhalten beobachten zu können und aus dieser Beobachtung Schlussfolgerungen für sich selbst zu ziehen, ist eine weitere Quelle selbstbezogener Informationen. Solche reflexiven Selbstattribuierungen können sowohl zu einer Aufwertung als auch zu einer Abwertung des Selbst führen.

Beispiel: Ein Fußballspieler, der im Training das Tor nicht getroffen hat, denkt von sich selbst: „Ich bin kein guter Torschütze“.

Ideationale Prädikaten-Selbstzuweisungen: Jede Person ist in der Lage, über sich selbst nachzudenken und sich zurückliegende Erfahrungen in Erinnerung zu rufen. Werden solche memorezeptiven Informationen abgerufen, kommt es zu einer Rekonstruktion des Informationsmaterials, welches als Basis zur Konstruktion neuer Selbstattributierungen dient.

Beispiel: Erinnert sich ein Jugendlicher daran, dass er als Kind beim Fußballspielen ein erfolgreicher Torwart war, so wird er auch später davon ausgehen, diese Funktion gut erfüllen zu können und versuchen, diese Rolle zu übernehmen.

Prozess-Schema

Die Verarbeitung selbstbezogener Informationen lässt sich nach Filipp in einem allgemeinen Prozess-Schema darstellen, welches in vier Phasen unterteilbar ist: Zu Anfang des Prozesses (*Vorbereitungsphase*) werden die Informationen selektiert. In der *Aneignungsphase* werden diese subjektiv modifiziert und in der darauf folgenden *Speicherungsphase* im Gedächtnis festgehalten. Schließlich werden in der *Erinnerungsphase* die gespeicherten Nachrichten wieder hervorgerufen. Ebenso wie die Verarbeitung der Information umfasst der anschließende Handlungsprozess weitere Phasen, die in besonderer Weise von Selbstkognitionen beeinflusst werden: In der Antizipationsphase führt das Individuum auf der Grundlage individueller Einschätzungen seiner Handlungskompetenzen eine ideelle Verknüpfung von Handlungszielen mit sinnvollen Handlungsmitteln durch. Während der Realisationsphase richtet die Person ihre Aufmerksamkeit auf die Handlungssituation und entwirft handlungsbegleitende Kognitionen. Kommt es zu einer Unterbrechung oder zu Schwierigkeiten im Handlungsgeschehen, treten wieder selbstbezogene Kognitionen mit dem Ziel der Handlungskorrektur in den Vordergrund. In der sich jeder Handlung anschließenden Interpretationsphase nimmt das Individuum eine Bewertung des Ausgangs und eine Ursachenerklärung ihres Ergebnisses vor.

Handlungstheorie

Die Ausführungen zeigen, dass die Handlungstheorie eines Individuums einerseits aus der individuellen Bewertung seiner Handlungsvoraussetzungen und Handlungsabsichten und andererseits aus der subjektiven Interpretation der jeweiligen Situation besteht. Ebenso wie Epstein begreift Filipp den Menschen als einen naiven Handlungstheoretiker, der sich aufgrund seines Selbstmodells begreift und organisiert. Diese Tatsache spielt für das menschliche Handeln eine zentrale Rolle, da es die komplexe Wirklichkeit subjektiv ordnet und so Kontinuität und Identität vermittelt. Die Besonderheit des filippschen Modells besteht darin, dass sich das Selbst handlungsgebunden und interaktiv herausbildet. In dieser Parallele liegt die besondere Bedeutung für das aktional getragene Persönlichkeitskonzept der Psychomotorik.

Das Selbst im sozialen Kontext

In der jüngeren Konzeptdiskussion (Filipp / Mayer 2005) wird das Selbst als hierarchisches und multidimensionales Konstrukt beschrieben, das kognitive, emotionale und motivationale Aspekte integriert und sich ontogenetisch über Interaktions- und Kommunikationsprozesse entwickelt (Stiller / Alfermann 2008). Im Vordergrund steht zunehmend die Kontextabhängigkeit des Selbstkonzepts, also die Frage, wie sich das Selbst mit dem sozialen Kontext entwickelt (Hannover 2000; 2005). Darüber hinaus wird die besondere Bedeutung des Körpers im Selbst-Gewahrsein (self-awareness) für die Selbstkonzeptualisierung in der neueren Forschung evident. Filipp/Mayer (2005, 271; 312) stellen in einer Überblicksdarstellung dieses „agentic self" nicht nur für die Phase der frühen Kindheit, sondern als altersübergreifenden Aspekt der Entwicklung von Selbstkonzepten heraus, der die gesamte Lebensspanne umfasst. Unter einer bewegungs-/sportwissenschaftlichen Perspektive (Stiller/Alfermann 2008, 19ff) wird damit vergleichbar vom *physischen Selbstkonzept* als Teilbereich des allgemeinen Selbstkonzepts gesprochen.

2.3.3 Körpererfahrung als Teilkonzept des Selbstkonzepts

Identitätssuche

In der Entwicklung des Menschen allgemein und in der Entwicklungsspanne der Kindheit im Besonderen ist die zentrale Thematik die Suche nach der eigenen Identität. Das Kind will wissen, wer und was es ist und wer und was es werden will.

> „In diesem Sinne ist Identität das Ergebnis eines Prozesses der Selbstidentifizierung anhand des Wissens und der Erfahrungen über sich selbst, d. h. das Kind (Subjekt) macht sich selbst (sein Selbst) zum Gegenstand (Objekt) seiner Bewusstseinsprozesse" (Neubauer 1993, 303).

Auf dem Wege der sich ständig wandelnden Bewusstwerdungs- und Bewusstseinsprozesse stellt die Körpererfahrung eine wesentliche Prozessvariable dar. Die wichtigsten Aspekte dieses Konstrukts sollen im folgenden spezifiziert werden. Dabei orientiert sich die Darstellung generell am Strukturmodell Bielefelds (1986, 17), der den Gesamtkomplex Körpererfahrung als Oberbegriff für die „Gesamtheit aller im Verlaufe der individuellen wie gesellschaftlichen Entwicklung erworbenen Erfahrungen mit dem eigenen Körper, die sowohl kognitiv wie affektiv, bewußt wie unbewußt sein können" (s. Abb. 10).

Körperschema

Der Begriff des Körperschemas erfährt einen kognitions- bzw. wahrnehmungspsychologischen Zugang, beschreibt er doch den Prozess der Gewahr- und der Bewusstwerdung der eigenen Körperlichkeit und damit auch eine Instrumentalisierung (Wahrnehmung des Körpers als Objekt). Ein Schema stellt das wesentliche, gemeinsame Charakteristikum einer Klasse von Elementen dar, dessen Funktion es ist, Neues in Bekanntes, Bestehendes zu inte-

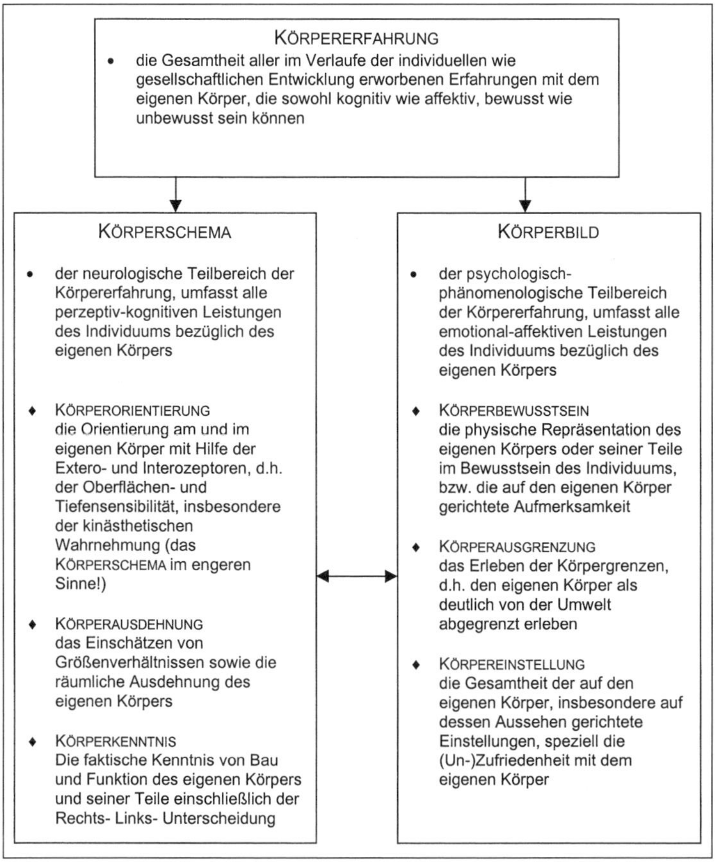

Abb. 10: Strukturierung des Gesamtkomplexes Körpererfahrung (Bielefeld 1986, 17, verändert)

grieren und gegebenenfalls zu differenzieren. In diesem Sinne hat ein Körperschema die Funktion der Verarbeitung aktueller Afferenzen aus dem Körper auf dem Hintergrund vorhandener, gespeicherter Bewegungserfahrungen. Ohne dieses In-Beziehung-Setzen ist das Erkennen der Körperposition nicht möglich. Auf diesen Sachverhalt weisen schon Head/Holmes (1911, 185) hin: Eine direkte Wahrnehmung ist nicht möglich, in jedem Fall wird die neue Körperposition in Relation zur vorherigen wahrgenommen (Übersetzung K. F.). Man geht von der Annahme aus, dass nicht alle physiologisch möglichen Körperstellungen im Körperschema gleichermaßen repräsentiert sind. Es gibt eine bequeme Grundhaltung, die als Primärlage bezeichnet wird. Unter dem Körperschema dürfen wir uns nun kein statisches, unveränderliches Muster vorstellen, sondern ein dynamisches und flexibles Bezugssystem. Neu eintreffende, von der Grundhaltung abweichende Informationen, die das Kind über seine aktive Bewegungstätigkeit erzeugt, werden im Körperschema zentral verrechnet, d. h. es sind ständig Afferenzen und Rückkoppelungen erforderlich, um die Bewegungshandlung erfolgreich durchführen zu können. Das Körperschema kann als eine Art verinnerlichtes Koordinatensystem angesehen werden, in dem die Hauptachsen der Glieder (vorne/hinten; oben/unten; rechts/links) als Ganzes räumlich vertreten sind, während die Lokalisation einzelner Körperorte daraus sekundär abgeleitet wird (Joraschky 1986). Die Hauptkoordinaten entsprechen somit den horizontalen und vertikalen Raumdimensionen. Als Verarbeitungsmechanismus afferenter Informationen kommt dem Körperschema für die Wahrnehmung von Positionen und Bewegungsrichtungen im Raum sowie für die Bewegungskoordination eine besondere Bedeutung zu.

Das psychomotorische Paradigma nimmt Bezug auf diese Zusammenhänge zwischen Wahrnehmung und Kognition und spezifiziert handlungsgebundene Förderangebote, die (entwicklungsverzögerte) Kinder spielerisch und beispielhaft die Entwicklungsschritte von der Erfahrung des Körperraumes zur Erfahrung des außerkörperlichen Raumes (nach-)vollziehen lassen (Vortisch/Wendler 1993; Fischer 2001d; Eggert/Bertrand 2002).

Handlungsgebundene Körpererfahrungen

Es sind dies handlungsgebundene Körpererfahrungen, die nicht allein (spätere) komplexe sportmotorische Handlungen vorbereiten, sondern ein Fundament für alle Orientierungsleistungen in Zeit und Raum darstellen: Also dafür, sich in einem unbekannten Gelände zurechtzufinden, einen Stadtplan oder eine Karte lesen zu können, für maßstabsgetreues Denken (etwa im Orientierungssport), dafür, Größen, Höhen, Tiefen, Abstände, Winkel, auch Geschwindigkeiten einschätzen zu können, die Schreib- und Leserichtung einzuhalten und das Symbolsystem der Schriftsprache und des Zahlenraumes zu verstehen.

Körperbild

Während der Begriff Körperschema eher die Struktur und den Prozess der Wahrnehmung des eigenen Körpers erfasst, spiegelt der Begriff Körperbild in erster Linie die subjektiv-erlebnismäßige Einordnung und Bewertung eben dieser Wahrnehmung wider. Es ist das unmittelbar erkannte, erlebte und bewertete Bild des eigenen Körpers, bei dem kognitive und affektiv-emotionale Faktoren gleichermaßen eine Rolle spielen. Der Forschungszugang zum Begriff des Körperbildes erfolgt primär von Seiten der Phänomenologie; diese bevorzugt die subjektbezogene Terminologie der Leiblichkeit als Bestandteil des Selbst (Körper-Sein) gegenüber dem Körper als Objektbezug (Körper-Haben) (Joraschky 1986, 35). Im Gegensatz zum Körperschema entwickelt sich das Körperbild – quasi als emotionales Selbstbewertungssystem – aus der Vielfalt der (Bewegungs-)Erlebnisse. Im klinischen Bereich – etwa in der Bewegungs- und Körperarbeit mit magersüchtigen Jugendlichen – wird beobachtet, dass das Bild vom eigenen Körper nicht immer mit dem physikalischen Organismus identisch ist. Magersüchtige sehen sich viel breiter, voluminöser als sie es wirklich sind, und können ihre Person mit ihrem Körper nicht in Einklang bringen. Diese Erfahrung führt zu der Annahme, dass zwischen dem physikalischen und dem wahrgenommenen Körper unterschieden werden muss. Bei der Wahrnehmung des eigenen Körpers spielen Erinnerungen, Erfahrungen, vorangegangene Erlebnisse sowie der aktuelle psychische Zustand des Kindes eine entscheidende Rolle. Dies bedeutet, dass die Widerspiegelung der Realität – in diesem Fall des eigenen Körpers – im Bewusstsein nicht ein Abbild der objektiven Welt, sondern ein Abbild des erkennenden (interpretierenden) Subjekts ist.

Körper als Abgrenzung zur Umwelt

Das Körperbild versetzt das Kind in die Lage, in seiner Vorstellung einen personalen Raum aufzubauen und sich von der sozialräumlichen Umwelt abzugrenzen. Dem als persönliche „Puffer-Zone" bezeichneten Körperbereich, der bei jedem Kind anders ist, wird eine Schutzfunktion zugeschrieben, die einen regulierenden Einfluss auf das Verhalten bei psychischer und physischer Überforderung oder gar Bedrohung hat. Es wird deutlich, dass das Bild, das Kinder von ihrem eigenen Körper aufbauen, sich in enger Beziehung zur eigenen Gefühlswelt und zur Umwelt entwickelt. Nur wenn es dem Kind gelingt, eine innere Struktur aufzubauen, die es geradezu davor schützt, in dem es umgebenden Umweltraum aufzugehen, entwickelt das Kind eine eigene Persönlichkeit. Die Fähigkeit, zwischen Reizen aus dem Körperinneren und solchen aus der Umwelt zu unterscheiden, ermöglicht die Erfahrung und die Repräsentation der Wirklichkeit. In diesem Prozess wirken Körperschema und Körperbild wie zwei Komplemente eines Ganzen: „Im konkreten Handeln (...), das immer ganzheitlich verläuft, sind Wahrnehmungen und Empfindungen, sind neurophysiologische und phänomenal-erlebnishafte Prozesse nicht voneinander zu trennen" (Bielefeld 1986, 32).

Körperkonzept

Dieses körperbezogene Ganze wird üblicherweise als Körperkonzept oder Körperselbst bezeichnet und bildet seinerseits ein Teilkonzept des Selbstkonzepts. Die Bedeutung der Körpererfahrung für die Entwicklung des Selbstkonzepts wird zunehmend anerkannt; die nachfolgende Übersicht soll die Zusammenhänge in komprimierter Form verdeutlichen. Dabei ist nicht beabsichtigt, ein Phasenmodell der Entwicklung des Selbst nachzuvollziehen, sondern das qualitative Veränderungsprofil zwischen Innenwelt und Außenwelt zu skizzieren.

- Das Neugeborene verfügt über ein globales Selbstschema; es kann noch nicht zwischen Selbst und Umwelt differenzieren. Kernelement der Selbstentwicklung ist der Körper, über den der Säugling sehr schnell differenzierte Schematisierungen erwirbt. Diese beziehen sich sowohl auf die Wahrnehmung der materialen Umwelt („begreifen"), als auch auf die Ausbildung stabiler Personenbezüge, die zur Differenzierung von Ich und Nicht-Ich beiträgt. Die Entwicklung des Selbstkonzeptes in dieser Altersspanne ist primär wahrnehmungsgebunden. Das Ende der sensomotorischen Entwicklungsphase ist markiert durch zwei wesentliche Meilensteine: Durch ein stabiles Lageschema, d. h. durch die Fähigkeit der Lokalisation des eigenen Körpers im Raum und durch die Fähigkeit, das Selbst mit Hilfe des eigenen Namens identifizieren zu können. Die Folgezeit ist durch eine deutliche Abfolge von Entwicklungsschritten gekennzeichnet. Die Kinder sind zunehmend in der Lage, ihr eigenes Spiegelbild zu erkennen und von dem anderer zu unterscheiden (2./3. Lebensjahr).
- Bis zum Beginn des Grundschulalters stehen körperliche Eigenschaften und Tätigkeiten im Mittelpunkt des Bewusstwerdungsprozesses. Auf die Aufforderung „Erzähl mir etwas von Dir!" an Kinder im Vorschulalter erweist sich, dass die überwältigende Mehrzahl der Beschreibungen auf eigene Aktivitäten zielen: „Das Selbst ist also in erster Linie das handelnde Selbst: man erkennt sich als den Akteur" (Filipp/Frey 1988, 422).
- In der mittleren Kindheit erfährt das Denken dezentrierte Züge; die 6–8-jährigen Kinder können ihr Verhalten von dem anderer Kinder unterscheiden und gewinnen allmählich eine Vorstellung personentypischer Verhaltensweisen. Sukzessive entwickelt sich die Einsicht, dass der Mensch über ein psychi-

> sches Innenleben verfügt. Mit etwa 11 Jahren stabilisiert sich eine selbstreflexive Haltung: Die Person ist nun in der Lage, über das eigene Tun nachzudenken, sich quasi außerhalb das eigene Selbst zu stellen und eine Existenz unabhängig von der konkreten Handlung anzuerkennen. Aber erst der Jugendliche verfügt über das Potential, zwischen der verborgenen Wirklichkeit seiner psychischen Innenwelt (dem gesicherten Bild von der eigenen Person) und den Zuschreibungen (Attributionsmustern) der Außenwelt zu unterscheiden. Das Erwägen und die Einnahme einer Position zwischen Selbstkonzept und Fremdkonzept führt zu einem Selbst-Bewusstsein.

Körperbild und Weltbild

Der Weg von der ursprünglich undifferenzierten symbiotischen Beziehung des Säuglings zu seiner Umwelt bis hin zu den selbstbewussten Handlungen des Jugendlichen entspricht einem komplexen Entwicklungsgeschehen, dessen Sinn darin zu finden ist, ein realistisches Weltbild aufzubauen, das ein subjektiv sinnvolles Leben sichert. In Anlehnung an die weiter oben beschriebenen Konzepte von Epstein (1984) und Filipp (1984) sowie von Paulus (1986) gehe ich davon aus, dass der Mensch seine Erfahrungen in konzeptionellen Systemen organisiert. Als „naiver Theoretiker" konstruiert er sein Weltbild aufgrund von Erfahrungsdaten über die eigene Person (Selbsttheorie), über die Außenwelt (Umwelttheorie) und über die Wechselwirkung zwischen den Subtheorien. Die Körpererfahrung wird dabei als integraler Bestandteil einer solchen Realitätstheorie verstanden; in den frühen Lebensabschnitten ist sie vorherrschend und wird mit zunehmendem Entwicklungsalter in die komplexe kognitiv-emotionale Persönlichkeitsstruktur integriert. Das Körperkonzept erhält aber zeitlebens seine spezifische Bedeutung als Träger des Prozesses, in dem das Individuum (das Subjekt) Daten aus der Umwelt in seine subjektive Erlebniswelt transferiert. Der Körper steht immer – physisch wie psychisch – an der Nahtstelle zwischen Person und Außenwelt. Damit erhält das Körperkonzept eine tragende und bleibende Bedeutung für das Selbstkonzept.

2.3.4 Selbstkonzept und Selbstwirksamkeit in der Psychomotorik

Die Psychomotorik formuliert den Aufbau eines positiven Selbstkonzepts als zentrales Anliegen in der Arbeit mit ihrer Klientel.

Selbstkonzept

Unter dem *Selbstkonzept* lassen sich alle Einstellungen und Überzeugungen zur eigenen Person fassen, die das Individuum aus den bisherigen Lebenserfahrungen gezogen hat (vgl. Zimmer 2001b, 52, 2006b). Integriert werden primär jene Informationen, die für eine Person emotional bedeutsam sind – hier liegt die besondere Bedeutung der Emotionalität für den Menschen (vgl. Eggert et al. 2003). Das Konstrukt des Selbstkonzeptes beschäftigt sich im Kern mit den Fragen: „Wer bin ich?" bzw. „Wer bin ich im Vergleich zu anderen?" (vgl. Zimmer 1999, 52). Die Autorin differenziert das Konstrukt des Selbstkonzepts in zwei Teilkomponenten, die als *Selbstbild* und *Selbstwertgefühl* bezeichnet werden. Das Selbstbild gilt dabei als kognitive Komponente und beinhaltet ein neutrales Wissen über die eigene Person (Ich bin sehr groß; Ich kann gut zeichnen; Singen kann ich nicht so gut). Das Selbstwertgefühl bzw. die Selbstwertschätzung stellt hingegen eine bewertende, affektive Komponente dar. Hier kommt zum Ausdruck wie zufrieden das Kind mit seinen Fähigkeiten ist. Beim Aufbau des Selbstkonzepts greift das Kind auf unterschiedliche Informationsquellen zurück. Zimmer (2001b, 62) geht dabei von den folgenden vier Bereichen aus:

- Informationen über die Sinnessysteme (das Körperselbst oder das sensorische Selbst);
- Erfahrungen der Wirksamkeit des eigenen Verhaltens;
- Folgerungen aus dem Sich-Vergleichen und Sich-Messen mit anderen;
- Zuordnung von Eigenschaften durch andere.

Die Informationen über das Körperselbst können als elementar bezeichnet werden, da diese als Basis zur Bewusstwerdung der eigenen Person notwendig sind. Das Kind lernt durch diese Wahrnehmungen zwischen Ich und Nicht-Ich (Umwelt) zu differenzieren. Die Körperlichkeit des Kindes gewinnt als Bindeglied zwischen „innen" und „außen" die zentrale Bedeutung im Identitätsbildungsprozess (vgl. Zimmer 2001b, 63).

Hatte sich Zimmer in ihrem ursprünglichen Konzept auf die

kognitiven und emotionalen Elemente des Selbstkonstrukts konzentriert, erweitert sie ihren Ansatz in jüngerer Zeit (2005a; 2006b, 51ff) um den motivationalen Aspekt der *Selbstwirksamkeit*. Diese repräsentiert die Gewissheit einer Person, Kontrolle über das eigene Leben zu haben und sich seiner Kompetenzen zur Bewältigung möglicher Probleme gewahr zu sein. Kontrollüberzeugungen bzw. Selbstwirksamkeiten entstehen, wenn Kinder sich selbst als *Urheber von Handlungen* oder als *Verursacher von Handlungseffekten* erleben. Durch sein Handeln kann sich das Kind ein Bild von seinen persönlichen Möglichkeiten machen, „ein erstes Konzept eigener Fähigkeiten" konstruieren.

Selbstwirksamkeit

Die positiven oder negativen Erfahrungen, die ein Kind bezüglich der Erreichung oder Verfehlung von Handlungszielen macht, haben Auswirkungen auf sein Selbstwertgefühl sowie auf seine Leistungsmotivation (vgl. Krus 2004a, 54f); als (Miss-)Erfolgserwartungen sind sie auf zukünftige Ereignisse gerichtet und modifizieren das Verhalten. In Abhängigkeit von hoher oder niedriger Kompetenzeinschätzung erfolgt die neuerliche Herangehensweise an Aufgaben und Anforderungen durch die einbindende Kultur. Bei einem negativen Selbstkonzept sind die Erfolgserwartungen einer Person eher niedrig gesteckt und unbekannte Situationen und Anforderungen erscheinen häufig bedrohlich und wenig kontrollierbar. Im Gegensatz hierzu führt ein positives Selbstkonzept zu einem offenen und selbstbewussten Umgang mit neuen Herausforderungen und zu einer positiven Selbstwirksamkeitsüberzeugung (vgl. Zimmer 2001b, 59f). Es wird deutlich, dass insbesondere im Kindesalter die Handlungserfahrung als Strukturierungshilfe der kindlichen Persönlichkeit anzusehen ist. Jedoch ist bei allen Überlegungen die soziale Dependenz kindlicher Kompetenzbildung zu berücksichtigen.

2.4 Bedeutung und Entwicklung sozialer Kompetenzen

Ein ausgewiesenes Ziel des Sozialisationsprozesses ist die Entwicklung sozialer Kompetenzen. Dabei handelt es sich um ein Bündel von Verhaltensweisen und Eigenschaften, die ein Individuum benötigt, um soziale Interaktionen für sich und andere erfolgreich und zufriedenstellend zu bewältigen (vgl. Hinsch/

Wittmann 2003). Soziale Kompetenz ist eine Vorbedingung interpersonaler Akzeptanz. „Sie bildet die Voraussetzung für eine angemessene Selbstsicherheit im Umgang mit anderen und ist somit ein wichtiger Meilenstein der sozialen Entwicklung (Petermann et al. 1997, 10ff.).

Verhaltensnormen

Von einem Mitglied der Gesellschaft werden Rücksichtnahme und Respekt gegenüber anderen erwartet; das Verhalten muss „allgemein anerkannten Standards genügen" (Schmidt-Denter 1999, 123). Das Konstrukt lässt sowohl gesellschaftlich und kulturell vermittelte Verhaltensweisen (soziales Miteinander) als auch sozial-emotional entwickelte personale Fähigkeiten (Feinfühligkeit gegenüber eigenen Bedürfnissen und den Bedürfnissen anderer) aufscheinen, sodass eine perspektivische Annäherung an die verschiedenen Bedeutungsimplikationen Aufschluss verspricht (vgl. Wittmann 1991; Schmidt-Denter 2005).

2.4.1 Selbstbehauptungs- und Anpassungsfähigkeit als Grundlage sozialer Kompetenz

Selbstsicherheit und die Fähigkeit zur Selbstbehauptung sind basale Faktoren für die Entwicklung sozialer Fähigkeiten und sind bedeutsam für gelingende zwischenmenschliche Interaktionen.

Emotionale Selbstständigkeit

Emotionale Selbstständigkeit ist Bedingungsfaktor für den Aufbau sozialer Kompetenzen und zeigt sich im Bestreben zu eigenständiger Kontaktaufnahme und am Interesse an Freundschaftsbeziehungen. Ein emotional selbstständiges Kind braucht keine permanent beschützende Nähe zu seinen Bezugspersonen und ist in der Lage, ohne deren emotionale Unterstützung eigenaktiv zu handeln und gemeinsame Spiele mit anderen Kindern zu initiieren. Ist ein Kind hingegen auf die Unterstützung durch die Bezugspersonen angewiesen, wird die Aufnahme von Interaktionskontakten zu Gleichaltrigen u. U. erheblich erschwert (vgl. Wittmann 1991, 111ff).

Wird ein Kind durch den Eintritt in Kindergarten und Schule mit neuen Gruppenkonstellationen konfrontiert, sind bei allen Kindern veränderte soziale Verhaltensweisen festzustellen. Der Verlauf des Anpassungsprozesses an die neue Situation hängt von der Flexibilität des kindlichen Verhaltens ab. Bei gut entwickelter Anpassungsfähigkeit wird ein Kind sich schon nach kurzer Zeit am Spielgeschehen beteiligen. Ein lang anhaltendes zurückgezogenesVerhalten behindert das Kind beim Aufbau von Spielkontakten. Die Art der Herangehensweise an Beziehungen zu Gleichaltrigen sowie der Grad der emotionalen Selbstständigkeit sind in Abhängigkeit der Bindungsbeziehungen zu den Bezugspersonen zu sehen. Ein Kind, das auf der Grundlage einer stabilen Bindungsbeziehung Selbstsicherheit entwickeln konnte, kann sich von seinen Bezugspersonen vorübergehend lösen und offen auf andere Kinder zugehen. Einem durchsetzungsfähigen und selbstsicheren Kind gelingt es, die eigenen Wünsche, Emotionen und Bedürfnisse wahrzunehmen und zu kommunizieren, sowie auf kompetente Weise auf die psychische Verfassung des Gegenübers zu reagieren.

Beziehungsaufbau zu Gleichaltrigen

2.4.2 Theory of Mind und soziale Kognition

Über soziales Handeln generalisieren Kinder das Wissen über die grundsätzlichen Funktionsweisen von Interaktionsprozessen, das sie sich für neue Sozialkontakte nutzbar machen. Im Allgemeinen wird *soziale Kognition* als die Fähigkeit zur Einsicht in die subjektive Befindlichkeit anderer Menschen bezeichnet. Darunter fallen alle Leistungen, die ein Verständnis für die psychische Verfassung anderer ermöglichen. Da das Fremdverständnis eng an das eigene Selbstverständnis gekoppelt ist, kann ein Kind nur in dem Maße ein Verständnis für die anderen aufbringen, in dem es sich die eigenen psychischen Zustände und Bewusstseinsvorgänge erklären kann (vgl. Bischof-Köhler 1998, 325; 336). Obwohl Kinder im Alter von drei Jahren bereits in der Lage sind, auf die psychische Verfassung anderer Bezug zu nehmen, gelingt ihnen das gedankliche Erschließen der eigenen und fremden psychischen Zustände erst durch die Entwicklung einer *Theory of Mind*, die sich zwischen dem vierten und sechsten Lebensjahr herausbildet. Als Theory of Mind wird die Denkweise bezeichnet, die es dem Kind ermöglicht, eigene und fremde Wünsche, Gefühle, Überzeugungen und Absichten zu erkennen sowie diese zur Erklärung und Voraussage von Verhalten und Gedanken bei sich und anderen heranzuziehen (vgl. Petermann et al. 2004, 133ff). Die Herausbildung einer Theory of Mind stellt einen enormen Entwicklungsschritt dar, der mit wichtigen qualitativen Verände-

Selbst- und Fremdverständnis

rungen einhergeht. Das Kind gelangt zunehmend zu der Erkenntnis des subjektiven Bezugs von Gedanken und Gefühlen und versteht es, die Situation eines anderen aus dessen Perspektive zu reflektieren. Während ein Kind ohne Theory of Mind durch empathische Identifikation davon ausgeht, dass ein anderes Kind angesichts einer Angst auslösenden Situation in gleicher Weise wie es selbst reagieren würde, ist ein Kind mit entwickelter Theory of Mind in der Lage, die emotionale Verfassung als subjektiven Zustand zu reflektieren, ohne das Verhaltensschema auf andere zu übertragen (vgl. Bischof-Köhler 1998, 365ff; 2000, 8ff). Die Fähigkeit zur Perspektivenübernahme ermöglicht somit ein bewusstes Nachdenken über die psychische Ausgangslage des Gegenübers in Verbindung mit der Fähigkeit zur Abstimmung des eigenen Handelns. Bei Konflikten gestattet sie die Berücksichtigung und Erfassung unterschiedlicher Standpunkte und Absichten, wodurch die Entwicklung wirkungsvoller Bewältigungsstrategien möglich wird (vgl. Bischof-Köhler 1998, 367).

Förderung der Theory of Mind

Die Entwicklung einer Theory of Mind beruht auf der Fähigkeit zur Kommunikation und Interaktion. Durch Gespräche in der Familie über Gedanken, Wahrnehmungen, Wünsche und Emotionen sind Kinder zunehmend in der Lage, die Kenntnisse für gemeinsame Interaktionen zu nutzen, sich einfühlsam zu verhalten und ein Verständnis für die Situation anderer zu entwickeln. Kinder aus Mehrkindfamilien scheinen aufgrund eines erweiterten Erfahrungshintergrunds durch häufigere Gruppeninteraktionen gegenüber Einzelkindern einen Entwicklungsvorsprung zu haben, was sich vorteilhaft für die Entwicklung einer Theory of Mind erweist (vgl. Astington 2000, 197ff). Vor diesem Hintergrund wird die kompensatorische Bedeutung sozialer Erfahrungen in der Psychomotorik deutlich, mehr noch, sie erhalten einen eigenen an Interaktionsprozesse gebundenen Bildungswert. Es ist ein konstitutiver Bestandteil des psychomotorischen Konzepts, dass Förderung in Kleingruppen von drei bis acht Kindern stattfindet. So werden Peer-Beziehungen zu einem sozialen Entwicklungsmotor.

2.4.3 Soziale Kompetenz im Spiegel sozialer Beziehungen

Im Verlauf der Kindergartenzeit verlagert sich das kindliche Interaktionsinteresse immer mehr zur Gruppe der Gleichaltrigen, wodurch die sozialen Beziehungen zu Peers einen immer höheren Stellenwert erhalten (vgl. Mietzel 2002, 219). Sroufe et al. (1999) bezeichnet den Aufbau und die Aufrechterhaltung von Gleichaltrigenbeziehungen als zentrale Entwicklungsaufgabe für Kinder im Vorschulalter. Das Entwicklungsziel ist die Fähigkeit zur Herstellung längerer Spiel- und Interaktionskontakte mit anderen Kindern in Verbindung mit der Herausbildung von Konfliktlösekompetenzen, um eine Aufrechterhaltung der Kontakte bei auftretenden Differenzen zu ermöglichen (vgl. Petermann et al. 2004, 204). Die Gleichaltrigengruppe ist ein für den Erwerb sozialer Kompetenzen einzigartiges Erfahrungsfeld.

Die Gleichaltrigengruppe

In Erweiterung der familiären Erfahrungsmuster bietet die Gleichaltrigengruppe spezifische Besonderheiten, die sie zu einem wichtigen Bestandteil der kindlichen Entwicklungswelt werden lässt. Die Beziehungsstruktur zu Peers ist im Vergleich zu Eltern-Kind-Beziehungen oder Geschwisterbeziehungen stärker durch Gleichrangigkeit gekennzeichnet, wodurch sich die Verantwortlichkeit für die Aufrechterhaltung eines Interaktionskontaktes auf alle Interaktionspartner gleichermaßen verteilt. Gleichaltrigenbeziehungen bieten ideale Erfahrungsmöglichkeiten zur Entwicklung von Konfliktlösestrategien, da sich Streitigkeiten nicht von vorn herein zugunsten der älteren bzw. sozial mächtigeren Partner entscheiden, sondern gemeinsam bewältigt werden müssen (vgl. Mietzel 2002, 241f). Das Kind lernt, sich in einer Gruppe zu behaupten und seine Rolle unter den Kindern zu sichern. Peerkontakte formen somit die soziale Identität in einem doppelten Sinne. Neben den Vergleichscharakter der Peer-Beziehung tritt die Bedeutung der Identifikation mit der solidarischen Haltung. Der Austausch über Probleme und Schwierigkeiten schmälert die eigenen Ängste und hilft, vorhandene Probleme zu erkennen und zu bewältigen (vgl. Mietzel 2002, 243).

Beliebtheit in sozialen Gruppen

Die Akzeptanz eines Kindes durch die Gleichaltrigengruppe gilt als Indikator für soziale Kompetenz, die im Sinne eines Schutzfaktors einen wesentlichen Beitrag zur psychischen Gesundheit eines Kindes leistet (vgl. Wittmann 1991, 85f). In Abgrenzung zu Freundschaftsbeziehungen entspricht die Beliebtheit eines Kindes dem Ausmaß an entgegengebrachter Sympathie, die nicht auf Gegenseitigkeit beruhen muss (vgl. Mietzel 2002, 304). Unbeliebte Kinder sind oft Außenseiter, die in viel geringerem Umfang in Spielkontakte involviert sind und seltener Gespräche mit anderen Kindern initiieren. Beliebte Kinder hingegen werden häufig als Spielpartner ausgewählt; sie gelten als überwiegend freundlich und kooperativ im Umgang mit anderen Kindern, können Regeln einhalten und verhalten sich eher prosozial als aggressiv oder aversiv (vgl. Wittmann 1991, 87).

Aufbau und Erhalt von Freundschaften

Als weiterer Indikator für soziale Kompetenz gilt die Fähigkeit zu dauerhaftem Erhalt von Freundschaftsbeziehungen. Freundschaften sind durch zeitlich beständige, auf Gegenseitigkeit beruhende positive Beziehungen gekennzeichnet, deren Stabilität mit zunehmendem Alter ansteigt. Bereits Vorschulkinder sind in der Lage, Freundschaftsbeziehungen in Form von *Spielpartnerschaften* über mehrere Wochen aufrecht zu erhalten. Charakteristisch für freundschaftliche Beziehungen ist nicht die Häufigkeit der Spielinteraktionen, sondern das typische Verhalten zweier befreundeter Kinder. Um dauerhafte Freundschaften und Kontakte zu Gleichaltrigen aufzubauen, sind soziale Kompetenzen grundlegende Voraussetzung (vgl. Petermann et al. 2004, 207).

Fähigkeit zur Perspektivenübernahme

Die Fähigkeit zur Bildung und Unterhaltung von *Freundschaften* hängt ganz entscheidend von den sozialen Fertigkeiten eines Kindes ab, die sich mit der Fähigkeit zur Perspektivenübernahme deutlich verbessern. Je besser es einem Kind gelingt, die psychische Befindlichkeit des Gegenübers zu erfassen, desto ausgereifter sind die kindlichen Vorstellungen von Freundschaften. Petermann et al. (2004, 203) zeigen anhand eines auf Selman (1981) zurückgehenden Stufenmodells die Entwicklung des sich wandelnden Freundschaftsverständnisses in Abhängigkeit von der zunehmenden Fähigkeit zur Perspektivenübernahme auf. Für den Bereich des Vorschulalters benennt Selman zwei Entwicklungsebenen (ca. 3–7 Jahre und ca. 4–9 Jahre), die sich zeitlich überschneiden und in deren Verlauf sich die Perspektivenübernahme von einer egozentrisch-unreflektierten zu einer subjektiv-differenzierten Perspektive verändert. In Entsprechung dazu entwickelt sich das Freundschaftsverständnis von einer Spielpartnerschaft zu einer einseitigen Unterstützungsfreundschaft (vgl. Petermann et al. 2004, 202f). In einer *Spielfreundschaft* erkennt ein Kind noch nicht, dass sich die Bedürfnisse, Gefühle und Wünsche anderer von den eigenen unterscheiden. Kinder werden als

Freunde bezeichnet, wenn sie attraktives Spielzeug besitzen oder in der Nähe wohnen und sich dadurch als Spielpartner anbieten. In einer sich anbahnenden *Freundschaft* kann die Sichtweise eines anderen hingegen wahrgenommen und berücksichtigt werden, wodurch eine Freundschaftsbeziehung aufgrund gleicher Interessen und Abneigungen entsteht. Die Freundschaft hat jedoch nur so lange Bestand, bis Konflikte auftreten, weil sich der Spielpartner anders verhält, als das Kind es will (vgl. Mietzel 2002, 313).

Gegen Ende der Vorschulzeit sind bei einigen Kindern bereits Freundschaftsvorstellungen vorzufinden, die einer nächsthöheren Entwicklungsstufe entsprechen. Aufgrund zunehmender Fähigkeit zur Selbstreflexion gelingt Kindern die Vergegenwärtigung eigener und fremder Gedanken und Gefühle immer besser, wodurch das Verhalten auf die jeweiligen Bedürfnisse abgestimmt und einander angepasst werden kann (vgl. Petermann et al. 2004, 203). Freundschaftsbeziehungen sind daher nicht mehr nur einseitig ausgerichtet, sondern beruhen auf gegenseitigem Geben und Nehmen, jedoch nur so lange die Vorteile für die eigene Person überwiegen. Freundschaften sind bei Konflikten nach wie vor sehr störanfällig und führen bei auftretenden Problemen häufig zu einer Beendigung oder Unterbrechung der Freundschaft (Freundschaft als Gut-Wetter-Beziehung) (vgl. Mietzel 2002, 313f).

Stabile Vertrauensbeziehungen

Erst auf der nächsten Ebene (9–15 Jahre) wird Freundschaft zunehmend zu einer stabilen Vertrauensbeziehung. Jetzt möchte man einem Freund oder einer Freundin persönliche Gedanken und Gefühle anvertrauen. Freunde erwarten gegenseitige Hilfeleistung und das Auftreten von Konflikten hat nicht mehr die Beendigung der Beziehung zur Folge (Mietzel 2002, 314).

Die Stärkung der Sozialkompetenz ist aus psychomotorischer Sicht ein wesentliches Thema, das Zimmer und Dzikowski (2007) als Basiskompetenz kindlichen Handelns einschätzen. Sozialkompetenz erwirbt man nicht beiläufig, sondern vielmehr ist diese auf Anlässe angewiesen, die Kinder in ihren Fähigkeiten herausfordern (Zimmer/Dzikowski 2007, 38). Gerade Bewegungsspiele sind hier ein kindgerechtes und wirksames Mittel. Abbildung 11 stellt die für den psychomotorischen Fachdiskurs bedeutsamen Basiskompetenzen in einer synoptischen Darstellung von Zimmer (2006c) heraus.

Soziale Sensibilität
- Gefühle anderer wahrnehmen
- Sich in die Lage eines anderen hineinversetzen
- Die Bedürfnisse anderer erkennen und
- Im eigenen Verhalten berücksichtigen
- Wünsche anderer anerkennen

Toleranz und Rücksichtnahme
- Die Leistungen anderer akzeptieren und anerkennen
- Die Andersartigkeit anderer respektieren
- Die Bedürfnisse anderer tolerieren und sich beim gemeinsamen Spiel darauf einlassen
- Auf schwächere Mitspieler Rücksicht nehmen

Regelverständnis
- Den Sinn von Regeln verstehen
- Regeln für ein Spiel aufstellen können
- Gruppenspiele mit einfachen Regeln spielen
- Flexibel mit Regeln umgehen und sie der jeweiligen Situation anpassen

Kontakt- und Kooperationsfähigkeit
- Beziehung zu anderen aufnehmen
- Im Spiel unterschiedliche Rollen einnehmen
- Hilfe annehmen und anfordern
- Andere unterstützen
- Gemeinsam Aufgaben lösen
- Eigene Gefühle ausdrücken und anderen mitteilen
- Sich verbal mit anderen auseinandersetzen

Frustrationstoleranz
- Bedürfnisse aufschieben, zugunsten anderer Werte zurückstellen
- Mit Misserfolgen umgehen lernen
- Sich in eine Gruppe einordnen können
- Mit Konflikten umgehen lernen und sie konstruktiv zu lösen versuchen

Abb. 11: Basiskompetenzen sozialen Handelns (Zimmer 2006c, nach Zimmer/ Dzikowski 2007, 39)

2.5. Soziomotorik: Zur sozialökologischen Bedeutung von Körper und Bewegung

Die Psychomotorik hat lange Zeit soziologische Fragestellungen der Körper- und Bewegungsthematik vernachlässigt. Aber Körperlichkeit und Entwicklung sind ohne die soziale Dimension nicht nur unvollständig, sondern undenkbar. Das war in den Anfängen der Wissenschaftsgenese der Psychomotorik noch anders, als Volker Rittner (1978, 81) darauf verwies, dass eine zu entwickelnde Soziomotorik etwa die Errungenschaften des Symbolischen Interaktionismus (z. B. Mead, Goffman) nutzen müsste, der schon immer gegenüber den Phänomenen Körperlichkeit und Körpersprache aufgeschlossen war. Grundsätzlich sind Fragen individueller Problemlagen auf der Ebene der sozialen und gesellschaftlichen Realität zu hinterfragen. Fragen der Soziomotorik wurden lange vernachlässigt, geraten aber zunehmend ins

Blickfeld psychomotorischer Theorie-Praxis-Reflexionen. Mit Prenner (1996) und Weiß (1996) werden erstmals sozialwissenschaftliche/soziologische Positionen ausgewiesen und Fischer (1996a) führt die sozial-ökologische Perspektive in die Fachdiskussion ein.

2.5.1 Die gesellschaftliche Bedeutung des Körpers

„Der Körper ist Objekt sozialer und kultureller Zuschreibungen. Auch ästhetische Ideale und Anschauungen von Gesundheit, Krankheit und Natürlichkeit, speziell aber auch Emotionen und Affekte sind nicht frei von sozialer Determination. [...] Der Körper ist demnach prinzipiell ein sozialer und kultureller Körper und damit Träger von Symbolen und Elementen der Gesellschaft" (Rittner 1986, 125).

Die Bedeutung des Körpers in der heutigen Gesellschaft ist nur vor dem Hintergrund der gesellschaftlichen Entwicklung im abendländischen Kulturbereich zu verstehen. Elias (1980) verfolgt in seinem Hauptwerk („Über den Prozeß der Zivilisation“) sehr eingehend die Veränderungen, die sich seit dem Mittelalter in gesellschaftlichen und individuellen Lebensbereichen vollzogen haben. Am Ende des Veränderungsprozesses stehen völlig neue Verhaltensstandards, die in zunehmendem Maße die spontane Befriedigung und den ungehemmten Ausbruch menschlicher Bedürfnisse, Impulse, Affekte und Triebe regulieren und kontrollieren. Die verstärkte Kontrolle und Modifizierung des menschlichen Verhaltens führt in der Postmoderne dazu, dass der menschliche Körper immer stärker beherrscht und unterdrückt wird, um so den gesellschaftlichen Verhaltensvorschriften gerecht zu werden. Selbstbeherrschung, Selbstdistanzierung, Selbstkontrolle, Selbstbeobachtung sind Kennzeichen dieser Entwicklung. Sie bringen zum Ausdruck, dass der Mensch hier gegen die eigene Natürlichkeit ankämpft. Der menschliche Körper wird zunehmend instrumentalisiert, der Mensch körperdistanziert und körperentfremdet.

Körperdistanzierung

Der Verlauf der Körperdistanzierung in unserem Kulturbereich findet eine Parallele in den Veränderungen des Arbeitsplatzes des Menschen: Industrialisierung und Technisierung des Arbeitsfeldes haben zur Folge, dass körperliche Arbeit nahezu überflüssig geworden ist. Vielerorts treten Computer und Maschinen an die Stelle des Menschen. Dem Menschen kommt nur noch die Aufgabe zu, diese zu bedienen und zu kontrollieren. Der Körper verliert an Einfluss und damit seine funktionelle Bedeutung. Die Folgen der körperlichen Unterforderung führen zu Erkrankungen des Herz- bzw. Kreislaufsystems und verstärkt zu psycho-emotionalen Problemlagen.

Entkörperlichung

Klein (1991) charakterisiert diesen Entwicklungsprozess im Verhältnis von Gesellschaft und Körperlichkeit mit dem Begriff der Entkörperlichung und differenziert zwei Bedeutungskategorien. Für das Individuum spaltet sich der Körper in einen öffentlichen Körper (social body) und einen persönlichen Körper (Leib). Während der öffentliche Körper einer „Verobjektivierung und Verdinglichung nach Maßgabe der dominanten kulturellen Körperbilder" unterliegt, ist der persönliche Körper zur Privatheit bestimmt und „wird entsprechend dem bürgerlichen Rückzug aus der Öffentlichkeit als umfassend subjektiv, privat und intim erlebt" (Klein 1991, 171). Bedürfnisaufschub und Affektkontrolle als Voraussetzung für das Leben in sozialen Gemeinschaften gewinnen stetig an Bedeutung, Körperbeherrschung sowie Körperkontrolle sind für das Verhalten des Menschen dieser Lebenswelt unverzichtbar geworden, und Körpererfahrung und Körpererleben werden fast vollkommen in den privaten Raum abgeschoben.

Neue Körperkultur

Mit der gesellschaftlichen Aufwertung der medialen Bildkultur seit Mitte der 1980er-Jahre (Reality-TV) kommt es zu einer Vermischung öffentlichen und privaten Interesses an der Körperthematik und damit zu dessen Neubewertung. Neue Körperkultur, neue Sinnlichkeit und neue Körpertherapien sind einerseits Zeichen gesteigerten individuellen Körperbewusstseins, andererseits Ausdruck gesellschaftlicher Instrumentalisierungen auch der letzten privaten Rückzugsräume. Das gesteigerte Interesse am Körper zeigt sich an vermehrten (wissenschaftlichen) Publikationen und an einem Boom von Lauftreffs, Aerobic- und Yogakursen, Fitness-Studios etc. Die Freizeit wird zunehmend verkörperlicht; deutlich wird dies am anhaltenden Aufschwung der Freizeit- und Sportartikelindustrie und der entsprechenden Themenzentrierung der Werbeindustrie. Der Körper, insbesondere der sportliche und der schöne Körper, erlebt eine gesellschaftliche Aufwertung: Er wird zum Leitmotiv in fast allen Lebenslagen. Thematisierung und Aufwertung des Körpers repräsentieren keinen kurzzeitig auftretenden Trend, vielmehr symbolisieren sie ein verändertes Körper- und Persönlichkeitsideal. Dieses ist jedoch eher als Authenzitätssuche, denn als Anker der eigenen Identität zu verstehen.

> „Zugespitzt formuliert: die mit dem Strukturwandel komplexer Gesellschaften einhergehenden Probleme der psycho-physischen individuellen Selbstbehauptung führen zur Erarbeitung eines neuen Körpers. Körperthematisierung wird zu einem Akt der Identitätsarbeit und Identitätssicherung, in gewisser Weise zur letzten Ressource der individuellen und sozialen Selbstvergewisserung in hochkomplexen Gesellschaftssystemen. Deutlich wird damit auch der Grund für die Renaissance des Körpers in der Gegenwart: hochkomplexe, durch Körperdistanzierung gekennzeichnete Gesellschaften benötigen 'mehr Natürlichkeit' als jede andere Gesellschaftsformation zuvor. Dies vermittelt körperbetonten sozialen Systemen, in denen körperliche Nähe, Natürlichkeit, Intimität gleichsam erzeugt und erarbeitet werden kann, eben hohen Stellenwert" (Rittner 1986, 147).

Körper und Identitätsbildung

Die moderne Gesellschaft hat zwar das Phänomen der Körperdistanzierung hervorgebracht, jedoch hat sie gleichzeitig durch ihre Idee der individuellen Selbstverwirklichung dem Körper zu einer neuen Bedeutung verholfen. Aussehen und Leistungsfähigkeit des Körpers sind veränderbar und formbar. Somit stellt der Körper ein geeignetes Medium dar, um Individualität herzustellen. Für die Identitätsbildung in der Jugendphase gilt dieses in besonderem Maße. Gerade für Jugendliche wird der Körper zu einer verlässlichen Kapitalressource, Körperinszenierungen werden dazu genutzt, soziale Anerkennung und Achtung bei Gleichaltrigen oder Erwachsenen zu erlangen. Körperdistanzierung und Körperthematisierung sind Leitbegriffe einer Wechselwirkung zwischen Körper und Gesellschaft. Die individuelle Auslegung birgt sowohl Risiken als auch Chancen. Die Risiken liegen in einer zunehmenden personalen Distanzierung (Verlust der Leib-Seele-Einheit), die Chancen liegen geradezu in dem identitätsstiftenden sozialintegrativen Potential der Körperthematik.

2.5.2 Erlebnisorientierung als Lösungsweg aus dem Körperdilemma

Die Fachdiskussion hat die besonderen (sozial-)pädagogischen Implikationen der Erlebnis- und Abenteuerthematik wiederentdeckt. Abenteuer zeigt sich als eine Form des intensiven Sich-selbst-Erlebens durch das aktive Tun innerhalb eines Handlungsbogens. Im Mittelpunkt steht dabei u. a.: sich selbst zu erfahren, eigene Grenzen und Spannungen zu erleben, sich im Vergleich mit anderen zu messen, zu unterscheiden oder gar zu behaupten. Diltey definiert das Erlebnis als ganzheitlichen, die inneren Zustände und äußeren Gegebenheiten verknüpfenden Lebensvorgang:

> „Im Erleben setzt sich der ganze Mensch in den Bezug zur Welt und ihrer Gegenständlichkeit. Wahrnehmen, Erkennen und Erfahren sind am Erleben beteiligt und tragen das Ihre dazu bei, ein Erlebnis von nachhaltiger Eindringlichkeit zu bewirken. Erleben unterscheidet sich von Wahrnehmen, Erkennen und Erfahren durch einen höheren emotionalen Gehalt, ohne die Bewußtheit auszuschließen. Erleben, das pädagogische Absichten in sich trägt, ist kein rauschhafter Zustand der Selbstvergessenheit, sondern ein mit Reflexion und Bewußtheit verknüpfter Lebensakt" (Größing 1993, 118).

Erlebnispädagogik

In der sportpädagogischen Diskussion sind diese Begründungszusammenhänge insbesondere durch die Erfolge des bundesweit agierenden Vereins zur bewegungs- und sportorientierten Jugendsozialarbeit (BSJ e. V.) bekannt geworden. Mit Projekten erlebnisorientierter Stadtteilarbeit und naturbezogenen Risikosportarten werden die ursprünglichen Ideen von Kurt Hahn (1886–1974), dem Begründer der Erlebnispädagogik, wissenschaftlich begründet und methodisch ausgefeilt seit mehreren Jahrzehnten erfolgreich realisiert.

An dieser Stelle sei auf die Darstellungen bei Becker (1993) und Koch (1994), Koch et al. (2003) sowie auf die Überblicksdarstellungen zur Erlebnispädagogik von Heckmair / Michl (2008) sowie Fischer / Ziegenspeck (2008) verwiesen.

Für die Psychomotorik ist die Erlebnisorientierung der eigenen Arbeit immer ein wichtiges Element gewesen. Besondere Bedeutung entfällt neben Weltbezug, Gegenständlichkeit und Außenaspekt des Begründungszusammenhanges auf die emotionale Einordnung des Einzelnen in abenteuer- und erlebnisorientierten Handlungssituationen. Hier ist nicht in erster Linie die Größe eines Ereignisses ausschlaggebend, sondern der besondere individuelle, subjektiv getönte Gehalt, sodass von nachhaltiger Eindringlichkeit behaftete Ereignisse sowohl in Risikosportarten als auch in einfachen Bewegungs-, Spiel- und Sportsituationen auftreten können. Im spielerischen Umgang mit Abenteuer und Erlebnissituationen, in denen schon Grundformen des menschlichen Bewegens (Springen, Balancieren, Klettern etc.) gereichen können, lernen Kinder und Jugendliche mit Erfolgen und Misserfolgen umzugehen. Die Vermeidung von Schonräumen sowie Situationen der Überforderung muss durch die pädagogische Planung erfolgen – hierbei trägt der Pädagoge enorme Verantwortung, da einerseits die realistische und erlebnishafte Situation gewahrt und andererseits dem Sicherheitsaspekt Genüge getan werden muss. Voraussetzung ist daher die genaue Kenntnis des Entwicklungsstandes jedes einzelnen Gruppenmitgliedes.

Praxisbeispiele erlebnisbezogener Bewegungsförderung (Fischer / Wendler 1993).

1. Naturerfahrungen mit ängstlichen Kindergarten-Kindern

Natürliche Handlungsfelder, wie Wiesen, Wälder, Berge, Flüsse, sind zunehmend aus dem Blick geraten, obwohl sie sich als potentielle „Naturbewegungsräume" ständig und fast unmerklich anbieten. Anscheinend haben gerade Erwachsene vergessen, diese natürlichen Handlungsräume kreativ und phantasievoll zu nutzen: Dazu kann es nützlich sein, bei Kindern in die Lehre zu gehen und mit Hilfe ihres unverstellten Blicks die nahen, in der Alltäglichkeit verschwundenen Naturgegebenheiten und Ereignisse wieder neu zu sehen und hören zu lernen (Ehni et al. 1982, 16). Der sensomotorische Erlebnisreichtum Natur lädt zu pädagogischer Nutzung geradezu ein. In der Natur können Kinder und Erwachsene ungezwungen agieren und kommunizieren, sie bietet unendlich viele Wahrnehmungs- und Bewegungsreize, die nur erkannt werden müssen. In diesem Verständnis ist die Natur Erfahrungsfeld der Sinne und Handlungsraum für spezielle Förderziele.

Naturbewegungsräume

In einem diplomarbeitsbezogenen Projekt (Einax-Wagner / Leickel 1991) werden fünf Kinder (4 ½ bis 6 ½ Jahre) eines Regelkindergartens eine Woche lang psychomotorisch betreut. Die Auswahl der Kinder für die Kleingruppe erfolgt auf Empfeh-

Psychomotorik im Wald

lung der Kindergartenleiterin, die besonders jene Kinder ins Auge fasst, die für sie in irgendeiner Art und Weise „Auffälligkeiten" zeigen und ihrer Meinung nach einer zusätzlichen Förderung bedürfen. Diagnostiziert werden Probleme in Bezug auf Motorik, Sprach- und Sozialverhalten, z. B. besondere Ängstlichkeit und gelegentliches aggressives Verhalten. Die Autorinnen verbringen täglich drei Stunden mit den Kindern im Stiftswald Kaufungen. Nicht die spezielle Förderung von bestimmten Einzelproblemen steht im Vordergrund, sondern die Ermöglichung von aktuell bedeutsamen, situations- und gruppenabhängigen und naturbezogenen Erlebnissen. Die Kompaktwoche soll von Spaß und Spiel, intensiven Wahrnehmungen und lustbetonten Bewegungen sowie von gemeinschaftlichen Aktivitäten geprägt sein. Zahlreiche Materialien, die in der Natur zu finden sind, sollen zum Bauen und kreativen Umgang anregen. Vielleicht ergibt sich ein phantasievolles Spielgeschehen mit abenteuerlichen Momenten, in denen versteckt, gefunden, gefangen, geklettert, gerutscht und gelacht wird. Ganzheitliche Wahrnehmungen mit allen Sinnen sollen initiiert werden. Dabei ist geplant, die heutzutage überbetonte Inanspruchnahme der Augen zugunsten der anderen Sinne zu relativieren: Riechen, Fühlen, Hören, Schmecken waren zentrale Bestandteile der Planung. Im Bewegungsbereich sollen großräumige, elementare Fertigkeiten, wie Laufen, Hüpfen, Springen, Balancieren, Klettern, Rutschen, unter Berücksichtigung natürlicher Gegebenheiten und Hindernisse im Vordergrund stehen.

Was macht denn der Baum? Wir sehen uns den Baum an, wir horchen und betasten ihn (Abb. 12). Wie geht es wohl dem Baum, ist er fröhlich, ist er traurig? Wir können auf den Baum klettern oder uns darunter legen und träumen. Wir gucken, wie fest er sich im Erdboden verankert hat, wie stark er sich mit seinen Wurzeln festhält. Es ist Herbst, vielleicht sehen wir ein Blatt, welches gerade seine Reise zum Erdboden antritt. Wir können den Baum streicheln, umarmen, trösten, lieb haben.

Wir erkunden den Wald. Während und nach dem täglichen Frühstück erkunden die Kinder selbstständig die nahe Umgebung, besonderes Interesse gilt dem Bach, dessen Wasser etwa knöchelhoch ist. Er wird zum beliebten Spielort. An und in ihm spielen sie Fische fangen – die Angeln sind lange Stöcke – und lassen Boote aus den verschiedensten Materialien schwimmen. Wir überlegen, wie wir den Bach an einer tieferen Stelle überqueren können. Mit Hilfe von Steinen, Ästen und Baumstämmen

Abb. 12: Was macht der Baum?

wird eine Brücke gebaut, unser mitgeführtes Seil dient als Geländer. Uwe, Michael, Stephan und Katrin sind begeistert vom abenteuerlichen Reiz dieser Bewegungsanforderung.

Evelyn bringt nicht den Mut auf und wählt für sich den Weg durch das Wasser an einer flachen Stelle. Nach der Bachüberquerung gilt es, einen kurzen, aber steilen Hang zu erklettern, dessen Boden stark verwurzelt ist. Das Seil und die aus dem Boden gewachsenen Wurzeln helfen beim Erklimmen des Berges. Die Bewegungsaufgabe wird mit großer Freude und körperlichem Einsatz bewältigt, je nach persönlichem Mut und individuellen Fähigkeiten. Evelyn hat große Angst, den Hang zu erklettern und weigert sich zunächst. Als sie es dann mit Unterstützung der anderen schafft, wirkt sie sichtlich erleichtert und freut sich über ihre erbrachte Leistung …

2. Die Sporthalle als Handlungs- und Erlebnisraum für Jugendliche mit sozial-emotionalem Förderbedarf

Bewegungsaufgaben bewältigen

Besondere Berücksichtigung im abenteuer- und erlebnisorientierten Kontext erfährt die Sporthalle mit den darin befindlichen Materialien und Geräten. Sie eignet sich vorzüglich als Bewegungsumwelt für Aufgaben wie Klettern, Balancieren, Rollen, Schaukeln, Tanzen, Laufen und Springen. Neben Schulen und Sportvereinen werden Sporthallen von der ständig wachsenden Zahl integrativer Fördergruppen genutzt. Im Vordergrund steht hier nicht die durch den traditionellen Sport und die DIN-Maße der Sporthalle geprägten Nutzungsvorgaben, sondern die kreative Gestaltung bewegungsorientierter Themen. So entstehen Konstruktionen wie Berge, Höhlen und Straßenzüge, die in spielerische Rahmenhandlungen eingebettet werden. Realitätsnahe Spielsituationen lassen u. a. Fang-, Versteck-, Jagd- oder Darstellungsspiele entstehen. In einer Stadt gibt es Autos und Straßen. In dem zu regelnden Verkehr kommt es zu Unfällen; nicht nur Krankenwagen und Kliniken, auch Krankenhauspersonal wird benötigt. Wo sich Temposünder und Falschparker tummeln, muss die Polizei bald für Ordnung sorgen. Damit diese Prozesse nicht nur Zufallsprodukte bleiben, sondern das Förderbemühen positiv beeinflussen, ist es sinnvoll, die Situation durch thematische oder materiale Vorgaben vorzustrukturieren. Dies ist immer dann angebracht, wenn die Gruppenteilnehmer über wenig Vorerfahrungen mit komplexen Handlungssituationen verfügen. Die Begrenzung der Materialien wird bewusst als Mittel eingesetzt, um entwicklungsbeeinträchtigte Kinder und Jugendliche über das Zuschauen und Mitmachen zu Eigenaktivität zu ermuntern und über den Prozess des aktiven Entdeckens Ideen zu entwickeln und diese auf ihrem jeweiligen Kompetenzniveau zu erproben. Es bleibt den Benutzern überlassen, die Schwierigkeiten gemäß ihren Fähigkeiten zu bewältigen. Die Veränderbarkeit der Bewegungsumwelt ist Voraussetzung für selbstbestimmtes Handeln, dieses wiederum für Entwicklungsprozesse. Die unterschiedlichen Vorerfahrungen (Kompetenzniveaus) der anvertrauten Kinder und Jugendlichen erfordern ein Vorgehen in kleinen Schritten auf der Basis differenzierter Schwierigkeitsanforderungen.

Förderstunde „Klettern"

Die Kurzbeschreibung einer Förderstunde mit stark entwicklungsverzögerten Jugendlichen im chronologischen Alter von 14–17 Jahren soll einige Gestaltungsaspekte zum Thema „Klettern" verdeutlichen. Spielidee ist die Besteigung des „Mount Everest" und die spätere Errichtung eines Camps. Vorbereitend werden folgende Gerätearrangements aufgebaut: Zwei Langbänke werden in die oberste Stufe einer Sprossenwand eingehängt, auf der anderen Seite auf den Holm eines Barrens aufgelegt und mit Seilen gesichert. Auf die Bänke wird eine Weichbodenmatte gelegt; der Berg ist damit vorgegeben. Eine erste Aufgabenstellung ist die Erklimmung des Hochplateaus von allen Seiten des Berges, wobei den Jugendlichen verschiedene Kästen, Seile, Bänke, eine Strickleiter, ein Schaukeltuch und diverse Matten als Materialauswahl zur Verfügung stehen. Bevor sich das Expeditionsteam auf den Weg macht, ist eine Lage-Besprechung über Gefährlichkeit (Absturzgefahr) und Tücken des Berges (Konstruktion) anberaumt. Im Verlauf der Besteigung entstehen Treppen aus Kästen, eine schiefe Ebene in Form einer eingehängten Bank auf dem zweiten Holm des Barrens, Befestigungen der Strickleiter und andere Seilkonstruktionen, die das Team im weiteren Verlauf ausprobiert. Der Gruppenleiter hält sich im Hintergrund, ist Helfer und Berater. Als Rahmenthemen sind das Heranbringen und Heraufreichen von Versorgungsmaterial und Nahrung für das Camp und die Absicherung einzelner Bergsteiger hervorzuheben. Gerade die bewegungsunsicheren Jungen finden hierin eine persönliche Aufgabe und damit ihre Rolle in der Handlungsgeschichte. Ein herannahender Schneesturm zwingt zum Ende und veranlasst alle, auf dem Berg und im Basiscamp, sich zu schützen und in Decken einzukuscheln (Entspannungsphase).

3. Learning by doing oder: Der Bau eines Erlebnis- und Bewegungsparcours mit Kindern und Jugendlichen mit einer geistigen Behinderung

Der Bau eines Außen- und Spielgeländes eines Heimes für geistig behinderte Kinder und Jugendliche bietet ein Beispiel für die Verbindung zwischen einem vielfältig nutzbaren Bewegungs- und Erlebnisraum und der unmittelbaren Beteiligung der Heimbewohner bei der Entstehung ihres Abenteuerspielplatzes. Grundlage für die detaillierte Planung bilden die Erfahrungen mit dem Konzept Bewegungsbaustelle von Miedzinski (1983), das sich als Maßnahme versteht, Kinder bei der Gestaltung ihrer Bewegungsumwelt zu beteiligen und der Beteiligung zu befähigen. Analog verfolgt dieses Projekt (Hupke 1991) die Zielsetzung, durch die Einbeziehung der Heimbewohner in die Konstruktion der Bewegungslandschaft Entfremdungstendenzen entgegenzuwirken: So sollen Planen und Bauen in sich sinnstiftende Prozesse sein und nicht notwendigerweise zu durchlaufende Vorstadien eines auf Nutzung projektierten Endproduktes. Im Einzelnen sollte dieses erreicht werden durch:

Gestaltung der Bewegungsumwelt

- gemeinsame Materialbeschaffung,
- gemeinsames Bearbeiten von Materialien,

- das Kennenlernen verschiedenster Werkzeuge und Arbeitstechniken,
- gemeinsame Montage der entstehenden Geräte und Bauten.

Die Arbeitsphase beginnt mit der Beschaffung von Baumstämmen aus einem Sägewerk für eine Riesenschaukel. Die Holzstämme werden geschält und weiter bearbeitet. Selbst den Beton für die Fundamente mischen die Bewohner des Heims selbst. Die jeweilige Beteiligung der Kinder und Jugendlichen ist aufgrund der individuellen Problemlage und spezifischen Funktionsbeeinträchtigung sehr heterogen. Entsprechend variieren die Hilfsangebote von Pädagogen und Handwerkern. Der Umgang mit den teilweise nicht ungefährlichen Werkzeugen erfordert höchste Konzentration und Disziplin aller Beteiligten, was nicht immer unproblematisch ist.

Die Umgestaltung des Außengeländes ist seit der Planungsphase weit gediehen. Eine Prämisse des Projektes ist es aber, den Prozess der Gestaltung niemals als abgeschlossen zu betrachten, sondern je nach den Gestaltungswünschen und -notwendigkeiten

Abb. 13: Jugendliche des Bauprojektes auf dem Kettensteg

der Heimbewohner weiterzuführen. Anreicherungen der Bauten mit Inventar, Bewegungsgeräten und frei verfügbarem Material sollen den Erfahrungsraum variabel erhalten. Neben der bereits erwähnten Riesenschaukel erstellt das „Bauteam" einen Kettensteg (Abb. 13), ähnlich den in Südamerika anzutreffenden Hängebrücken über Schluchten. Der Kettensteg endet in einem überdachten Pfahlbau, der u. a. Spielecke, Erholungsraum oder Tratsch-Ecke sein kann.

Zwischen zwei Apfelbäumen wird ein Balancierparcours angelegt, der sich durch die unterschiedlichsten Oberflächenbearbeitungen auszeichnet. Ein in einen Kirschbaum integriertes Baumhaus ist über einen steilen Holzsteg oder Klettermöglichkeiten zu erreichen. Es bietet gerade schwer beeinträchtigten Kindern, denen es sonst eher versagt bliebe, die Möglichkeit des Aufstiegs in eine Baumkrone mit Weitblick.

Der Beginn der gemeinsam initiierten Gestaltung des Außengeländes bedeutet für viele Kinder, dass ihnen zum ersten Mal überhaupt zugetraut und zugestanden wird, in einen für sie bedeutsamen Erfahrungsraum verändernd einzugreifen. Theoretisch geht das handlungsorientierte Projekt u. a. auf das Postulat zurück, dass auch geistig behinderte Kinder und Jugendliche in der Lage sind, Lernprozesse selbstgesteuert zu realisieren. Die Fähigkeit, Einfluss auf die Umwelt auszuüben und gestaltend wirksam zu werden, ist danach als ein kontinuierlicher Prozess anzusehen.

Als Folge des gemeinsamen Vorgehens von Pädagogen, Handwerkern, Kindern und Jugendlichen entstehen bei vielen Heimbewohnern Identifikationsprozesse mit „ihrer Sache", die die notwendige Begeisterung für die komplexen Ziele und den Verlauf des Projektes freisetzen. Das Erlebnis im Handeln und der Erfolg der Handlung erweist sich wechselseitig als der Garant für die zunehmende Handlungsfähigkeit und technische Fertigkeit der geistig behinderten Heimbewohner.

Erlebnis im Handeln

Wachstum im Sinne handlungsvermittelten Erkenntnisfortschritts, Stiftung sozialer Erfahrungsprozesse und erlebnismäßige Beteiligung sind Bestimmungsstücke psychomotorischer Förderarbeit. Beispiele erlebnisbezogener Projektarbeit sind in der Psychomotorik inzwischen fest etabliert und theoretisch wohl begründet (Denzer 1997; Hammer 1995, 1997, 2001; Brandt 2004; Heisel 2008).

2.6 Sozialräumliche Implikationen der Bewegung

Nach dem Modell der Ökologie der menschlichen Entwicklung Bronfenbrenners (s. Kap. 4) sind vor allem die unmittelbaren Lebensbereiche des Kindes entwicklungswirksam. Die Entwicklung des Kindes erfolgt durch die Beziehungsgestaltung mit relevanten Personen und zeigt sich in einer Differenzierung der Rollenidentität. Das Erkenntnisinteresse des Kindes ist auch auf die materialen Objekte der Umgebung gerichtet und erfolgt raumbezogen. Diese räumlich-dinghaften Faktoren der Sozialökologie der Kindheit (und der Jugend), die in bewegungspädagogischen Publikationen unter den Begrifflichkeiten der materialen und sozialen Erfahrung schon immer eine wesentliche Rolle gespielt haben, werden in der sozialökologischen Forschung schon seit einiger Zeit verstärkt betont (Gukenbiehl 1990; Zeiher/Zeiher 1998; Reutlinger 2008) und führen gegenwärtig zur Konzeption einer Soziologie des Raumes (Lippuner 2005; Schröer 2006), die den Menschen und seine sozialgeografischen Lebensbedingungen thematisiert. Der Begriff der *sozialräumlichen Umwelt* impliziert Beziehungsmuster zwischen den räumlichen Gegebenheiten und den Menschen, die diese für sich nutzen und darin ihr gemeinschaftliches Leben gestalten. Physikalisch gesehen ist die *Welt* in ihren materialen Beschaffenheiten als objektiv vorhanden anzusehen, zur *Umwelt* wird sie erst in der Bezugnahme auf den Menschen. Umwelt ist somit ein ökopsychologisches Konstrukt, das sich erst durch die Existenz und die Tätigkeit des Menschen konstituiert. In diesem Sinne ist die Umwelt als der persönliche Ausschnitt der (Außen-)Welt anzusehen. Allerdings gibt es keine starre Gebietsabgrenzung zwischen Umwelt und Welt. Der Unterschied liegt eher in einem Zentrierungswechsel. Das, was für das Kind subjektiv bedeutsam ist, seien es nun konkrete Objekte, ideelle Werte, Freundschaftsbeziehungen oder das Wohnumfeld, wird als Umwelt bezeichnet.

Sozialräumliche Umwelt

Umwelt als Erfahrungsraum

Aus der Perspektive des Kindes gewinnt die Umwelt die Bedeutung des Erfahrungs- und Erprobungsraumes. Die gegenständliche Welt und die räumliche Umgebung werden nicht in ihren physikalischen Dimensionen, sondern in ihren subjektiven Sinngebungen erfahren. Lewin (1936) spricht in diesem Zusammenhang von dem *Aufforderungscharakter bzw. der Valenz räumlicher Gegebenheiten.*

Die Aneignung der Umwelt spielt in der Entwicklung des Kindes eine wesentliche Rolle. Kinder eignen sich ihre Umwelt über Bewegung und Spiel an; sie bauen so eine Beziehung zu ihr auf und verleihen ihr eine eigene Bedeutung. Durch die selbstständige Bearbeitung und Nutzung werden Spielräume zu etwas Eigenem, einem Raum, der die Aktivitäten des Kindes widerspiegelt. In diesem Prozess verändert sich nicht nur die Umwelt, sondern auch das Kind, das aktiv seine Fähigkeiten und sein Können erweitert und damit in seiner Entwicklung voranschreitet.

Räume verändern und gestalten

Umweltaneignung durch Kinder ist immer verbunden mit der Möglichkeit, etwas zu verändern oder umzufunktionalisieren, um spielerisch neue Bedeutungszusammenhänge zu entdecken. Dafür sind Räume notwendig, die zweckentfremdet werden können, Material zur Umgestaltung enthalten; Räume, in denen Kinder ihre Spuren hinterlassen, sich der Dinge bemächtigen und selbst tätig werden können. Phantasie, Neugier und Kreativität bleiben nur dann erhalten, wenn Kinder die Räume nach ihrem Muster entdecken und erkunden und ihnen einen neuen Sinn, unabhängig von den bisherigen Funktionszuschreibungen, geben können. Das Kind eignet sich seine Umwelt mit Hilfe seiner Wahrnehmung und seines Körpers an, quasi Schritt für Schritt ergreift es Besitz von der Welt, und indem es voranschreitet und die Welt erkundet, erwirbt es eine Repräsentation der Welt. Diese Entwicklungsprozesse sind von Orten abhängig, die dem Kind vielfältige Möglichkeiten bieten, multimodale Erkundungserfahrungen zu machen und seinen Handlungsspielraum zu erweitern.

pull- und push-Faktoren

Die sozial-ökologische Perspektive untersucht nicht nur die Bedeutung und die Wirkung von Bewegung und Spiel für die Entwicklung des Kindes, entscheidend ist die Einbettung der Betrachtung in ein komplexes System sich wechselseitig beeinflussender Faktoren. In der Absicht, einseitige Interpretationen des sozialräumlichen Verhaltens von Kindern zu vermeiden, differenziert Flade (1993) zwischen *pull-* und *push-Faktoren*: „pull" bedeutet Hinwendung, „push" meint Abstoßung. Die Welt der Kinder beinhaltet zahlreiche attraktive Aspekte, wie eine bespielbare Umwelt, Abenteuerspielplätze, aber auch die *neuen Spiele und Medien* (z. B. game-boy, play-station oder Internet-Spiele), die üblicherweise unter dem Stichwort Mediatisierung der Kinderwelt diskutiert werden (Kränzl-Nagl/Mierendorff 2007, 17ff;

Stange 2006, 55ff). Als push-Faktoren, und damit negativ in ihren Auswirkungen auf kindliche Entwicklung, bezeichnet das Konzept nun Monotonie und Langeweile, fehlende Spielfreude, Verkehrsgefährdung, geringes Anregungspotential im Elternhaus. Entscheidend ist nun, dass die Bedingungen nicht einseitig bewertet, sondern in ihrer Wechselwirkung interpretiert werden müssen.

Medienwelt

- So untersucht Rogge (1985) die Stile der Umweltwahrnehmungen von Kindern am Beispiel der *Medienrezeption* vor dem Hintergrund veränderter Erfahrungsräume, vor allem unter dem Aspekt des Verlustes an Körperlichkeit. In dem Maße, wie kindliche Primärerfahrungen in Handlungsräumen eingeschränkt werden, ist eine Umstrukturierung der Sinnlichkeit unumgänglich. Die im Prinzip positive Einschätzung Rogges (1985) zur Bedeutung der Medienwelt liegt darin, dass Kinder mit Hilfe der visuellen Medien ihrem Bedürfnis nach Spannung und emotionaler Beteiligung nachgehen (können) und auf diese Weise einen Beitrag zur produktiven Realitäts- und möglichen Problemverarbeitung leisten. Dort, wo kein Freundeskreis zu gemeinsamer Aktivität einlädt und die Lebenswelt des Kinde dessen Erkundungshandlungen einschränkt, entwickeln die Medien ihre Anziehungskraft (pull-Faktor). Das Kind kann am Spielecomputer Räume durchstreifen und findet im Fernsehangebot Themenstellungen, von denen es angesprochen wird: gemeinsam sind wir stark; Umgang mit Risikoverhalten, Spannung und Angst; Durchstreifen unbekannter Räume; Besiedeln fremder Welten; groß und stark sein; Gegner besiegen; Phantasiegestalten erleben; Rollenübernahme von Helden oder Vorbildern; geschlechtsspezifische Rollenerfahrungen; Erwachsenwerden. Besser ist jedoch eine direkte, primäre Erfahrung.

Spielräume

- *Primärerfahrungen* sind an Orte gebunden, die für Kinder Spielraum im doppelten Sinne bedeuten. Orte sind objektiv bestimmbar, dann ist Spielraum ein Sammelbegriff für konkrete Flächen, Ecken, Nischen, Areale und Plätze, die sich für das Spiel der Kinder eignen oder sogar reserviert sind. Durch ihren besonderen subjektiven Appellcharakter werden Orte zur Lebenswelt. Kinder lieben Räume, die spontan zum Handeln auffordern, in denen sie nach eigenen Vorstellungen schalten und walten können. Deshalb favorisieren sie funktionsdiffuse Orte wie Dachböden, Höfe, Brachflächen, Baustellen etc. Doch haben sich die klassischen Nutzungsräume der Kinder gewandelt. *Zwischenbereiche*, wie Hinterhöfe, die einen idealen Tummelplatz für kleine Kinder darstellen, da sie einerseits als halböffentliche Räume der Expansionslust der Kinder Raum geben und andererseits die schnelle Rückzugsmöglichkeit in den Intimbereich der Wohnung sichern, werden als Parkraum genutzt oder verschwinden völlig. Verschwinden die Räume mit ihren bewegungsbezogenen Nutzungsmöglichkeiten des Hüpfens, Rutschens, Kletterns, Murmel-, Ball-, Versteck- und Rollenspielens, des Malens und Spielens mit Wasser, verschwinden auch die sozial vermittelten Spiele.

- Mobilität ist eine Errungenschaft unserer Zeit, aber der Zwang zu wachsender Mobilität durch Umgestaltung zu einer autogerechten Gesellschaft hinterlässt Spuren, vor allem bei unseren Kindern. Das Verschwinden der Straße als Spiel- und Sozialisationsraum führt zu einer *Verhäuslichung* moderner Kindheit. Die jüngste Kindergeneration spielt eher im *sicheren* Privatbereich der Wohnung, eher allein als mit anderen, eher mit technisiertem und fertig entwickeltem Spielzeug, eher mit Dingen als mit Menschen. Es besteht kein Mangel, sondern ein Überfluss an Spielsachen, was häufig zu Sättigung und Langeweile führt. Abnehmende Eigentätigkeit ist die Folge. Zum Erreichen des gewünschten Zieles (z. B. ein Drachen) war früher neben konstruktiver Phantasie und Kreativität die kooperative Zusammenarbeit der Kinder erforderlich. Heute wird das Objekt der Begierde einfach gekauft (Lenkdrachen chinesischer Bauart), womit sich der Anteil der Eigentätigkeit auch schon erschöpft. Auf diese Weise gehen unwiederbringliche Gelegenheiten manipulativer wie kognitiv-sozialer Lernerfahrungen verloren. Ein durch Eigentätigkeit und durch soziale Kognition moduliertes Selbstbewusstsein (Selbstkonzept) kann faktisch nicht entwickelt werden.

Verhäuslichung der Kindheit

- Die autogerechte Siedlungsstruktur unserer Innenstädte minimiert den kindlichen Erkundungsdrang und reduziert so die Vielfalt ihrer Erlebnis-, Erfahrungs- und Lernmöglichkeiten. Damit gehen Freiräume im doppelten Sinne verloren: Nicht nur für undisziplinierte Bewegungsaktivitäten, sondern vor allem für von Erwachsenen unabhängige Handlungsentscheidungen. Die Monokultivierung der Innenstädte und das Regelungs- und Sicherheitsbedürfnis der Gesellschaft fördert auch

Verlust der Freiräume

den Prozess allumfassender *Pädagogisierung* mit der zugehörigen *Institutionalisierung* von Kindheit. Spielen findet zumeist unter Beaufsichtigung, häufig sogar unter Anleitung durch pädagogische Fachkräfte statt. Spielen findet an festgelegten Orten (Spielplätzen) und in Institutionen (Schulhof, Kindergartenfreifläche) sowie in kommerzialisierten und bewachten Freizeit- und Erlebnisparks statt. Die Transportverbindung zwischen diesen *Handlungs- und Erlebnisinseln* findet mit Hilfe des neuen Lieblingskindes statt: dem Auto.

Verinselung des Lebensraumes

- Die Folgen und Zusammenhänge dieser Entwicklungen hat vor allem Zeiher (1983, 2005b) mit ihrem Konzept des *verinselten Lebensraumes* anschaulich verdeutlicht. Sie geht davon aus, dass sich die Entwicklung des Kindes im Zuge der Aneignung der räumlichen Umwelt bis weit in die 1960er-Jahre hinein räumlich-einheitlich in sich allmählich erweiternden konzentrischen Kreisen vollzieht, d.h. das Kind erweitert mit zunehmendem Alter seinen Lebensraum: Zunächst von der Wohnung aus, über das Haus und die Zwischenbereiche in die nähere und weitere Umgebung hinaus. Dieses Modell eines einheitlichen Lebensraumes hat sich durch die Funktionsspezialisierung seit den 1970er-Jahren stark verändert und gestaltet sich heute als *verinselter Lebensraum*. Die Distanzen zwischen den einzelnen Bereichen vergrößern sich, stark befahrene Straßen bilden Hindernisse und werden für Kinder immer schwerer überbrückbar. Kinder werden aufgrund der räumlichen Entfernungen transportbedürftig, wodurch ihnen kindliche Formen der Raumerschließung verloren gehen. Die Folgen der Verinselung liegen vor allem in einer *Entsinnlichung des Lebensraumzusammenhangs*, da Räume nicht als sinnliche Einheit, sondern immer nur als Teilräume erlebt werden. Die Kinder verlieren das Gefühl, in ihrer Straße, ihrem Wohnviertel zu Hause zu sein und sich an vertraute Orte zurückziehen zu können. Da sie die Entfernungen zwischen den Spielorten nicht mehr zu Fuß oder mit dem Fahrrad bewältigen können, wird ihnen die Möglichkeit genommen, einen zusammenhängenden Plan ihres Wohngebietes (kognitive Landkarte) zu entwickeln; stattdessen repräsentieren sie nur noch verbindungslose Rauminseln (Abb. 14 u. 15). Die durch Distanzen entstehenden Zwischenräume werden durch technische Medien (Handy, Fernsehen) zeitlos überbrückt. Spontanes Handeln ist in einem verinselten Lebensraum durch die

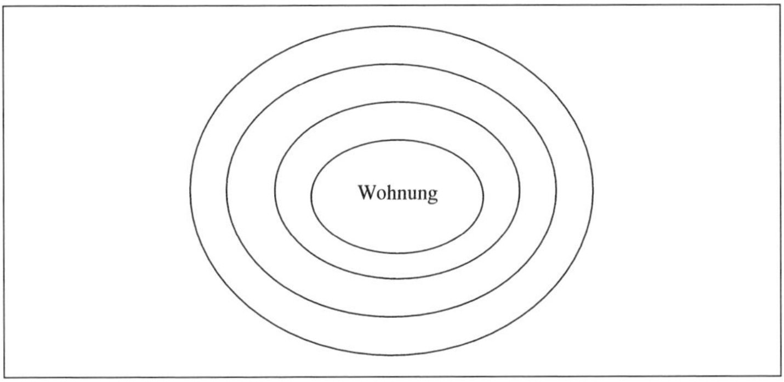

Abb. 14: Erweiterung der Streifräume in den Vorkriegsjahren und in den 1950er-Jahren (Haunert 1989)

Notwendigkeit verstärkter Planung, durch eine Absprache mit anderen Personen, durch eine Zeitregelung nach Öffnungszeiten, Fahrplänen und Fahrzeiten erschwert, was für Kinder schon sehr früh dazu führt, dass sie mit Uhr und Terminkalender leben müssen.

Die Herausforderungen moderner Kindheit sind ambivalent: Einerseits bedeuten sie Entsinnlichung und Rasterung der Handlungszeit, oft im akademischen 45- oder 90-Minutentakt von Kursanbietern wie Musikschulen, Volkshochschulen und (Sport-) Vereinen, andererseits enthält der historische Übergang vom einheitlichen zum verinselten Lebensraum auch die Chance des „Zugewinns an individueller Autonomie“ (Zeiher 1983, 188; Preuss-

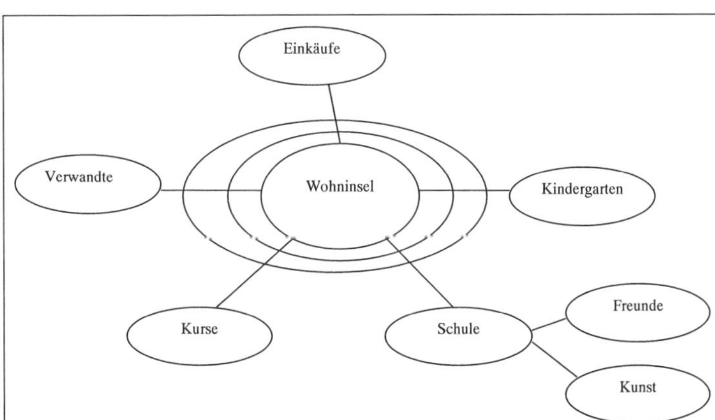

Abb. 15: Vermischung der Lebensbereiche (Haunert 1989)

Lausitz 1990a). Bei genauer Betrachtung gilt der Zugewinn für immer weniger Kinder, denn mehr und mehr Kinder im Vorschulalter (10–20 %) sind verhaltensauffällig und koordinationsgestört (Schmidt 1992; Eggert et al. 2000). Dabei stehen Verhaltensweisen wie motorische Unruhe, ziellose Aktivität gepaart mit Impulsivität, manchmal auch Aggressivität im Vordergrund. Bei vielen Kindern besteht ein erhöhtes Risiko späteren Schulversagens. In dem Maße, wie es um die schulische Karriere von Kindern geht, werden Eltern, Pädagogen, Psychologen und Therapeuten hellhörig und betreiben Ursachenforschung. Kindern wird in unserer heutigen Gesellschaft häufig ein bewegungsarmer Lebensstil aufgezwungen. Dazu tragen die Verplanung der kindlichen Freizeit und die vermeintliche Abhängigkeit vom Auto ebenso bei wie die inadäquate Infrastruktur der kindlichen Bewegungswelt.

Die sozialräumlichen Akzente des Ökologie-Konzepts sind geeignet, personenbezogene und umweltbezogene Aspekte miteinander in Einklang zu bringen. Es ist deutlich geworden, dass Spiel*räume* zur Entwicklung einer Ortsidentität (Beziehung des Menschen zu seiner geographisch-physikalischen sowie sozialen Umwelt) als einem Teil der personalen Identität des Kindes beitragen. Die Bindung an bestimmte Orte entsteht durch Vertrautheit und Familiarität, deren Entwicklung auf den Faktor Zeit angewiesen ist, d. h. auf Gelegenheiten, sich ausreichend lange in einer bestimmten außerhäuslichen Umgebung aufzuhalten und sich diese handelnd anzueignen. Ortsidentität wird als eine wesentliche Sinndimension menschlicher Existenz betrachtet, die die Einmaligkeit und Kompetenz des Individuums mitbestimmt (Keller 1993). In diesem Prozess der Identifikation des Subjekts mit seiner Umwelt haben Aneignungsprozesse über Körper und Bewegung somit existentielle Bedeutung.

Ortsidentität

Bis in die 1980er-Jahre wird Kindheit im Wesentlichen als Entwicklungsphase im Lebenslauf unter dem Leitmotiv *Kindheit im Wandel* (Kränzl-Nagl/Mierendorff 2007) vielfach mit Hilfe der Konstrukte „Urbanisierung“, „Verhäuslichung“, „Verinselung“ und „Pädagogisierung des Lebensalltags“ thematisiert. Der Paradigmenwechsel findet in den 1990er-Jahren statt. Jetzt treten Fragen der sozialen Konstruktion der Wirklichkeit in den Vordergrund. Das Kind wird vom Objekt (der Forschung) zum handelnden Subjekt. Ihm wird eine aktivere Beteiligung im Entwicklungsprozess zugestanden und als sozialer Akteur nimmt es eine Rolle als

Interviewpartner in der Kinder-Survey-Forschung ein (Kränzl-Nagl/Mierendorff 2007, 9; Hurrelmann et al. 2006; 2007).

Zwar sind die Veränderungen in den räumlichen und zeitlichen Strukturen des Kinderalltags auch in der Gegenwart ein wichtiger Diskussionsanlass, doch rücken in den letzten Jahren andere Themen in den Vordergrund. Neue Zeitkonflikte, die sich aus der Problematik der Vereinbarkeit der Erwerbstätigkeit der Eltern mit den Öffnungszeiten der für Kinder bedeutsamen Einrichtungen (Kindergärten, Schulen und Kinderbetreuungseinrichtungen) ergeben, bestimmen die kindheitssoziologische Forschung (Kränzl-Nagl/Mierendorff 2007, 17). Helga Zeiher (2005a, b) beschreibt die Veränderungen unter der Überschrift des Eindringens ökonomischer Zeitstrukturen in den Familienalltag und problematisiert den Machtgewinn der Arbeitswelt über die Zeit der Kinder.

Zeitkonflikte

Damit verbunden ist die neue Situation wachsender Kinderarmut, die mit der veränderten Arbeitswelt, dem Umbau des Wohlfahrtsstaates und generell der demografischen Entwicklung der modernen Industriestaaten am Anfang des neuen Jahrtausends zu tun hat. Unsere sich rasant verändernde und immer komplexer werdende moderne Gesellschaft stellt alle Kinder vor große Herausforderungen und scheint denjenigen Kindern Chancen auf eine gesunde seelische und körperliche Entwicklung zu nehmen, die sozial, emotional und ökonomisch benachteiligt sind. Begleitende Lebensumstände sind nicht selten Vernachlässigung, Verwahrlosung und die Erfahrung von Gewalt, die Folgen immer häufiger Aggressivität oder – in der introvertierten Form – alle Modifikationen von Ängstlichkeit.

Kinderarmut

Mögliche Hintergründe dieser Zusammenhänge liegen in den sich dramatisch ändernden Armutsverhältnissen in den Mitgliedsländern der Europäischen Union. So lagen die Armutsquoten im Jahr 2005 zwischen 9 und 21 % (EU Mittel 16 %) und sind im betrachteten Zeitraum von 1995–2005 überall – mit Ausnahme von Portugal – drastisch gestiegen (Benz 2008, 525). Auch wenn die EU im Rahmen des Lissabon-Prozesses die Bekämpfung von Armut zu einem zentralen Ziel erkoren hat, so zeigt die international vergleichende Armutsforschung (Strengmann-Kuhn/Hauser 2008), dass die jeweiligen Forschungsmuster und die Armutspolitik der Europäischen Union (Benz 2008) eher sehr strukturell und monetär ausgerichtet sind. Eine auf den Menschen gerichtete, ressourcenorientierte Perspektivensuche, die auch humanwissenschaftliche Lösungsmodelle einbezieht, existiert leider noch viel zu selten (etwa Haverkamp 2008; Wendler 2008).

Spielraumgestaltung als Veränderung des Sozialraumes

Wenn die Psychomotorik zu den o. g. Problemanalysen bisher noch wenige eigene (Forschungs-)Beiträge geleistet hat, so treten doch gegenwärtig für Psychomotorik relevante Themenstellungen ins öffentliche Bewusstsein. Aus der Diskussion um die UN-Kinderrechtskonvention zur Verbesserung der Lebensbedingungen von Kindern hat sich inzwischen eine Bewegung verselbstständigt, die Kindesentwicklung und kindgerechte Spielraumgestaltung zum Thema macht, und bei der psychomotorische Grundanliegen maßgeblich beteiligt sind (Seeger / Seeger 2001; 2005; Franke / Fischer 2001; Krenz 2006; Österreicher / Prokop 2006; Lensing-Conradi 2008). Die Grundgedanken der Arbeit basieren auf dem Abkommen *Agenda 21* der Vereinten Nationen für Umwelt und Entwicklung, welches 1992 in Rio de Janeiro von 179 Unterzeichnerstaaten vereinbart wurde. In diesem Beschluss ist das Ziel festgehalten, eine „dauerhaft-umweltgerechte Entwicklung" anzustreben. Dies beinhaltet die Zukunftsbeständigkeit des Gemeinwesens und des Wirtschaftssystems und die ökologische Zukunftsbeständigkeit, d. h. den Erhalt der Artenvielfalt, der menschlichen Gesundheit sowie Sicherung von Luft-, Wasser- und Bodenqualitäten, die das Leben und das Wohlergehen der Menschen wie der Tier- und Pflanzenwelt für die Zukunft ermöglichen. So hat die Agenda eine soziale, eine ökonomische und eine ökologische Komponente.

Agenda 21

Letztere wird unter der Zielsetzung der Umgestaltung von traditionellen Spielbereichen zu naturnahen Spiel- und Bewegungsräumen für alle Generationen seit einigen Jahren von der bundesweit agierenden Forschungsstelle für Spielraumplanung (FFS) (www.ffs-hohenahr.de) umgesetzt. Das Team arbeitet interdisziplinär, um so möglichst vielerlei Fachkompetenzen in die Arbeit einfließen zu lassen (Abb. 16). Die FFS versucht, den Forderungen der Agenda 21 auf kommunaler Ebene im Rahmen einer „Lokalen Agenda" gerecht zu werden. So wird ausschließlich heimisches Material berücksichtigt und es werden örtliche Betriebe beteiligt. Es werden keine industriell gefertigten Spielgeräte favorisiert, sondern heimische, natürliche und naturbelassene Materialien.

Forschungsstelle für Spielraumplanung (FFS)

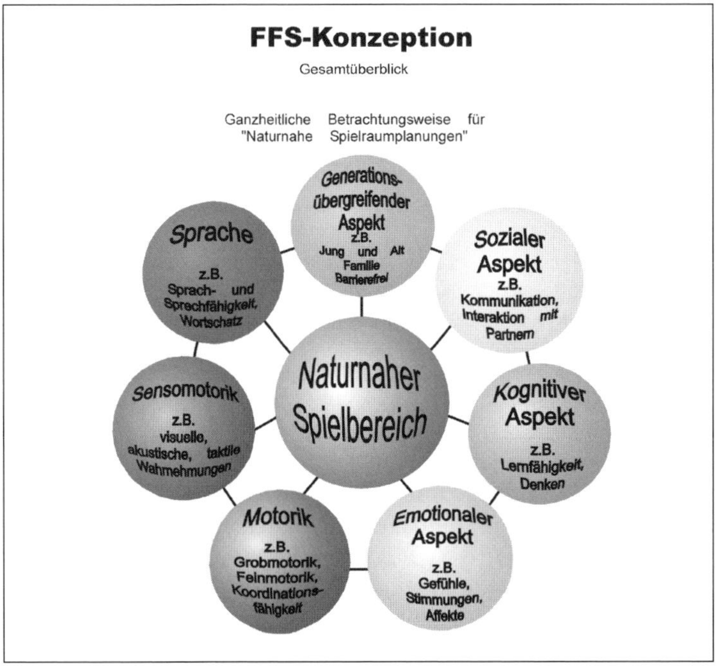

Abb. 16: Ganzheitliche Betrachtungsweise für naturnahe Spielraumplanung (Seeger/Seeger 2001)

Partizipation und Projektarbeit

Entscheidend sind in diesem Zusammenhang die Methoden der *Partizipation* und der *Projektarbeit*. Partizipation bedeutet, dass sich alle Interessierten in der für sie angemessenen Weise an dem Projekt beteiligen können. Sie schließt die Teilnahme der Betroffenen von der ersten Planung bis hin zum fertigen Produkt ein. Alle Interessierten – junge wie alte Menschen, Fachleute wie Laien – können ihre Wünsche und Vorstellungen äußern und werden am Projekt beteiligt. Wichtig für die Verwirklichung eines Vorhabens in Form der Partizipation ist die durchgehende Transparenz für alle Interessierten. Jeder Beteiligte kann sein individuelles Fachwissen und seine Handlungsmöglichkeiten in die Planung einbringen, sodass letztlich die bestmöglichen Voraussetzungen für die Organisation und Durchführung geschaffen werden. Dieses gilt auch für die Kinder, die durch das Beteiligungserlebnis Impulse für das ganze Leben gewinnen.

Eng mit dem Partizipationsmodell verknüpft ist die *Projektarbeit*. Das Konzept sieht vor, die Umgestaltung eines Außengeländes in drei Schritten zu realisieren. Nach einer gemeinsamen Ab-

Planung

klärung der Zielsetzungen und der personalen und finanziellen Ressourcen trifft sich die *Planerrunde*. Sie besteht aus Mitarbeitern der FFS, Erziehern, Lehrern, Eltern, Kindervertretern und anderen am jeweiligen Projekt interessierten Personen (z. B. Vertretern der Behörden oder des Einrichtungsträgers). An diesem Tag wird der Bauplan erstellt und versucht, alle zuvor entwickelten Ideen zu berücksichtigen.

„Gemeinsam Planen ist der konstruktivste Ansatz mit den bestmöglichen Ergebnissen, da alle ihre Kompetenz einbringen können. Miteinander nach Lösungswegen suchen, Argumente untereinander vergleichen, abwägen und die einzelnen Zielvorstellungen berücksichtigen, schafft die besten Voraussetzungen für ein späteres Gelingen mit großer Akzeptanz bei allen Beteiligten" (Seeger/Seeger 1996, 158).

Etwa vier Wochen nach diesem Zusammentreffen liegt der maßstabsgetreue Bauplan samt einer Objektbeschreibung vor. Der Bauplan wird vervielfältigt und samt Objektbeschreibung an zentralen Stellen des Ortes (Kindergarten, Rathaus, u. ä.) veröffentlicht, um interessierten Personen, die nicht am Planertreffen beteiligt waren, die Möglichkeit zu geben, sich kritisch damit auseinander zu setzen und gegebenenfalls Änderungsvorschläge einzubringen. Nach Berücksichtigung eventueller Verbesserungsvorschläge wird der Bauplan nebst Leistungsverzeichnis des erforderlichen Materials und Kosteneinschätzung erstellt. In der Folgezeit steht die Material- und Werkzeugbeschaffung im Vordergrund. Es ist sinnvoll, verschiedene Firmenangebote zu vergleichen, Sponsoren zu gewinnen und möglichst viele freiwillige Helfer für das bevorstehende Umgestaltungswochenende zu gewinnen. Dabei ist es wichtig, für jeden Bereich einen Ansprechpartner zu bestimmen, um koordinierte Arbeit leisten zu können.

Gestaltung des naturnahen Spielraums

Den letzten Schritt des Projektes stellt die eigentliche Umgestaltung des Geländes dar. An diesem Tag finden sich zwei Bauleiter der FFS ein, um die Arbeit der freiwilligen Helfer zu koordinieren. Die Bauleiter haben eine wichtige Funktion, da sie aufgrund ihrer Erfahrung in Bau- und Rechtsfragen kompetent sind und ein Gefühl für die Gestaltung naturnaher Spielbereiche besitzen. Sie können einschätzen, wieviel Zeit und Helfer für eine bestimmte Aktion nötig sind, wie man an eine Aufgabe der Umgestaltung herangehen kann und vor allem, zu welchem Zeitpunkt einzelne Teile des Geländes verändert werden können, ohne die gesamte Umgestaltung zu behindern (s. Abb. 17 a–c).

Abb. 17 a–c: Projekte zur Außenraumgestaltung

Abb. 17 c

Wenn den Kindern von heute durch gesellschaftliche und strukturelle Veränderungen mehr und mehr der Erfahrungsraum *Natur* genommen wird, dann erweist sich ein solches Projekt als geeignete Maßnahme, den Lebensraum Kindergarten oder Schule wieder naturnaher zu gestalten. So entsteht ein Raum, in dem diejenigen Erlebnisse und Erfahrungen möglich sind, die in unserer Welt allzu leicht verloren gehen. Für die Prozessbeteiligten ist es zudem ein erlebtes Ereignis generationsübergreifender Bürgernähe.

Übungsaufgaben zu Kapitel 2

13. In modernen Entwicklungstheorien werden dem Menschen die *Rolle des Produzenten der eigenen Entwicklung* zugeschrieben. Was bedeutet dieses?

14. Beschreiben Sie die Meilensteine der Entwicklung kindlicher Handlungskompetenz.

15. Welcher Unterschied besteht zwischen der Begriffen *Sinnestätigkeit* und *Wahrnehmung*?

16. Nennen Sie Gründe, warum im psychomotorischen Konzept Wahrnehmung als *Erkundungsaktivität* beschrieben wird.

17. Was sind *emotionale Kompetenzen*?

18. Was bedeutet *Selbstkonzept*?

19. Beschreiben Sie den Unterschied zwischen den Begriffen *Körperschema* und *Körperbild*.

20. Wieso wird der Körperlichkeit eine wichtige Rolle beim Aufbau des Selbstkonzeptes zugeschrieben?

21. In der Psychomotorik spielt der Begriff der *Selbstwirksamkeit* eine bedeutende Rolle. Skizzieren Sie die Zusammenhänge erfolgreicher Bewegungsaktivität und dem Aufbau des Selbstkonzepts.

22. Welche Aspekte sind für den Aufbau sozialer Kompetenzen des Kindes bedeutsam?

23. Was verbinden Sie mit dem Begriff *Soziomotorik*?

24. Welche Verknüpfungen gibt es zwischen Psychomotorik und Erlebnispädagogik?

25. Die Fachdiskussion hat in letzter Zeit die Bedeutung des Spiel- und Erlebnisraumes für die kindliche Entwicklung akzentuiert. Welche Aspekte sind für Sie einsichtig und wichtig?

3 Entwicklungstheoretische Perspektiven der Psychomotorik

In ihrer theoretischen Grundlegung geht die Psychomotorik von dem Hauptleitgedanken aus, „daß Persönlichkeitsentwicklung durch Handeln, in dem kindliche Bewegungs- und Wahrnehmungstätigkeit, Erleben und Kognition eine untrennbare Einheit bilden, durch die tätige Auseinandersetzung mit der materialen und sozialen Umwelt geschieht" (Schilling 1990, 70f). Damit versteht sich diese Disziplin heute eindeutig als entwicklungstheoriegeleitete Handlungswissenschaft mit Ausrichtung auf die Erforschung der dynamischen Person-Umwelt-Interaktionen.

Die Komplexität des Entwicklungsgeschehens macht es notwendig, verschiedene Entwicklungstheorien zur Erklärung heranzuziehen. Theorien haben einen begrenzten Aussagebereich: Sie erlauben nur ausschnitthaft Einblick in das Ganze. Dieses wird hier mit der Begriffswahl der Perspektive verdeutlicht. Das Ganze ist die Persönlichkeitsentwicklung des Menschen über die Entwicklungsspanne. Die Psychomotorik betrachtet Entwicklung aus der Perspektive der Bewegungshandlung. Auch dieses ist nur ein Ausschnitt, allerdings ein wesentlicher, denn die Realitätserfassung über die tätige Auseinandersetzung mit der materialen und sozialen Umwelt ist ein sehr funktionsgerechtes Mittel. Entwicklung vollzieht sich auf diese Weise medial über die Bewegungspraxis.

Perspektive der Bewegungshandlung

Welche theoretischen Bezüge gibt es, die perspektivisch Einblick in das Ganze bieten? Der Theorieüberblick wird zunächst synoptisch von der Ergebnisseite vorgenommen und es werden die Bezüge zur aktuellen Körper- und Bewegungsdebatte hergestellt. Anschließend wird exemplarisch auf einzelne Theorieschwerpunkte bzw. Theoriefamilien Bezug genommen. Der Schwerpunkt der Betrachtungen liegt zunächst auf Erklärungsansätzen, die sich auf die Entwicklungsspanne der Kindheit beziehen; zunehmend werden die Betrachtungen auf die gesamte Lebensspanne ausgedehnt.

Theorieüberblick

3.1 Theorieübergreifende Orientierungen der Psychomotorik

Alle modernen Theorien gehen davon aus, dass die Aneignung der Umwelt durch den Menschen aufgrund subjektiver Strukturierungen erfolgt. Strukturen sind kognitive Konstrukte, die das Subjekt nicht durch Aufnahme von Informationen erwirbt, sondern im interaktiven Handeln erzeugt (Seiler 1991; Mascolo / Fischer 2005; Flammer / Gasser 2007). So habe ich beispielsweise in Kapitel 2 deutlich gemacht, dass auch Wahrnehmung einem Konstruktionsprozess unterliegt: Wahrnehmung stellt nicht einfach die Verarbeitung von Sinnesdaten dar, sondern einen Erkenntnisprozess, der als sinnvolle (Erkundungs-)Aktivität beschrieben wurde. Das Ergebnis schlägt sich in Strukturen nieder. Hier wird die Nähe zu Piagets bahnbrechenden Erkenntnissen zur kognitiven Entwicklung deutlich. Strukturbildung ist vor allem ein *dynamischer Konstruktionsprozess*, der qualitativen Veränderungen unterliegt. Verschiedene Wiederholungsstudien der letzten Jahrzehnte haben bereichsspezifische Anpassungen von Piagets Strukturkonzept hervorgebracht; dabei hat sich die Bewegung im Handlungskontext als entwicklungsbestimmendes Basiskonzept herauskristallisiert. „Die Entwicklungspsychologen werden sich zunehmend der Tatsache bewußt, Kognition, Persönlichkeit und Wahrnehmung zu lange losgelöst vom bedeutsamem motorischen Verhalten betrachtet zu haben" (Miller 1993, 397). Genau dieses ist in der Zwischenzeit zu einem wesentlichen interdisziplinären und international anerkannten Forschungsfeld avanciert (Thelen 2000a; Ohrt 2006). Aus den aktuellen entwicklungstheoretischen Perspektiven lassen sich drei Postulate bestimmen, die als theorieübergreifende oder metatheoretische Orientierungen für eine am Handlungskonstrukt orientierte Praxis gelten können.

Dynamischer Konstruktionsprozess

1. *Entwicklung als subjektive Sinn-Konstruktion:* Diese Orientierung akzentuiert die Perspektive der sich entwickelnden Person. Allen modernen Theorien über Entwicklung ist ein Bemühen um eine *tragfähige Subjektkonstruktion* zu attestieren (Hurrelmann et al. 1986, 2008b). Für die Person sind die Objekte der Umwelt (Gegenstände, Personen, Handlungsräume) nicht per se relevant, sondern durch subjektiv erfahrbare Sinngebungen und Bedeutungsimplikationen.

2. *Entwicklung als interaktiver Prozess:* Die Annahme der Interaktion oder der Person-Umwelt-Beziehung ist eine Orientierung, die in ihrer weittragenden Bedeutung für die Gestaltung und wissenschaftliche Erforschung des Entwicklungs- und Erziehungsgeschehens erst in den letzten Jahren und allmählich Anerkennung findet. Mit Interaktion ist heute eine Position gekennzeichnet, die Umwelt nicht lediglich als Rahmen für individuelle Entwicklung beschreibt, sondern Person und Umwelt als komplementäres Konstrukt erachtet. Diese Perspektive ist erst durch die ökologisch-systemische Theorie präzisiert worden. Entsprechend kennzeichnet Lang (1988) diesen Perspektivenwechsel als Dezentrierung des Denkens von einem rein anthropozentrierten Menschenbild auf den Menschen und seine Umwelt als Analyse-Einheit. Den Erkenntniswandel verdeutlicht er mit dem Begriff der *kopernikanischen Wende*. Die Person und ihre Umwelt sind als Entwicklungspartner zu sehen; eine Entwicklungsförderung kann dann mit wechselnder Zentrierung bei beiden Partnern ansetzen und damit das Entwicklungsgeschehen insgesamt beeinflussen.

3. *Entwicklung als dynamischer, lebenslanger Prozess:* Entwicklung erfolgt nicht als geradliniger, endogen oder exogen vorbestimmter Prozess, sondern ist in einem hohen Maße von den Aushandlungsprozessen zwischen der Person und ihrer sozialen und materialen Umwelt abhängig. Die Entwicklung ist prinzipiell als selbstgestalteter Prozess zu konzipieren (1. metatheoretische Orientierung), in dem sich die Person zunehmend ihrer eigenen Gestaltungsmöglichkeiten bewusst wird. Der interaktive Charakter der Realitätskonstruktion (2. metatheoretische Orientierung) zwingt zu einer offenen Vorannahme des Entwicklungsverlaufes, der von den jeweils vorgefundenen und aufgesuchten Handlungswelten abhängt. Ich schlage in Anlehnung an Geulen (1987, 2005) eine Vorstellung von Entwicklung als Modell von Weichenstellungen vor, das von der Tatsache ausgeht, dass Personen in ihrem Entwicklungsverlauf auf zahlreiche kulturell bedingte Handlungs- und Entscheidungsalternativen treffen, die den Entwicklungsverlauf problematisieren und individualisieren.

Die epigenetische Entwicklung

Eine solche Sicht geht letztlich auf Waddingtons (1957) epigenetisches Entwicklungspfadmodell zurück (s. Abb. 18): Das Modell

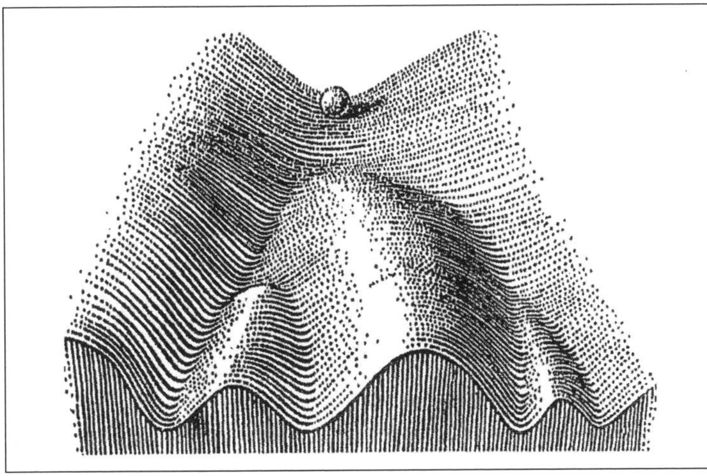

Abb. 18: Die epigenetische Landschaft nach Waddington (1957, 29)

wird anhand einer Berglandschaft veranschaulicht, auf deren Gipfel sich eine Kugel – als Symbol für die sich entwickelnde Person – befindet. Diese folgt einem (alternativen) Pfad durch die Täler. Den Prinzipien der Selbstorganisation folgend durchläuft die Kugel einen Weg – dieser ist weder bekannt, noch vorherbestimmt (vgl. Petermann et al. 2004, 280). Dennoch symbolisiert das Modell den Umweltbezug möglicher Systemzustände; die Topografie der Landschaft nimmt Einfluss auf den Lauf der Kugel bzw. der Entwicklung (vgl. Wilkening / Cacchione 2007).

Die jüngere Entwicklungstheorie betont stärker die Handlungssensibilität des Individuums. Gemeint sind hier Angebote für die Ausübung bestimmter Aktivitäten, die von der jeweiligen Person entsprechend ihrem Entwicklungsstand wahrgenommen werden können. Das Ergebnis der Entwicklung sind die Handlungskompetenzen, die sich immer aus der Wechselwirkung zwischen persönlichen und kontextuellen Faktoren ergeben. Hieraus erwächst die Verantwortung der Erziehenden, bei der Passung von subjektiven und objektiven Strukturierungen behilflich zu sein.

3.2 Die neue Körper- und Bewegungsdebatte

Schon vor mehr als einem Jahrzehnt prognostiziert die neurowissenschaftliche und entwicklungspsychologische Forschung in den USA ein *zweites Goldenes Zeitalter* der Motorikforschung (nach einer ersten Hochphase in den 1960er- und 1970er-Jahren) und dessen Bedeutung für die allgemeine Entwicklungsforschung von Kindern (so etwa Esther Thelen 1995, 2000a). Gegenwärtig konstatiere ich ein Erwachen der deutschen und europäischen Fachdebatten um die Bedeutung der Motorik: Sowohl die Entwicklungspsychologie als auch die kognitive Psychologie (Wilkening / Krist 2002, 2008; Krist 2006; Michaelis 2003) sowie Teile der sportwissenschaftlichen Bewegungsforschung (Mechling / Effenberg 2006) weisen der Forschung zur (psycho-)motorischen Entwicklung eine „paradigmatische Bedeutung für das Verstehen der Entwicklung von Kindern" (Michaelis 2003, 853) im Allgemeinen zu. Ein neuartiger Erklärungsansatz erwächst in der Übertragung der dynamischen Systemtheorie auf die Entwicklungstheorie (Thelen / Smith 1994; 1998).

> „Der sich entwickelnde Mensch wird als ein System betrachtet, dessen Eigenschaften und Verhalten spezifische Ordnungsmuster darstellen, die sich aus der spontanen Interaktion aller beteiligten systeminternen und -externen Komponenten ergeben" (Wilkenung / Cacchione 2007, 50).

Gerade diese spontanen Interaktionen bringen eine bedeutsame Eigenschaft hervor: die Dynamik und ihr Potenzial für Entwicklungsprozesse. Offene Systeme stellen keine festen Gebilde dar, sondern befinden sich in ständiger, jedoch nicht willkürlicher Veränderung. Nach diesem Ansatz stehen alle Entwicklungsdimensionen in einem wechselseitigen Abhängigkeitsverhältnis und beeinflussen sich gegenseitig; Entwicklungen auf einem Gebiet ziehen unweigerlich Konsequenzen in anderen Bereichen nach sich. Wegen der initialen Bedeutung des Körpers und der Bewegung kommt diesen eine fundamentale und verbindende Bedeutung für alle Entwicklungsdomänen zu. Genau mit diesen Wirkprozessen setzt sich der Ansatz Dynamischer Systeme (ADS) im Rahmen der Motorikforschung zunehmend auseinander.

„Die Grundannahme ist, dass Bewegung aus dem komplexen Zusammenspiel neurophysiologischer und biomechanischer Vorgänge resultiert (‚emergenztheoretische Perspektive'). Bewegung und Bewegungsentwicklung sowie deren relative Stabilität (Capra 2002) emergieren aus spontaner Selbstorganisation oder Koordination von Körpersystemen, umweltseitigen Anforderungen an den Handelnden sowie durch die Aufgabe.

Als Grundprinzip des ADS können 1. die spontane Selbstorganisation oder wechselseitige Abstimmung von Körpersystemen, 2. die Kooperation dieser komplexen Systeme und 3. die diskontinuierliche Entwicklung von Bewegungsmustern betrachtet werden. Damit sind unterschiedliche Entwicklungsgeschwindigkeiten erklärbar. Verhalten und Leistung werden als das Produkt einzelner Systeme und mit unterschiedlichem Beitrag betrachtet. Das ‚langsamste' Teilsystem bestimmt den Fortschritt" (Mechling / Effenberg 2006, 86).

Im Betrachtungszentrum der dynamischen Perspektive der (motorischen) Entwicklungsforschung steht der Begriff der Bewegungsaktivität (v. Hofsten 2003; Krist 2006; Mechling / Effenberg 2006). Über die Rezeption der wegweisenden Arbeiten des russischen Physiologen Bernstein (1967, 1988) entwirft Reed (1982, 1996) eine allgemeine Theorie der Bewegungsaktivität, die Bewegungsentwicklung und Bewegungslernen nicht infolge von motorischen Programmen, sondern als handlungsbezogene Person-Umwelt-Beziehung thematisiert. Unauflöslich damit verbunden ist die Sichtweise der engen Kopplung von Wahrnehmung und Handlung (action-approach) (Krist 2006, 153; Schiebl 2007), die auf die ökologische Wahrnehmungspsychologie von James und Eleanor Gibson zurückgeht. Danach ist Handeln Erkundungsaktivität (s. Kap. 2.1.4) und Wahrnehmungslernen ist als aktives Suchen des Individuums nach sinnvollen Angeboten (affordances) in der Umgebung zu verstehen, um seine Handlungsziele zu verwirklichen (Krist 2006, 153–154).

Bewegungsaktivität

Es wundert also nicht, wenn Mechling / Effenberg nach Sichtung des internationalen Fachdiskurses zur Kindheitsforschung die Entwicklung von *Handlungsvariabilität* als Schlüsselfunktion bezeichnen. Danach besteht die Hauptfunktion von Entwicklungsprozessen „in der Bewältigung der Umweltanforderungen, der Fähigkeit zur Selbstregulation und in der Erweiterung des Handlungsspielraumes ..." (Mechling / Effenberg 2006, 93).

Unterstützung erhalten die Ansätze durch die Ergebnisse neurowissenschaftlicher Forschungen mit Hilfe bildgebender Verfahren (PET = Positronen-Emissions-Tomographie; fMRT = funktionelle Magnetresonanz-Tomographie). Damit ist es den Forschern gelungen, die Veränderungen neuronaler Verschaltungen in der Folge von Lernprozessen oder emotionaler Erfahrungen in unterschiedlichsten Versuchskonstellationen „am lebenden Gehirn" nachzuweisen. Die jüngsten Entwicklungen sind diese: In Grundlagenbeiträgen konzipieren Forscher wie etwa Esther Thelen (2000b) oder auch die Arbeitsgruppe um den Neurobiologen Hüther (Storch et al. 2006) ein neues Verständnis von Entwicklung auf der Basis des Körpers und nennen es *Embodiment*. Es geht darum, die Wechselwirkung von Körper, Kognition und Psyche zu verstehen und für Entwicklungsprozesse zu nutzen. Handlung wird zum Organisator von Lernen und Entwicklung in vielen Dimensionen (Rieser et al. 2005).

Embodiment

Auch die sportwissenschaftliche Forschung hat das Thema als Herausforderung angenommen. Nach Hollmann et al. (2005) erweist sich die körperliche Bewegung als der stärkste Stimulus zur Neuronenbildung, quasi als Träger zur Ausgestaltung der Neuroplastizität. Der Körper wird heute uneingeschränkt als Medium des Lernens ernst genommen, was Gissel (2007) dazu bewegt, einen Wandel „von der neuen Theorie des Geistes zu einer neuen Pädagogik des Körpers" zu prognostizieren.

Pädagogik des Körpers

Was für jugendliche oder auch ältere Aktive recht ist, ist für Kinder, zumal jüngere nur billig: Spitzer (1996; zit. nach Gissel 2007, 18) hält es aufgrund der Neuroplastizität des Gehirns für unerlässlich für Kinder, die „richtigen, entwicklungsgemäßen Anregungen zu erhalten" und hier spielt die Bewegungsaktivität als strukturbildendes, modellierendes Medium eine entscheidende Rolle.

3.3 Versöhnung neurowissenschaftlicher, entwicklungspsychologischer und pädagogischer Positionen

In der Entwicklungsforschung hat das Prinzip der Eigenaktivität unwidersprochene Akzeptanz gefunden. „Entwicklung erfolgt wesentlich über die Eigenaktivität des Kindes in der Interaktion mit Personen und Gegenständen“ (Ohrt 2006, 146). Das Gehirn als Schaltzentrale all unserer Handlungen und als Zentrum unserer Denkprozesse steht mit dem Körper (und der Bewegungsaktivität) in enger Verbindung. Denken ist kein körperloser Prozess, sondern eng an die kindlichen Erfahrungsprozesse über Handeln gebunden. Nahm die neurowissenschaftliche Forschung noch vor wenigen Jahren an, dass die Hirnentwicklung vollkommen genetisch determiniert sei (vgl. Singer 2003, 68), so gilt die Modellierung der neurologischen Funktionen infolge erfahrungsgeleiteter Prozesse heute als Credo der Neurowissenschaften. Dieses bedeutet präzise, dass nur die aktive Nutzung des genetischen Potenzials bzw. die Interaktion des Neurons mit der externen Umgebung dessen Modellierung bestimmt. Neurone und Synapsen, die nicht aktiv sind, überleben auch nicht. „Use it or lose it“ („Nutze es oder vergiss es“), so fasst Pinel (1997b, 404) in Anlehnung an Hockfield / Kalb (1993) die Bedeutung aktiver Prozesse für die Gehirnentwicklung zusammen. Dieses generelle Prinzip gilt für einfache Strukturen genauso wie für komplexe (Fischer 2006b, 99).

Hirnentwicklung durch Erfahrungen

Dabei bestätigen die Neurowissenschaften heute Prinzipien, die in pädagogischen Kontexten schon lange einen Erkenntniswert besaßen. Die neuronale Struktur ist ein flexibler Zustand, der aus dem fortwährenden Dialog zwischen genetischen und epigenetischen Prozessen entsteht; somit erwächst die Erkenntnistätigkeit des Kindes aus dem immerwährenden Dialog mit der Welt. Dies entspricht einer dynamischen Modellvorstellung menschlicher Entwicklung. Danach ist Entwicklung – „sowohl auf neuronaler als auch auf behavioraler Ebene – das Produkt der Interaktion zwischen Organismus und Umwelt“ (Mrakotsky 2007, 33). Dabei ist zu bedenken, dass die behaviorale Ebene (das Verhalten) nicht „nur kognitive, sondern alle sensorischen, motorischen, emotionalen und sozialen Funktionen einschließt" (Mrakotsky 2007, 39).

Neurowissenschaft und Pädagogik

Gegenwärtig ist eine Annäherung zwischen neurowissenschaftlichen und pädagogischen Konzeptionen kindlicher Entwicklung zu verzeichnen. Führende Neurowissenschaftler (Bauer 2004, 2007; Singer 2003; Roth 2006, 2007; Hüther 2006; Friedrich 2006) weisen den reformpädagogischen und (sozial-)konstruktivistischen Erkenntnissen entscheidende Bedeutung für die Subjektgenese des Kindes zu (vgl. Bauer 2007, 48). Naturwissenschaftliche und humanwissenschaftliche Gegensätze sind in Bezug auf den Menschen aufzulösen. Entsprechend spricht sich Roth (2006, 55; 2007, 55) gegen das in der kognitiven Psychologie entwickelte Modell der Informationsverarbeitung aus. Wir können Wissen nicht auf Kinder übertragen; Erkenntnistätigkeit ist aktiv gestaltete Bedeutungskonstruktion. Zudem ist jegliche Gehirntätigkeit entgegen der langjährigen neurowissenschaftlichen „Selbstüberschätzung" (Hüther 2006, 44) ein „soziales Produkt und als solche für die Gestaltung von sozialen Beziehungen optimiert. Es (das Gehirn) ist ein Sozialorgan" (Hüther 2006, 43), wie der Mensch ein Sozialwesen.

Selbstorganisation

Die jüngst in den Neurowissenschaften entwickelten didaktischen Vorstellungen entwerfen ein Menschenbild, dem aus psychomotorischer und bewegungspädagogischer Perspektive problemlos zuzustimmen ist:

„Die entscheidende Frage ist: Welche ungenutzten Potentiale schlummern im Menschen? Der Mensch ist ein kreatives, komplexes, anpassungsfähiges, sich selbst organisierendes System. Er ist zielstrebig und dynamisch. Speziell hervorzuheben ist die Fähigkeit des Menschen, sich selbst zu aktualisieren". (...)

„Auch das Gehirn ist ein kreatives, komplexes, anpassungsfähiges System. Selbstorganisation ist somit das Prinzip, nach dem auch das Gehirn lernt. Die Funktionsweise des Gehirns kann als ganzheitlich, interdependent und komplex beschrieben werden. Im Gehirn ist alles mit allem verknüpft. Körper, Gehirn und Geist bilden eine dynamische Einheit. Erzieher und Lehrer müssen mit dieser Komplexität pädagogisch umgehen lernen, indem sie sich auf das aktive ganzheitliche Sein des Kindes einlassen, um ihm zu helfen, sich weiterzuentwickeln und dabei das Selbst in Übereinstimmung mit der umgebenden Welt zu verwandeln, im Wachstum nach Ganzheitlichkeit zu streben und die Einheit des Selbst zu bewahren, selbstreflexiv und kreativ zu sein, ist, Sinn hervorzubringen und sich durch die Erzeugung von Sinn und Ziel selbst zu steigern. Das Ich ist als Ganzes zu verstehen, das die Fähigkeit besitzt, sein eigenes Wachstum zu beobachten, daran teilzunehmen und dafür verantwortlich zu sein" (Arnold, M. 2006, 157–158).

Mit diesen aktuellen Bezügen ist die Brücke zur Diskussion der entwicklungstheoretischen Grundlagen der Psychomotorik geschlagen.

3.4 Theorie-Bezüge der metatheoretischen Orientierungen

3.4.1 Bewegung und Erfahrung: Konstruktion als Leitbegriff

Erfahrungslernen

Erfahrungslernen in Bezug auf Bewegung ist zuerst von Scherler (1975) in die bewegungspädagogisch orientierte Diskussion eingeführt worden. Dabei geht es um die Erkenntnis, dass das Kind über grundlegende Bewegungstätigkeiten wie Schaukeln, Rutschen, Balancieren, Rollen, Klettern etc. eine Vorstellung von Schwung, Gleichgewicht, Schwerkraft oder Reibung gewinnt und sukzessive komplexe Repräsentationsschemata entwickelt. Der Erfahrungsbegriff wird in diesem Sinne zu einer wichtigen didaktischen Kategorie, weil er den Prozess beschreibt, wie das Kind durch den handelnden Umgang mit den Dingen Qualifikationen erwirbt, die die Psychomotorik mit Ich-Kompetenz, Sachkompetenz, Sozial- oder Handlungskompetenz bezeichnet. Das Erfahrungslernen ist strukturbildend im doppelten Sinne für Können und Wissen. Wissen stellt dabei die abstrahierte Form der Tätigkeit dar. Bewegung ist insofern Basis für Können, als sie durch vielfältige, den Prinzipien des Experimentierens und Variierens folgende Bewegungstätigkeit die Handhabung von Dingen (Können) vervollkommnet.

Die Erkenntnisse gehen letztlich auf Piaget zurück, der die allgemeine Bedeutung der sensomotorischen Handlung für den Prozess der Erkenntnisgewinnung (das Wissen um die Dinge der Welt, für das Verstehen von Bedeutungen und Zusammenhängen) zum Gegenstand seiner Forschungen gemacht hat. Die nachfolgenden Betrachtungen geben einen Überblick über die wichtigsten Grundlagen aus Piagets Werk mit einer Relevanz für die Psychomotorik und berücksichtigen dabei auch eine Bewertung aus Piagets Spätwerk und der postpiagetschen Periode.

3.4.1.1 Jean Piaget: Leben und Werk

Jean Piaget wurde am 9. August 1896 in Neuchâtel in der Schweiz geboren. Schon in den ersten Schuljahren zeigt der junge Jean ein ausgeprägtes wissenschaftliches Interesse an der Beobachtung der Natur. Im Alter von zehn Jahren schreibt er bereits einen Artikel über einen Albino-Spatzen, der in einer lokalen Zeitschrift für Naturgeschichte veröffentlicht wird. Seine Vorliebe für die Biologie führt Piaget zunächst zum Studium der Zoologie an der Universität Neuchâtel, das er 1918 mit einer Promotion über die Weichtiere im Wallis abschließt. Neben den zoologischen Studien beschäftigt er sich schon früh mit soziologischen und philosophischen Fragen, insbesondere mit erkenntnistheoretischen Problemen und der Frage nach Sinn und Wert menschlichen Lebens. Nach der Promotion arbeitet Piaget in Paris am Laboratorium Alfred Binets, wo er Intelligenztests mit Kindern durchführt. Dabei faszinieren ihn die Denkprozesse, die den richtigen oder falschen Antworten der Kinder zugrundeliegen. Mit der Beschreibung der Intelligenzentwicklung des Kindes hatte er nun sein Hauptforschungsgebiet gefunden, dem er fortan ein langes und reiches Forscherleben widmen sollte (Flammer 1996, 113ff; 2008, 129ff).

Verhaltensbeobachtung

Bei seinen eigenen drei Kindern Jacqueline, Lucienne und Laurent beobachtet Piaget Verhalten und Entwicklung in den ersten Lebensjahren und hält sämtliche Details in ausführlichen Protokollen fest, aus denen später drei Bücher über die kognitive Entwicklung beim Kleinkind hervorgehen. Viele grundlegende Überlegungen Piagets, vor allem die Theorie der sensomotorischen Entwicklung, fußen auf diesen ersten Beobachtungen.

In der Folgezeit übernimmt Jean Piaget verschiedene Professuren für Psychologie, Soziologie und Philosophie an den Universitäten Neuchâtel, Genf, Lausanne und der berühmten Sorbonne in Paris. Piaget vereint in seiner Forschung auf einzigartige Weise biologische, philosophische und entwicklungspsychologische Aspekte. Sein Hauptaugenmerk gilt immer wieder der Frage: „Was ist Erkenntnis und wie kommt sie zustande?“ Mit seinen grundlegenden Arbeiten zur Entwicklung von Sprache, Denken, Raum- und Zeitvorstellungen sowie moralischem Urteil gelingt es ihm, der Entwicklungs- und Lernpsychologie entscheidende Impulse zu geben. In der kognitiven Entwicklungspsychologie gilt Jean Piaget deshalb als eine „monumentale Gestalt“ (Montada 2002). Dies zeigt sich nicht zuletzt in den über 30 Ehrendoktoraten und zahlreichen internationalen Auszeichnungen, die ihm verliehen werden.

Jean Piaget bleibt bis ins hohe Alter produktiv mit Veröffentlichungen und Büchern, sein Gesamtwerk umfasst mehr als 40 Bücher und allein über 100 Artikel auf dem Gebiet der Entwicklungspsychologie. Bis zu seinem Tod am 16. September 1980 im Alter von 84 Jahren versucht er, das Rätsel der Entwicklung des kindlichen Denkens zu lösen.

3.4.1.2 Die Theorie der kognitiven Entwicklung nach Piaget

4 Stadien der Entwicklung

Piagets innovative Erkenntnis bezieht sich auf das Faktum, dass Denkstrukturen sich hierarchisch organisieren und in vier aufeinander folgenden Stadien periodisieren lassen (Abb. 19).

Der Entwicklungsprozess verläuft kontinuierlich. Das sensomotorische Entwicklungsstadium (0–2 Jahre) bildet die Basis für die nachfolgenden Stadien. In diesem Stadium erwirbt das Kind

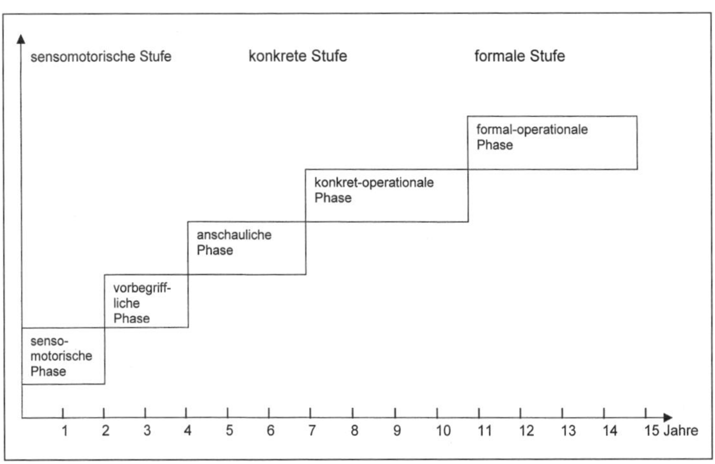

Abb. 19: Piagets Stufenmodell der kognitiven Entwicklung bezogen auf verschiedene Altersbereiche

Ungefähres Alter	Entwicklungs-stadium	Beschreibung
Geburt bis 2 Jahre	1. Senso-motorische Periode	Das Kind entwickelt und koordiniert sensomotorische Schemata (z. B. visuelle Steuerung des Greifens). Es führt wiederholt Effekte herbei. Gegenstands-Schema: Objekte hören nicht auf zu existieren, wenn man sie nicht mehr sieht. Werkzeugdenken: z. B. Benutzen eines Stabes zum Herbeiholen einer Puppe.
2–7 Jahre	2. Präoperationale Intelligenz	Das Denken ist egozentrisch (Standpunkte außerhalb können nicht eingenommen werden) und nicht dezentriert (nur eine Dimension kann beachtet werden)
2–4 Jahre	Vorbegrifflich-symbolisches Denken	Das Kind kann mit Symbolen, die für Handlungen und Gegenstände stehen, umgehen. Spracherwerb u. -gebrauch. Symbolspiel und Nachahmung.
4–7 Jahre	Anschauliches Denken	Wenn Anschauungen und Denken übereinstimmen, kommt es zu richtigen Lösungen (z. B. große Menge: mehr Raum, kleine Menge: weniger Raum). Das Denken versagt jedoch, wenn mehrere Dimensionen berücksichtigt werden müssen und/oder wenn die Anschauung trügt. Ein Denkvorgang ist noch nicht umkehrbar.
7–11 Jahre	3. Konkret-logische Operationen	Benutzung logischer Operationen (abstrahierte verinnerlichte Handlungen), die umkehrbar (reversibel) sind und für die Lösung konkreter Probleme (Umgang mit Zahlen, Raum- und Zeitproblemen) eingesetzt werden können.
ab etwa 12 Jahren	4. Formal-logische Operationen	Operationen können systematisch und bewusst im Denken eingesetzt werden. Schlussfolgerndes Denken gelingt nun bei beliebigen fiktiven Annahmen: Gedankenexperimente

Abb. 20: Piagets Stadien der kognitiven Entwicklung (Oerter/Immelmann 1988)

sein grundlegendes Wissen über sich und seine Umwelt ausschließlich über konkrete Handlungen und (Sinnes-)Erfahrungen. Es bildet sich vorsprachliches Wissen, das wesentliche Voraussetzungen für den Spracherwerb schafft.

Neben dem sensomotorischen Stadium differenziert Piaget drei weitere Hauptstadien der Entwicklung: Die voroperationale Stufe (2–7 Jahre), unterteilt in die vorbegriffliche und die anschauliche Phase, die konkret-operationale Stufe (7–11 Jahre) und das abschließende formal-operationale Stadium (11–15 Jahre). Diese zeichnen sich jeweils durch spezifische geistige Fähigkeiten und Leistungen aus (Abb. 20).

3.4.1.3 Grundprinzipien der Theorie

Denken bzw. Intelligenz beschreibt Piaget als inneres Handeln und Umgehen mit innerlich repräsentierten Gegenständen, Personen und Situationen (Montada 2002). Dem abstrakten Denken geht eine praktische Intelligenz voraus, die von Piaget (1975) sensomotorische Intelligenz genannt wird, weil sie auf Sinnesleistungen und motorischen Handlungen beruht. In der handelnden Auseinandersetzung mit Objekten gewinnt das Kind erste Erkenntnisse über seine Umwelt. Es sammelt selbstständig Erfahrungen, indem es sich aktiv mit seiner Umwelt auseinander setzt und experimentierend und erforschend mit Objekten umgeht (Zimmer 1981a). Daraus entstehen Handlungsschemata, die von Piaget auch sensomotorische Schemata genannt werden. Schemata sind Konzepte des Verhaltens, die Umwelteindrücke organisieren und verarbeiten. Die sensomotorischen Schemata spielen auch in späteren Stadien eine Rolle, da es für das Kind im Verlauf seiner Entwicklung weiterhin wichtig sein wird, konkret auf Dinge und Situationen seiner Umwelt einwirken zu können.

Sensomotorische Schemata

Piagets Theorie entspricht einem konstruktivistischen Ansatz. Der Mensch entwickelt Erklärungsmodelle für die Qualitäten seiner Lebenswelt, die sich ursprünglich aus seinem Handeln generieren. Stößt er auf Grenzen, muss er neue Bewältigungsversuche und Erklärungsmodelle konstruieren und diese erproben. Danach liegt der Ursprung des Denkens im Handeln. Ein wichtiges Grundprinzip der Theorie ist die Wechselbeziehung zwischen Individuum und Umwelt. Entwicklung – quasi als Entwicklungsmotor – vollzieht sich in Form von Person-Umwelt-Interaktionen. Die Entwicklungssteuerung liegt im Menschen selbst, sie ist individuell (in der ursprünglichen Wortbedeutung: unteilbar). Die Wechselbeziehung gestaltet sich in Form von Assimilations- und Akkommodationsprozessen.

Assimilation und Akkommodation

Assimilation bezeichnet den Versuch, neue Erfahrungen bzw. Eindrücke den bereits bestehenden Denkformen anzupassen, also in vorhandene kognitive Schemata einzuordnen. So lernt ein Kind, das beispielsweise Erfahrungen mit einem Fußball sammelt, dass man dieses Objekt prellen, werfen und fangen kann. Es kann sein Schema „Ball-prellen-werfen-fangen" auf viele andere Balltypen, die es neu kennen lernt, anwenden. Trifft es nun auf einen Medizinball, so macht es die Erfahrung, dass sich dieser nicht mehr prellen, werfen und fangen lässt. Das bisherige Denkschema stellt sich als ungeeignet für den Umgang mit dem neuen Gegenstand heraus und muss umgewandelt, d. h. auf die andersartigen, bislang unbekannten Bedingungen abgestimmt werden (Zimmer 1981b). Die neue Erfahrung führt zu der Erkenntnis, dass Medizinbälle sich besser rollen lassen und zum Werfen zu schwer sind. Diesen Prozess nennt Piaget Akkommodation.

Akkommodationen sind geistige Anpassungsleistungen an die Anforderungen der Umwelt, also modifizierte geistige Schemata. Wenn Akkommodation und Assimilation im Gleichgewicht zueinander stehen, dann spricht Piaget vom Zustand des Äquilibriums. Dieses bezeichnet einen Status „mentaler Harmonie" zwischen wahrgenommenen Umwelteindrücken oder Erfahrungen und den vorhandenen kognitiven Strukturen. Prinzipiell verfolgt das geistige System die Tendenz der Gleichgewichtserhaltung. Neue Umwelterfahrungen bringen das System wieder ins Ungleichgewicht und folglich in die Notwendigkeit der Neukonstruktion der kognitiven Schemata. Entwicklung ist in diesem Sinne als konfliktträchtiger Prozess zwischen der aktuellen Gleichgewichtsherstellung und der fortschreitenden Orientierung an immer höheren Gleichgewichtszuständen zu bezeichnen. Das ständige Streben nach Gleichgewicht ist also die treibende Kraft für die Entwicklung der Intelligenz.

Äquilibrium

Bereits in den ersten Lebensmonaten ist das Kind ein handelndes Wesen, das seine Umwelt über seine Wahrnehmung und Bewegung entdeckt. Durch den praktischen Umgang mit Gegenständen, dem eigenen Körper und dem Körper von Erwachsenen lernt der Säugling etwas über die Eigenschaften dieser Dinge und ihrer Beziehung zueinander. Durch Aktivität entwickelt er eine Kenntnis über grundlegende Dimensionen der Wirklichkeit, wie dem Begriff von Raum und Zeit, der Kausalität und dem permanenten Objekt. Diese Kenntnis bezieht sich zunächst ausschließlich auf die Handlungsebene. Erst gegen Ende der sensomotorischen Phase kann das Kind seine praktischen Kenntnisse auf eine Vorstellungsebene übertragen (Ginsburg/Opper 1978).

3.4.1.4 Die Entwicklung der sensomotorischen Intelligenz

6 Stufen der sensomotorischen Entwicklung

Die sensomotorische Entwicklung beschreibt Piaget in einer Abfolge von sechs Stufen, in denen sich kontinuierlich intellektuelle Strukturen entwickeln. Die Stufen bilden eine invariante Sequenz und folgen einem bestimmten Ablauf. Das Kind kann in seiner Entwicklung keine Stufe überspringen. Jede Stufe schreitet in sich voran und bildet sich aus den vorherigen hervor. Verhaltensmuster aus früheren Stufen können also auch in späteren Stufen noch auftreten.

1. Stufe: Übung angeborener Reflexmechanismen: Der Säugling kommt mit angeborenen Fähigkeiten zur Welt (z. B. Saug- und Schluckreflex). Dieses angeborene Verhaltensrepertoire wird schnell durch Übung modifiziert. Dieses Verhalten nennt Piaget *funktionale Assimilation*. Der Säugling zeigt ein allgemeines Saugverhalten, das sich nicht nur auf das Saugen an der Brust beschränkt. Sein Saugschema weitet er auch auf Gegenstände seiner Umwelt aus. So saugt er z. B. an seinem Bettlaken oder an Spielzeug. Er verallgemeinert sein Verhalten auf neue Situationen, woraus sich differenziertere Erfahrungen ergeben. Er kann zwischen dem Saugen an der Brust, das der Nahrungsaufnahme dient, und dem spielerischen Saugen, das die Funktion des Einübens hat, unterscheiden. Fähigkeiten werden geübt und im Gebrauch erprobt, verinnerlicht und zunehmend automatisiert. So unterliegen bereits Reflexe einer ständigen Veränderung, indem der Säugling sie an gegebene Situationen anpasst. Hier zeigt sich, dass das Neugeborene von Anfang an ein aktiver und handelnder Mensch, und kein passives Wesen ist.

2. Stufe: Primäre Kreisreaktion: Auf der zweiten Entwicklungsstufe werden die Reflexe weiter modifiziert und der Säugling bildet erste Gewohnheiten heraus, die als *primäre Kreisreaktionen* beschrieben werden. Zufälliges Verhalten, das zu einem unvorhergesehenen aber angenehmen Ereignis geführt hat, versucht der Säugling zu wiederholen. Solche Verhaltensweisen sind z. B.

motorische Koordinationen, wie die Hand an den Mund zu führen und an den Fingern zu lutschen. So erlangt das Kind erste Fertigkeiten. Diese Schemata zentrieren sich zunächst noch auf den eigenen Körper.

3. Stufe: Sekundäre Kreisreaktionen: Auf der dritten Entwicklungsstufe beginnt das Kind sich durch Robben oder Krabbeln fortzubewegen und erkennt, dass Ereignisse auch in der Außenwelt stattfinden. Seine Handlungen sind nicht mehr ausschließlich auf den eigenen Körper ausgerichtet, sondern orientieren sich zunehmend an den Objekten der Umwelt. Damit beginnt ein bewusstes Einwirken auf die Umwelt. Das Kind macht die Erfahrung, dass seine Handlungen zu einem Ergebnis führen. Es entwickelt Handlungsschemata, die interessante Ereignisse reproduzieren, die es ursprünglich zufällig in der äußeren Umgebung entdeckt hat. So entsteht ein erstes Begreifen von Zusammenhängen und das Kind lernt, zwischen Handlung und Ergebnis zu differenzieren. Die sekundären Kreisreaktionen beinhalten bereits erste Vorläufer von intentionalem Verhalten. Die Handlungen sind allerdings noch nicht in vollem Umfang zielgerichtet, da sie sich auf zufällig entstandene Ereignisse beziehen.

4. Stufe: Die Koordinierung der erworbenen Handlungsschemata und ihre Anwendung auf neue Situationen: In diesem Entwicklungsabschnitt handelt das Kind zielgerichtet. Um sein Ziel zu erreichen, koordiniert es seine bereits erworbenen Handlungsschemata miteinander. Die Koordination der Handlungsschemata nennt Piaget *sekundäre Kreisreaktionen*. Ein Schema dient als Mittel, ein Objekt zu erreichen, ein anderes Schema ermöglicht es, einen erreichten Gegenstand zu manipulieren. Das Kind setzt alle bisher erlernten Fähigkeiten ein, um sein Ziel zu erreichen. Dadurch erfolgt eine erste Unterscheidung von Mittel und Zweck. Das Kind zeigt jetzt auch eine größere motorische Geschicklichkeit, indem es Augen- und Handbewegungen miteinander koordiniert (visuomotorische Koordination). Es ist in der Lage, Hindernisse beiseite zu räumen, die seiner Zielerreichung im Wege stehen. So erweitert es seinen Handlungsrahmen und verändert aktiv seine räumliche Beziehung zu Objekten. Gleichzeitig beginnt das Kind seine erlernten Handlungsschemata systematisch auf das aktuelle Spielobjekt anzuwenden, als wolle es die Variationsbreite seiner Handlungsmöglichkeiten erkunden.

5. Stufe: Tertiäre Kreisreaktionen: Die Entdeckung neuer Handlungsschemata durch aktives Experimentieren: Um das erste Lebensjahr herum ist das Kind in der Lage, frei zu stehen und sich fortzubewegen. Dadurch erweitert sich sein Erfahrungsraum. Das Kind geht auf Entdeckungsreise und interessiert sich für Neues. Wenn sich seine vertrauten Handlungsschemata nicht an neue Ereignisse anpassen lassen, versucht es durch aktives Experimentieren neue Handlungsschemata zu entwickeln. Spielerisch kann das Kind neue Probleme lösen, auch wenn es entsprechende Schemata hierzu noch nicht erworben hat. Es versucht willentlich neue Ereignisse hervorzurufen, sie zu wiederholen und zu variieren. Das Verhalten des Kindes gleicht einem neugierigen Erforschen der Welt und einem Erobern seiner Umwelt (Zimmer 1981b). *Tertiäre Kreisreaktionen* bezeichnen das Interesse an neuen Ereignissen und das Entdecken neuer Mittel durch aktives Ausprobieren. Das Kind greift jetzt nicht nur auf vertraute Handlungsschemata zurück oder kombiniert sie miteinander, sondern entwirft neue Schemata. Das stellt einen wichtigen Einschnitt in die sensomotorische Entwicklung dar. Ginsburg/Opper (1978) beschreiben das fünfte Stadium als Höhepunkt der sensomotorischen Phase.

6. Stufe: Übergang vom sensomotorischen Intelligenzakt zur Vorstellung: Im Verlauf der ersten fünf Stufen der sensomotorischen Phase entwickelt das Kind die Fähigkeit, Probleme auf der Handlungsebene zu lösen. Die Problemlösefähigkeit bezieht sich aber vorläufig noch auf den unmittelbaren Umgang mit Objekten. Die sechste Stufe stellt den Übergang zum nächsten Entwicklungsstadium, dem *Stadium des voroperatorischen anschaulichen Denkens*, und damit den Abschluss der sensomotorischen Phase, dar. Das Kind ist zunehmend in der Lage, ohne ein tätiges Erproben von Möglichkeiten Lösungen für neue Probleme zu finden. Es beginnt Handlungen auf der Vorstellungsebene zu vollziehen und findet durch „Nachdenken" zu Lösungen. Der Schritt ins nächste Entwicklungsstadium setzt die *Entstehung der Repräsentations- oder Symbolfunktion* voraus. Die sensomotorische Intelligenz entwickelt sich zum repräsentativen Denken. Handlungen und ihre Objekte sind nun innerlich repräsentiert. Dem Kind erschließt sich damit eine neue Ebene der Erkenntnis und des Handelns.

3.4.1.5 Symbolfunktion des Handelns und Objektpermanenz

Die Symbolfunktion wird bereits in der sensomotorischen Entwicklung vorbereitet. Voraussetzung für symbolische Vorstellungen ist die Erkenntnis vom permanenten Objekt. Die Objektpermanenz impliziert das Wissen, dass Gegenstände und Personen eine eigene Existenz haben, die unabhängig vom Wahrnehmen und Handeln des Kindes besteht. Dieses Wissen entwickelt sich kontinuierlich während der sechs sensomotorischen Stufen und erreicht gegen Ende des zweiten Lebensjahres einen vorläufigen Höhepunkt.

Die aufgeschobene Nachahmung

Die Bildung von symbolischen Vorstellungen erklärt Piaget anhand des Nachahmungsverhaltens des Kindes. Dabei spielt vor allem die aufgeschobene Nachahmung eine bedeutende Rolle. Hiernach ist das Kind dazu in der Lage, Handlungen in Abwesenheit des Modells und in zeitlicher Verschiebung nachzuahmen. Durch Nachahmung entsteht die innere Repräsentation von Handlungen. Die Objektpermanenz stellt die innere Repräsentation von Gegenständen und Personen dar. Beide sind wichtige Vorläufer für die Entstehung der Symbolfunktion beim Kinde und durchlaufen ihre Entwicklung während der gesamten sensomotorischen Periode.

Das permanente Objekt

Während das Kind die sechs sensomotorischen Stufen durchläuft, entwickelt es eine Vorstellung vom permanenten Objekt. Es macht die Erfahrung, dass Spielgegenstände weiterhin existieren, auch wenn sie aus seinem Blickfeld verschwinden und es nicht unmittelbar mit ihnen spielt. Zu Beginn der sensomotorischen Entwicklung sind Objekte immer an die direkten Wahrnehmungsleistungen und Tätigkeiten des Kindes gebunden. Es begreift einen Gegenstand, indem es mit ihm hantiert, und entwickelt dabei Handlungsschemata, die auf den Gegenstand anwendbar sind. Im weiteren Verlauf beginnt eine allmähliche Loslösung des Gegenstands von der konkreten Handlungssituation. Das Kind erkennt Objekte nicht nur über die direkte Tätigkeit, sondern entwickelt eine Vorstellung von Objekten.

Der Entwicklungsweg geht über aktives Suchen nach Gegenständen, die aus dem Blickfeld geraten sind, bis zu einem systematischen Perspektivenwechsel bei der Betrachtung und Handhabung eines Objekts. Dabei erfährt das Kind, dass der Gegenstand derselbe bleibt, auch wenn er visuellen Veränderungen unterliegt. Objektpermanenz ist beim Kind erst gegen Ende der sensomotorischen Stufe ausgebildet. Dieses zeigt sich dadurch, dass das Kind eine Folge unsichtbarer Ortswechsel von Objekten rekonstruieren kann. Auch das gezielte Suchen nach verborgenen Gegenständen ist ein Anzeichen für eine verinnerlichte Objektrepräsentation (Montada 1998).

Die Kenntnis von Objekten ist damit nicht mehr an das Handeln und Wahrnehmen des Kindes gebunden. Es erfolgt eine Trennung von Objekt und Handlung und damit auch eine Trennung von Objekt und Selbst. Das Kind kann jetzt zwischen Selbst, Objekt und Handlung unterscheiden und erwirbt ein Wissen über die Beziehungen von Personen, Objekten und Handlungen. Mit dieser Unterscheidung ist ein wachsendes Verständnis für die Außenwelt und eine verbesserte Eigenwahrnehmung verbunden.

Trennung von Objekt und Selbst

Die Entstehung dieses Invarianzprizips (Objektpermanenz) steht an zentraler Stelle für die Erklärung der Genese kognitiver Strukturen und unterliegt in den folgenden Entwicklungsstadien einer qualitativen Differenzierung. Es soll hier exemplarisch für die Inhaltsdimensionen von Piagets kognitiver Theorie aufgegriffen werden.

Invarianzkonzept

Die Fähigkeit, Objekte und sensomotorisch erfahrene Phänomene mental zu repräsentieren, differenziert sich im Vorschulalter (präoperationale Intelligenz). Charakteristisch ist das vorbegriffliche Denken, das auf Symbolhaftigkeit und Anschaulichkeit beruht. Handlungen entsprechen zunehmend Vorstellungsbildern, Gegenstände können unabhängig von den ursprünglich erfahrenen Funktionen spielerisch umgedeutet werden (Symbolspiel). Dennoch bleiben die Spielhandlungen an konkrete Gegenstände gebunden. Die Handlungsdynamik wird zum strukturierenden Medium des Denkens. Durch Handeln differenziert das Kind zwischen Handlungsverlauf und Handlungseffekt (= Sequenz und Konsequenz); in der Handlung erfährt es sich als Urheber der Aktivitäten (Subjekt), das sein Interesse auf Ziele und Objekte richtet. Eine solche Handlungsgrammatik „Akteur-Handlung-Objekt“ entsteht lange vor der sprachgrammatikalischen Folge „Subjekt-Prädikat-Objekt“ und bereitet die Logik der Sprache vor (Fischer/Wendler 1994). Piaget vertritt die Priorität des Denkens gegenüber der Sprachentwicklung – anders als die Kontexttheoretiker der Kulturhistorischen Schule, z. B. Wygotski (1971). Nicht der Gebrauch von Wörtern führt zu symbolischem Denken, sondern erst das repräsentative Denken ermöglicht die Verwendung der Sprache und der Zeichensysteme (z. B. der Schriftsprache). In der präoperationalen Periode werden Kognition und Sprache als Kommunikationssystem parallelisiert und integriert. Integrierendes Moment ist die Symbolfunktion.

Im Laufe des Vor- und Grundschulalters modifiziert das Kind sein Invarianzkonzept im Erfahrungsfeld der physikalischen Größen Substanz, Gewicht und Volumen. Die klassischen Experimente zur Erhaltung der Quantitäten und zur Invarianz der Mengen von Piaget und Szeminska (1975, 15–57) sind in der Fachliteratur mehrfach dargestellt worden. An dieser Stelle soll exemplarisch der Invarianzbegriff der Substanz (Flüssigkeitsmenge) unter Bezugnahme auf zur Oeveste (1987, 27–30) dargestellt werden:

B

Invarianzbegriff der Substanz

Den Kindern werden zunächst zwei zylindrische Gefäße gleichen Ausmaßes gezeigt, die gleichviel Flüssigkeit enthalten. Anschließend wird die Flüssigkeit aus einem der Gefäße in ein anderes umgegossen, das sich in seiner Form vom Ausgangsgefäß unterscheidet. Es ist einmal höher und schmaler und einmal niedriger und breiter. Schließlich wird die Flüssigkeit auch noch in eine Reihe kleinerer Gläser umgefüllt. Die Kinder werden gefragt, ob sich die Flüssigkeitsmenge nach dem Umgießen verändert hat und sollen ihr Urteil auch begründen.

In dem Altersabschnitt von 4 bis etwa 5 ½ Jahren ist das Denken rein an die Anschauung gebunden und auf die jeweils wahrnehmbaren Zustände gerichtet. Entsprechend wird die Flüssigkeitsmenge gemäß der Formveränderung variant als mehr oder weniger beschrieben. Kinder dieses Alters beziehen sich nur auf einen der Gesichtspunkte (Höhe oder Breite der Flüssigkeitssäule, Zahl der Gefäße bzw. der Umfüllungen), die miteinander koordiniert werden müssen. Der Lösungsprozess unterliegt einer graduellen Entwicklung, bei der die Kinder zwischen anschaulichen Äußerungen und logischen Vermutungen schwanken. Erst gegen Mitte des achten Lebensjahres sind sie in der Lage, die Basisvariablen miteinander zu verrechnen. Sie verstehen, dass z. B. die Hebung des Flüssigkeitsniveaus durch eine Verringerung der Breite ausgeglichen wird (logische Multiplikation) und dass die auf mehrere Gläser verteilte Flüssigkeit wieder zur ursprünglichen Gesamtmenge zusammengefügt werden kann. Durch Stabilisierung des Invarianzbegriffes (der Substanz) hat die Denkstruktur des Kindes ein größeres Handlungsfeld erfahren.

Das Invarianzkonzept ist in der Bewertung von Piagets Theorie als Basiskonzept der kognitiven Entwicklung anzusehen. Die Qualität bzw. Komplexität des Konzeptes ist eine Funktion der handelnden Auseinandersetzung des Kindes mit den Gegebenheiten der physikalischen Umwelt. An dieser Stelle werden auch die Berührungspunkte zwischen dem psychomotorischen Förderkonzept und der strukturgenetischen Tradition der Entwicklungstheorie offensichtlich. Die Psychomotorik stellt die mediale Bedeutung der Bewegungshandlung in den Mittelpunkt des Förderinteresses. Nach dieser Auffassung differenziert sich das Verständnis für Objekteigenschaften (groß, klein, hart, weich, rund, eckig, leicht, schwer etc.) durch die Kontrastbildung des handlungsbezogenen Umgangs mit der gegenständlichen Welt. In der Psychomotorik wird der Körper zum Bezugssystem der Erfahrung, aus der sich das Weltwissen des Kindes zunehmend konstruiert.

Das konkret-operationale Entwicklungsstadium

Im konkret-operationalen Entwicklungsstadium, das mit leicht zeitlicher Versetzung (7–11 Jahre) etwa dem Grundschulalter entspricht, werden die Handlungen des Kindes sukzessive als verinnerlichte Denkprozesse geregelt. In dieser Entwicklungsperiode kann der Erhaltungsbegriff als Kriterium gewertet werden, ob das Kind den Entwicklungsschritt zu den kognitiven Operationen vollzogen hat. Entwicklungsspezifische Inhalte der konkreten Operationen lassen sich in logische, arithmetische und raum-zeitliche Operationen untergliedern. Die Darstellung des Invarianzbegriffes hat verdeutlicht, dass Kinder zunehmend in der Lage sind, sich Objekte und physikalische Phänomene unabhängig von der Erscheinungsform als transformierbar und damit als weiterhin existent vorzustellen. Mit Hilfe des Denkens vermag das Kind Transformationsregeln zu begreifen und damit sein Wahrnehmungsfeld zu strukturieren. Es lernt Objekte zu vergleichen, aufgrund ihrer Merkmale zu klassifizieren sowie Reihungen vorzunehmen. Diese logischen Operationen ermöglichen es dem Kind, den Zahlenraum zu begreifen (den Begriff der Kardinalzahl und der Ordinalzahl zu erwerben), rechnerische Transformationen (Addition, Subtraktion, Multiplikation, Division) vorzunehmen und die Rechenoperationen in ein Gesamtsystem zu integrieren. Da die geistigen Prozesse dieser Entwicklungsstufe immer an konkrete Objekterfahrungen gebunden bleiben, bezeichnet Piaget die Denkleistungen des Kindes als konkret operational. Erst die Fähigkeit des Jugendlichen, sich von konkreten

Objekten zu lösen und „Gedankenexperimente" hypothetisch-deduktiv, also schlussfolgernd vorzunehmen, qualifiziert das Denken als formal-logische Operationen (Abb. 20).

3.4.1.6 Kritik, Weiterentwicklung und Bedeutung des piagetschen Konzepts

Parallelitätshypothese

Es hat zahlreiche Versuche gegeben, die Entwicklungstheorie Piagets empirisch zu überprüfen. Diese betreffen vor allem die inhaltlichen Dimensionen und die so genannte Parallelitätshypothese. Piaget geht davon aus, dass die Genese der Kognition in bereichsübergreifenden synchronen Prozessen erfolgt (Parallelitätshypothese). Die von ihm untersuchten Kategorien – er nennt sie Inhaltsbereiche – sind die Konzepte des Objekts, der Zeit, des Raumes und der Kausalität. Die Parallelitätshypothese besagt nun, dass sich in allen vier Inhaltsbereichen gleichartige Strukturen bilden, die sich in einer übergreifenden Betrachtung als alterstypische und universelle Intelligenzleistungen beschreiben lassen. Tatsächlich kann die Parallelitätshypothese nicht bestätigt werden. Vielmehr muss von einem relativ großen, altersunabhängigen Varianzanteil bei der Entwicklung der verschiedenen Inhaltsbereiche ausgegangen werden, der auf situationsspezifische Erfahrungen (Lernprozesse) zurückgeführt werden kann. Entwicklung verläuft also individuell und bereichsspezifisch. Interessanterweise können dabei die hierarchisch-strukturelle Sichtweise und die inhaltlichen Dimensionen der Theorie selbst prinzipiell bestätigt werden.

In den letzten Jahren hat es zahlreiche Überblicksdarstellungen über das Gesamtwerk Piagets gegeben (Reusser 2006; Demetriou 2006; Flammer / Gasser 2007; Flammer 2008, 129-170 sowie Crain 2005, 112-150 und Siegler et al. 2005, 180-237; letztere fassen schwerpunktmäßig den englischsprachigen Fachdiskurs zusammen). Diese schließen Würdigung, Kritik und Weiterentwicklungen des strukturgenetischen Konzepts ein (Neo-Piagetsche Positionen).

Die Piaget-Kritik bezieht sich vor allem auf drei Punkte:

1. die unterschätzte Kompetenz des Säuglings,
2. die Bereichsspezifität von Erkenntnisprozessen und

3. die Vernachlässigung sozialer und kultureller Faktoren für die Entwicklung.

Der kompetente Säugling

Unter dem Schlagwort des *kompetenten Säuglings* (Dornes 2001) werden alle Forschungen der letzten Jahre zusammengefasst, die nachweisen, dass Kinder ihre Kompetenzen schon viel früher als von Piaget angegeben, ausbilden. So können verschiedene Experimente nachweisen, dass drei- bis viermonatige Säuglinge sehr wohl erwarten, dass verschwundene Objekte (unter einem Tuch verstecktes Spielzeug) weiter existieren, ein Ergebnis, das Piagets Forschungen zur Objektpermanenz widerspricht (für eine Übersicht s. Goswami 2001; Rauh 2008, 190ff; Sodian 2008). Auch verfügen Kinder im Vorschulalter früher als von Piaget angenommen über intuitive Basiskonzepte – naturwissenschaftliche Konzepte zu Zeit, Raum, Zahl, Gewicht, Volumen etc. und psychologische Konzepte, etwa die Theory of Mind.

Domänen-spezifische Entwicklung

Eng damit verknüpft ist die Kritik an Piagets Parallelitätshypothese. Alle modernen Forschungen sprechen eher für eine *domänenspezische Entwicklung* begrifflichen Wissens und widersprechen der These, dass Kinder von Geburt an mit *allgemeinen Lernfähigkeiten* zur Erschließung beliebiger Inhaltsbereiche ausgestattet sind (Sodian 2008, 463). Stattdessen wird gegenwärtig das Forschungskonzept vertreten, dass Denken sich von einem angeborenen *Kernwissen* in verschiedenen Domänen (Inhaltsbereichen) spezifisch weiterentwickelt. „Ein Säugling verfügt über bereichsspezifische Lernpotenziale wie: spezielle Formen der sozialen Wahrnehmung, linguistische und nummerische Kompetenzen sowie Einsichten in physikalische und biologisch-psychologische Prinzipien" (Weinert 2000, 458, zit. nach Fritz et al. 2006b, 183).

Die neue Sicht ist die, dass Wissen nicht allmählich und nachgeordnet aus ursprünglich reinen Handlungserfahrungen (Verinnerlichung von sensomotorischem Handeln) entsteht, sondern dass Handeln von Anfang an von Denkprozessen begleitet wird. Allerdings ist die konstruktivistische Auffassung weiterhin gültig, dass das reflexive Subjekt sich in seinen Handlungen aktiv mit Umweltgegebenheiten auseinandersetzt und Erkenntnisse konstruiert (Fritz et al. 2006b, 184–185).

Der Gegenstandsbereich von Piagets Werk ist nach wie vor aktuell. Neben der epochalen Bedeutung des Gesamtwerkes für die

Entwicklungsforschung als einer wesentlichen Stärke ist als Schwäche vor allem das Übergewicht der Kognition und die *verkannte soziale und kulturelle Abhängigkeit des Entwicklungsprozesses* zu nennen. So musste sich Piaget den Vorwurf machen lassen, dass er die Entwicklung des Kindes zu sehr von dessen (als allgemeingültig beschriebener) innerer Strukturiertheit ableite und den individuellen Aushandlungsprozessen zu wenig Bedeutung beimesse. Flammer (2008, 168) bemängelt ein Übergewicht der Kompetenz zu Ungunsten der Performanz und räumt ein, dass Piaget weniger an konkreten Inhalten interessiert sei, als von bereichsübergreifenden strukturellen Überlegungen zu Organisationsprinzipien verschiedener Inhaltsbereiche geleitet werde. Erst die Neo-Piagetianer K. W. Fischer (1980, 1987) und Case (1985, dt. 1999) vertreten die Ansicht, dass nur die Auseinandersetzung mit konkreten Inhalten kindliche Entwicklung generiere (Flammer 2008, 168–169). Dennoch wäre es ein Verkennen der zeitübergreifenden Leistungen des Genfer Kognitionsforschers, würde man die konzeptionellen Veränderungen in Piagets Spätwerk übersehen. Die Zusammenhänge werden von mir ausführlich in Fischer (1996a, 40–50) sowie bei Reusser (2006, 104ff) beschrieben.

Piagets Spätwerk

Die bis in die Gegenwart weisenden Forschungsschwerpunkte im Spätwerk Piagets lassen sich retrospektiv als Schwerpunktverschiebung vom „epistemischen zum psychologischen Subjekt" und von einer Orientierung an der Strukturgenese zu prozeduralen Aspekten kognitiver Konstruktionen beschreiben (Inhelder 1993). Von den für die psychomotorische Theoriekonstruktion bedeutsamen thematischen Schwerpunktverlagerungen soll hier lediglich der Aspekt der Hinwendung zu funktionalen und prozessualen Elementen angesprochen werden.

In seinen letzten Jahren orientiert sich Piaget stärker an den funktionellen Mechanismen der Entwicklung. Nach seiner reformierten Modellvorstellung generieren nicht allein die vorhandenen Strukturen angeregt durch das Konfliktpotential der Umwelt *neue Schemata*, sondern diese entstehen durch das Wechselspiel von *Veränderungsmöglichkeiten* und *-notwendigkeiten* (le possible et le nécessaire; Piaget 1987; Original 1981 / 1983). Danach entsteht Erkenntnis als Konsequenz zuvor geschaffener Möglichkeiten. In Anwendungsepisoden werden diese transformiert und zunehmend modifiziert. Es ist die Variabilität der Performanz, die das Repertoire der Handlungsmöglichkeiten erweitert und damit die Handlungsstrategien zukünftiger Problemlöseaufgaben vorbereitet.

Schema-klassifikation

Zur Erklärung führt Piaget eine neue Schemaklassifikation ein (Piaget 1987, 4–5; Beilin 1993, 51–52). *Präsentationale Schemata* (representational schemes; sowohl sensomotorische als auch kognitive) enthalten die „simultanen Charakteristika der Objekte" (Piaget 1987, 4). Diese sind hierarchisch geordnet und in ihrer abstrahierten Form kontextunabhängig. *Prozedurale Schemata* (procedural schemes) sind handlungsleitend und sichern das Erreichen des Zieles. Sie koordinieren die Handlungsabfolge sukzessiv und sind daher zeit- und kontextabhängig. *Operationale Schemata* (operational schemes) stellen die Synthese der zuvor genannten Schemata dar; sie liegen auf einer übergeordneten Hierarchieebene. Aufgrund ihrer synthetischen Struktur verfügen sie über die Systemeigenschaften beider Schemata. Die amodale Struktur entspricht der synchronen Handlungskontrolle, während die prozedurale Qualität den Handlungsablauf sichert.

Die *neue* Erkenntnis Piagets besteht darin, „daß die Entwicklung operationaler Schemata das Ergebnis einer allgemeineren Evolution ist und nicht in oder durch sich selbst erklärt werden kann. Operationen erfordern die Synthese von Möglichkeit und Notwendigkeit. *Möglichkeit* ergibt sich durch die prozedurale Unabhängigkeit (Flexibilität); *Notwendigkeit* ist durch Selbstregulation und systemgebundene Kompositionen gegeben" (Beilin 1993, 51). Die pädagogisch/therapeutischen (psychomotorischen) Implikationen dieser Sichtweise sind weitreichend: *Nicht die Ausbildung von Fertigkeitsstrukturen stehen im Vordergrund, sondern die Flexibilisierung des Handlungspotenzials (der Möglichkeiten) durch variable Aneignung.* Dieses entspricht der gängigen motologischen (psychomotorischen) theoriegeleiteten Vermittlungspraxis zum variablen Lernen bzw. zur bilateralen Variabilität der Bewegungshandlung (vgl. Schilling 1977a, 1982; Fischer 1985, 1988, 1996a, 44f). Interessant sind für mich auch die Anknüpfungspunkte an die aktuelle Diskussion um die (kognitive) kindliche Entwicklung, die die Entwicklung von Handlungsvariabilität als Schlüsselfunktion identifiziert hat (s. Kapitel 3.2).

Flexibilisierung des Handlungs-potenzials

Soziale Handlungen

Erst in der postpiagetschen Periode treten Fragen subjektiver Sinnkonstruktion infolge *sozialer Handlungen* stärker in den Vordergrund. Zur Entwicklung braucht das Kind Sozialpartner, vor allem die Eltern, Geschwister und Gleichaltrigen, sowie die Zeit und den Raum für gemeinsame Aktivität (Seiler 1991, 117). Edelstein (1993) vertritt ein sozial-konstruktivistisches Konzept und bezieht aktuelle sozial-ökologische Erkenntnisse in sein Entwicklungskonzept ein. Er spricht von sozial-ökologischen Erfahrungsmustern, die die Individualität der kindlichen Identität erst hervortreten lassen. War Erfahrung bei Piaget noch ein rein individueller Prozess, bei dem das Erkenntnissubjekt seine Aufmerksamkeit auf ein Objekt richtete, so wird der Erfahrungsprozess jetzt durch die Integration eines beteiligten oder anleitenden Partners bzw. durch die Gruppe zu einem sozialen Muster. Entsprechend gestaltet sich das Entwicklungsmodell heute als subjektiver Konstruktionsprozess in der Dreiecksstruktur zwischen dem Kind und seiner sozialen und materialen Umwelt. Mit dem besonderen Akzent der Körper- und Bewegungsthematik ist dieses epistemische Dreieck für die Psychomotorik grundlegend (Abb. 21).

Welche Vorteile hat es, kindliche Entwicklung unter dem Leitbegriff der Konstruktion zu sehen? Die Perspektive ist insofern interessant, als sie dem Individuum die besagte Rolle des Produzenten der eigenen Entwicklung zuschreibt. Der Akzent liegt eindeutig auf dem handelnden Subjekt und die ganzheitliche Bewegungshandlung wird zum Entwicklungsträger.

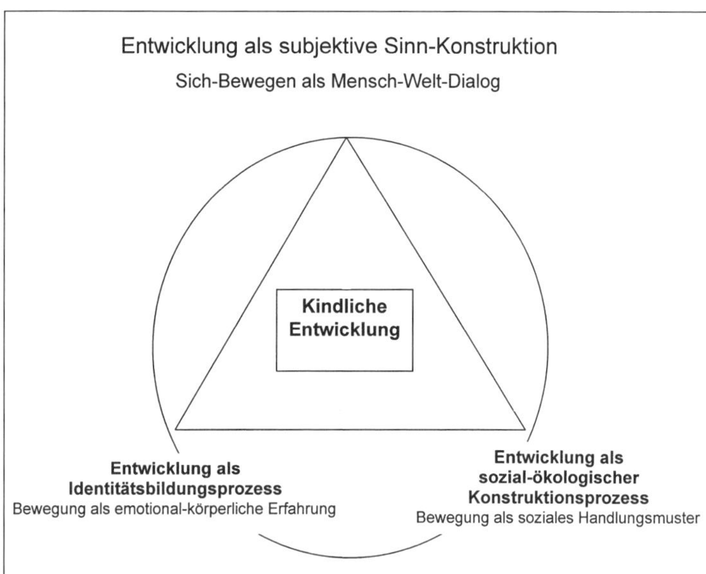

Abb. 21: Dreiecksmodell kindlicher Entwicklung (Fischer 2000)

3.4.2 Person und Bewegung: Die identitätsbildende Perspektive

Aus der Entwicklungsperspektive betrachtet, stellen Erfahrungsdaten vom eigenen Körper grundlegende Elemente der personalen Identität dar (Paulus 1986). Aufgrund der Verwurzelung des Menschen in den eigenen Körper ist dieser der Ausgangspunkt für inneres und äußeres Erleben. Die Gesamtheit menschlichen Erlebens umschließt gewissermaßen zwei – wiederum nur analytisch trennbare – Seins-Weisen des Körpers: Im-Körper-Sein (Körpererfahrung) und Außerhalb-des-Körpers-Sein (soziale und materiale Erfahrung); sie beinhaltet Selbst- und Umwelterfahrung.

Eriksons Theorie

Die körperbezogene, d. h. die subjektiv-emotionale Erlebnisqualität des Handelns betonende Sichtweise der kindlichen Entwicklung geht vor allem auf Erikson (1950, 198911) zurück. Dieser beschreibt die menschliche Entwicklung als Persönlichkeitsentwicklung mit dem Ziel der Bildung einer eigenen Identität. Erikson trennt sich von der klassischen psychoanalytischen Position, bezieht vor allem soziale Bezugspersonen und Systeme in seine Erklärungen mit ein und betont so die zentrale Bedeutung der Interaktion zwischen Kind und Umwelt für die Entwicklung der Persönlichkeit.

In der handelnden, interaktiven Auseinandersetzung des Individuums mit der Welt wird die Motorik als bewusstes und unbewusstes Bewegungsgesamt des Menschen zur wichtigen Grundlage der Handlungs- und Kommunikationsfähigkeit. Genau dieses ist der Akzent der psychomotorischen Entwicklungsförderung innerhalb eines prinzipiell ganzheitlichen und mehrdimensionalen Förderkonzepts. Da dem Handeln in allen Fällen der Körper als Fundament zugrundeliegt, basiert menschliches Handeln überwiegend auf (Bewegungs-)Erfahrungen, die in einer ständigen Wechselbeziehung zu sinnlichem Wahrnehmen, Bewegen, Erleben und Verarbeiten gewonnen und ständig differenziert und erweitert werden.

3.4.2.1 Erik H. Erikson: Leben und Werk

Erik Homburger Erikson wird 1902 in der Nähe von Frankfurt geboren. Seine Eltern, die dänischer Herkunft sind, trennen sich noch vor seiner Geburt. Erikson findet in dem Kinderarzt Dr. Homburger seinen Stiefvater (Flammer 1996, 83ff; 2008, 73ff). Bis 1912 besucht er die Volksschule. Seine anschließende achtjährige Gymnasialzeit stellt seine einzige Auseinandersetzung mit formaler Bildung dar. Nach einem Wanderjahr nimmt er in München ein Studium an der Kunstakademie auf. Eriksons Erstberuf ist der des Zeichners, des Künstlers.

Studium der Psychoanalyse

1927 geht er nach Wien, wird Lehrer amerikanischer Schüler von Sigmund Freud. Hier kommt er zum ersten Mal in Kontakt mit der Psychoanalyse. Neben die Lehrtätigkeit tritt sodann ein eifriges Studium der Psychoanalyse. Zusätzlich unterzieht sich Erikson einer Lehranalyse bei Anna Freud. 1929 heiratet er Joan Serson, die halb kanadischer, halb amerikanischer Herkunft ist. 1933 schließt er seine analytische Ausbildung bei der Wiener Psychoanalytischen Gesellschaft ab und flieht noch im selben Jahr mit seiner jungen Familie nach Amerika, wo er in Boston als erster eine Praxis für Kinderanalyse eröffnet. Drei Jahre später wird ihm am Institute of Human Relations der Yale-University eine Stelle angeboten; er wird Dozent an der Yale Medical School und kurze Zeit später Assistenzprofessor.

Studien und Reisen

1938 zieht Erikson nach South Dakota, um dort zeitweilig unter den Sioux-Indianern zu leben und zu forschen. 1939 trifft er in Kalifornien ein und beteiligt sich in Berkeley an einem Längsschnittprojekt des Institute of Child Welfare zur Entwicklung von Kindern. Wieder unternimmt er zahlreiche Reisen, diesmal an die kalifornische Nordküste, um dort das Studium der Yurok, einem indianischen Fischerstamm, aufzunehmen. Im gleichen Jahr stirbt Sigmund Freud. 1949 gibt Erikson seinen Wohnsitz an der Bay wieder auf und zieht an die Ostküste, wo er als Kliniker arbeitet und später Professor der Psychologie und Dozent der Psychiatrie an der Harvard Universität wird, er, der nie einen akademischen Abschluss errungen hatte.

In den 1950er- und 1960er-Jahren unternimmt er zahlreiche Europareisen. 1953 tagt in Genf der Kongress der WHO und beschäftigt sich mit dem „Einfluss in der Kindheit wirksamer biologischer, psychologischer und kultureller Faktoren auf die Entwicklung der erwachsenen Persönlichkeit". Erikson trifft hier namhafte Forscher, wie Konrad Lorenz, Margaret Mead, Jean Piaget und Julian Huxley. Wesentliche Punkte aus den Forschungsergebnissen Eriksons werden in dem Abschlussband „Untersuchungen zur kindlichen Entwicklung" aufgenommen. 1994 stirbt Erik Erikson; er hinterlässt drei Kinder.

Betrachtet man Eriksons Leben, so wird deutlich, wie sehr seine Theorien von kulturellen Gegebenheiten geprägt wurden. Der Einfluss seiner Forschungen innerhalb der Indianerstämme wird in seinen Ausführungen über die Bedeutung der Umwelt und der kulturellen Situation für die kindliche Entwicklung sichtbar. Gleichzeitig erfährt Erikson am eigenen Leib, was es heißt, seine Identität zu suchen. Durch seine zahlreichen Reisen und die häufigen Wohnortwechsel, verbunden mit einem Wechsel des sozialen Umfeldes, wird sein Lebensthema sichtbar: Die Identitätsbildung des Menschen in Abhängigkeit sozialer Kontexte.

3.4.2.2 Die Theorie der psychosozialen Entwicklung nach Erik H. Erikson

Anders als die strukturgenetische Theoriefamilie der Entwicklungspsychologie, die sich stärker mit Fragen der Erkenntnisgenese des Kindes auseindersetzt, stellt die identitätsbildende Perspektive von Anfang an die subjektiv-emotionale Erlebnisqualität menschlichen Handelns als Beziehungsgeschehen ins Blickfeld des Forschungsinteresses. Als einer der Hauptvertreter mit Bedeutung für die psychomotorische Theoriekonstruktion kann Erik H. Erikson (1950, 1989[11]) gelten. Er beschreibt die menschliche Entwicklung als Persönlichkeitsentwicklung mit dem Ziel der Bildung der eigenen Identität. In Erweiterung des Freudschen Ansatzes, der den Schwerpunkt auf die Darstellung der psychosexuellen Aspekte der kindlichen Entwicklung legt, bezieht Erikson soziale Bezugspersonen und Systeme in seine Erklärungen mit ein und betont so die zentrale Bedeutung von Interaktion zwischen Kind und Umwelt für die Entwicklung der Persönlichkeit.

Betonung der Interaktion

Die Suche nach Identität ist durch ein Spannungsverhältnis gekennzeichnet. Zum einen umfasst sie das Streben des Individuums nach Kontinuität, nach einem Gefühl der Einzigartigkeit in Abgrenzung zu anderen. Zum anderen beinhaltet sie jedoch auch die Notwendigkeit, sich zu entwickeln und den ständig verän-

	Psychosoziale Krisen	*Bereich bedeutsamer Beziehungen*	*Bezugspunkte sozialer Ordnung*	*Psychosoziale Modalitäten*	*Alter*
I	**Vertrauen vs. Misstrauen**	**mütterliche Person**	**Kosmische Ordnung**	**Etwas erhalten Etwas dafür geben**	**Säuglingsalter 0-1**
II	**Autonomie vs. Scham, Zweifel**	**Eltern**	**„Recht und Ordnung"**	**(Fest)halten (Los)lassen**	**Kleinkindalter 2–3**
III	**Initiative vs. Schuldgefühle**	**Engere Familie**	**Ideale Prototypen**	**Tun (= einer Sache nachgehen); „So tun" (=spielen)**	**Spielalter 4–5**
IV	Tatendrang vs. Minderwertigkeit	„Nachbarschaft", Schule	Technologische Elemente	Dinge tun (= zum Abschluß bringen); Dinge zusammenfügen	Schulalter 6–12
V	Identität und Ansehen vs. Ausschluss und Identitätsdiffusion	Gruppe der Gleichaltrigen und fremde Gruppen; Vorbilder	Ideologische Perspektiven	Sich selbst sein (oder nicht); Selbst sein unter Mitmenschen	Adoleszenz 13–18
VI	Intimität und Solidarität vs. Isolation	Partner und Freunde, Sex, Wettbewerb, Kooperation	Kooperations- und Konkurrenzmuster	Sich gegenseitig im anderen finden und verlieren	Frühes Erwachsenenalter 19–25
VII	Schaffenskraft (Generativität) vs. Isolation	Geteilte Arbeit und gemeinsamer Haushalt	Strömungen in Erziehung und Tradition	Etwas umsorgen Etwas schaffen	Erwachsenenalter 26–40
VIII	Integrität vs. Widerwille und Verzweiflung	Wesen des Menschen, mein Wesen	Weisheit	Aus der Vergangenheit leben; den Tod bedenken	Reifes Erwachsenenalter ab 41

Abb. 22: Entwicklung und psychosoziale Konflikte nach Erikson (1989) und Meier (1983)

Universale Entwicklungsstufen

dernden Anforderungen der Umwelt, insbesondere der gesellschaftlichen Bezugsgruppen, anzupassen. Erikson geht davon aus, dass sich die Entwicklung nach einem Grundplan universal gültiger Entwicklungsstufen und -krisen vollzieht. Sie ist geprägt durch phasenspezifische Konflikte, die zum einen durch die wachsenden Fähigkeiten und die damit verbundenen Bedürfnisse und Wünsche des Individuums, zum anderen durch veränderte Anforderungen des sozialen Umfeldes charakterisiert sind. Jede psychische Krise wird durch zwei Pole definiert, die miteinander in Konkurrenz stehen (Abb. 22).

Die angemessene Bewältigung von Konflikten besteht in der Ausbalancierung solch gegensätzlicher Ansprüche und wird als Entwicklungsaufgabe bezeichnet. Bleiben diese unerledigt, belasten sie die weitere Entwicklung. Nach Erikson (1989, 66) besteht jedoch die Möglichkeit der Aufarbeitung ungelöster psychosozialer Konflikte in späteren Lebensphasen. Genau hier ergibt sich ein Ansatzpunkt für eine identitätsfördernde Arbeit mit Problemkindern aus psychomotorischer Sicht. Es gilt, Inhalte oder Themen zu finden, deren Bewältigung, auch Konfliktbewältigung, beim Kind eine identitätsfördernde Funktion hat. Ich beziehe mich im Folgenden exemplarisch auf die drei ersten Entwicklungsabschnitte der Theorie.

Urvertrauen

Im ersten Lebensjahr geht es in psychosozialer Hinsicht um ein Gefühl von Urvertrauen und die Überwindung eines Gefühls von Misstrauen. Welche Bewegungs- und Spielaktivitäten können nun die Gelegenheit bieten, den psychosozialen Konflikt zwischen dem Erwerb von Vertrauen und der Ausprägung eines Grundgefühls von Misstrauen zu beeinflussen? Seewald (1992a) nennt dazu Bewegungen wie Schaukeln, Wiegen und Schwingen, die durch sanfte Übergänge und geringe Intensität gekennzeichnet sind. Sie können durch ihren gleichmäßigen und harmonischen Ablauf dem Kind das Gefühl von Beständigkeit und Sicherheit vermitteln.

Ähnlich schützende Erfahrungen und ein Gefühl von Geborgenheit und Wärme können dann später Situationen vermitteln, in denen Kinder die Gelegenheit finden, sich in Decken o. ä. einzuwickeln oder aus einfachen Materialien Häuschen, Höhlen, Zelte und ähnliche Unterschlüpfe zu bauen, die eine wohlige Atmosphäre ausstrahlen. Es sind dies Tätigkeiten, die Kinder in freien Spielsituationen selbst suchen, es sind dies aber auch Handlungen und Spielsituationen, die schon immer zum psychomotorischen Handlungsrepertoire gehört haben, um gerade die emotionale Komponente der kindlichen Entwicklungsförderung zu akzentuieren.

Scham überwinden

Im zweiten und dritten Lebensjahr bewegt sich das Kind zwischen den Polaritäten Autonomie und Scham/Zweifel. Die Entwicklungsaufgabe besteht darin, sich von der primären Bezugsperson zu emanzipieren und ein übergroßes Gefühl von Scham und Zweifel zu überwinden. Dies wird vor allem durch die neuen Möglichkeiten der Körperbeherrschung (Gehen, Sprechen, Stuhlkontrolle) unterstützt. Die Entwicklung und Möglichkeit der Fortbewegung bedeuten für das Kind eine „ungeheure Erweiterung des Horizonts und neue, ungeahnte Zugangsmöglichkeiten zur Welt“ (Conzen 1990, 212).

Das Kind weiß jetzt sicher, dass es ein Innen und Außen, ein Ich und ein Du gibt und dass es aktiv auf die Umwelt einwirken kann. Die Betonung und Durchsetzung des eigenen Willens ist in dieser Phase von besonderer Bedeutung. Es kommt zu unvermeidlichen Zusammenstößen mit anderen Familienmitgliedern. Das in der ersten Phase erworbene Urvertrauen und die symbiotische Geborgenheit in der Beziehung zur Mutter (bzw. zum Vater) wird erstmals auf eine schwere Probe gestellt. Wichtig ist in dieser Zeit, dass das Kleinkind möglichst angstfrei mit Nähe und Distanz, Weggehen und Wiederannähern experimentieren kann. Es geht darum, eine ausgewogene Balance zwischen dem Weiterbestehen der guten symbiotischen Beziehung und der Getrenntheits- und Autonomieerfahrung zu finden. Bewegungsthematisch bieten sich in dieser Altersspanne z. B. Versteck- und Fangspiele an. Versteckspiele bieten die Gelegenheit, sich abzugrenzen, enthalten aber gleichzeitig die Sicherheit des Wiedergefundenwerdens. Fangspiele aller Art thematisieren die Ambivalenz von Nähe und Distanz; ihre Reize ziehen sie aus dem Fortlaufen und Verfolgtwerden, wobei kleine Kinder das (Auf-)Gefangenwerden provozieren (Hölter 1987; Seewald 1992a). Kinder dieses Alters (und auch ältere) drängen mit Vorliebe danach, Möglichkeiten und Grenzen ihrer körperlichen Fähigkeiten kennen zu lernen, selbst wenn dieses mit gewissen Risiken behaftet ist. Erfahrungsangebote im Balancieren, Klettern und Rutschen sind deshalb besonders kindgemäß.

Autonomie

Im Vorschulalter liegt der Schwerpunkt der Entwicklungsaufgabe Initiative versus Schuldgefühle auf der Entdeckung individueller Merkmale und Fähigkeiten im Vergleich und in Abgrenzung zu anderen. „Das Kind weiß jetzt sicher, daß es ein Ich ist; nun muß es herausfinden, was für eine Person es werden will" (Erikson 1989, 87). Das Streben des Kindes nach Unabhängigkeit wird durch drei Entwicklungsschübe eingeleitet:

Abgrenzung zu anderen

- Das Kind ist nun in der Lage, sich freier und kraftvoller zu bewegen und gewinnt dadurch ein weites, subjektiv unbegrenztes Tätigkeitsfeld;
- sein Sprachvermögen vervollkommnet sich; die Symbolfunktion sowie die Anfänge der Verinnerlichung der Handlungsschemata entwickeln sich;
- Sprache und Bewegungsfreiheit zusammen erweitern die Vorstellungswelt des Kindes.

Charakteristisch für diese Altersstufe ist das Sich-Identifizieren mit den Rollen und Tätigkeiten der Erwachsenen und das damit verbundene Träumen vom Groß- und Starksein. Das Kind ist bemüht, mit Hilfe seines bereits im zweiten Stadium erworbenen, autonomen Willens konkrete Ziele in die Tat umzusetzen. Das Hauptthema dieser Altersspanne ist das Entwickeln von eigener Initiative. Es geht darum, neue Aufgaben und Herausforderungen anzunehmen, die individuellen Merkmale im Vergleich und in Abgrenzung zu anderen zu entdecken und damit die eigene Identität herauszubilden. Ein positives Selbstkonzept baut sich aber nur auf, wenn der Erfolg einer Handlung als selbst verursacht erlebt und nicht als zufallsbedingt oder fremdbestimmt wahrgenommen wird. Aus diesem Grund ist das Bereitstellen von Situationen, in denen das Kind selbstständig aktiv handeln kann, eine wesentliche Vorbedingung für die Entwicklung eines positiven Selbstkonzeptes.

Initiative entwickeln

Die Schuld – als Gegenpol der Initiative – wirkt hemmend auf den unermüdlichen Forscherdrang und die Initiativkraft des Vorschulkindes. Schämte sich das Kind bisher, wenn es bei verbotenen Handlungen entdeckt wurde, so können nun durch den bewussteren Umgang mit familiär und gesellschaftlich vermittelten Normen und Werten Schuldgefühle entstehen. Erikson (1989, 94) verweist diesbezüglich auf die negativen Folgen übertriebener Verbote, Ermahnungen und Handlungseinschränkungen durch die Bezugspersonen, die sich in Buchstabengehorsam, wie übertriebene Regeltreue, übertriebene Selbstbeherrschung und Einschüchterung, auswirken können. Es gibt nun zahlreiche Bewegungs- und Spielaktivitäten zur Bearbeitung des Grundthemas Initiative entwickeln. Dabei ist didaktisch die Perspektive von der Sicherheit des Bekannten und Angenehmen bedeutsam, z. B. Schaukeln, Bewegungsspiele auf dem (sicheren) Boden zur Befriedigung des Abenteuerdranges (Roll- und Fahrgeräte, Bewegungslandschaften). Spiele mit unterschiedlichen Rollen (z. B. Mutter, Vater und Kind; Räuber und Gendarm; Indianer und Cowboy) bieten die Gelegenheit, sich mit Vorbildern zu identifizieren. Durch Bewegung mit Roll- und Fahrgeräten (Rollbrett, Pedalo, Roller, Fahrrad, später Skateboard) lernen die Kinder Körper- und Selbstbeherrschung, während sie „die Welt erobern". Beim Erobern von Bewegungslandschaften beinhalten Situationen der Höhe und des Kletterns einen besonderen Aufforderungscharakter, „weil sie die dritte Dimension eröffnen und von der sicheren Mutter Erde wegführen" (Seewald 1991, 37). Spiele mit Wettkampfcharakter bieten die Gelegenheit, die eigenen Kräfte zu messen und sie mit denen anderer zu vergleichen.

Für die praktische Förderarbeit mit auffälligen Kindern bis zum Grundschulalter lassen sich entwicklungsorientiert drei Grundthemen formulieren:

- Vertrauen bilden,
- Autonomie aufbauen und
- Initiative entwickeln.

In der Bewegung kann sich das Kind freudvoll erleben und frei entscheiden, wie es handeln will. Vertrauen, Autonomie und Initiative sind dabei die wichtigsten Faktoren: Das Kind soll Vertrauen zu sich und anderen bilden, selbst entscheiden und kontrollieren dürfen (Autonomie), (neue) Aufgaben übernehmen und entwickeln können (Initiative) und in allem unterstützt und respektiert werden. Durch die Bewegung und durch seinen Körper kann das Kind an diese Entwicklungsaufgaben herangeführt werden. Hierin liegt die besondere Bedeutung der Kategorien Körper und Bewegung für die identitätsbildende Förderung von Kindern.

3.4.2.3 Bewertung und aktuelle Weiterentwicklungen der identitätsbildenden Perspektive

Entwicklung als festgelegte Stufenabfolge

Die moderne Entwicklungspsychologie hat die bei Erikson thematisierte Bedeutung von Krisen und typischen Lebensthematiken für die Entwicklung des Menschen anerkannt, eine genetisch dominierte universelle Krisenabfolge innerhalb festgelegter Zeitraster ist jedoch abzulehnen (Rattansi / Phoenix 2005; Habermas / Döll-Hentschker 2007; Flammer 2008, Kap. 6). Hier gilt eine ähnliche lebenslaufbezogene Kritik wie zuvor bei Piaget. Der Ansatz entspricht wohl noch sehr stark der zeittypischen Sichtweise von Entwicklung als allgemeingültiger Stufenabfolge. Bei Erikson ist dieser Prozess ein mehrschichtiger Prozess, bei dem jede Schicht eine seiner typischen Lebensthematiken repräsentiert. Neu ist die Bedeutung sozialer Stimulierung: Es ist vor allem die Qualität der zwischenmenschlichen Interaktion, die die Person moduliert. Mit dieser Akzentsetzung verlässt Erikson die traditionelle psychoanalytische Denkweise und räumt der personalen Umwelt eine gewichtige Einflussmöglichkeit für den Fortgang der Ereignisse ein.

Lebenslange Identitätssuche

Die Stärke dieser Theorie ist eindeutig die zentrale Stellung der Identitätsbildung im Sinne einer lebenslangen Identitätssuche (Alsaker/Kroger 2007). Leider versäumt es Erikson mitzuteilen, über welche Inhalte dieser Prozess sozial gestiftet werden kann. Entsprechend schwer tut sich die Theoriekritik mit diesem Ansatz. Die Psychomotorik liefert nun einen inhaltsbezogenen Beitrag zur Diskussion. Die bei Erikson beschriebenen Lebensthematiken eignen sich recht gut zur Bestimmung relevanter Entwicklungsaufgaben, die dann durch motivierende Inszenierungen – wie zuvor exemplarisch für das Kindesalter beschrieben – einer Aufgabenlösung oder Konfliktbewältigung zugeführt werden können. Eriksons Ansatz hat nun seinerseits eine hohe Relevanz für Beratung und Entwicklungsförderung, insofern als er als Orientierungsrahmen für identitätsbildende Förderprozesse und damit als ein Baustein psychomotorischer Theorielegung gelten kann. Keinesfalls sollte Eriksons Acht-Phasen-Modell zur Diagnostik des Entwicklungsstandes herangezogen werden, um daraus Behandlungspläne abzuleiten. Dazu ist der soziale und kulturelle Bedeutungsrahmen für individuelle Prozesse doch zu gewichtig, um Generalisierungen zu erlauben.

Aus psychomotorischer Sicht ist Entwicklung dann in jeder Lebensphase und in ihrer Lebensbilanz (subjektiv) erfolgreich, wenn der Einzelne einen Nettogewinn an positiven Erfahrungen aus positiv bewältigten Konflikten für sich verbuchen kann. Dazu ist es aber auch zwingend notwendig, die Seite der sozialen und kulturellen Angebote zu berücksichtigen.

3.4.2.4 Bindungstheorie: Beziehungsgestaltung und Explorationsverhalten als Wirkfaktoren

Die Psychomotorik beschreibt kindliche Persönlichkeitsentwicklung immer als *bewegte Entwicklung* und als *Entwicklung in Beziehung*. Jedoch wird die Bedeutung der Beziehung im psychomotorischen Diskurs bisher primär im Hinblick auf die Beziehungsgestaltung zwischen Psychomotoriker und Kind thematisiert, da diese einen wesentlichen Wirkfaktor im Prozess der psychomotorischen Entwicklungsförderung darstellt. Vor allem Gerd Hölter richtet sein Augenmerk auf spezifische und unspezifische Wirkfaktoren in Analogie zur Psychotherapieforschung (Hölter 2005) und erforscht deren Relevanz für die professionelle psychomotorische Arbeit (vgl. auch Hölter 2002; Hölter / Flosdorf 2006). Dieser Diskussionslinie soll im Folgenden nicht gefolgt werden. Erst in jüngerer Zeit tritt die Qualität der Eltern-Kind-Beziehung in ihrer grundlegenden Bedeutung für die kindliche Entwicklung und damit Erkenntnisse der Bindungsforschung ins Bewusstsein des psychomotorischen Interesses (Krus 2004a, 2008). Dabei formt sich die Erkenntnis, dass die Psychomotorik ihrerseits durch ihren Gegenstandsbereich – Bewegung und Spiel als Anlässe zur Beziehungsstiftung – auf die Theoriekonstruktion der Bindungsforschung rückwirkt. Der rote Faden der Argumentationslinie soll hier dargelegt werden.

Bindung und Exploration

Bindungssicherheit

Die Entwicklung von Bindungssicherheit kann als grundlegende Voraussetzung für eine gesunde Persönlichkeitsentwicklung angesehen werden, die in emotionalen Anforderungs- und Belastungssituationen bis ins Erwachsenenalter hinein die Herausbildung effektiver und angemessener Bewältigungsstrategien begünstigt (Grossmann et al. 2003b, 1164ff). Im Laufe der ersten Lebensmonate entsteht aus den Interaktionserfahrungen zwischen Kind und Bezugsperson(en) eine Bindungsbeziehung, die sich in Abhängigkeit der Qualität des elterlichen Pflege- und Zuwendungsverhaltens im günstigsten Fall zu einer *sicheren Bindung* entwickelt, im ungünstigsten Fall zu einem *unsicheren Bindungsmuster*. Von einer sicheren Bindung kann gesprochen werden, wenn das Kind die Bezugspersonen als verlässliche, ihm positiv zugewandte Interaktionspartner erlebt, die imstande sind, seine Signale richtig zu interpretieren sowie auf seine Äußerungen und Bedürfnisse feinfühlig, angemessen und prompt zu reagieren (vgl. Petermann et al. 2004, 196). Durch die sensible Beantwortung der kindlichen Signale erfährt sich das Kind als selbstwirksam, indem ihm das Gefühl vermittelt wird, „mit seinen Appellen und Handlungen etwas bewirken und verändern zu können“ (Friedlmeier 1999, 214). Der Ausdruck der eigenen Befindlichkeit wird als nützliches Mittel begriffen, um Regulierungshandlungen bei Bezugspersonen hervorrufen zu können. Diese Erfahrungen sind grundlegend, damit sich das Gefühl entwickelt, Einfluss auf die eigenen emotionalen Zustände nehmen und diese kontrollieren zu können. Elterliches Unvermögen, die kindlichen Signale sensibel zu beantworten, begünstigt hingegen die Entstehung eines unsicheren Bindungsmusters und lässt beim Kind Gefühle von Hilflosigkeit entstehen (vgl. Mietzel 2002, 134).

Bewältigung von Trennungssituationen

Die Bindungserfahrungen mit den Bezugspersonen verinnerlicht das Kind im Laufe der Zeit und entwickelt daraus ein *inneres Arbeitsmodell*, das seine Wirkung im weiteren Entwicklungsverlauf vor allem in Situationen emotionaler Belastung (verstanden als Bewältigung von Trennungssituationen) entfaltet. In diesem inneren Arbeitsmodell werden sowohl der eigene *Selbstwert* und die eigenen *Kompetenzen* repräsentiert, als auch die Erwartungen bezüglich der Verfügbarkeit und Zugänglichkeit der Bezugspersonen in stressbesetzten Situationen. Je nach Bindungstyp entwickelt ein Kind spezifische Verhaltensweisen, um seine Gefühle und Handlungen in emotionalen Anforderungssituationen unter Kontrolle zu bringen (Friedlmeier 1999, 215; Krus 2004a, 35).

- *Sicher gebundene Kinder* teilen ihren Bezugspersonen positive wie negative Emotionen deutlich mit. Sie können sich darauf verlassen, in Situationen emotionaler Belastung Unterstützung bei den Bezugspersonen zu finden und können diese ohne Bedenken aktiv einfordern. Bei der sicheren Bindung kann das Kind durch die Sicherheit aus der Nähe zur Bindungsperson sein Neugierverhalten explorativ nutzen.
- Kinder mit *unsicher-vermeidender (distanzierter) Bindungsrepräsentation* unterdrücken expressive emotionale Ausdrucksformen, da sie sowohl bei positiven als auch bei negativen Emotionsäußerungen Zurückweisung durch die Bezugsperson befürchten. Bisweilen zeigen sie unvermittelte Ausbrüche von Ärger.
- Bei der *unsicher-ängstlichen (ambivalenten) Bindung* zeigt das Kind einen übertriebenen Ausdruck von Angst, um die Bindungsperson auf sich aufmerksam zu machen. Es ist bei einer Trennung untröstlich verzweifelt, erhält aber durch die Wiedervereinigung kaum einen Sicherheitsgewinn. Die fehlende Steuerungsmöglichkeit für die Zuwendung der Bindungsper-

son äußert sich beim Kind in einer unbeherrschbaren Mischung von Angst und Ärger und einem hohen Maß an Abhängigkeit zur Bindungsperson.

- Die *unsicher-desorganisierte Bindung* bezeichnet die Überlagerung aller zuvor genannten Bindungsmuster durch bizarre, stereotype oder anderweitig auffällige Verhaltenselemente. Als typische Formen der Desorganisation von Bindungsmustern gelten stereotype Bewegungen, das Ziel verfehlendes Verhalten, zufällige oder beiläufige Aggression gegen ein Elternteil in der fremden Situation, Phasen der Starrheit, etc. Bezugspersonen sind meist selbst verunsichert und wirken ängstigend auf das Kind.

Generalisierung der Bindungserfahrung

Das *innere Arbeitsmodell* dient darüber hinaus als eine Art Arbeitshypothese, die das Kind als Grundlage heranzieht, um seine Bindungserfahrungen mit den Bezugspersonen auf andere Beziehungen zu übertragen (Bischof-Köhler 1998, 336; Grossmann/Grossmann 2007, 285ff). Das Kind entwickelt eine generelle Vorstellung davon, wie Beziehungen organisiert sind und nutzt diese in Abhängigkeit der Bindungsqualität in spezifischer Weise für die Herangehensweise an soziale Kontakte und die Gestaltung von Freundschaften in späteren Jahren. Im Vorschulalter gelten sicher gebundene Kinder als sozial kompetenter und kontaktfreudiger als unsicher gebundene Kinder und zeichnen sich darüber hinaus durch ein höheres Maß an Selbstsicherheit aus (Petermann et al. 2004, 200ff).

Exploration

Dem *Bindungsverhalten* kommen im Wesentlichen zwei Funktionen zu; zum einen das Gefühl der Sicherheit und Geborgenheit in unbekannten Situationen, zum anderen stellt der schützende Rahmen eine sichere Basis für das *Erkundungs-* und *Autonomiebestreben* des Kindes dar, das dadurch seine Welt schrittweise erobern kann (vgl. Schneewind 2002, 117f). Die Bindungstheorie betrachtet das Bindungs- und Explorationsverhalten als zwei getrennte Verhaltenssysteme, die sich jedoch gegenseitig bedingen und die Anpassung an die jeweiligen Lebensgegebenheiten herausfordern. Fühlt sich das Kind in der Anwesenheit seiner Bindungsperson sicher, wächst das Bedürfnis, neue Gegenstände und unbekannte Situationen zu erkunden, sich diese anzueignen und sich damit ein Stück weit von seiner schutzgebenden Person zu lösen.

Neugier

Neugier ist ein wesentliches Antriebs- und Motivsystem des Menschen, das sein Explorationsverhalten bedingt. Schon kurze Zeit nach der Geburt beginnt der Säugling seine Aufmerksamkeit auf umgebende Reize zu lenken, in seiner Erkundungsaktivität eröffnet sich dem Kind die Welt. Je kompetenter das Kind in seinen selbst gesteuerten Fortbewegungsmöglichkeiten wird, desto größer wirkt die Anziehung von neuen Objekten und der Erkundungsradius erweitert sich (vgl. Schölmerich/Lengning 2004, 198f). Die neueren Kenntnisse der Bindungstheorie sehen in der Bindungsperson nicht nur die passive sichere Basis für den Rückzug im Explorationsverhalten, sondern auch deren aktive, vermittelnde Rolle zwischen Kind und Umwelt. Aus dieser Perspektive werden die Unterstützung und die Haltung der Eltern im Rahmen der Autonomiebestrebungen ihrer Kinder zu einer wichtigen Einflussgröße (vgl. Schölmerich/Lengning 2004, 208).

Aktive Unterstützung der Eltern

Aktuelle Perspektiven beschäftigen sich in diesem Kontext mit dem Zusammenhang einer *sicheren Basis* für die Bindungs- wie für die *Explorationsbedürfnisse* des Kindes und berücksichtigen neben dem kindlichen Erkundungsverhalten gezielt das Verhalten der Eltern in diesen Explorationssituationen. Eine sichere Basis für die sichere Exploration ist demnach nicht allein dadurch gewährleistet, dass das Kind sich bei Unsicherheit zu seiner Bezugsperson zurückziehen kann. Neben der Funktion als Rückzugsmöglichkeit erscheint von zentraler Bedeutung, inwiefern diese sichere Basis auch eine aktive, feinfühlig herausfordernde Unterstützungsfunktion übernimmt (vgl. Schölmerich/Lengning 2004, 207f).

> „Neugier und Exploration verlangt Unterstützung und sprachliche Begleitung, um natürliche Unsicherheiten vor Fremdem und allem Fremdartigen zu vermindern und um den gemachten Erfahrungen Bedeutung zu verleihen" (Grossmann/Grossmann 2007, 287).

So erlangt feinfühliges Elternverhalten in *Spielsituationen* eine besondere Qualität: Es zeichnet sich aus durch eine aktive Ermutigung zur Exploration, wertschätzende Interaktion, Anregung umsetzbarer Ideen, feinfühlige Herausforderung und kooperative Unterstützung sowie angemessene Erwartungen. Im Gegensatz dazu kann Desinteresse und mangelnde Unterstützung einerseits oder direktive Einmischung von Seiten der Eltern andererseits das gemeinsame Spiel stören und beeinträchtigen. Derartig restriktives Elternverhalten hat nachweislich negativen

Einfluss auf die emotionale, kognitive und soziale Entwicklung des Kindes (Grossmann / Grossmann 2005, 209–211).

Die jüngere Bindungsforschung hat Unterschiede bindungsbezogener und sachbezogener (spielerischer) Feinfühligkeit der Bezugspersonen empirisch gesichert (Grossmann / Grossmann 2005, 212f). Auch dieses Geschehen ist äußerst komplex und aufschlussreich. Bei der Entwicklung der Spielfähigkeit erhält die Rolle des Vaters eine besondere Bedeutung; die Qualität des Anregungspotenzials und die Sensibilität der Bezugspersonen (Spielpartner) für die Dynamik des Geschehens sind wesentlich für die Qualität der sachbezogenen Explorationstätigkeit, die sich langfristig beim Kind durch zielstrebiges Planen und Handeln in Anforderungssituationen niederschlagen (vgl. Grossmann / Grossmann 2007, 289ff). Die Erkundungsaktivität des Kindes selbst – begleitet durch einen kompetenten Partner – erhält also eine wesentliche Bedeutung für die Modifikation des *inneren Arbeitsmodells*. Fuhrer (2008, 137) spricht sich nach Sichtung der empirischen Forschungslage zur Bindungs- und Beziehungsentwicklung über die Lebensspanne für eine Ausweitung der ursprünglichen dyadischen Sicht (Mutter-Kind- oder Vater-Kind-Beziehung) in Richtung einer netzwerkartigen Betrachtung unterstützender Ressourcen (systemische Sicht) aus. So ergeben sich völlig neue Bedeutungen beziehungsgestützter Explorationstätigkeiten für die Entwicklung(-sförderung) von Kindern. Genau hier bietet das reichhaltige psychomotorische Anregungspotenzial ungeahnte Möglichkeiten für Beziehungsgestaltungen. Die wichtigsten sollen überblickartig aufgelistet werden:

Systemische Betrachtung

- *Bewegung als Basis:* Erste Erfahrungen sind Körper- und Bewegungserfahrungen in Beziehung. Aus psychomotorischer Sicht sind diese von zentraler Bedeutung für das Selbst- und Welterleben des Kindes. Aus bindungstheoretischer Sicht erlangt der Körperdialog bindungsgestaltende Erfahrungsmöglichkeiten.
- *Bewegung wird zum Kommunikationsmedium:* Nonverbal oder von elterlicher Seite sprachlich begleitet wird die gemeinsame Aktivität wichtiges Ausdrucksmittel aktueller Befindlichkeiten und situativer Bedürfnisse. Über Mimik, Gestik, Atmung, Muskeltonus teilen sich emotionale Zustände (Anspannung, Entspannung, Freude, Überforderung und Angst) mit und bilden die Grundlage für ein wechselseitiges Verständnis.

- *Bewegung ist von Anfang an in Beziehungskontexte gebettet:* Bewegung ist unauflöslich mit „bewegt sein" verbunden; aus diesem intuitiven oder auch bewussten Verständnis wird Bewegung Medium der Beziehungsgestaltung.
- *Bewusstseinsbildung:* Zunehmendes Distanzerleben durch Befriedigung des Explorationsdranges ist Hinwendung zur Welt. Die Erkundungsaktivität ebnet den Weg zu differenzierter sachbezogener und sozialer Kompetenz; sie gestaltet das Bewusstsein des Kindes.
- *Fort-Bewegung führt zu Selbstständigkeit:* Das Kind löst sich im wahrsten Sinne des Wortes *schrittweise* aus seiner ursprünglich absoluten Abhängigkeit von seinen Eltern, es erobert die Welt und wird autark. Fortbewegung wird so zum Motor der Entwicklung. Unabhängigkeit bedeutet aber nicht Beziehungslosigkeit, sondern ein unsichtbares Band der Verbundenheit und Kontaktfähigkeit.
- *Kompetenz und Identität als dynamische Konstrukte:* Gemeinsames Aushandeln mit Spielpartnern und tätige Auseinandersetzungsprozesse führen genauso zu Handlungskompetenz wie zu Empathie. Ein beständiger Wechsel zwischen *sich aufeinander zu* und *voneinander weg bewegen* bewirkt ein Verständnis von sozialer Identität wie von Autonomie.

In einer solchen Sichtweise wird Bewegung zu einem idealen Medium der Beziehungsgestaltung und zum Baustein einer bindungsorientierten psychomotorischen Familienbegleitung in der Frühförderung (Wirtz 2007).

3.4.3 Der Person-Umwelt-Bezug oder: Die ökologisch-systemische Perspektive der Entwicklung

Eine Vielzahl selbstbezogener Erfahrungen beruht auf sozialen Vergleichsprozessen, die sich aus der Interaktion der Personen untereinander ergeben. Deshalb wird psychomotorische Förderung in der Regel als (Klein-)Gruppenförderung organisiert. In der Partnerschaft und in der Kleingruppe lernt der Klient mit anderen zu kooperieren, aber auch Formen des Leistungsvergleichs, das heißt, die eigene Individualität von der anderer zu unterschei- **Interaktion** den. In der Interaktion mit bedeutsamen Vergleichspersonen und durch deren Bewertungsprozesse von Handlungen erfahren die Beteiligten eine realistische Modifikationen ihres Selbstbildes und dadurch eine Herausbildung der eigenen Persönlichkeit.

Eine entscheidende Erweiterung erfährt der Entwicklungsbegriff in der Psychomotorik unter einer ökologisch-systemischen Perspektive (Bronfenbrenner 1981, 1989, 1990; Fischer 1996a; Balgo 1998a). Dieser Ansatz zielt auf eine Perspektivenerweiterung und fördert ein Querdenken, indem die Person nicht länger rein individuumszentriert, sondern im Rahmen ihrer sozialen und sozialräumlichen Lebenskontexte betrachtet wird. (Kindliches) Handeln, auch vermeintlich auffälliges Verhalten, ist nur situativ und im zwischenmenschlichen Dialog zu erfahren und zu verstehen. Das neue Interesse des Pädagogen oder Therapeuten und des Forschers richtet sich auf den partnerschaftlichen Dialog in der Fördersituation, um die dominierenden Lebensthemen des Edukanden oder Klienten zu verstehen (Seewald 1993) und entwicklungsfördernde Angebote zu machen. Das Interesse richtet sich aber auch auf die Frage, unter welchen Bedingungen (z. B. bei Überforderungen) und in welchen Kontexten Probleme sichtbar werden und wie Lebensräume und Beziehungen gestaltet sein müssen, um eine Vermittlung zwischen individuellen, sozialen und kulturellen Anforderungen zu ermöglichen.

Lebenskontexte

3.4.3.1 Urie Bronfenbrenner: Leben und Werk

Urie Bronfenbrenner (1917–2005) wird in Moskau geboren, wandert aber bereits mit sechs Jahren mit seiner Familie in die USA aus (Flammer 1996, 204; 2008, 247; Lüscher 2006). Er spricht zeitlebens englisch und russisch, was ihm bei seinen wissenschaftlichen Sozialisationsstudien einen überregionalen Weitblick ermöglicht. Sein Studium absolviert er an der Cornell Universität und nimmt anschließend Standortwechsel für sein Promotionsstudium an die Universitäten von Michigan und Harvard vor. Nach einer 10-jährigen Tätigkeit als praktizierender Psychologe wird er Professor für menschliche Entwicklung und Familienstudien an der Cornell Universität. Verheiratet war er mit einer deutschen Frau, hatte fünf Kinder und viele Enkelkinder.

Aus wissenschaftlichem Interesse, aber auch vor dem Hintergrund seiner Biographie, engagiert sich Bronfenbrenner für sozial- und familienpolitische Fragestellungen, mischt sich sogar in die Tagespolitik ein. Als lebensweltorientierter Wissenschaftler entwickelt er sozial-integrative Frühförderprogramme für Vorschulkinder.

Sozial- und familienpolitische Fragestellungen

Bronfenbrenners Entwicklungstheorie ist geprägt vom Lebenswerk Kurt Lewins (1890–1947), dessen Vorstellungen ihn bereits als Student im Rahmen eines Konzeptvergleichs (Piaget–Freud–Lewin) faszinieren. Lewin (1936) ist der erste, der den Ökologiebegriff im Entwicklungskontext erwähnt. Unter Ökologie ist die Wissenschaft der wechselseitigen Beziehungen zwischen Organismen und ihrer Umwelt zu verstehen. Lewin integriert zwei wichtige Begriffe in sein Konzept, den des Lebensraumes und den des Settings, die bestimmend für das Entwicklungskonzept Bronfenbrenners werden. Unter Lebensraum versteht er die Interpretation, die das Individuum subjektiv von seiner Umwelt vornimmt. Wesentlich beim Lebensraumkonzept ist die subjektive Bedeutung, die die Umwelt im menschlichen Leben besitzt. Dieses sei in Anlehnung an Oerter (1995, 85–86; 2008, 86–87) mit einem Beispiel verdeutlicht:

Kurt Lewin

Kai sitzt zuhause in seinem Zimmer am Schreibtisch und muss seine Hausaufgaben machen. Gelegentlich schaut er aus dem Fenster und sieht den Spielplatz, auf dem seine Freunde spielen. Gern wäre er bei ihnen. Solange er noch nicht die Hausaufgaben gemacht hat, darf er nicht nach draußen.

B

Zum Lebensraumkonzept gehören nun zwei Dimensionen: Der physikalische Raum (Zimmer, Spielplatz) mit seinen objektiv beschreibbaren Eigenschaften und die subjektive Bedeutung dieser Räume. So besitzt der Spielplatz für Kai eine positive Bedeutung (Valenz). Gern wäre er bei seinen Freunden, muss allerdings zur Erreichung seines Zieles die dazwischen stehende Barriere (Hausaufgaben) überwinden. Der physikalische und soziale Raum wird zum Lebensraum durch die subjektive Bedeutung des Angebotes. Handeln ist für Lewin ein Sich-Umherbewegen im Lebensraum. Unter Entwicklung versteht er ein Sich-Fortbewegen von einer Region in eine andere. Gleichzeitig bezeichnet er die menschliche Entwicklung als eine Ausdifferenzierung des Lebensraums, da mit zunehmendem Alter immer mehr Regionen erschlossen werden. Lewin versteht den Lebensraum als ökologisches Konzept, welches als Vorläufer des heutigen ökologischen Denkens gelten kann.

Barker und Wright, Schüler Lewins, interessieren sich stärker für die objektiv fassbaren Umweltausschnitte, die individuelles Handeln und Verhalten beeinflussen, und nennen dieses Feld Setting. In einem Setting tritt das Individuum unmittelbar in Kontakt mit sozialen Partnern, indem es festgelegte Verhaltensmuster erwirbt und ausführt. Ein Wechsel des Settings, beispielsweise von der Schule zum Arbeitsplatz, hat sehr oft bei Jugendlichen auch einen Wechsel der Verhaltensmuster zur Folge (Oerter 1995, 87–88; 2008, 88). Bronfenbrenner beschreibt Setting als den „Ort mit spezifischen physikalischen Eigenschaften, in dem die Teilnehmer in bestimmten Rollen und in bestimmten Zeitabschnitten aktiv sind". Während der Begriff des Lebensraums stärker die subjektiven Komponenten akzentuiert, bezieht sich der Begriff des Settings mehr auf die objektiven Gegebenheiten der Lebenswelt.

Setting

3.4.3.2 Der ökologische Ansatz Bronfenbrenners und seine Bedeutung für die Psychomotorik

Eine systemische Erweiterung erfährt der Ökologie-Begriff in der Entwicklungstheorie Bronfenbrenners (1981). Dieser beschäftigt sich in seiner Theorie mit der fortschreitenden gegenseitigen Anpassung zwischen dem aktiven, sich entwickelnden Individuum und den wechselnden sozialen und materialen Beziehungen und Bedingungen seiner Lebensbereiche (Lebensraum; Setting). In Analogie zu biologischen Ökosystemen versucht

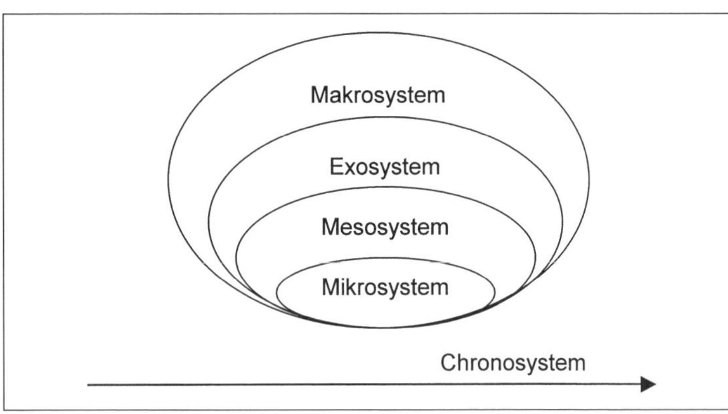

Abb. 23: Verschachtelte Systeme als Entwicklungskontexte (Flammer 1996)

Bronfenbrenner, die Entwicklung des Menschen in ökologischen Systemen zu beschreiben. Er stellt sich die Umwelt als eine ineinander geschachtelte, konzentrische, aus vier Systemen bestehende Struktur vor, bei der ein System jeweils von dem nächsten umschlossen wird. Bronfenbrenner nennt diese Mikro-, Meso-, Exo- und Makrosysteme (Abb. 23).

Mikrosystem

Die kleinste in dem von Bronfenbrenner differenzierten ökologischen System ist die Mikrosystemebene. Sie umfasst alle Systeme, in denen sich das entwickelnde Individuum befindet. Ein Mikrosystem ist ein Muster von Tätigkeiten und Aktivitäten, Rollen und zwischenmenschlichen Beziehungen, die die in Entwicklung begriffene Person in einem gegebenen Lebensbereich mit den ihm eigentümlichen physischen und materiellen Merkmalen erlebt (Definitionen nach Bronfenbrenner 1981). Das Mikrosystem ist das kleinste mögliche System, in dem sich das Individuum bewegt (etwa die Familie, der Kindergarten, die Schulklasse oder die psychomotorische Fördergruppe). So umfasst die Betrachtung auf der Mikroebene die familiären Wohnbedingungen (etwa die Wohnungsgröße, die Spielmöglichkeiten), die finanziellen Bedingungen der Familie (z. B. finanzielle Not), aber auch die Beziehungen der Familienmitglieder untereinander (Abb. 24 a).

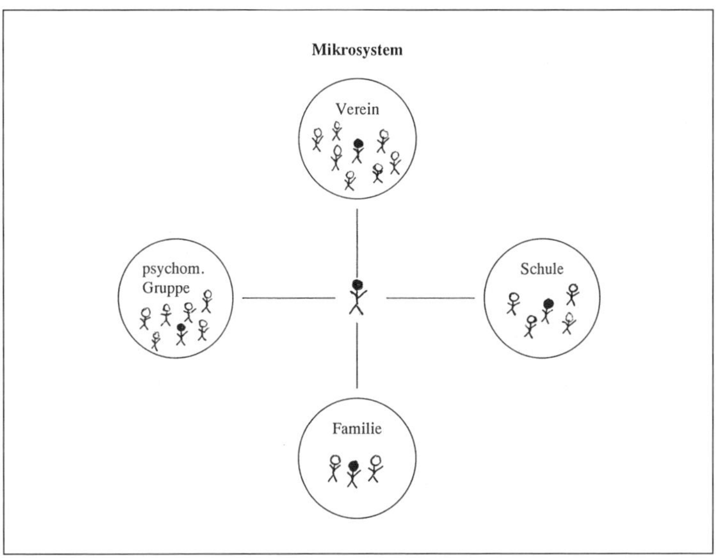

Abb. 24 a: Mikrosystemebene: Auf dieser Ebene werden Aktivitäten, Rollen und das Beziehungsgeflecht einer Person in verschiedenen Mikrosystemen analysiert.

Tätigkeit, Beziehung und Rolle

Bronfenbrenner sieht das entwicklungsrelevante Geschehen in dieser Umgebung durch drei zentrale Elemente gekennzeichnet, nämlich durch die Tätigkeit, die Beziehung und die Rolle (Flammer 1996; 2008, 251ff):

- Eine molare *Tätigkeit* oder Aktivität ist ein über eine gewisse Zeit fortgesetztes Verhalten, das sein eigenes Verharrungsvermögen besitzt und von dem am Lebensbereich Beteiligten als bedeutungs- oder absichtsvoll wahrgenommen wird. Es handelt sich also um Tätigkeiten, die relativ lang andauernd und subjektiv nicht abgeschlossen sind, solange die entsprechenden Ziele nicht erreicht sind. Wichtig an diesen Tätigkeiten ist, dass sie soziale und andere Beziehungen stiften, dass sie nicht präsente Welten oder Erfahrungen symbolisch aktuell machen können (z. B. über eine Fehlentscheidung nachzudenken oder zu diskutieren) und dass sie zu komplexen Strukturen von Tätigkeiten zusammenwachsen können.
- *Beziehungen* sind die wesentlichen Träger von Entwicklungsprozessen. Sie ergeben sich aus dem Zusammentreffen von zwei oder mehreren Personen, aus gemeinsamer Aktivität und gemeinsamem Erleben. Die Dyade wird als die elementare soziale Beziehung bezeichnet. Bei den Dyaden unterscheidet Bronfenbrenner die Beobachtungsdyade (ein Kind schaut seiner Mutter beim Kochen zu), die Dyade gemeinsamer Tätigkeiten (Mutter und Kind kochen gemeinsam) und die Primärdyade. Hierunter versteht er eine überdauernde positive, wechselseitige Beziehung, die einvernehmliches Handeln und Entscheidungen ermöglicht, auch wenn die Beziehungspartner situativ nicht zusammen sind.
- Eine *Rolle* ist ein Satz von Aktivitäten und Beziehungen, die von einer Person in einer bestimmten Gesellschaftsstellung und von anderen ihr gegenüber erwartet werden. Zwar schränken Rollen einerseits Möglichkeiten ein, eröffnen gleichwohl neue Möglichkeiten. Durch Rollenwechsel und Rollenaushandlung kommt es zu einer Entwicklungserweiterung, zu einem Wachsen an der Aufgabe. Dagegen ist eine Rollenfixierung, also das Festlegen einer Person auf eine bestimmte Rolle, eher entwicklungsfeindlich. Entwicklung heißt in diesem Zusammenhang eine Vergrößerung des Rollenrepertoires im sozialen Beziehungsgeflecht.

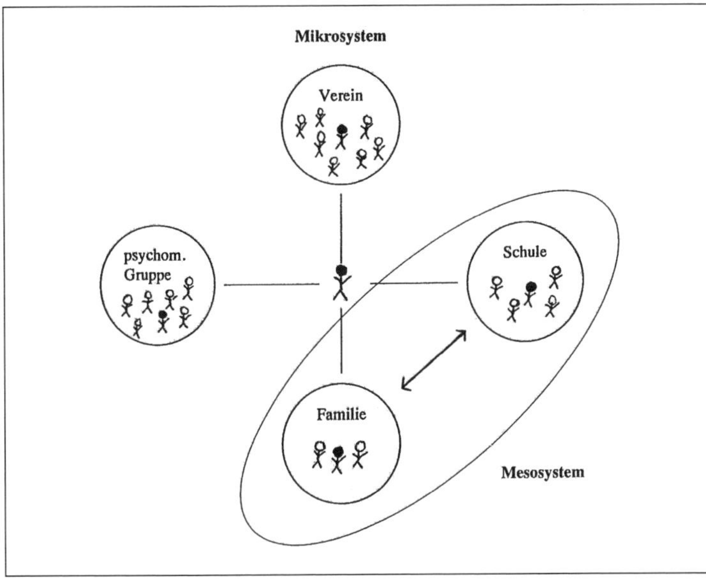

Abb. 24 b: Das Mesosystem betrachtet die Qualität der Verbindungen zwischen einzelnen Mikrosystemen

Mesosystem

Ein Mesosystem umfasst die Wechselwirkungen zwischen den Lebensbereichen, an denen die sich entwickelnde Person aktiv beteiligt ist. Dieses System wird also gebildet durch das Wechselspiel zwischen Mikrosystemen, denen eine Person angehört (für ein Schulkind etwa die Beziehung zwischen Elternhaus, Schulklasse und Kameradengruppe in der Nachbarschaft; für einen Erwachsenen die zwischen Familie, Arbeitsplatz und Bekanntenkreis). Immer dann, wenn eine Person in einen neuen Lebensbereich eintritt, wird ein neues Mesosystem gebildet (Abb. 24 b).

Bronfenbrenner betont, dass die Verbindungen zwischen den Lebensbereichen und die ökologischen Übergänge von besonderer Entwicklungsrelevanz sind. Derartige Verbindungen können auf unterschiedliche Art und Weise hergestellt werden:

- Verbindungen durch direkte Beteiligung einer Person an mehreren Lebensbereichen;
- Verbindung über eine Mittelsperson, die jedoch nur an einem Lebensbereich teilhat, aber mit einer Person des anderen Lebensbereiches einen dritten Lebensbereich gemeinsam hat;

- Verbindung durch Kommunikation zwischen den Lebensbereichen;
- Verbindung durch Kenntnisse über andere Lebensbereiche.

Exosystem

Unter Exosystem versteht Bronfenbrenner einen Lebensbereich, oder mehrere Lebensbereiche, an denen die sich entwickelnde Person nicht beteiligt ist, in denen aber Ereignisse stattfinden, die beeinflussen, was in ihrem Lebensbereich geschieht, oder die davon beeinflusst werden. So stellt beispielsweise der Arbeitsplatz der Mutter oder des Vaters (etwa durch einzuhaltende Arbeitszeiten oder durch Überstunden) einen indirekten Einfluss auf ein Kindergarten- oder Schulkind dar. Umgekehrt nimmt dieses Kind (z. B. bei einer Krankheit) Einfluss auf den Arbeitsplatz der Eltern (Abb. 24 c).

Makrosystem

Das Makrosystem (Abb. 24 d) umfasst die kulturellen Normen und Wertvorstellungen einer Gesellschaft, aber auch deren strukturelle Realitäten. Etwa die Fragen: Besteht ein Anspruch auf ei-

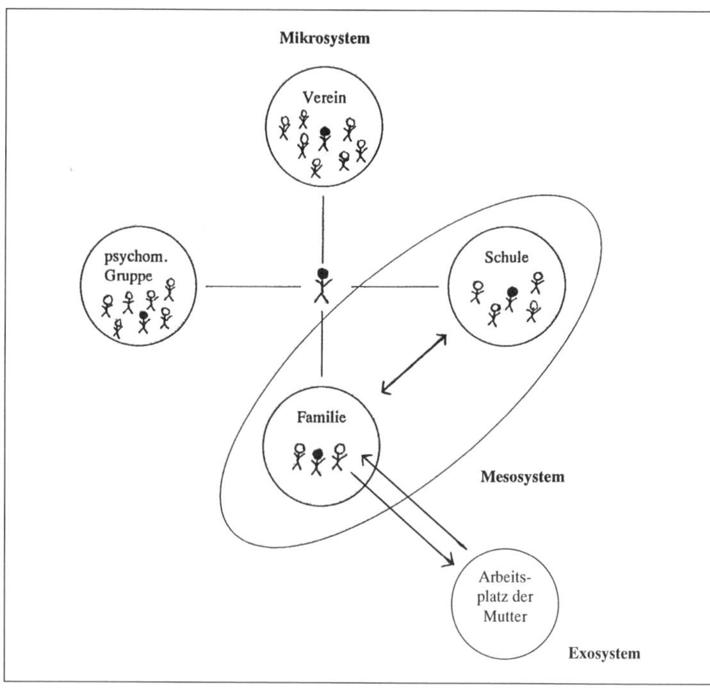

Abb. 24 c: Das Exosystem erfasst Auswirkungen von Lebensbereichen, an denen die relevante Person nicht direkt beteiligt ist

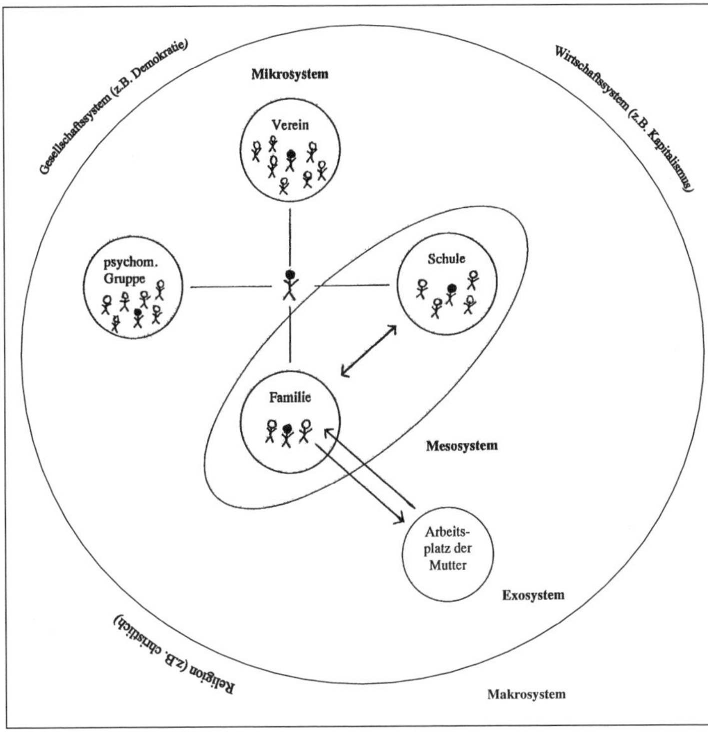

Abb. 24 d: Das Makrosystem entspricht den gesellschaftlichen und kulturellen Rahmenbedingungen für Entwicklung

nen Kindergartenplatz? Gibt es eine allgemeine Schulpflicht? Existiert ein anerkanntes Fördersystem innerhalb eines Erziehungs- oder Gesundheitssystems, um durch Früherkennung, Früherziehung und -therapie entwicklungsgefährdete und von Behinderung bedrohte Kinder in ihrer Entwicklung zu unterstützen?

Mit seinen chronosystemischen Überlegungen hat Bronfenbrenner (1989) sein bisheriges Systemgefüge erweitert. Hier wird die Entwicklung eher in ihrem qualitativen Verlauf betrachtet. Die systemische Anwendung auf den Entwicklungsfaktor Zeit bedeutet, dass Zeit nicht mehr als chronologisches Alter einer Person definiert wird, sondern als dynamische Beziehung individueller Ereignisse und Erlebnisse und deren Kontextbedingungen. Dabei sind zwei zeitliche Aspekte bedeutsam. Zum einen bezeichnet das Chronosystem besonders markante Zeitpunkte bzw.

-räume (auch ökologische Übergänge genannt), die im Entwicklungsverlauf des Kindes Spuren hinterlassen (z. B. der erstmalige Besuch des Kindergartens, der Schuleintritt, die Pubertät). Entwicklungsrelevant sind ebenso Ereignisse, die nicht vorhersehbar sind und als non-normativ bezeichnet werden (etwa der Tod oder eine schwere Krankheit eines Familienmitgliedes, Scheidung, Umzug der Familie). Zum anderen versteht Bronfenbrenner unter dem Begriff Chronosystem auch die erfahrungsbezogene Ereignissequenz, die die Biographie eines Menschen repräsentiert und seine Persönlichkeit definiert. Diese Perspektive ist für die Psychomotorik von zunehmender Bedeutung. Das Konzept relevanter Lebensereignisse ist besonders dazu geeignet, zu verdeutlichen, dass Entwicklung niemals im Vakuum stattfindet, sondern immer aus der Verflochtenheit personengebundener wie kontextueller Variablen erklärt werden muss.

Humanökologie

Bronfenbrenner hat mit seinem Lebenswerk eine ganze Forschungsrichtung angestoßen, die in der deutschsprachigen Rezeption als *Humanökologie* bezeichnet wird (Grundmann 2008, 175) und generell menschliche Entwicklung immer im Kontext sozialer, kultureller und gesellschaftlicher Rahmenbedingungen thematisiert. Bronfenbrenners Lebenswerk steht so auch für ein „unermüdliches Mahnen für den Kontext“, das nach Silbereisen/Noack (2006, 323ff) in jüngerer Zeit neue Anstöße für die Erforschung von Entwicklungskontexten hervorgebracht hat:

- Die Rolle ethnischer Unterschiede,
- die Ergebnisse und Bedeutungen verhaltensgenetischer Forschung,
- die Bedeutung von Gleichaltrigen (peers) als eigenständigen Entwicklungskontext und das
- Forscherinteresse an Nachbarschaften.

Erkenntnisfortschritte

Was sind die Erkenntnisfortschritte der ökologisch-systemischen Entwicklungstheorie? Bronfenbrenners Theorie ist geeignet, ein Entwicklungsgeschehen mehrperspektivisch zu analysieren. Der Vorteil seines Zugangs ist, Ereignisse oder Verhaltensweisen nicht in linearen Ursache-Wirkungsmodellen zu betrachten, sondern eine Blickerweiterung auf der horizontalen Ebene, und damit auf die systemischen Zusammenhänge von Handlungen und deren Wirkweisen, vorgenommen zu haben. Bronfenbrenner versucht, kindliche Entwicklung vom Kinde aus zu denken, diese aber aus den umweltstrukturellen Bezügen heraus zu erklären. Seine Akzentsetzungen liegen eindeutig auf der Umwelt, verstanden als komplexes System. Eines hat sich in Bronfenbrenners Spätwerk ganz im Sinne der Psychomotorik verändert. Wurde der Mensch zunächst als relativ passives Produkt seines Kontextes gesehen, so werden die Motoren für Entwicklung in der jüngsten Forschung (Bronfenbrenner 2005) eher in den dynamischen ökologischen Konstellationen gesucht (Flammer 2008, 258–259), an denen das Individuum durch aktive Gestaltungsprozesse wirksam beteiligt ist.

3.5 Aktuelle Orientierungen des psychomotorischen Konzepts

3.5.1 Entwicklung als lebenslanger Prozess

Eine Analyse der psychomotorischen Publikationslage am Beispiel der wichtigsten Fachzeitschrift – *Motorik* – über einen Zeitraum von 20 Jahren (Fischer 1999) bringt es an den Tag. Entgegen der demografischen Entwicklung in Deutschland und der in allen Wissenschaftsdisziplinen beschworenen Zunahme der Bedeutung von Forschungen zum Erwachsenen- und höheren Lebensalter beschäftigte sich die Psychomotorik lange Zeit nur zu einem geringen Teil mit den Entwicklungsspannen jenseits des Kindes- und Jugendalters. Erst in jüngerer Zeit profitiert die Psychomotorik von der lebensspannenumfassenden Diskussion der Entwicklungspsychologie (life-span-development-approach) (Eisenburger 2003b; Haas 2003; Köckenberger / Hammer 2004). Haas (1997; 1999) sichert die Leitsätze der Life-Span-Perspektive nach Baltes (1990) für die weitere psychomotorische Diskussion (Abb. 25). Hier gibt es Parallelen, aber auch Ergänzungen zu den anfangs ausgewiesenen theorieübergreifenden Orientierungen.

Life-Span-Perspektive

Die aktuelle Entwicklungsforschung ist sich einig in der Einschätzung, dass moderne Entwicklungstheorien dynamisch-systemisch orientiert sind und dabei verschiedene Organisationsebenen miteinander integrieren (Glück / Heckhausen 2006, 721; Lerner 2006).

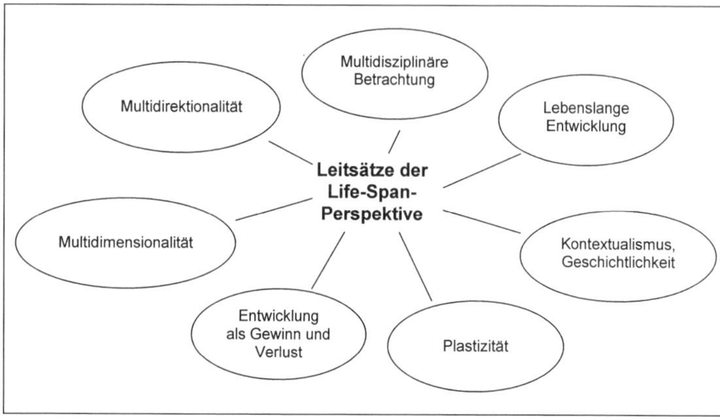

Abb. 25: Leitsätze der Life-Span-Perspektive (Haas 1997, 109, Baltes 1990)

„Die menschliche Entwicklung kann auf unterschiedlichen Ebenen beschrieben werden: der biologischen, der individuell psychologischen, der Ebene der näheren sozialen Beziehungen, der soziokulturellen Ebene und der Ebene der physischen Umwelt. Kennzeichnend für moderne Theorien ist die Annahme, dass die Basis für Veränderungen in den Relationen zwischen diesen verschiedenen Ebenen liegt. Variablen auf jeder Organisationsebene stehen in Beziehung zu Variablen auf anderen Ebenen, und diese Beziehungen beeinflussen ihre Funktion und Entwicklung. Analysen, die lediglich eine Ebene berücksichtigen, erlauben daher keine adäquate Beschreibung von Entwicklung" (Glück/Heckhausen 2006, 722).

Um diese Komplexität zu verstehen und aufzulösen, ist von Grundannahmen auszugehen, die menschliche Entwicklung als ein facettenreiches, dynamisches Geschehen beschreiben (vgl. Staudinger 2007, 75ff). Diese Grundannahmen oder Kennzeichnungen sollen im Folgenden spezifiziert werden:

Lebenslange Entwicklung: Die Ontogenese (Individualentwicklung) ist als lebenslanger, selbstgestalteter Prozess zu betrachten. Keine Altersstufe nimmt bei der Bestimmung dessen, was Entwicklung ist, eine Vorrangstellung ein. Jedoch verläuft Entwicklung nicht immer kontinuierlich (kumulativ), es können auch diskontinuierliche (innovative oder kritische) Prozesse auftreten. Somit ist die lebenslange Entwicklung ein System, das eine Vielzahl von Veränderungsmustern enthält. Die einzelnen Entwicklungsmuster lassen sich unter dem Zeitaspekt (Beginn, Dauer, Ende) sowie Richtung und Abfolge betrachten.

Multidirektionalität und Multidimensionalität: Entwicklung zeigt interindividuell unterschiedliche Verläufe, variiert innerhalb der psychoemotionalen, psychomotorischen, kognitiven und sozialen Dimensionen; sie ist u. a. geprägt durch Kultur, Subkultur und Lebensschicksal, durch gesellschaftliche und berufliche Anforderungen, Erfahrungen, Kompetenzen und Interessen. Innerhalb einer Entwicklungsdimension oder eines Entwicklungsabschnitts können einzelne Verhaltensweisen Abbauprozessen, andere Wachstumsprozessen unterliegen. Aufkommende Divergenzen zwischen den Dimensionen können sowohl entwicklungsfördernd als auch hemmend wirken.

Plastizität der Entwicklung: Ein wichtiges Kennzeichen der Entwicklung ist das hohe Maß intraindividueller Plastizität, womit das Potential zu variierenden Verhaltens- und Erlebnisformen gemeint ist. Lebensbedingungen und Lebenserfahrungen bestimmen den Entwicklungsverlauf. Aber Menschen sind sehr unterschiedlich dazu in der Lage, Handlungsangebote und Herausforderungen für sich zu nutzen, Bewältigungsstrategien zu entwickeln und diese in Problemlagen einzusetzen.

Entwicklung als Gewinn und Verlust: Die Psychologie der Lebensspanne wehrt sich gegen die Gleichsetzung von Altern und Abbau und macht deutlich, dass jeglicher Entwicklungsprozess über die gesamte Lebensspanne gleichzeitig die Aspekte Wachstum (Gewinn) und Abbau (Verlust) enthält. Sie definiert Entwicklung als „jegliche (positive oder negative) Veränderung in der adaptiven Kapazität eines Organismus“ (Baltes 1990, 8). Entwicklung ist eine Spezialisierung (selektive Optimierung), in der alte Funktionen durch neue ersetzt werden. Entwicklung kann auch als Gewinn/Verlust-Rechnung bilanziert werden.

Die Zahl der Verlustereignisse steigt im Verhältnis zu den Entwicklungsgewinnen mit zunehmendem Alter und diese negative Bilanz manifestiert sich in den subjektiven Erwartungen in Bezug auf den Lebenslauf. Während im frühen Erwachsenenalter die Entwicklungskontrolle überwiegend auf den Erwerb positiver Eigenschaften abzielt (Verlässlichkeit, Gewissenhaftigkeit, Zielstrebigkeit, Genauigkeit, Ausdauer, breite Interessenlage, Produktivität, Kooperativität, Fleiß etc.) besteht im fortgeschrittenen Alter die Tendenz, erwarteten Abbauprozessen entgegenzuwirken oder unangenehme Gewohnheiten (Vergesslichkeit,

Bitterkeit, Übervorsicht, Verwirrtheit, Melancholie etc.) herauszuzögern. Jedoch besteht auch die Chance, mit dem Alter „weiser" zu werden, also erfolgreiches Altern zu realisieren. Selektion, Optimierung und Kompensation gewinnen aufgrund des Verlustes an biologischen, mentalen und sozialen Kapazitätsreserven mit steigendem Alter an Bedeutung, d. h. Entwicklung erfährt eine Spezialisierung in Inhalt und Form (Selektion). Optimierung beinhaltet die Annahme, dass das Individuum seinen eingeschlagenen Lebensweg qualitativ und quantitativ zu verbessern sucht. Auch ältere Menschen sind aufgrund ihres Lernpotentials in der Lage, den Prozess der optimierenden Lebensbewältigung und Lebensgestaltung bis ins hohe Alter voranzutreiben. Kompensationsprozesse setzen bei subjektiv erlebter und objektiver Einschränkung des adaptiven Potentials ein. Durch selektive Optimierung und Kompensation ist es vielen älteren Menschen möglich, sich trotz des Rückgangs an biologischer Energie und mentalen Reserven weiterhin selbst zu bestimmen und sich ihren subjektiv bedeutsamen Lebensaufgaben (Entwicklungsaufgaben, Themen) zu widmen.

Geschichtliche Einbettung und Kontextualismus: Der ontogenetische Entwicklungsverlauf ist nur zu verstehen, wenn er im biografischen und historischen Kontext gesehen wird. Entwicklung wird geprägt von der aktuell vorherrschenden sozio-kulturellen Situation (dem Zeitgeist) sowie den politischen und ökonomischen Verhältnissen.

Multidisziplinäre Betrachtung: Die Individualgenese über die gesamte Entwicklungsspanne ist von einer solchen Vielzahl von Faktoren beeinflusst, dass diese durch eine Disziplin allein nicht adäquat zu erfassen ist. Ein Verstehen des Faktorengefüges ist nur im Kontext mehrerer Disziplinen (z. B. Anthropologie, Biologie, Neurowissenschaften, Psychologie, Soziologie, Pädagogik, Psychomotorik / Motologie) möglich, die ihre spezifischen Fragestellungen in den Evaluationsprozess einbringen. Da Entwicklung zunehmend über den Faktor *Aktivität* erfasst wird, kommt der Psychomotorik eine wachsende Bedeutung in der disziplinübergreifenden Zusammenarbeit und Forschung zu.

3.5.2 Entwicklung durch die Bewältigung von Entwicklungsaufgaben

Überlegungen zur Thematik der Entwicklungsaufgaben lassen sich bis in die 1930er-Jahre zurückverfolgen. Sie haben ihren Ursprung in einer im psychoanalytischen Verständnis formulierten Kinder- und Jugendpsychologie. Als Begründer des Konzeptes der Entwicklungsaufgaben gilt Robert J. Havighurst von der Universität Chicago. Eine erste umfassende Darstellung seiner Konzeption erscheint 1948/1972 unter dem Titel „Developmental tasks and education". Mit diesem Konzept ist eine Intention verbunden, die vornehmlich darauf abzielt, „entwicklungspsychologisches Wissen und Denken zur Förderung pädagogisch kompetenten Handelns zu vermitteln" (Oerter/Dreher 1995, 326; 2008, 279ff). Seine Konzeption trägt also deutlich pädagogisch ausgerichtete Züge. Havighurst weist in seinem Konzept den einzelnen Dekaden des Lebens unterschiedliche Themen und Probleme bzw. Aufgaben zu. Diese lassen sich durchaus als Lernaufgaben verstehen, die sich einem Individuum im Laufe seiner Entwicklung als zu bewältigende Anforderungen stellen.

R. J. Havighurst

Die Vorstellung von altersspezifischen Entwicklungsaufgaben sollte jedoch nicht als Liste von Anforderungen gedeutet werden, die es nach und nach abzuarbeiten gilt. Vielmehr verhilft dieses Konzept zu einer gewissen Orientierung und Ordnung der vielfältig anstehenden Entwicklungsanforderungen in den einzelnen Lebensperioden. Deshalb hat ein solches Konzept auch heute prinzipiell eine hohe erzieherische und entwicklungsrelevante Bedeutung. Hierin liegt auch die besondere Bedeutung des Konzepts – allerdings in einer modernisierten Fassung – für eine theoriegeleitete psychomotorische Praxis. Im Folgenden wird in Anlehnung an Oerter (1995), Oerter/Dreher (1995; 2008) sowie Petermann et al. (2004, 284ff) das ursprüngliche Konzept von Havighurst zusammengefasst, um dann konzeptionelle Weiterentwicklungen anzusprechen.

Entwicklungsaufgabe

Havighurst definiert eine Entwicklungsaufgabe als „(...) eine Aufgabe, die in oder zumindest ungefähr zu einem bestimmten Lebensabschnitt des Individuums entsteht, deren erfolgreiche Bewältigung zu dessen Glück und Erfolg bei späteren Aufgaben führt, während ein Misslingen zu Unglücklichsein, zu Missbilligung durch die Gesellschaft und zu Schwierigkeiten bei späteren Aufgaben führt (...)". Es handelt sich bei Entwicklungsaufgaben demnach um alterstypische Anforderungen, die von jedem Individuum bewältigt werden müssen. Die Bewältigung oder die Nicht-Bewältigung bestimmt den Antrieb und die Richtung des individuellen Entwicklungsverlaufes. Entwicklungsaufgaben können aus drei verschiedenen Quellen erwachsen:

- Die biologischen Gegebenheiten (physische Reife): Hier sind jene Entwicklungsaufgaben anzugliedern, die als universell angesehen werden und interkulturell eine geringe Variation aufweisen;
- gesellschaftliche Anforderungen und Erwartungen: Hierunter werden die normativen Vorgaben durch Gesellschaft und Kultur verstanden;
- die individuelle Zielsetzung: Das Individuum selbst ist die aktivierende Kraft für die Gestaltung der Entwicklung.

Systematisierung

Das Konzept lässt eine Systematisierung in zwei Richtungen zu, die als Orientierung für die Förderpraxis Bedeutung haben können. Zum einen lassen sich Entwicklungsaufgaben nach ihrem zeitlichen Umfang systematisieren. Es gibt Aufgaben, die sich durch den ganzen Lebenslauf hindurch ziehen (wie z. B. der Identitätsbildungsprozess). Andere Aufgaben stellen sich lediglich in einem bestimmten Lebensabschnitt (etwa in der Pubertät). Außerdem gibt es solche Aufgaben, die nur in kleinen Zeitabschnitten innerhalb einer größeren Lebensperiode zu bewältigen sind, und wieder andere treten nur als punktuelles Ereignis auf (z. B. Schulabschluss), deren Bewältigung nur möglich ist, wenn eine langfristige Vorbereitung stattgefunden hat.

Die zweite Systematisierungsmöglichkeit von Entwicklungsaufgaben ist die der Einteilung nach den inhaltlichen Bereichen

- Gesundheit und körperliches Wohlbefinden
- Lebenszeit als Entwicklungsbereich
- Familie
- Soziales und politisches Leben
- Schule, Beruf und Freizeit
- Persönlichkeitsentwicklung usw.

Der von Havighurst erstellte Entwicklungsaufgaben-Katalog basiert auf seiner Zeit und seiner Kultur. Die Orientierung findet an Standards und Normen der US-amerikanischen Mittelschicht der

1940er-Jahre statt. Auch muss sich der ursprüngliche Ansatz den Vorwurf gefallen lassen, dass Entwicklungsaufgaben einseitig gesellschaftlich formulierte Anforderungen an das Individuum seien, so dass Flammer (1993) Entwicklungsaufgaben als gesellschaftliche Eintrittskarten bezeichnet. Inzwischen sind Aktualisierungen auch im deutschen Sprachraum vorgenommen worden, die das spezifische individuelle und soziokulturelle Bedingungsgefüge berücksichtigen.

Weiterentwicklung des Konzeptes: Es soll hier in Anlehnung an die pädagogische Psychologie Oerters (1987) eine Konzepterweiterung vorgenommen werden, die in der Psychomotorik die Bedeutung einer übergeordneten Leitperspektive für Praxisentscheidungen erhält. Dabei sind drei Grundannahmen wesentlich:

- Die Weiterentwicklung der Person basiert auf dem aktuellen Entwicklungsstand, bezieht also individuelle Könnens- und Problemlagen als Voraussetzung ein (= Individualisierung);
- ein Entwicklungsfortschritt entsteht aus der Vermittlung von individuellen Zielsetzungen und kulturellen Anforderungen (= Berücksichtigung der Bewegungsbiographie und der Bewegungskultur);
- der Person wird in diesem Prozess der Aufgaben- und Problembewältigung eine aktive Rolle zugeschrieben. Sie kann Einfluss auf die eigene Entwicklung nehmen (im Kindesalter stärker bedürfnisorientiert, später zunehmend reflektiert). In Problemlagen hilft der kompetente Partner bzw. das soziale Stützsystem (= Veränderung der Eltern-Kind-, Schüler-Lehrer- bzw. Klient-Therapeuten-Rolle).

Bedeutung der Entwicklungsaufgaben

Entwicklungsaufgaben können nicht nur als Scharnierstellen zwischen Individuum und Umwelt angesehen werden, sondern haben als Brückenschlag zwischen Entwicklung und Erziehung eine viel grundsätzlichere Bedeutung. Ich interpretiere sie als übergeordnete Orientierungen für pädagogische und therapeutische Entscheidungen in der Psychomotorik. Es geht bei den Entwicklungsaufgaben um alterstypische Aufgabenstellungen; sie haben allgemeine Bedeutung, da sie alle Personen der Gesellschaft betreffen, also im Interesse beider Entwicklungspartner, der Person und der einbindenden Kultur, liegen. Entwicklungsaufgaben benötigen klare Bezüge zu entwicklungstheoretischen

Erkenntnissen und müssen einer empirischen Überprüfbarkeit zugänglich sein.

Die Bewältigung von Entwicklungsaufgaben: Die Bewältigung einer Entwicklungsaufgabe leistet einen Beitrag zur Veränderung des Entwicklungsstandes einer Person. Da sich die Entwicklungsaufgaben auf ein aktiv lernendes Individuum beziehen, ist Veränderung nur als Vermittlungsprozess zwischen individuellen und gesellschaftlich/sozialen Überzeugungen sowie aus dem Vergleich mit Vorbildern beziehungsweise mit Gleichaltrigen denkbar. Um auf diesem Weg zu einer persönlichen Kompetenzerweiterung zu kommen, ist es notwendig, dass das Individuum über Strategien verfügt bzw. solche aufbaut, die ihm eine Problembewältigung ermöglichen. Diese lassen sich vier Gruppen zuordnen:

4 Strategien

1. *Skills:* Skills sind Handlungen oder Fertigkeiten, die sich sowohl auf die subjektbezogenen Anteile einer Aktivität (quasi die erworbenen Handlungsstrategien) als auch auf die Qualitäten des Handlungsobjekts selbst beziehen. Es handelt sich auch um die kognitive Kontrolle von klar definierten Tätigkeiten. Diese vollziehen sich aber nicht durch ein eng festgelegtes Verhalten gegenüber einem Objekt, sondern sie zeichnen sich durch einen ganzen Satz von Verhaltensweisen aus, die durch das Subjekt Kontrolle erfahren. Es handelt sich also stärker um generalisierte denn spezialisierte Handlungsweisen innerhalb einer Handlungsklasse.
2. *Kompetenzen:* Unter Kompetenzen versteht man eine breitgefächerte Anzahl von Skills und Anpassungsleistungen, die sich innerhalb typischer Entwicklungssituationen vollziehen. Unter typischen Entwicklungssituationen werden Handlungsgelegenheiten verstanden, die sich dem Individuum in seiner Lebensumwelt anbieten. Das kompetente Individuum ist also in der Lage, sowohl die personalen als auch die umweltbezogenen Ressourcen zu nutzen, um ein gutes Entwicklungsergebnis zu erzielen.
3. *Bewältigungs- bzw. Verarbeitungsformen:* Diese gehen auf Thomae (1996) zurück; es handelt sich hierbei um ein Methodenrepertoire, das ein Individuum anwendet, um einen angestrebten Zustand zu erreichen. Hat sich eine Methode als erfolgreich bewährt, wird diese in Zukunft als relativ stabile Problemlösestrategie eingesetzt. Als Beispiele sind zu nennen:

- Anpassung an die institutionellen oder personalen Eigenheiten der Situation
- Leistung
- Hilfeaufruf
- Stiftung und Pflege sozialer Kontakte
- Widerstand
- Verleugnung
- Akzeptanz und positive (Um-)Deutung
- Korrektur von Erwartungen
- Sensoring (Offenheit gegenüber Neuem)
- Defending (Abwehrverhalten).

4. *Coping:* Ein Coping-Prozess setzt dann ein, wenn ein Individuum die sich ihm stellenden Anforderungen einer neuen Bewältigungsaufgabe wahrnimmt, die sich im Spannungsfeld zwischen Aufrechterhaltung des bisherigen Wohlbefindens und einer Neuorientierung ergeben. Es kann nicht auf seine bisherigen Verhaltensweisen zurückgreifen ist nun darauf angewiesen, sich etwas Neues einfallen zu lassen. Er muss versuchen, vorhandene Fähigkeiten weiterzuentwickeln oder neue Möglichkeiten der eigenen Person zu entdecken, um zu einer konstruktiven Bewältigung der neuen Anforderung zu gelangen. Coping vollzieht sich in der Regel in drei Schritten:

- durch subjektive Einschätzung der Situation;
- durch Abschätzen des eigenen Repertoires zur Bewältigung der Anforderung;
- durch Neubewertung der Situation inklusive der eigenen Handlungsstrategien.

Einfluss des Geschlechts

Die Bewältigung von Entwicklungsaufgaben ist mit einer Problemsuche und Lösungsfindung verbunden; es handelt sich also um einen Prozess, der mit der Wahrnehmung und aktiven Annahme einer Herausforderung verbunden ist. Erfolgreiche Bewältigungsstrategien stärken die Persönlichkeit des Individuums und können als protektive Faktoren zur Erhaltung der (psychischen) Gesundheit bezeichnet werden. Bewältigungsstrategien differieren allerdings stark nach Lebensalter und haben oft geschlechtsspezifische (kulturell vermittelte) Ausprägungen.

- Weibliche Kinder und Jugendliche ziehen sich eher in ihr Inneres zurück, um Probleme zu verarbeiten. Sie neigen dazu, „Anspannungen und Konflikte mit dem eigenen Körper und der eigenen Seele aus(zu)tragen“ (Bründel/Hurrelmann 1996, 32). Körperliche Symptome wie z. B. Kopfschmerzen oder Bauchschmerzen sind Zeichen für psychische Belastungsgefühle. Mädchen zeigen eine Tendenz zu Selbstbezug und Selbstreflexion in Problemsituationen. Mögliche Erschöpfungsreaktionen infolge der Problemidentifikation bergen die Gefahr eines negativen Selbstbildes und Selbstkonzeptes.
- Männliche Kinder und Jugendliche tragen Anspannungen eher nach außen. Diese äußern sich in einem aggressiven Verhalten gegenüber Gleichaltrigen, Eltern und anderen Bezugspersonen. Ferner fallen Jungen und männliche Jugendliche häufig durch Störungen ihres Sozialverhaltens auf.

Kritisch zu dieser personenzentrierten Betrachterperspektive sei an dieser Stelle jedoch angemerkt, dass die weiter oben beschriebene ökologisch-systemische Betrachtungsebene zunehmend nach den Bedingungen fragt, unter denen Störungen auftauchen, und nach den Bewältigungsangeboten, die eine konfliktträchtige Problembewältigung zu vermeiden helfen. Diese Akzentsetzungen gehören zu den zukünftigen Herausforderungen eines psychomotorischen Theorie-Praxis-Bezuges.

Entwicklungsaufgaben und Bewegungsthemen: Für das frühe Entwicklungsalter stehen Aufgabenstellungen wie (Selbst-)Vertrauen bilden, räumliche Unabhängigkeit erlangen, selbstständig werden und Initiative entwickeln, Freunde finden und Spielfähigkeit erwerben im Vordergrund. Im mittleren Kindesalter gewinnen die Aufgaben der sozialen Kooperation, des Selbstbewusstseins (Fleiß, Tüchtigkeit), der Erwerb der Kulturtechniken (Lesen, Schreiben etc.) und die Fähigkeit, Rollen einzunehmen und Regeln zu verstehen an Bedeutung. Im späten Kindes- und Jugendalter werden die Identität in der Geschlechtsrolle, die Entwicklung beruflicher Vorstellungen und auch die Handlungsfähigkeit und das Können im Sport bedeutsam. Für die Entwicklungspartner ergibt sich die Fragestellung, welche persönlichen Voraussetzungen und situativen Arrangements notwendig sind, um eine (selbstgestellte) Aufgabe zu bewältigen. Aus der Sichtung der Grundlagenliteratur zum Kindes- und Jugendalter (z. B.

Tab. 1: Entwicklungsaufgaben der frühen Kindheit

Emotionale Bindung	Aufbau von Vertrauen zu Bezugspersonen.
Sensomotorische Intelligenz	Durch die Einheit von Wahrnehmung und Bewegung die Umwelt begreifen, d. h. von der Handlungsebene ausgehend kognitive Leistungen entwickeln.
Motorische Funktionen	Entwickeln motorischer Funktionen und deren Verfeinerung mittels Selbstkontrolle (z. B. Laufen lernen, eigenständiges Essen, eigenständiges Ankleiden etc.).
Selbstbild	Aufbau einer positiven Einstellung zu sich als einer wachsenden Persönlichkeit.
Sprache	Entwicklung sprachlicher Ausdrucks- und Kommunikationsfähigkeit.
Phantasie und Spielfähigkeit	Kreatives Verhalten im Spiel entwickeln; phantasievolle Spielgeschichten erfinden.
Geschlechtsrollenidentifikation	Langsame Entwicklung eines vagen Gefühls, dem männlichen oder weiblichen Geschlecht zugehörig zu sein.

Bründel/Hurrelmann 1996; Keller 2003; Oerter/Montada 2008: Petermann et al. 2004, 284ff) ergibt sich eine Übersicht von Entwicklungsaufgaben, die in den Tabellen 1–3 exemplarisch dargestellt werden.

Die In-Beziehung-Setzung von allgemeinen Entwicklungsaufgaben und dem Wissensfundus einer Fachdisziplin lässt den Themabegriff (erneut) ins Bewusstsein treten. Dieses entspricht der Unterscheidung, die Klafki (1985) in seiner kritisch-konstruktiven Didaktik zwischen Themen und Inhalten vornimmt. Er spricht sich klar für das Primat von Zielentscheidungen gegenüber den Inhalten von Planungsprozessen aus. Erst durch den Bezug von

Themen und Inhalte

Tab. 2: Entwicklungsaufgaben der späten Kindheit

Erlernen körperlicher Geschicklichkeit	Die für gewöhnliche Spiele erforderliche körperliche Geschicklichkeit erlernen.
Konkrete Operationen	Zielgerichtete Handlungen ausführen können.
Anschauliches Denken	Kognitive Leistung, die unabhängig von einer konkreten Handlung über die Vorstellung stattfinden kann.
Soziale Kooperation	Lernen, mit Gleichaltrigen zurechtzukommen sowie das Spiel mit Altersgenossen.
Rollenverhalten	Erlernen eines sozialen Verhaltens, das der männlichen oder weiblichen Rolle entspricht.
Fleiß und Tüchtigkeit	Ausdauer durch Vollendung einer Tätigkeit oder eines Werkes entwickeln und das Ergebnis als Erfolg für sich verbuchen.
Kognitive Entwicklung	Entwicklung von Denkschemata und Konzepten, auf die man im Alltagsleben angewiesen ist.
Erwerb der Kulturtechniken	Grundlegende Fertigkeiten im Lesen, Schreiben und Rechnen entwickeln.
Entwicklung von Gewissen, Werte- und Moralvorstellung	In der Interaktion mit anderen Kindern die Bewertungen eigener Handlungen durch die Interaktionspartner erfahren und seine Einstellungen modifizieren.

„neutralen“ Inhalten aus dem Kanon eines Fachgebietes und Zielentscheidungen entsteht ein spezifisches Thema.

Dieses hat Konsequenzen für die thematische Analyse einer psychomotorischen Förderung. Eine Disziplin, die anstrebt, Entwicklungsförderung über das Medium der Bewegungshandlung zu initiieren, muss sich zwangsläufig von der Vorstellung einer vermeintlich objektiven Valenz von Bewegungsanlässen lösen

Tab. 3: Entwicklungsaufgaben des Jugendalters (nach Dreher/Dreher 1985)

Aufbau eines Freundeskreises	In der Gleichaltrigengruppe auch *Peergroup* genannt – werden neue, tiefere Beziehungen zu Altersgenossen beiderlei Geschlechts aufgebaut.
Akzeptieren der eigenen körperlichen Erscheinung	Die biologischen Veränderungen des Körpers akzeptieren, sich mit ihnen auseinandersetzen und das eigene Aussehen annehmen.
Identifikation mit der männlichen oder weiblichen Geschlechterrolle	Aneignung bzw. Reflexion des von einer Frau bzw. einem Mann in unserer Gesellschaft erwarteten Verhaltens.
Intimität	Intime Beziehungen zum Partner aufnehmen (Freund/Freundin).
Ablösung vom Elternhaus	(Emotionale) Unabhängigkeit gegenüber den Eltern und anderen Erwachsenen erreichen.
Berufsvorstellung	Vorbereitung auf beruflichen Werdegang; d. h. konkrete Vorstellung über den angestrebten Beruf sowie die dafür notwendigen Voraussetzungen entwickeln.
Partner/Familie	Entwickeln einer Vorstellung über den (Ehe-) Partner bzw. über die zukünftige Familie (in der heutigen Zeit sollte eher vom zukünftigen Partner und der angestrebten Lebensform gesprochen werden).
Selbstbild/Selbstbewusstsein	Wissen, wer man ist und was man will.
Werte	Ein ethisches System und Werte entwickeln, die als Richtschnur für das eigene Verhalten gelten können.
Zukunft	Perspektive für die Zukunft entwickeln, d. h. Ziele für das eigene Leben setzen und anstreben, die als erreichbar angesehen werden können.

und systematisch die Suche nach der Subjektivität menschlicher Bewegungsthematiken in Angriff nehmen.

Hier stehen wir noch am Anfang. Zunehmend muss das Feld psychomotorischer Praxiserfahrungen neu strukturiert werden. Grobe Orientierungsgrundlage bleibt die Unterteilung nach den (neutralen) Inhaltsbereichen der Körper-, Material- und Sozialerfahrungen. Diese müssen jedoch je nach Bezugsgruppe und im Sinne nachfolgender übergeordneter Orientierungen für Förderentscheidungen thematisch umgewandelt werden. Als Orientierungen können gelten:

- erkenntnisstrukturierende Themen,
- beziehungsstrukturierende bzw. identitätsbildende Thematiken,
- sozialintegrative und sozialräumliche Thematiken.

Beziehungsthematiken bei Jugendlichen

Traditionell sind im psychomotorischen Konzept erkenntnistrukturierende Aufgabenstellungen vorherrschend. Dieses findet seine Erklärung in der langjährig dominanten Anwendungsperspektive auf die Schule als Institution, die dieses Element unterrichtsbezogen überbetont. Jedoch stehen in der psychomotorischen Praxis zunehmend Bearbeitungen von Beziehungsthematiken im Vordergrund. Beispiele aus der Förderarbeit mit Jugendlichen sollen den Begründungszusammenhang verdeutlichen:

Typische Entwicklungsaufgaben:

- Autonomie von den Eltern;
- Identität in der Geschlechtsrolle;
- Entwicklung einer Zukunftsperspektive;
- Aufbau sozialer Kompetenzen, von Toleranz und Konfliktlösungskompetenzen, Abbau von Vorurteilen.

Im Identitätsbildungsprozess von Jugendlichen kommt es häufig zu störungsbezogenen Besonderheiten (z. B. starke psychische Abhängigkeit von Familienmitgliedern, geringes Selbstwertgefühl, starke Selbstbezogenheit, übertriebener Selbstschutz), die sehr gut über körperbezogene Themen bearbeitet werden können.

Standardthemen beziehungsbetonender psychomotorischer Förderarbeit sind:

- Nähe und Distanz;
- Alleinsein und Kontaktaufnahme;
- Passivität und Aktivität;
- Macht und Ohnmacht;
- Angst und Mut;
- Geben und Nehmen;
- Festhalten und Loslassen;
- Vertrauen und Misstrauen;
- Entscheidungs- und Konfliktfähigkeit;
- Aggressivität und Zurückgezogenheit.

In der Praxis werden dann (Rollen-)Spiele und Bewegungsaufgaben miteinander kombiniert, die auf den Ausdruck von Gefühlen und Stimmungen, auf die Erfahrung von Körperspannungen und Entspannung zielen (sinnlich-körperliche Erfahrungen), die auf den sach- bzw. regelgerechten Einsatz von Spielmaterial Wert legen (materiale Erfahrungen) und die Grundsituationen menschlicher Interaktion (Vertrauensspiele, Kleine Spiele, d. h. Bewegungsspiele, die – im Gegensatz zu den Sportspielen – mit einfachen, variablen Regeln und eher im Einverständnis der geselligen Aktivität gespielt werden (Döbler / Döbler 1992), Rückschlagspiele, kooperative Spiele) thematisieren.

Sozialerfahrungen und sozialräumliche Themenstellungen gewinnen erst in letzter Zeit größere Aufmerksamkeit. Hier geht es um das entwicklungsfördernde Potenzial von gruppenbezogenen Planungsprozessen und Aufgabenbewältigungen und die Bedeutung der Spielraum- und Lebensraumthematik für Kinder, Jugendliche, Erwachsene und ältere Mitbürger.

Bewegung und Körperlichkeit bei Erwachsenen

Im Erwachsenenalter treten Körper und Bewegung im Alltagsleben in der Regel in den Hintergrund. Der Körper ist dem Menschen zunehmend entfremdet, was sich in der defizitären Wahrnehmung und Befriedigung leiblicher Bedürfnisse im Sinne eines körperbetonenden Wechsels von Anspannungs- und Entspannungsphasen zeigen sollte. Statt dessen nehmen Bewegungsmangel und andere risikobehaftete Ersatzhandlungen überhand. Psychomotorische Entwicklungsförderung öffnet deshalb den Blick auf Bewegung und Körperlichkeit als identitätstragende Bedeu-

Tab. 4: Bewegungsthemen zur leiblichen Erfahrung

Themenbereich	
Sinnliche Erfahrungen des Leibes	• (taktil, kinästhetisch, vestibulär, akustisch, visuell)
Der eigene Leib – leibliche Identität	• Leibliche Ausdehnung, Leibgrenzen • Körperhaltung, Körperausdruck • Körperkenntnis, Einstellung zum eigenen Leib • Orientierung im Leibraum, in der Kinesphäre • Leibregionen und -funktionen als Ausdruck der Lebensgeschichte
Mein Leib in Bewegung	• Bewegungsmöglichkeiten des Leibes • Grundformen der Bewegung (Fortbewegungsarten, Sprung, Drehung, Ruhe) • Grunddimensionen leiblicher Bewegung • Bewegungsrichtung, Räumlichkeit von Bewegungen, • Bewegungszeit, Bewegungsrhythmus, Umgang mit • Schwerkraft, Spannungsregulation • Grundpositionen: Stehen, Gehen, Sitzen, Liegen • Entdecken und Ausprobieren leiblicher Stärken, Fähigkeiten • Labilität – Stabilität
Leibliche Expression und Impression	• Wahrnehmung und Ausdruck leib-seelischer Zusammenhänge • Emotionaler Ausdruck von Gefühlen, Stimmungen, Befindlichkeiten (z. B. Freude, Trauer, Wut, Zorn, Angst, • Zuversicht, Hoffnungslosigkeit) • Bewegungsgestaltung • Leiblicher Ausdruck mit anderen kreativen Medien • (Ton, Farbe, Rhythmusinstrument etc.)
Entdeckung leiblicher Alltagshilfen	• Entspannungsformen • Atmung und Bewegung • Zentrierung • Grounding, Bodenkontakt • Emotionaler Ausgleich über Bewegung
Spielen in der Bewegung und mit dem Leib	• Spiel mit den leiblichen Bewegungsmöglichkeiten, • sportlichen Techniken und Fertigkeiten

Tab. 5: Bewegungsthemen zur materialen Erfahrung

Themenbereich	
Sinnliche Erfahrungen der materialen Umwelt und ihrer Bedeutung	• Materialeigenschaften von Dingen, Räumen erforschen, • unterscheiden, benennen • Dinge ertasten und begreifen
Erfahrung physikalischer Grundeigenschaften und deren Bedeutung	• Schwerkraft erfahren, Gleiten, Rutschen, Rollen, Schaukeln, Schwingen, Reibung und Widerstand
Material sach- und zielgerecht einsetzen	• Mit Materialien gestalten • Materialien kombinieren, verändern, planen • Material in neuen Bedeutungszusammenhängen verwenden
Anpassung an veränderte materiale Gegebenheiten	• Unterschiedliche Formen, Größen, Farben, Oberflächenbeschaffenheiten und Konsistenzen von Materialien und Objekten wahrnehmen und differenzieren können • Materialien nach Eigenschaften ordnen und ihre Funktion erkennen
Spielen mit Materialien	• Ausprobieren, arrangieren, bauen, stapeln, rollen, werfen und fangen, aneinander legen, mit dem Material kreativ umgehen und der Spielsituation einen eigenen Sinn geben
Umweltraum	• Materiale Gestaltung und Strukturierung von Räumen • Raumebenen, Raumdimensionen, Raumrichtungen, Raumempfinden
Bedeutungsgehalt von Materialien	• Symbolische Bedeutung von Gegenständen, Räumen • Umgang mit Umwelt und Natur (Tiere, Pflanzen, Gegenstände, ökologische Ressourcen)

tungsphänomene auch in späteren Lebensabschnitten (Haas 1997, 1999, 2003; Eisenburger 2004a, 2006).

Tabellarisch werden nachfolgend Bewegungsthemen der drei übergeordneten Förderbereiche aufgelistet, um die Bedeutung von Bewegung und Körperlichkeit in späteren Lebensabschnit-

Tab. 6: Bewegungsthemen zur sozialen Erfahrung

Themenbereich	
Grundsituationen menschlicher Interaktion	• Nähe – Distanz • Geben – Nehmen, Öffnen — Schließen • Hemmung – Aggression, Hingabe – Widerstand • Alleinsein – Kontakt – Beziehung, Autonomie – Abhängigkeit • Führen – Folgen, Festhalten – Loslassen • Passivität – Aktivität, Macht – Ohnmacht • Vertrauen – Misstrauen
Kommunikation	• Körpersprache bei sich und anderen verstehen und einsetzen lernen • Verbale Kommunikation • Techniken mitmenschlichen Umgangs lernen • Kontaktaufnahme über Material, Spielformen etc. • Berührung als Thema
Gruppe	• Gruppenerfahrungen machen, Gruppenzugehörigkeit erleben • Funktionen in der Gruppe übernehmen • Gegenseitige Hilfen erfahren • Eigene Individualität und Ähnlichkeiten mit anderen erkennen • Anerkennung in der Gruppe • Sozialer Raum • Spezielle Themen aus dem Bereich der Grundsituationen menschlicher Interaktion • Regeln – Offenheit, Kooperation – Konkurrenz, Stärken – Schwächen, Innen – Außen
Spielen mit anderen	• Ursprünglichkeit, Freude am gemeinsamen Tun erleben • Geselligkeit im Spiel erfahren

ten und damit aktuelle Forschungs- und Praxisthemen des psychomotorischen Konzepts anzudeuten (Tabellen 4–6 nach Haas 1997, 112–113 mit Ergänzungen durch den Autor):

Übungsaufgaben zu Kapitel 3

26. Welche sind die drei Leit-Orientierungen für die psychomotorische Entwicklungsförderung?

27. Was finden Sie an der neuen Körper- und Bewegungsdebatte der verschiedenen Wissenschaftsdisziplinen interessant?

28. Warum lehnen führende Neurowissenschaftler das Modell der Informationsverarbeitung zur Erklärung und Beschreibung kindlicher Entwicklung ab und wie kommt es zur (Wieder-)Entdeckung des sozialen Aspektes in der Selbstentwicklung des Menschen?

29. Welche Grunderkenntnisse des piagetschen Konzeptes hat die Psychomotorik übernommen und wo gibt es wichtige Weiterentwicklungen des ursprünglichen Konzeptes?

30. Welche Vorteile hat es, kindliche Entwicklung unter dem Leitbegriff der Konstruktion zu sehen?

31. Dem Entwicklungsansatz von Erikson wird eine identitätsbildende Bedeutung zugeschrieben. Finden Sie stützende Argumente für diese Hypothese.

32. Beschreiben Sie für die psychomotorische Fachdiskussion bedeutsamen Aspekte der neueren *Bindungstheorie*. Warum leistet das Anregungspotenzial der Bewegungsaktivität einen wichtigen Beitrag zum Aufbau der Beziehungsfähigkeit des Kindes?

33. Welche wichtigen Erkenntnisse übernimmt Urie Bonfenbrenner aus dem Lebenswerk Kurt Lewins?

34. Erklären Sie die Begriffe *Lebensraum* und *Setting*.

35. Welche sind die besonderen Erkenntnisfortschritte der ökologisch-systemischen Entwicklungstheorie Bronfenbrenners und welchen Beitrag vermag das Konstrukt des *aktiven Menschen* in diesem Zusammenhang zu leisten?

36. Was versteht die Entwicklungspsychologie unter dem „*life-span-development-approach*"?

37. Erklären Sie den Begriff *Entwicklungsaufgabe*.

38. Was ist ein *Bewegungsthema*?

39. Finden Sie psychomotorische Praxisbeispiele für
a) erkenntnisstrukturierende Themen
b) beziehungsstrukturierende Thematiken
c) sozialintegrative und sozialräumliche Themenstellungen

4 Psychomotorische Konzepte im Spannungsfeld von Therapie und Pädagogik

Bewegungs-orientierte Verfahren

Das Spektrum bewegungsorientierter Verfahren in Therapie und Pädagogik mit Auswirkungen auf die Psychomotorik ist breit gefächert. Neben funktional ausgerichteten Verfahren mit stärker physiologischer Orientierung gibt es andere mit eher anthropologischen Wurzeln, die sich auf das Erleben des eigenen Körpers (im Sinne der Leibexistenz) ausrichten, sowie stark psychotherapeutisch ausgerichtete Methoden. Vielfach gibt es durchaus Überschneidungen in den Zielsetzungen verschiedener Verfahren, die aus der historischen Entwicklung therapeutischer Verfahren erklärbar sind. Beispielsweise hat sich die Konzentrative Bewegungstherapie aus der Methode der Sensory Awareness herausgebildet und versteht sich selbst als tiefenpsychologisch fundierte Leib- und Bewegungstherapie, während das Verfahren der Sensory Awareness selbst zur Steigerung des ganzheitlichen Körpererlebens eingesetzt wird. Das wohl komplexeste Verfahren stellt die Integrative Bewegungstherapie nach Petzold dar; diese nimmt eine Integration von phänomenologischer Leibtheorie (Marcel, Merleau-Ponty), gestalttheoretischem Organismusmodell (Goldstern, v. Weizsäcker, Perls) und Psychoanalyse (Freud, Reich, Schilder) mit Konzepten zur Körpersozialisation (Kamper, Wulf) zu einer Tiefenhermeneutik des sprachlichen und nichtsprachlichen Ausdrucks vor (Petzold 1990, 30ff). Abbildung 26 veranschaulicht die Bandbreite körper- und bewegungsorientierter Verfahren mit Bezug auf klinische Anwendungsfelder im Rahmen einer Zuordnung zwischen Physiotherapie und Psychotherapie.

Die Übersicht (aus Hölter 1993b, 12) versteht sich als eine Grobgliederung und unterscheidet Verfahren, die der Wiederherstellung und Reaktivierung dienen von solchen, die auf körperliche und psychische Veränderungen bzw. Beeinflussung abzielen. Petzold (1990, 27ff) untergliedert stattdessen in funktionale, konfliktorientierte und integrative bzw. multimodale Verfahren.

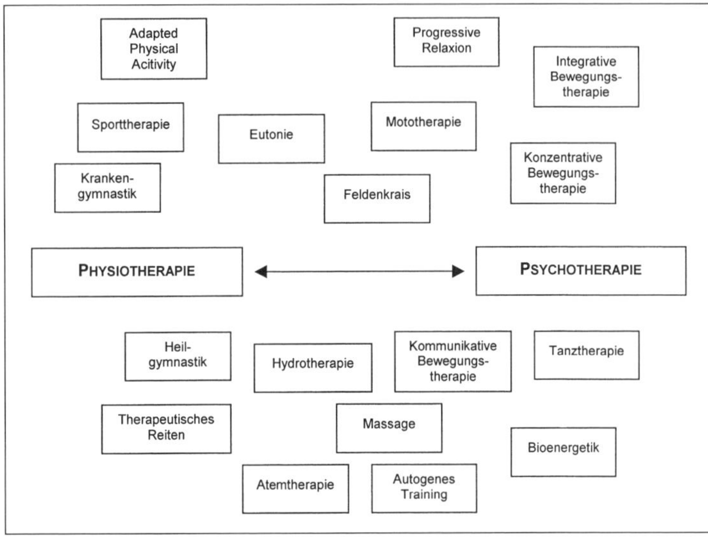

Abb. 26: Körper- und bewegungsorientierte Verfahren im klinischen Kontext (Hölter 1993b, 13)

Motopädagogik und -therapie

Motopädagogik und Mototherapie verstehen sich als Anwendungsfelder der Psychomotorik (Motologie), die „die Lehre von der Motorik als Grundlage der Handlungs- und Kommunikationsfähigkeit des Menschen, ihrer Entwicklung, ihrer Störungen und deren Behandlung“ (vgl. Kap. 1) umfasst. Auch die Motologie nutzt Erkenntnisse anderer Wissenschaftsbereiche und vereint diese im interdisziplinären Ansatz. Der Anspruch der Motologie liegt in der ganzheitlichen Erfassung des Menschen; sie versteht die Bewegung als Ausgangspunkt ihrer konzeptionellen Betrachtungen: In der Bewegung vereinen sich motorische, sensorische, neuro-physiologische, kognitive und emotionale Prozesse. Der Körper stellt das Ausdrucksmedium der Persönlichkeit dar; über diesen können pädagogische und therapeutische Prozesse initiiert werden. Der lebendige Körper ist zum einen die biologische Grundlage der menschlichen Existenz, zum anderen Ausgangspunkt aller Wahrnehmungs- und Erfahrungsprozesse, die sich auf die eigene Person und auf deren materiale und soziale Umwelt beziehen. Die Befähigung zur selbstverwirklichenden Auseinandersetzung mit sich selbst sowie mit der dinglichen und sozialen Umwelt im Sinne einer Persönlichkeitsstärkung gilt in der mototherapeutischen wie -pädagogischen Konzeption als Richtziel.

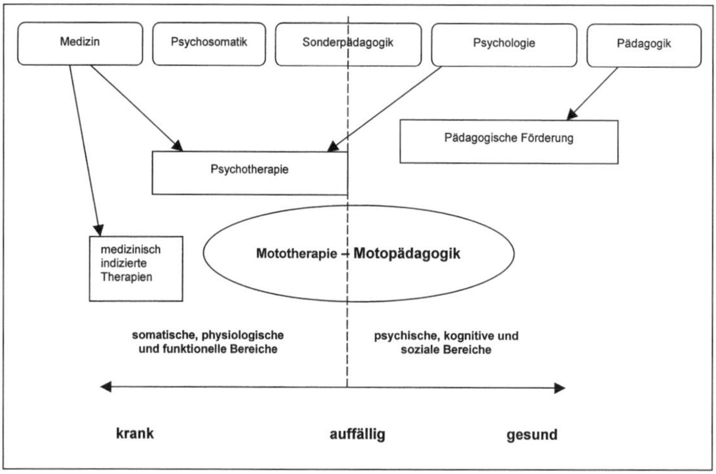

Abb. 27: Mototherapie und Motopädagogik im Grenzbereich zwischen gesund und krank (Schilling 1996, 81)

Gesund und krank

Während Motopädagogik sich immer als Konzept der Erziehung durch Bewegung in präventiv-erzieherischen Feldern verortet, nimmt Schilling (1986a, 59) in seinem Motologie-Konzept eine kategoriale Trennung von gesund und krank vor (Abb. 27) und definiert Mototherapie als „bewegungsorientierte Methode zur Behandlung von Auffälligkeiten, Retardierungen und Störungen im psychomotorischen Verhaltens- und Leistungsbereich".

Über Mototherapie soll auf das veränderte psychisch-emotionale bzw. psychosoziale Erleben des Individuums und das „pathogene Geschehen in einer Person" (Schilling 1996, 82) dahingehend eingewirkt werden, dass Entwicklungsblockaden sowie Störungen und Pathologien im psychomotorischen Bereich gemildert oder aufgehoben werden. Besonderer Stellenwert kommt der gezielten Beeinflussung der emotionalen und sozialen Persönlichkeitsbereiche – neben der Förderung der sensorischen und motorischen Funktionen – zu. Auch wenn Schilling die Mototherapie wegen ihrer konzeptionellen Ähnlichkeit als Sonderform der Motopädagogik bezeichnet, ist die kategoriale Trennung von pädagogischem und therapeutischem Feld als Tribut für das Ziel der Anerkennung der Mototherapie als Behandlungsmethode im medizinisch dominierten Gesundheitsbereich anzusehen.

In Hölters Verständnis von Mototherapie findet die psychomotorische Grundkategorie Bewegung im Sinne von Begegnung statt (Hölter 1993b, 18); diese unterliegt der subjektiven Wahrnehmung und der individuellen Bedeutungszuschreibung und beeinflusst auf diese Weise den therapeutischen Prozess. Mototherapie setzt danach am Individuum mit seiner Bedürfnislage und Lebensgeschichte an und kann damit auf verschiedenen Bedeutungs- und Interpretationsebenen stattfinden. Da sich Therapie zwischen den Aspekten des Heilens und Behandelns und den Aspekten des Erziehens und Pflegens bewegt, definiert er Mototherapie (im Anwendungsfeld der klinischen Arbeit mit Erwachsenen) „als eine Bewegungstherapie (…), die dem Menschen durch Sport, Spiel und Bewegung Möglichkeiten der Selbst- und Welterfahrung erschließen will“ und sich „in der Spanne zwischen Leibesbehandlung und Gesundheitspflege vollzieht“ (Hölter 1993b, 18). Er vertritt die Auffassung, dass ein Kontinuum zwischen gesund und krank besteht und die Anwendungsbereiche Motopädagogik und Mototherapie ineinander gleiten (vgl. auch Schilling 1996, 81).

Jüngere Fachpublikationen

Eine Sichtung der Fachpublikationen der letzten Dekade macht die Streuung, aber auch die Verschiebung des Theoriehorizonts deutlich. Dazu soll auf die wertenden Überblicksdarstellungen von Neuhäuser (1999) und Hölter (2005) Bezug genommen werden. Allgemein wird die Psychomotorik zwischen Physiotherapie und Psychotherapie verortet. Dabei sieht Neuhäuser die Mototherapie aus der klinischen Perspektive des Neuro- und Sozialpädiaters als Behandlungsmethode, die eindeutig die Zielsetzung des Behandlungserfolges auf rein funktionaler Ebene (Physiotherapie) mit Blickrichtung auf den psychosozialen und emotionalen Behandlungsbereich verlassen hat (Neuhäuser 1999, 108–110). Die Aufnahme psychotherapeutischer und pädagogischer Elemente zur Förderung der Persönlichkeitsentwicklung des Kindes unter Zuhilfenahme spezifischer Methoden mache die Mototherapie zu einer anerkannten medizinisch-therapeutischen Methode über den klinischen Bereich hinaus:

> „(…) sie hat auch einen wichtigen Stellenwert in der Prävention: Bewegungserziehung in der Familie, im Kindergarten und in der Schule, aber auch motopädagogisch-mototherapeutische Impulse in späteren Lebensabschnitten können dabei helfen, die durch zivilisationsbedingte Verarmung des motorischen Verhaltens auftretenden Veränderungen und ihre Folgen zu verhindern" (Neuhäuser 1999, 111).

Tab. 7: Differenzierung von Pädagogik und Therapie (Hölter 2005, 133).

	Therapie	**Pädagogik**
Ziele	Gesundheit (ICD 10/ DSM IV)	Bildung (Autonomie, Kompetenz, Solidarität)
	sanitär/ restaurativ	edukativ/ emanzipatorisch
Adressat/innen	Kranke	Kranke/ Gesunde
Institutionalisierung	Klinik/ Praxiseinrichtungen	schulische/ außerschulische Bildungseinrichtungen
	Einzel-/ Gruppenbehandlung	Gruppen
Professionalisierung	Ärztin/ Psychotherapeutin	Erzieher/in, Lehrer/in, Pädagoge/in
Ausbildung	Kenntnis der Pathologie, Selbsterfahrung, Beziehungsreflexion	Sachvermittlung, Normen-, Beziehungsreflexion

Eine Grenzziehung von Pädagogik und Therapie wäre einfach, könnte man sich auf folgende klassische Positionsbestimmung einigen (Tab. 7: Hölter 2005, 133). Doch die Verhältnisse sind nicht so dichotom. Sogar traditionelle klinische Ansätze der (Psycho-) Therapie im Kinder- und Jugendalter (Remschmidt 1997) verlassen ihr evidenzbasiertes (nach objektiven Überprüfungskriterien trachtendes) Behandlungsparadigma, wenn sie das Ziel verfolgen, „in der psychotherapeutischen Partnerschaft (mit Kindern, Jugendlichen und Familien, K.F.) protektive Faktoren und Selbstheilungskräfte beim erkrankten Kind und in seiner Familie zu entdecken (…)“ (Remschmidt 1997, 9; zit. nach Hölter 2005, 131).

Verschiebung des Theoriehorizonts

Hölter sieht sowohl für die moderne Psychotherapie als auch für die jüngere Psychomotorik eine Verschiebung des „Theoriehorizonts“ in Richtung der Verschmelzung von Behandlungsaspekten mit (heil-)pädagogischen, persönlichkeits*bildenden* Zielsetzungen – er sieht darin eine parallele Entwicklung und damit eine Annäherung der Konzepte. Dieser Prozess der psychomotorischen Theoriekonstruktion findet zwangsläufig einen Niederschlag in der Veränderung von Konzeptbausteinen, wie der Bedeutung von Materialien bzw. deren Einsatz, dem Verständnis von Bewegung und freiem Spiel sowie der Beziehungsgestaltung als Wirkfaktoren von Förderung und Therapie (vgl. Hölter 2005, 135f).

Bildung

Und wie ist es mit der *Bildungsdebatte*? In diese hat die Psychomotorik erst in jüngerer Zeit verstärkt eingegriffen (Köckenberger/Hammer 2004, Kap. 3; Fischer et al. 2006; Hunger/Zimmer 2007; *Motorik* 2007/1: Schwerpunkt Bewegung und Bildung in der Kindheit). Allenfalls im Bereich der vorschulischen Erziehung ist die Psychomotorik ein etabliertes Konzept (Zimmer 2007). Unter einem erweiterten Bildungsbegriff, der nicht allein auf Wissensentwicklung unter einer fachdidaktischen Perspektive zielt, erhält die Psychomotorik eine Schlüsselfunktion in der Entwicklung von Schlüsselkompetenzen als Konzept der Allgemeinbildung und als körperorientierte Theorie der Erfahrung (Wendler 2006; Schäfer 2006) (s. Kap. 5).

Ganzheitliche vs. einzelheitliche Ansprüche

Zwischenfazit: Der Begründungszusammenhang der psychomotorischen Theorie-Praxis-Konzepte zwischen Therapie und Pädagogik gerät in ein Dilemma: Einerseits folgt die Theorielegung einer holistischen Wissenschaftsauffassung mit dem Bestreben, die ganzheitliche Sichtweise des Mensch-Seins psychomotorischer Praxisauffassung theoretisch schlüssig zu fundieren, andererseits gerät die Anwendungsthematik psychomotorischer Erkenntnisse innerhalb medizinisch-therapeutischer Anwendungsfelder mit der dort vorherrschenden naturwissenschaftlichen Wissenschaftsauffassung und der „einzelheitlichen“, empirisch-analytischen Forschungsmethodik in Widerspruch zum formulierten Ganzheitsanspruch. Die nachfolgenden Ausführungen sollen die Hauptlinien der psychomotorischen Konzeptdiskussionen der letzten Jahre sichten, ordnen und einer Bewertung zuführen. Dabei sind die bereits herausgearbeiteten entwicklungstheoretischen Orientierungen für meinen Fragenhorizont handlungsleitend. Welche Aussagen treffen die Ansätze zu den Dimensionen menschlicher Entwicklung: Funktionalität und Erkenntnisprozess, Beziehungsprozess und Identitätsbildung, soziale und sozialräumliche Thematiken?

4.1 Die funktionale Perspektive

4.1.1 Die Psychomotorische Übungsbehandlung (PMÜ) nach Kiphard

Als der Begründer der deutschen Psychomotorik gilt der Diplom-Sportlehrer Ernst J. Kiphard. Er entwickelt ab 1955 in Zusammenarbeit mit Helmut Hünnekens aus der praktischen Arbeit am Westfälischen Institut für Jugendpsychiatrie in Gütersloh die Psychomotorische Übungsbehandlung (PMÜ). Diese speist sich aus verschiedenen historischen Quellen (s. Kapitel 1: Ursprünge) und integriert entwicklungspsychologische, verhaltenstherapeutische und psychotherapeutische Grundlagen in die praktische Arbeit. Ausgangspunkt sind die zu beobachtenden verminderten Bewegungsfertigkeiten und das geringe Selbstvertrauen der anvertrauten ungeschickten, entmutigten und resignierten Kinder (Hünnekens/Kiphard 1975, 15).

Die Ursachen der Verhaltensauffälligkeiten und Erziehungsschwierigkeiten werden im hirnorganischen und seelischen Bereich vermutet. Die medizinisch-neurologische und die kinderpsychiatrische Diagnostik erhält im Zusammenhang mit der Indikation eine wichtige Bedeutung. Es entsteht der „Leitgedanke […], durch motorisch förderliche Betätigung psychische Vorgänge zu aktivieren, die zu einer Harmonisierung und Stabilität der Persönlichkeit führen und damit zu einer Balance zwischen innerer Gefühlsdynamik und äußerem Bewegungsverhalten beitragen" (Schäfer 1993, 19). Durch spezifische Angebote sollen die Kinder zu mehr Selbstvertrauen, Mut und Kontaktbereitschaft gelangen. Dabei werden die individuellen Nöte und Bedürfnisse des Kindes im Gesamtkontext gesehen und nicht lediglich die motorischen Defizite, losgelöst von der psychischen und sozialen Situation. Kiphard bemüht sich von Anfang an um eine ganzheitliche, persönlichkeitsorientierte und kindgemäße Betrachtungsweise seiner Arbeit, in der „das Individuum Kind mit all seinen gesunden und unversehrten Persönlichkeitsanteilen, aber auch mit all seinen Sehnsüchten, Wünschen, Ängsten und Nöten (im) Mittelpunkt pädagogisch-therapeutischer Bemühungen" (Hünnekens/Kiphard 1960, 177f) steht. Wenn er von einem humanistischen Menschenbild spricht, meint er eine Haltung gegenüber den Mitmenschen, in der die Würde des einzel-

Förderung von Motorik und Psyche

nen Menschen und das Vertrauen in seine Selbstorganisation einen hohen Stellenwert einnehmen (vgl. Flammer 1996, 2008, Kap. 7).

Spiel

Kiphard erkennt die Bedeutung des Spiels und nutzt diese natürliche kindliche Ausdrucks- und Tätigkeitsform als therapeutisches Medium. Da bei jüngeren Kindern ein großes Spielbedürfnis besteht, sollen spielerische Übungen im Zentrum stehen. Diese werden in attraktive Spielthemen verpackt, die der Vorstellungs- und Erlebniswelt der Kinder entsprechen. In einer angenehmen Spielatmosphäre wird so ein gezieltes Üben mit dem fröhlichen, kindlichen Spiel verknüpft.

Material

Das Übungsmaterial gilt als wesentlicher Bestandteil der PMÜ, da es einen hohen Aufforderungscharakter hat. Das kindgerechte Material bietet Möglichkeiten zum Erkunden, Experimentieren, Phantasieren, Konstruieren, Ausagieren und Erleben. Während die Übungsstunden in der Anfangszeit mit relativ einfachem Material noch in kleineren Räumen stattfinden, kommen nach dem Wechsel in eine neue Turnhalle auch Großmaterialien (u. a. ein Trampolin) zum Einsatz. Kiphard gliedert sein Übungsgut anfangs in vier Hauptgruppen:

Sinnes- und Körperschemaübungen: Er sieht eine wesentliche pädagogische Aufgabe im Heranführen an das Ursprüngliche, an den Kern der Dinge, und empfiehlt, die Kinder nicht zu überfordern, gerade weil sie das stille Beobachten und das In-sich-Aufnehmen nicht gewohnt sind. Großräumige und ganzkörperliche Bewegungen sollen den Kindern einen Ausgleich für Versäumnisse bringen. Er gliedert die Sinnes- und Körperschemaübungen nach den Kategorien

a) visuelle, taktile, akustische Wahrnehmungsübungen
b) Körperorientierungsübungen
c) Raumorientierungsübungen.

Übungen der Behutsamkeit und Selbstbeherrschung: Diese versteht er als Vertiefungsgebiete seiner Arbeit und empfiehlt, über mehrere Wochen verschiedene Übungsschwerpunkte zu schaffen und sie systematisch zu variieren. Kiphard gliedert die Übungen der Behutsamkeit und Selbstbeherrschung wie folgt:

a) Bewegungsübungen im Raum, zu Paaren, in der Gruppe, dabei sollen Zusammenstöße vermieden werden (Gewandtheitsübungen)
b) Übungen des Kletterns und Springens (einschließlich Trampolinspringen)
c) Behutsamkeitsübungen (Objektbalanceübungen, Übungen zur Vermeidung von Berührungen)
d) Reaktionsübungen (Stop-and-go-Spiele; Reaktionsspiele auf akustische und visuelle Signale)
e) Selbstbeherrschungsübungen (Entspannungs-, Fakir-, Zauberspiele), Balancierübungen, Bremsspiele mit und ohne Material
f) Anpassungsübungen an die Gemeinsamkeit (zu zweit, in der Gruppe, Materialtransport, Fließbandspiele)
g) Geschicklichkeitsübungen (Bauen, Jonglieren, Hand- und Fußgeschicklichkeitsspiele)
h) Simultanübungen (zwei und mehr Übungen gleichzeitig bewältigen).

Rhythmisch-musikalische Übungen: Mit dieser Art von Übungen sollen beim Kind rhythmischer Sinn und musikalisches Gehör geschult werden. Sie dienen der Selbstfindung und dem Aufbau einer inneren Ordnung. So spielen die Eigentätigkeit des Kindes, Erfindung und Improvisation eine wichtige Rolle. Kiphard versucht bei den Kindern mit der Zeit, ein Gefühl für das Metrum, für das Taktmäßige aufzubauen. Die rhythmisch-musikalischen Übungen werden unterteilt in:

a) rhythmische und dynamische Bewegungsübungen
b) Übungen zur Schulung des musikalischen Gehörs
c) Übungen zum Musikhören und Bewegen nach Musik.

Übungen des Erfindens und Darstellens: In Vertiefung der zuvor benannten Übungen ergänzt Kiphard eine Reihe von Übungen, die die Kinder zur Selbsttätigkeit, zu improvisierendem Darstellen und zu Erfindungsreichtum anregen sollen:

a) erfinderische Selbsttätigkeit
b) Improvisation und Darstellung
c) Tierspiele
d) Tätigkeitspantomimen
e) Darstellungen aus dem kindlichen Lebensalltag
f) mimische Ausdrucksübungen.

Gruppentherapie

Die PMÜ versteht sich als Gruppentherapie, in der der sozialen Wechselbeziehung zwischen den Gruppenmitgliedern eine wesentliche Bedeutung für den Erfolg beigemessen wird. Empfohlen wird eine Gruppengröße von nicht weniger als sechs und nicht mehr als zehn Kindern. Für die Behandlungsdauer empfiehlt Kiphard einen Zeitraum von mehreren Monaten, da die Erfolge tiefgehender und dauerhafter sind, je länger und konstanter die Einwirkung erfolgt. Als Mindestanforderung nennt er zwei Übungsstunden pro Woche über eine Zeitspanne von möglichst einem Jahr.

Für den Erfolg der PMÜ wird die geduldige, offene, einfühlsame, liebevolle, optimistische, überzeugende und humorvolle Grundhaltung Kiphards bzw. des Therapeuten herausgestellt. Dessen Aufgabe liegt zudem darin, kleinste Erfolgserlebnisse zu erkennen und das Kind zu unterstützen. Hauptziel ist es, das Kind zu ermutigen, sein Leben allein zu bewältigen.

Effektivitätsuntersuchung

In den Jahren 1957/58 sichert eine erste Effektivitätsuntersuchung unter Verwendung eines umfangreichen diagnostischen Inventariums erste Erfolge. Es lassen sich u. a. folgende Ergebnisse statistisch nachweisen: Ein teilweises oder komplettes Aufholen des motorischen Entwicklungsrückstandes, Zunahme der kindlichen Gesamtaktivität bei Abnahme hyperaktiven Verhaltens, gesteigerte Anstrengungsbereitschaft, verbesserte Konzentrationsfähigkeit, Persönlichkeitsfestigung und Ich-Stärkung, eine positivere Grundstimmung und verbesserte Kontakt- und Gruppenfähigkeit (Hünnekens/Kiphard 1990, 30–31).

Übersicht und Bewertung

Medizinische Prägung

Trotz der angestrebten ganzheitlichen Wirkungsweise der PMÜ und des postulierten humanistischen Menschenbildes, das der damals dominierenden Defizit- und Funktionsorientierung entgegengesetzt wird, stellt Kiphard selbst im nachhinein fest, dass er sich in seinem „Arbeitsbeitrag innerhalb des kinderpsychiatrischen Teams ärztlichem Denken und ärztlicher Zielsetzung unterordnete. So wurden die Lerninhalte zumindest anfangs mitbestimmt von diesen im wesentlichen funktionellen Zielsetzungen" (Hünnekens/Kiphard 1990, 30). Zudem werden klinisch-medizinische Denkkategorien, die in der Abfolge von Ursachendiagnostik, Therapieindikation, Durchführung der Therapie und Evaluation (Hölter 1998, 46) bestehen, auch in der PMÜ angewandt und prägen diese wesentlich mit (s. Übersichtstabelle 9 am Ende des Kapitels).

Die Psychomotorische Übungsbehandlung ist als Ursprungskonzept zu sehen, das inzwischen in revidierter und modifizierter Fassung vorliegt. Dennoch verdankt die gesamte „psychomotorische Bewegung" dem Erfindungsreichtum dieses Ursprungskonzeptes ein beharrliches Momentum bis in die Gegenwart.

4.1.2 Das Konzept der Klinischen Psychomotorischen Therapie (KPT)

Die Konzeption der Klinischen Psychomotorischen Therapie stellt eine Weiterentwicklung der von Hünnekens und Kiphard entwickelten Psychomotorischen Übungsbehandlung dar. Sie wird an der Westfälischen Fachklinik für Kinder- und Jugendpsychiatrie seit 1979 durch H. Göbel, B. Jarosch und D. Panten vertreten. Die KPT erfolgt auf ärztliche Indikation auf der Basis einer motodiagnostischen Befunderhebung, die als Eingangs- und prozessbegleitende Förderdiagnostik ausgelegt ist. Die KPT verortet sich im Schnittfeld physio- und psychotherapeutischer Behandlungsmethoden und ist als kindgemäße, entwicklungsorientierte Methode auf neurophysiologischer und neuropsychologischer Grundlage ausgelegt (Jarosch et al. 1993). Während funktional orientierte physiotherapeutische Verfahren eher eine gezielte Verbesserung (Wiederherstellung) der (senso-)motorischen Funktionssysteme anstreben und Richtungen der Kinderpsychotherapie (z. B. Spieltherapie) den Zugang zum Kind vor allem über Sprache suchen, ist in der KPT die Motorik als bewusstes und unbewusstes Bewegungsgesamt des Menschen (Homburger 1923) Ausgangspunkt und Medium einer entwicklungs- und handlungsorientierten Methode zur Förderung der kindlichen Persönlichkeit über Wahrnehmung und Bewegung (Göbel/Panten 1995).

Indikation

KPT ist indiziert bei Kindern mit cerebralen Dysfunktionen, welche sich als feinmotorische und/oder graphomotorische Störungen sowie als Integrationsstörung der Entwicklung von Sensorik und Gesamtmotorik ausdrücken können und häufig mit einer emotionalen Verunsicherung des Kindes, Aufmerksamkeitsstörungen sowie mit sozialen Problemen einhergehen. Die Behandlung im Rahmen der KPT ist zeitlich begrenzt und beinhaltet Formen einer integrativen Bewegungs- und Wahrnehmungsförderung nach Kiphard, Frostig und Ayres. Praxisangebote sind Formen der Körpererfahrung, der Entspannung und der taktil-kinästhetischen und vestibulären Stimulation im sozialen Kontext der geeigneten Kleingruppe. Auch wenn eine Verbesserung zentralnervöser Integrationsmechanismen anvisiert ist, soll dieses über die Zielvorstellung einer verbesserten Handlungsfähigkeit des Kindes hinsichtlich der selbstständigen Umweltbewältigung angebahnt und gefördert werden, um so einen wichtigen Beitrag zur Entfaltung der kindlichen Persönlichkeit zu leisten.

Methodik

Heterogene und unterschiedlich komplexe Störungsbilder machen ein Arbeiten nach einer eng umschriebenen Methode und Therapie unmöglich. Sinnvoll dagegen sind offene und strukturierte Lern-, Handlungs- und Erfahrungsangebote, abhängig von der jeweiligen Problematik des Kindes und in Verbindung mit einer spezifischen Gruppendynamik. So ist ein flexibler und kreativer, dennoch planmäßiger Einsatz von Methoden, Materialien und Inhalten notwendig. Dabei steht die psychische Stabilisierung bei allen Maßnahmen im Vordergrund. Über das Spiel, die Freude am Tun und erlebnisreiches Handeln wird ein Grundstein für sensomotorische und sozialintegrative Erfahrungen gelegt. Wenn die motivationalen Voraussetzungen geschaffen sind, wird es dem Kind eher möglich, in verschiedenen Lern-, Spiel- und Bewegungssituationen Bewältigungsstrategien für seine Verhaltensweisen und Erfahrungsdefizite zu entwickeln. Hierbei erweisen sich die Elemente Selbst-, Material- und Sozialerfahrung immer als entscheidende Erfolgsgaranten (Jarosch et al. 1993, 152).

Therapie-Setting und personale Bereitschaft

Für die Durchsetzung dieses handlungs- und kindorientierten Ansatzes ist es im Verlauf der Therapie wichtig, zwei wesentliche Prinzipien zu berücksichtigen: Bereitstellung optimaler Bedingungen für die Entwicklungsförderung, verbunden mit entsprechenden Hilfen zum Abbau von Entwicklungsbarrieren (Therapie-Setting); Ermöglichung der Akzeptanz von Defiziten oder Behinderungen durch bewusst kontrollierte Reflexionen und Gegenüberstellungen (personale Bereitschaft).

Eine entscheidende Bedeutung für den Therapieerfolg wird der klaren Therapeutenhaltung, der Beziehungsgestaltung mit den Kindern sowie der Gestaltung einer ansprechenden Raumatmosphäre zugeschrieben. Hierzu zählen die Autoren:

- Beachten, Respektieren und Integrieren von Wünschen, Änderungsvorschlägen und Kritik,
- Verständnis für zeitweilige Unlust der Kinder,
- Entgegenkommen und Hilfestellungen in Konfliktsituationen,
- Durchsetzungsvermögen, konsequente Haltung, Festlegen und Einhalten von Abmachungen und Rahmenbedingungen als wesentliche Orientierungshilfen für die oftmals desorientierten Kinder,
- Konstanz, Berechenbarkeit und Kongruenz der Persönlichkeit des Therapeuten.

Übersicht und Bewertung

Die Klinische Psychomotorische Therapie nach Jarosch, Göbel und Panten nimmt große Anleihen beim ursprünglichen Konzept Kiphards, ist aber wegen der stärkeren Handlungsorientierung durch Problemlöseaufgaben und großräumige Erfahrungsangebote als Weiterentwicklung zu verstehen. Auch die Nachfolger Kiphards legen ihrer Arbeit ein humanistisch geprägtes Therapeutenverständnis zugrunde, das sie als verständnisvolles, einfühlsames, aber auch konsequentes und berechenbares Verhalten in der Beziehungsgestaltung verstehen. Wegen des klinischen Kontextes ist die Methode aber klar medizinisch orientiert, auch wenn sie Eckpfeiler einer modernisierten klinischen Interventionsform aufweist:

Medizinische Orientierung

- medizinisch/klinische Indikation anhand differentialdiagnostischer Ergebnisse verschiedener Fachbereiche;
- therapiebegleitende Prozessdiagnostik, welche den Entwicklungsverlauf des Kindes mehrdimensional beschreibt;
- interdisziplinäre Zusammenarbeit mit Ärzten, Psychologen, Krankengymnasten, Logopäden, Heilpädagogen, Ergotherapeuten, Erziehern;
- regelmäßige und intensive Therapie sowie deren zeitliche Begrenzung und schrittweise Reduzierung;
- Arrangement psychomotorischer Räumlichkeiten, die eine Gruppenbehandlung ermöglichen;
- persönliche und fachliche Qualifikation des Therapeuten.

4.1.3 Die Sensorische Integration nach Jean Ayres

„Sensorische Integration ist der Prozeß des Ordnens und Verarbeitens sinnlicher Eindrücke (sensorischen Inputs), so daß das Gehirn eine brauchbare Körperreaktion und ebenso sinnvolle Wahrnehmungen, Gefühlsreaktionen und Gedanken erzeugen kann. Die sensorische Integration sortiert, ordnet und vereint alle sinnlichen Eindrücke des Individuums zu einer vollständigen und umfassenden Hirnfunktion" (Ayres 1984, 37).

Entwicklung der sensorischen Integration

Jean Ayres geht davon aus, dass der Vorgang der sensorischen Integration die Grundlage für alle Lern- und Verhaltensprozesse bildet. Dieser läuft automatisch ab und wird nie bewusst wahrgenommen. Sensorische Integration als solche stellt demnach ein Entwicklungsprinzip dar (Kesper/Hottinger 1992, 11; 2007[7]). Nach Ayres verläuft die Entwicklung der sensorischen Integration bei jedem Kind nach denselben Prinzipien. Sie betreffen in den ersten Lebensjahren vor allem die Organisation und Einordnung von Empfindungen und Eindrücken im ZNS. Das Konzept nennt drei Grundprinzipien:

- *Organisation durch Anpassung:* Die Organisation sensorisch-integrativer Prozesse im Gehirn wird durch Anpassungsreaktionen stark gefördert. Anpassungsreaktionen sind Handlungen, mit denen ein Individuum kreativ und sinnvoll auf eine Einwirkung aus seiner Umwelt reagiert. Als Voraussetzung für Anpassungsreaktionen müssen Sinneseindrücke unseres Körpers und unserer Umwelt geordnet werden, denn nur durch zweckmäßig gegliederte Empfindungen ist es uns möglich, Situationen abzuschätzen und entsprechend zu reagieren.
- *Der innere Drang:* Von Natur aus strebt der Mensch danach, sich zu entwickeln. Das Kind wiederholt eine Tätigkeit so lange, bis sie zum Erfolg führt. Durch diesen inneren Drang und die daraus resultierenden Erfahrungen ist es dem Kind möglich, seine sensorische Integrationsfähigkeit zu verbessern.
- *Bildung von Entwicklungsbausteinen:* Durch ständige Aktivität und Vervollkommnung seiner Handlungen bildet das Kind Bausteine für die Entwicklung der Sinne. Diese geben ihm Aufschluss über seinen eigenen Körper und seine Beziehung zur Umwelt. Bausteine werden durch Erfahrungen entwickelt, die

wiederum für die Weiterentwicklung der Sinne verantwortlich sind. So ist die sensomotorische Aktivität des Säuglings Voraussetzung für die Weiterentwicklung der Wahrnehmung und damit zur Entstehung der Endprodukte sensorisch-integrativer Prozesse.

Der Integrationsprozess

Um den komplexen Ablauf der Sinnesfunktionen zu verdeutlichen, entwirft Ayres auf der Basis ihrer Arbeit mit lerngestörten Kindern ein Modell der sensorischen Integration. Abbildung 28 zeigt, wie die unterschiedlichen Qualitäten sensorischer Informationen zusammenkommen, damit ein reibungsloser Ablauf des Integrationsprozesses stattfindet. Dieser Vorgang verläuft immer in derselben Reihenfolge, wobei keine Stufe übersprungen werden kann. Nach Ayres verläuft der Prozess der sensorischen Integrationsentwicklung auf vier Ebenen. Voraussetzung für eine gute und ungestörte Entwicklung ist eine Reizung der Sinne und ein guter Reizfluss vom Organ zum Gehirn. Die Ebenen haben während der Entwicklung unterschiedliche Bedeutung. Allgemein besagt die Theorie, dass bei normaler Entwicklung im Alter von

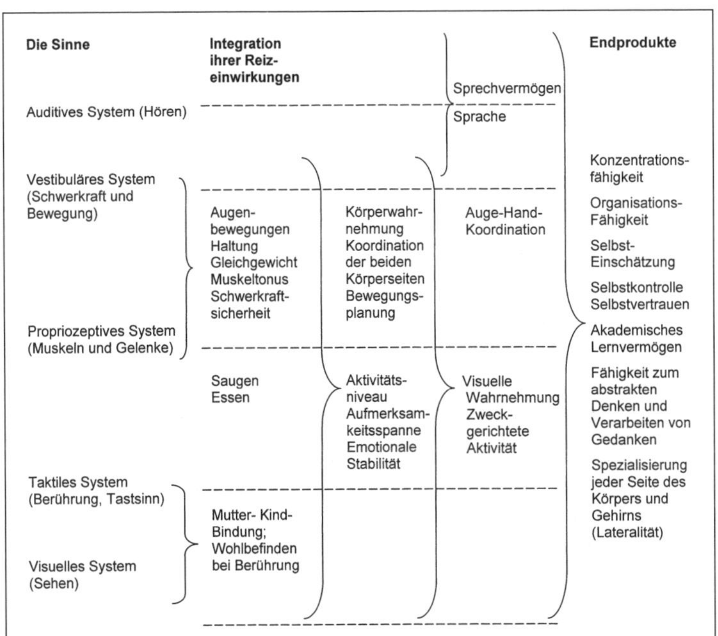

Abb. 28: Modell der Wahrnehmungsintegration nach Ayres (1984, 84)

sechs Jahren das erste Entwicklungsniveau abgeschlossen sein sollte, das zweite annähernd komplett, das dritte aktiviert und das vierte Niveau an Bedeutung deutlich gewinnt (alle Angaben nach Ayres 1984, 86ff). Das auditive und das visuelle System spielen auf den ersten beiden Niveaus eine untergeordnete Rolle. Das Kind kann zwar hören und sehen, jedoch basiert die Grundordnung des Nervensystems mehr auf den Sinneseindrücken von taktilen, vestibulären und propriozeptiven Reizen.

4 Ebenen der Wahrnehmungsintegration

Auf der ersten Ebene lernt das Kind durch die Integration von Berührungsreizen zu saugen und Nahrung aufzunehmen, aber auch eine Bindung zur Bezugsperson einzugehen. Diese ersten Bindungen vermitteln dem Neugeborenen ein basales Bewusstsein über sich selbst und seine Körperlichkeit. Nach Ayres ist das Kind in der Lage, Berührungen als angenehm zu empfinden und sein Wohlbefinden zum Ausdruck zu bringen. Durch gute Integration von vestibulären und propriozeptiven Sinnesreizen gelangt das Kind zur Kontrolle über seine Augenbewegungen, später zu einem guten Gleichgewichtsgefühl und zu Schwerkraftsicherheit.

Die zweite Ebene wird erreicht, wenn die Grundsinne (taktil, vestibulär und propriozeptiv) in das Wahrnehmungsschema des Körpers integriert werden. So entwickelt sich durch Aktivität die eigene Körperwahrnehmung und ein Körperschema. Dies wiederum ist Voraussetzung, um die beiden Körperseiten zu koordinieren und Bewegungen zu planen. Eine gute Körperwahrnehmung sorgt dafür, dass die Aufmerksamkeitsspanne und das Aktivitätsniveau erhalten bleiben und einer Ablenkbarkeit durch optische und akustische Reize vorgebeugt wird. Ferner kann sich eine emotionale Stabilität nur entwickeln, wenn vestibuläre, propriozeptive und taktile Impulse gut integriert werden.

Auf der dritten Ebene werden sowohl das auditive als auch das visuelle System in die Verarbeitungsprozesse einbezogen. Durch deren Verbindung wird die Grundlage für das Sprach- und Sprechvermögen gelegt. Bei der Wortaussprache ist die gute Integration der drei Grundsinne nötig, um zu einer genauen Stellung der Lippen und der Zunge zu gelangen. Eine fortgeschrittene visuelle Wahrnehmung setzt Kenntnisse über die Qualitäten von Gegenständen, Beziehungen der Gegenstände untereinander und deren Hintergrund (Figur-Hintergrund) voraus. So kann sich die visuelle Wahrnehmung nur durch Integration des taktilen, propriozeptiven und vestibulären Systems weiterentwickeln. Dieses gilt auch für die Funktion der Auge-Hand-Koordination, da die Handbewegungen durch das vestibuläre und propriozeptive System gesteuert werden. Ein Kind ist erst durch das zuverlässige und konstante Funktionieren der sensorischen Verarbeitungsprozesse in der Lage, zweckmäßige Tätigkeiten durchzuführen.

Die vierte Ebene beschreibt die Endprodukte sämtlicher sensorischer Verarbeitungsprozesse.

„Selbstachtung, Selbstkontrolle und Selbstvertrauen entwickeln sich in dem Bewußtsein, daß der Körper als ein zuverlässiges sensomotorisches Gebilde existiert und dies rührt von einer guten Integration des Nervensystems her" (Ayres 1984, 86).

Zu Beginn des Schulalters differenzieren sich die linken und rechten Körperseiten im Sinne einer klaren Dominanzbildung. Dieser Lateralisationsprozess erfolgt durch koordinierte Arbeit der beiden Hände infolge kindlichen Spiels. Die „Spezialisierung stellt ein Endprodukt aller vorausgegangenen Entwicklungsschritte dar" (Ayres 1984, 93). Die Entwicklung der Lateralität ist für das Konzept der sensorischen Integration von besonderer Bedeutung, da eine ausdifferenzierte Seitigkeit für viele schulische Leistungen grundlegende Bedeutung hat.

Entwicklung der Lateralität

Bedeutung der Sensorischen Integrationstherapie

Die sensorische Integrationsbehandlung hat in den letzten zwei Jahrzehnten in Deutschland eine große Verbreitung erfahren. Als in sich geschlossenes Erklärungsmodell auf neurophysiologischer Basis vermag es komplexe Störungssymptomatiken auf funktionale Elemente zurückzuführen, die dann als Förderbausteine in ein hierarchisiertes Therapiemodell integriert werden. Konzeptioneller Eckpfeiler der Theorie und der daraus abgeleiteten therapeutischen Maßnahmen stellt die Annahme dar, dass der Hirnstamm für die sensorische Integration und die Organisation der Interaktion des Organismus mit der Umwelt bestimmend ist. Dieses ergibt sich aus dem evolutionären Konzept des Hinzufügens statt Ersetzens von Funktionen und Strukturen, nach dem neue Strukturen nach ihrer Entwicklung von älteren abhängig bleiben und sich die fundamentale sensorische Informationsverarbeitung auf Hirnstammniveau vollzieht.

Der besondere Erfolg rührt nun aus der Bedeutung, die das Konzept der Bewegung beimisst, „die einer der tatkräftigsten Organisatoren des sensorischen Inputs ist und adaptiv auf den Organismus wirkt" (Ayres 1984, 96). Eine integrierende Wirkung geht nach Ayres weniger von zufälligen, stereotypisierten oder ineffektiv ausgeführten Bewegungen aus, als vielmehr von adaptiv-motorischen Aktivitäten, die als Anpassung an bedeutsame sensorische Stimuli der Umwelt, insbesondere an neue Anforderungen, zu verstehen sind.

Ayres unterstreicht die besondere Verflochtenheit von Bewegung und Wahrnehmung, und es ist überhaupt nicht verwunderlich, dass ihre Grundannahme, Bewegung als Träger der Wahrnehmungsintegration und damit der Gesamtentwicklung des Kindes zu sehen, von einigen funktional ausgerichteten Ansätzen der Mototherapie dankbar aufgenommen werden.

4.1.4 Die Sensorisch Integrative Motodiagnostik und -therapie (SIM) nach Kesper und Hottinger

Die Sensorisch Integrative Motodiagnostik und -therapie (SIM) von Gudrun Kesper und Cornelia Hottinger ist 1992 aus dem Ansatz der Sensorischen Integrationsbehandlung von Jean Ayres entstanden und gewinnt zunehmend an Bedeutung für die Mototherapie. Dieser Ansatz entspricht eher dem medizinisch-naturwissenschaftlichen Denken, ermöglicht jedoch eine Blickfelderweiterung innerhalb der Psychomotorik.

Indikation

Jean Ayres legt durch ihre neurophysiologischen Studien wichtige Grundlagen für die Arbeit mit lern- und verhaltensauffälligen Kindern. Kesper und Hottinger (1992, 2007[7], 1993, 1996) integrieren in ihre Arbeit zentrale Elemente der Sensorischen Integrationsbehandlung von Ayres. Ebenfalls auf der Grundlage des neurophysiologischen Begründungszusammenhangs ist die SIM bei Störungen der Wahrnehmung und Bewegung mit nachfolgenden Sekundärproblematiken, bei Entwicklungsverzögerungen, Lernstörungen und Sinnesbehinderungen indiziert. Diagnostik, Förderung bzw. Therapie und Elternarbeit beinhalten eine umfassende Betrachtung des Kindes mit seiner individuellen Persönlichkeit und Problematik sowie den Bedingungen und Anforderungen seines sozialen Umfeldes.

Diagnostik

Nach einer eingehenden kinderärztlichen Untersuchung erfolgt eine intensive Sensorisch Integrative Motodiagnostik. Diese umfasst eine präzise klinische Beobachtung, die sich an den vier

Entwicklungsphasen der Sensorischen Integrationstherapie orientiert (taktil-kinästhetischer Bereich, vestibulärer Bereich, Körperorientierung und Praxie), ferner ein Erstgespräch mit den Eltern. Diese schildern die Problematik und äußern ihre Erwartungen an die Therapie. Ergänzt wird das Eingangsgespräch durch eine Verhaltensbeobachtung des Kindes im häuslichen und außerhäuslichen Umfeld. Die gesammelten Informationen sollen Hinweise auf Zusammenhänge zwischen Verhalten und möglichen Störungen der Sensorischen Integration auf der Grundlage der individuellen Biographie des Kindes ergeben. Die Diagnostik dient gleichzeitig als Grundlage der Förderplanung.

Die Therapie wird wie die Diagnostik an den vier Entwicklungsphasen der Sensorischen Integrationstherapie ausgerichtet. Diesen Bereichen sind zehn Therapieelemente mit zahlreichen Übungen spezieller Förderschwerpunkte zugeordnet. Die Förderung der Basissinne (taktile, kinästhetische und vestibuläre Wahrnehmung) nimmt dabei einen hohen Stellenwert ein, um ein lückenloses, stabiles sensomotorisches Entwicklungsfundament zu gewährleisten. Die weiteren Bestandteile des übungszentrierten Therapieprogramms folgen dem Entwicklungsstand und den Störungsbereichen des Kindes. Das therapeutische Vorgehen soll sowohl im Stundenablauf als auch in der Therapieplanung klare Strukturen zeigen. Ziel der Therapie ist eine „stabile Wahrnehmungs- und Bewegungsintegration, die das Kind befähigt, in eine kompetente Auseinandersetzung mit seiner sozialen Umwelt zu treten“ (Kesper / Hottinger 1993, 202).

Therapieprogramm

Für das Konzept ist die Elternarbeit ein wesentlicher Bestandteil der Therapie. Sie besteht aus einer Beteiligung der Eltern sowohl während der wöchentlichen Gruppenförderstunden als auch im täglichen Üben zu Hause. Kesper und Hottinger (1992, 110) weisen ausdrücklich darauf hin, dass das Ziel der Förderung die „Integration der Therapie in den Alltag der Familie sein [soll], aber nicht so, daß der Alltag der Familie zur Therapie wird“. Die Eltern werden über die Störung ihres Kindes aufgeklärt, um ein besseres Verständnis für das Kind zu entwickeln. Die Therapeuten stehen den Eltern ferner als Berater in Bezug auf Alltags-, Erziehungs- und Umgangsfragen zur Seite.

Elternarbeit

Übersicht und Bewertung der beiden Ansätze sowie aktuelle Entwicklungen

Die Sensorische Integrationstherapie (SI) und die Sensorisch Integrative Mototherapie (SIM) blicken auf eine Entwicklungsgeschichte von über 30 Jahren zurück. Sie haben ihren Ursprung im medizinisch-naturwissenschaftlichen Denken, rechnen sich jedoch selbst dem psychomotorisch-ganzheitlichen Ansatz zu. SI und SIM beruhen auf einem neurophysiologischen Entwicklungsprinzip und beziehen sich auf Integrationsprozesse auf verschiedenen Ebenen des Nervensystems.

Abb. 29 a–c: Praxisbeispiele zur Förderung der sensorischen Integration bei Kindern (Schaefgen 1996)

In der praktischen Umsetzung des Konzepts liegt der Schwerpunkt auf der Betonung des Zusammenhangs von Bewegung und Kognition durch sensomotorische Erfahrungen (z. B. Raum-Zeit-Maße; Raumrichtungen, z. B. vorn – hinten, oben – unten, links – rechts), welche für Anpassungsprozesse, die Schulung von mathematischen Fähigkeiten und allgemeiner Raum-Zeit-Orientierung (Stadtpläne, Höhen, Größen) hilfreich sein können (Fischer 1996a, 89). Der Gewinn des Ansatzes liegt zweifelsohne in dem Reichtum an Praxisbeispielen, die inzwischen von vielen Anwendern entwickelt wurden und die Fachliteratur bereichern. Diese konzentrieren sich auf Förderbeispiele zur taktilen, kinästhetischen und vestibulären Stimulation über Hüpfen, Rutschen, Schwingen, Schaukeln etc. und sind für Kinder und Eltern gleichermaßen attraktiv (s. Abb. 29a–c).

Die Elternmeinung – sie kennen ihr Kind am besten – wird bei der Therapieplanung ausdrücklich einbezogen; die Beratung und die Förderung richten sich idealerweise auf alle Dimensionen der kindlichen Persönlichkeit. Bei genauer Betrachtung wird jedoch deutlich, dass den Eltern eher die Rolle des Co-Therapeuten zufällt, der die Übungsanregungen zur Erreichung einer hohen Übungsdichte im häuslichen Bereich weiterführen soll. Klinische Beobachtungen werden in spielerischer Form im taktil-kinästhetischen und vestibulären Bereich und bezüglich der Körperorientierung durchgeführt und nach diesem Prinzip auch die Förderung strukturiert. Diese zielt auf eine Befähigung der stabilen Wahrnehmungs- und Bewegungsintegration zur Auseinandersetzung mit der Umwelt. Ist ein Kind gut integriert, kann das Gehirn Informationen sinnvoll nutzen,

„um bedeutungsvolle Wahrnehmungen, adäquate Körperreaktionen und Antwortmöglichkeiten auf Umweltreize, Gefühlsreaktionen und Gedanken zu erzeugen. Erst eine vollständige Wahrnehmungs- und Bewegungsintegration schafft eine umfassende Hirnfunktion" (Kesper/Hottinger 1992).

Körperbezogener Ansatz

Die klassische Psychomotorik ist bewegungsbezogen, während die Sensorische Integrationstherapie körperbezogen arbeitet, vor allem die Körperwahrnehmungen akzentuiert. Die Kritik an diesem Ansatz betrifft vor allem das Menschenbild, das den Menschen auf seine funktionierenden Nervenzellen und Synapsen reduziert und die intentionale Seite des Menschen mit seinen Ängsten, Hoffnungen und Wünschen nur peripher berücksichtigt. Damit steht der Wahrnehmungsbegriff in der Kritik. Es handelt sich oftmals um ein Sinnesfunktionstraining und weniger um ein Wahrnehmungsverständnis wie es in Kapitel 2 als Schlüsselbegriff der Psychomotorik ausgewiesen wurde. Aus diesem Grund ist der Anspruch auf Ganzheitlichkeit in Frage zu stellen. Neuere Ansätze mit Bezug zur Systemtheorie (etwa Brüggebors 1992, 1994) eröffnen eine holistische Perspektive.

Holistische Sensorische Balance

Brüggebors erweitert in ihrem Konzept der Holistischen Sensorischen Balance (HSB) den traditionellen Ansatz der Sensorischen Integrationstherapie um systemische, konstruktivistische und holistische Aspekte. An der Theorie Ayres kritisiert sie das Fehlen des Beziehungsaspektes. „Früher haben wir sensorische Integrationsdefizite behandelt, heute geben wir dem Kind im Rahmen der zwischenmenschlichen Interaktion die Möglichkeit zur psycho-physischen Selbstregulation" (Brüggebors 1994, 103ff), die sich auf die Ganzheit (Körper – Psyche – Geist) des Kindes richtet. So werden der Therapeut bzw. der Pädagoge sowie das Kind zu teilnehmenden Subjekten (Partnern) der Fördersituation.

Die stärkere Hinwendung zur Interaktion zwischen den Partnern beeinflusst ebenfalls die Diagnostik. Der Diagnostiker sollte sich immer dessen bewusst sein, dass es keine messbare und objektive Welt gibt. Er beobachtet das Kind durch eine „Diagnose-Brille", die subjektiv gefärbt ist. Der Diagnostiker sollte das Kind als autonomes Wesen verstehen und sich der Beziehungssituation bewusst sein. Die Diagnosesituation besteht sowohl aus einem Beobachter als auch einer zu beobachtenden Person. Aus der interaktiven Qualität der Situation erwächst eine neue Rolle des Diagnostikers, die des teilnehmenden Partners.

Forschung in USA und Deutschland

Sowohl in den USA als auch in Deutschland wird der ursprüngliche neurophysiologische Ansatz von Jean Ayres weiterentwickelt und für die Ergotherapie nutzbar gemacht. Die Entwicklungen nehmen aber unterschiedliche Richtungen. Fisher et al. (1998, 2004[2]) vertiefen eine neurowissenschaftliche Perspektive – eher als in Deutschland – und verknüpfen die Themen Bewusstsein, Gehirn (hier vor allem die zerebrale Organisation funktionaler Leistungen) und Körper zu einem „Modell des menschlichen Betätigungsverhaltens" (model of human occupation) (Vorwort: IX). Praktische Anwendungen zu Spiel, funktioneller Förderung und Beratung runden die theoretischen Erörterungen ab. Positiv zu bewerten ist, dass die amerikanische Version der Sensorischen Integrationstherapie den Anschluss an neuere Erkenntnisse zur Bedeutung der Neurobiologie für motorische Prozesse besser oder eher realisiert (s. Gschwend 2002; vor allem Duncker 2005). Negativ ist deren Verbleiben im medizinischen Paradigma mit einem eher physiologischen Perzeptionsbegriff, was das Ausbleiben einer interdisziplinären Anerkennung erklärt.

Sensorische Integration im Dialog

Unter dem Einfluss einer breiter gefassten Entwicklungsorientierung und der Nähe zur Psychomotorik entwickelt die Kinderärztin und Übersetzerin des Buches *Sensory Integration and the Brain* von Jean Ayres, Inge Flehmig, einen therapeutischen Förderansatz, der weniger die Förderung der Basissinne als die Förderung des Kindes in seiner Gesamtheit thematisiert (Flehmig 2003). So entsteht der Therapieansatz „Sensorische Integration im Dialog", der das Ziel verfolgt, die Selbstheilungsmechanismen des Organismus bei wahrnehmungsgestörten Kindern durch materielle (Gegenstände) und personelle (Therapeut als Spielpartner) Angebote wieder in Gang kommen zu lassen. Man löst sich von der Vorstellung, durch *Fütterung* des Gehirns zu dessen Funktion und Weiterentwicklung beizutragen (zur Vertiefung s. Kiesling 1999; Kiesling / Klein 2002).

Anknüpfungspunkte gibt es zu dem weiter oben (Kap. 1.6) dargestellten Psychomotorikkonzept von Aucouturier und Lapierre (1995, 1998, 2002), das vor allem durch Esser (2002, 2004) in Deutschland bekannt gemacht wird. In dieser tiefenpsychologisch ausgerichteten Psychomotorik geht es um die Ermöglichung tiefgreifender emotionaler Erfahrungen über Bewegung und Körperlichkeit und die Aufhebung von Verdrängungen im gestörten Beziehungsgeschehen (Reinelt 2003). Das wirft selbstverständlich die Frage der Qualifizierung im Bereich psychotherapeutischer Basiskompetenzen und der Supervision auf (Passolt/Petzold 2001).

Die jüngere Sensorische Integrationstherapie schafft den Übergang von einer funktionalen zu einer ergänzenden dialogischen und symbolisch-emotionalen Sichtweise, wie sie auch unter einer an Kompetenzen und Identitätsbildung orientierten sowie einer verstehenden Perspektive in der Psychomotorik zu diskutieren sein wird. Es bleiben aber die kognitiven Bedeutungsimplikationen von Bewegungs- und Körperaktivität auf der Strecke, was wohl der Tatsache geschuldet ist, dass der Ansatz eher Anerkennung im medizinischen System (Klinik, Ambulanz, niedergelassene Praxis) anstrebt.

4.2 Die erkenntnisstrukturierende/ kompetenztheoretische Perspektive

4.2.1 Der handlungsorientierte Ansatz von Schilling

Bewegung und Persönlichkeit

Ein zentrales Anliegen Schillings besteht darin, die in der Praxis beobachteten Zusammenhänge von Bewegung und Persönlichkeit, von bewegungsorientierter Behandlung und Persönlichkeitsbildung bei entwicklungsbeeinträchtigten Kindern zu erklären. Diesbezüglich werden zahlreiche Untersuchungen durchgeführt und verschiedene Theorien herangezogen. Die Zusammenhänge von Bewegung und Persönlichkeit können besonders über Untersuchungen bei behinderten Kindern nachgewiesen werden. Es zeigt sich deutlich, dass (Bewegungs-)Störungen immer mit Störungen in anderen Persönlichkeitsbereichen verknüpft sind (Schilling 1986b, 60). Diese Auswirkungen motorischer Beeinträchtigungen auf den emotionalen und sozialen Bereich (z. B. Ängste, Schulschwierigkeiten, Verhaltensauffälligkeiten) werden als Sekundärstörungen bezeichnet. Motorische Behinderungen sind ein vieluntersuchter Bereich. Dabei wird deutlich, dass bei gleichen Ursachen der Behinderung die Reaktionsweisen der Kinder verschieden sind. Die interindividuellen Unterschiede in der Verhaltensstruktur sind auf unterschiedliche

Kompensationsmöglichkeiten, Persönlichkeitsstrukturen und Umweltbedingungen zurückzuführen.

Neben diesen Untersuchungen werden in Schillings Ansatz verschiedene Theorien herangezogen, um die Zusammenhänge von Bewegung und Persönlichkeitsentwicklung zu fundieren und mototherapeutische Interventionen zu begründen. Den wissenschaftstheoretischen Hintergrund des Ansatzes in seinen Anfängen bilden die Entwicklungstheorie von Piaget, die Gestaltkreislehre v. Weizsäckers und die materialistische Handlungstheorie Leontjews (1973). Das wesentliche Element, das Schilling dem Ansatz v. Weizsäckers entlehnt und für die Motologie / Mototherapie nutzbar macht, ist das Wahrnehmungskonstrukt. Dieses besteht in der untrennbaren Einheit von Wahrnehmung und Bewegung und damit verbunden in der Einheit von Individuum und Umwelt. Das Individuum wird als aktiv tätiges Subjekt herausgestellt, d. h. Bewegung und Wahrnehmung sind keine passiven Reaktionen, sondern aktive Leistungen des Individuums in der Auseinandersetzung mit der Umwelt. Über die Interaktion des Individuums mit der Umwelt vollzieht sich Entwicklung. „Die Verschränkung von Wahrnehmung und Bewegung und die Einheit mit der Umwelt sind generelle Lebensprozesse, so daß sich die Entwicklung in kreisförmigen Prozessen in der Interaktion mit der Umwelt vollzieht“ (Philippi-Eisenburger 1991a, 139).

V. Weizsäckers Wahrnehmungskonstrukt

Neben der kognitiven Entwicklungstheorie Piagets und der Gestaltkreislehre v. Weizsäckers ist die materialistische Handlungstheorie Leontjews für Schillings Ansatz bedeutsam, die die Bedeutung der Bewegung für die Handlungsfähigkeit und die Persönlichkeitsentwicklung des Menschen herausstellt. Bewegung wird als Teil jeder Handlung ausgewiesen. In diesem Konzept sind Bewegung und Handlung als aktive Leistungen des Individuums ausgewiesen. Entwicklung vollzieht sich in der aktiven Auseinandersetzung mit der Umwelt. Durch die Tätigkeit entwickelt das Kind Handlungskompetenz.

Motodiagnostik

Auf diesen Erkenntnissen basiert der 1984 formulierte Ansatz der handlungsorientierten Mototherapie. Im Zusammenhang mit den Ergebnissen empirischer Untersuchungen gewinnt die Motodiagnostik im Schillingschen Ansatz besondere Bedeutung. Sie dient dazu, interpretativ Zusammenhänge von organischen, psychischen und sozialen Faktoren in dem individuellen Entwicklungsgeschehen eines Patienten aufzudecken (Schilling 1986b,

1993). In der Motodiagnostik werden die Informationen über den individuellen psychomotorischen Leistungsstand und die psychomotorische Verhaltensstruktur erhoben, Informationen über die Genese dieser Strukturen und die sozialen Bedingungsfelder gesammelt und in Zusammenhang mit dem Wissen um allgemeine Entwicklungsgesetzmäßigkeiten zu einem Gesamtbild verarbeitet, das eine individuelle Persönlichkeitsstruktur aufscheinen lässt. Aus diesem Gesamtbild und dessen Eingebundensein in das soziale Umfeld lassen sich weitere Lern- bzw. Veränderungsmöglichkeiten ableiten. Dazu werden Informationen aus der ärztlichen Diagnose, psychologischen Untersuchungen, den Ergebnissen der psychomotorischen Testverfahren, Anamnesedaten und Schulberichten herangezogen. Schilling (1990, 1993) stellt die Notwendigkeit einer umfassenden, mehrdimensionalen Motodiagnostik heraus, die nicht nur der Therapie vorausgeht, sondern diese auch begleiten soll, um Veränderungen aufzuzeigen und Veränderungspotentiale zu prognostizieren (Abb. 30).

Die handlungsorientierte Mototherapie ist bei

„somatisch und/oder psychisch bedingten Störungen der Motorik, die in Zusammenhang stehen mit Auffälligkeiten im sensorischen, emotionalen, sozialen bzw. eingeschränkt auch im kognitiven Bereich, [indiziert]. Die

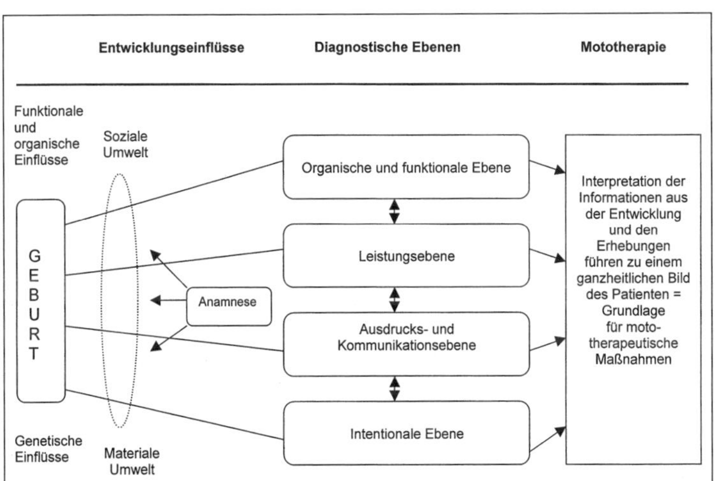

Abb. 30: Modell der Motodiagnostik als Grundlage der Mototherapie (Schilling 1996, 72)

Störungen müssen Krankheitswert haben, so daß sie im Rahmen pädagogischer Förderung nicht aufgefangen werden können" (Schilling 1993, 58).

Indikation

Die Indikation sollte eng gefasst sein und von einem Arzt gestellt werden. Kontraindiziert ist die handlungsorientierte Mototherapie bei allgemeinen motorischen Entwicklungsverzögerungen und progredienten Erkrankungen des Zentralen Nervensystems mit Bewegungsstörungen. Medizinisch werden bei psychomotorischen Leistungs- und Verhaltensstörungen meist Teilleistungsstörungen, Hirnfunktionsstörungen, psychoreaktive Fehlentwicklungen oder psychosomatische Störungen diagnostiziert. Prinzipiell sollte sich die Indikation jedoch nicht an den Diagnosen orientieren, sondern den individuellen Nutzen für das Kind berücksichtigen.

Ausgangspunkt der handlungsorientierten Mototherapie ist die Symptomatik als Ausdruck nicht nur gestörter Funktionen, sondern einer gestörten Persönlichkeitsstruktur. Dabei ist nicht die Beseitigung der Symptomatik primäres Behandlungsziel, sondern die Aufhebung von Blockaden, von Sekundärveränderungen, mit dem vordringlichen Ziel, die Entwicklungsmöglichkeiten des Patienten wieder zu öffnen. Um dieses Ziel zu erreichen, wird an den Stärken und Interessen des Kindes angesetzt. Gegebenenfalls soll es lernen, mit seiner Problematik umgehen zu können, was in der Regel zu innerer Stabilität, mehr Handlungsspielraum, mehr Selbstständigkeit und einer verbesserten Kommunikationsfähigkeit führt. Schilling nennt diese Vorgehensweise symptominduziert.

Symptominduziertes Vorgehen

Die Inhalte und Methoden der handlungsorientierten Mototherapie leiten sich aus dem differenzierten, mehrdimensionalen Diagnoseschema ab. In Anlehnung an das Adaptationsmodell Piagets regt er vor allem variationsreiche, erlebnisorientierte, motivierende Bewegungssituationen an, die entwicklungs- und problemorientiert sein sollten. Neben inhaltlichen Variationen sollte auch das methodische Vorgehen variiert werden und vom direktiven Strukturieren seitens des Therapeuten über planerisches Mitgestalten des Kindes bis hin zum nicht-direktiven, offenen Vorgehen reichen, wobei das jeweilige Entwicklungsniveau der Kinder berücksichtigt werden muss.

Rolle des Therapeuten

Der Therapeut sollte klinisch ausgebildet sein, über spezifisches medizinisches Wissen und klinische Erfahrungen verfügen. Soll die Therapie erfolgreich sein, muss der Therapeut die genannten Varianten beherrschen, Vorbild sein, Konfliktentladungen auffangen können, Gruppenprozesse begleiten können und vor allem Einfühlungsvermögen haben. Er darf sein Therapieziel nicht aus den Augen verlieren, sollte regelmäßige Erfolgs- und Lernkontrollen durchführen und seine Therapeutenrolle permanent kritisch hinterfragen. Auch für Schilling liegt ein besonderer Wert der Therapie in den Gruppenprozessen, die sich förderlich auf die Handlungs- und Kommunikationsfähigkeit der Kinder auswirken. Er empfiehlt – abhängig vom Alter – eine Gruppengröße von etwa drei bis acht Kindern.

Übersicht, Bewertung und weiterführende Konzepte

Das wissenschaftliche Werk Schillings hat wesentlich zur theoretischen Fundierung der Psychomotorik beigetragen. Seine Arbeit ist mit einer Vielzahl an Untersuchungen und diagnostischen Erhebungen einhergegangen, so dass sein Konzept einen diagnostischen Schwerpunkt aufweist. Sein handlungsorientierter Ansatz lässt sich auf die strukturgenetische Theoriefamilie zurückführen und enthält lernpsychologische Regeln. Bewegung wird als Strukturierungsleistung und als ein wichtiger Teil der Handlungsfähigkeit betrachtet. Um Bewegungsmuster zu generalisieren und sich dadurch der sich stetig verändernden Umwelt anzupassen, muss die Wahrnehmung des Kindes in einem Lernprozess umstrukturiert werden. Nach diesem Ansatz ist die Differenzierung von Wahrnehmungs- und Bewegungsmustern die wichtigste Grundlage der Handlungsfähigkeit.

Damit wird Handeln zum wichtigsten Medium in pädagogischen und therapeutischen Prozessen. Schilling versteht es recht überzeugend, die Handlungsdimension in ein Persönlichkeitsmodell einzubinden und diese zum Träger seines Konzeptes von Mototherapie zu machen. Der besondere Wert des Konzeptes besteht darin, dass pädagogische, psychologische und medizinische Aspekte zum Wohl des Kindes miteinander verbunden werden. Es ist gelungen, die gegensätzlichen Blickwinkel im Sinne einer mehrdimensionalen Betrachtung zusammenzuführen.

Kritisch zu bewerten an Schillings Ansatz ist die Sekundärstörungshypothese als Erklärung für kindliche Verhaltensauffälligkeiten, nach der diese sekundär aus primär motorischen Defiziten hervorgehen und einen Kompensationsmechanismus darstellen. Die Kritik an diesem Konzept bezieht sich auf die Vernachlässigung von Emotionen und subjektiven Sinndimensionen der Bewegung (Mattner 1989; Seewald 1993; Hammer 2004c). Obwohl die Mehrdimensionalität des Ursachengefüges für Störungen von Schilling mehrfach betont wird, entspricht sein Störungskonzept einer traditionellen linear-kausalen Modellvorstellung, die die Problemanalyse wohl eher anthropozentriert, denn kontextualistisch definiert. Diese Modifizierungen des psychomotorischen Konzeptes werden erst in jüngerer Zeit vorgenommen.

In der Retrospektive lässt sich der Vorwurf einiger Kritiker am Handlungsansatz Schillings, vor allem zur Überbetonung der Kognition und zu seinem vorwiegenden Interesse an der Strukturierungsbedeutung kindlicher Bewegungstätigkeit mit einer Affinität zum Handlungsbegriff der Sportpädagogik, heute als Stärke klassifizieren, haben doch viele Psychomotoriker mit der Überbetonung des Wohlfühlaspektes von Körperlichkeit / Leiblichkeit den Blick für das kognitive Potenzial der Bewegungsaktivität verloren. Als zeitlose Stärke muss jedenfalls Schillings Eintreten für die Orientierung an der Entwicklung des Kindes festgehalten werden.

Weiterentwicklungen

Als Weiterentwicklungen verstehen sich die Ansätze von Fischer (1996a,b,c,d, 2000) sowie Vetter (2003), die *Handeln* als *Entwicklungshandeln* bzw. Handlungstheorie als *integrierendes Modell* in der Psychomotorik verstehen. Generell wird mit einer solchen Sichtweise die Nähe zu einer bewegungspädagogischen / sportpädagogischen Diskussionslinie einerseits und zu einer (heil-)pädagogischen andererseits gewahrt.

Für das Verständnis einer *handlungstheoretischen* und *kompetenzorientierten* Perspektive der Entwicklung sind aus psychomotorischer Sicht drei Faktoren konstitutiv: der Dialogcharakter der Bewegung, also das Verständnis des Bewegens als Person-Umwelt-Interaktion, die Pointierung des Entwicklungshandelns als Realitätskonstruktion und Kompetenzgewinn sowie ein Begreifen der Handlungskompetenz als Zusammenspiel kognitiver, emotionaler und sozialer Elemente (Fischer 1996a, Kap. 3). Somit wird eine mehrdimensionale entwicklungstheoretische Akzentsetzung der Psychomotorik eingefordert und begründet, die eine *metatheoretische Bedeutung* sowohl für pädagogische als auch therapeutische Anwendungsfelder hat (Fischer 1996a, b; 2000). Diese konturiert für den Fachdiskurs vor allem vier Aspekte:

1. *Die generelle Entwicklungsorientierung:* Eine generell stärkere Berücksichtigung aktueller Entwicklungstheorie und die Ausweitung des Forschungsinteresses auf alle Entwicklungsdimensionen ist in der Psychomotorik wie der Bewegungspädagogik überfällig. Nur so kommt dem Bewegungshandeln des Kindes die allgemeine Bedeutung des „Entwicklungshandelns" (Fischer 1996b) zu.
2. *Vielfalt in der Theoriegültigkeit:* Betont wird hier neben der erkenntnisstrukturierenden (kognitiven) und identitätsbildenden Perspektive (Förderung des kindlichen Selbstkonzepts) eine erweiterte systemisch-ökologische Sichtweise, die zwingend die Beziehungs- und sozial-ökologischen Betrachtungsebenen von Bewegungshandlungen des Kindes einbezieht.
3. *Ausweitung der Didaktik-Debatte:* Die Psychomotorik bezieht hier klar Stellung für eine übersportliche Sinnerschließung und fragt nach dem Entwicklungspotenzial von Bewegung, Spiel und Sport (Fischer 1996b, 21ff). Der didaktische Zugriff erfolgt nicht über Sportarten oder über sinnorientierte Themenfelder (z. B. Gesundheitserziehung), sondern über das Konzept der Entwicklungsaufgaben und der Zuordnung der thematischen Entscheidungsebenen. Diese gliedern sich dann nach den drei weiter oben spezifizierten Themenfeldern, der erkenntnisstrukturierenden Themen, der beziehungsstiftenden bzw. identitätsbildenden Thematiken sowie der sozial-integrativen und sozial-räumlichen Thematiken.
4. *Die inklusive Perspektive:* Psychomotorisches Handeln ist immer als inklusiv (integrativ) zu verstehen, was in der (sport-) pädagogischen Fachdebatte noch längst nicht selbstverständlich ist (Kron 2005; Fediuk / Hölter 2003).

Die Konsequenzen sind folgenreich. Nicht ein fachspezifisches Curriculum wird für Lehr-, Lern- oder Förderprozesse (der Psychomotorik) bestimmend, sondern aktuelle Lebensthematiken (Stärkung des Selbstbewusstseins, Selbstvertrauen, Überwindung von Ängsten) oder bereichsübergreifende Erkenntnisbildungen in Anlehnung an die jeweilige Entwicklungsspanne (z. B. Bewegung als Lernprinzip zum Erwerb mathematischer oder physikalischer Kompetenzen), oder auch die Gestaltung und Nutzung von Bewegungsräumen für die Entwicklung des Kindes. Die Didaktikdebatte der Bewegungs- und Sportpädagogik währt an (Hildebrandt-Stramann 2005; Scherler 2006; Schmidt-Millard

2007). Bis heute hat es eine über die „Erschließung der Bewegungs- und Sportkultur" hinausgehende Forderung zur allgemeinen Entwicklungsförderung durch Bewegung schwer (vgl. Schmidt-Millard 2007, 106). Lediglich Funke (2004, 182ff) macht mit seiner Konturierung einer entwicklungsfördernden Bewegungspädagogik ernst.

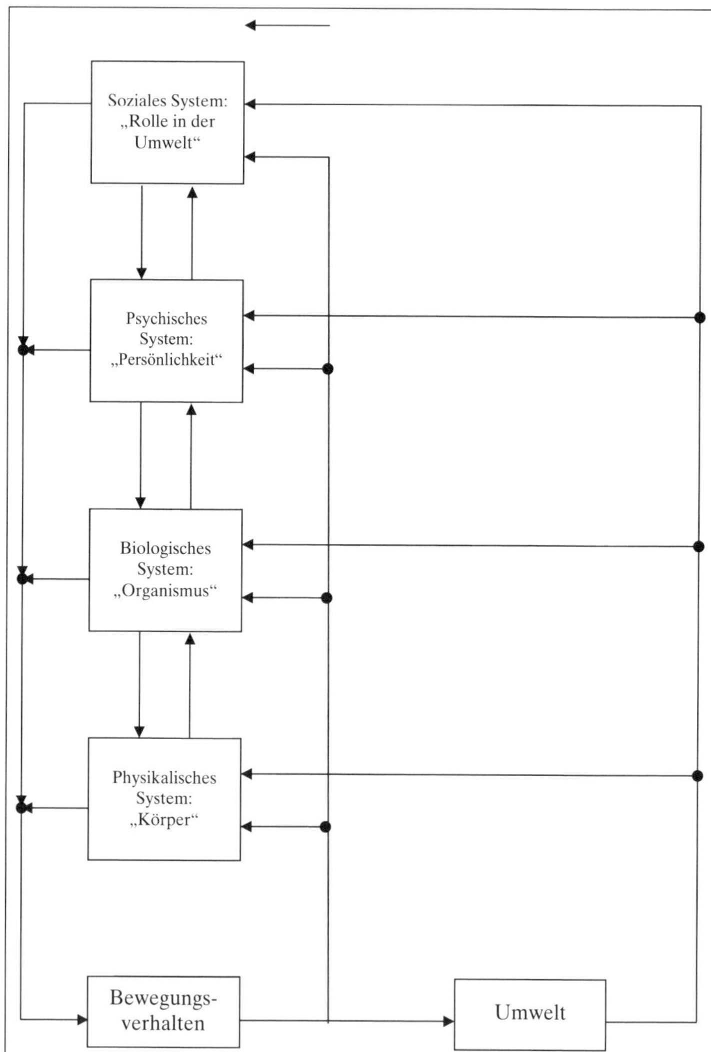

Abb. 31: Ganzheitliches Handlungssystem des Menschen mit seinen vier Systemebenen (veränderte Grafik Vetter 2003,60 nach dem Original von Nitsch/Munzert 1997, 112)

Vetter (2003) versteht Handlungstheorie als interdisziplinäre Wissenschaftstheorie, die sich eignet, das psychomotorische Geschehen in Förderung und Erziehung abzubilden, d. h. mehrdimensional auf verschiedenen Systemebenen zu durchdringen. Dazu nimmt er Anleihe bei der sportpsychologischen Argumentationslinie, wie sie von Nitsch / Munzert (1997) und Nitsch (2001, 2004[4]) vorgelegt wurde. Das ganzheitliche Handlungssystem des Menschen mit seinen vier Systemebenen wird zur Folie für verschiedene Betrachtungsebenen menschlicher Bewegung, die letztlich in die Konzeption einer handlungsorientierten psychomotorischen Diagnostik einmünden (Vetter 2003).

4 Systemebenen

Unter der *physikalischen Betrachtungsebene* versteht er beispielsweise – im Unterschied zum Bewegen als konkreten Vollzug – eine abstrahierende, auf physikalischen Gesetzmäßigkeiten beruhende Beschreibung des Bewegungsvorgangs, etwa die Fragestellung des Beobachters, ob Kinder beim Spiel mit großen Schaumstoffwürfeln deren physikalisch-materiale Eigenschaften korrekt einschätzen.

Unter einer *biologischen Betrachtungsweise* versteht er die klassische Interpretationsebene des medizinisch-elementarisierenden Wissenschaftsparadigmas, das in der Kritik Balgos (1998a; zit. n. Vetter 2003, 62) die Bewegungsleistung des Kindes als Produkt von Hardware- (Organismus) und Softwareleistungen (Lernen) analysiert.

Das *psychische System* der Bewegung erfasst den Ausdruck der Persönlichkeit und betrachtet Bewegung und Bewegungsauffälligkeit unter Einbeziehung kognitiver, motivationaler und volitiver Aspekte. Hier ordnet er die in der Psychomotorik bedeutsamen Konzepte der Fähigkeits-Kontrollüberzeugung bzw. Selbstwirksamkeit zu.

Letztlich bedient die *soziale Ebene systemischer Betrachtungen* das Bedürfnis eines Erklärungsansatzes, die Ziel-, Zweck- und Sinnzusammenhänge der Bewegungshandlungen des Kindes in Abhängigkeit sozialer Prozesse zu interpretieren. Er unterstellt hier eine Funktion von Bewegung, deren Sinn letztlich erst „im Kontext der Lebens- und Beziehungsgeschichte des Kindes verstehbar" wird (Seewald 1993, 192; zit. n. Vetter 2003, 63) und in dialogischen und sozialen Prozessen zum Ausdruck kommt.

Ich schätze den Beitrag des Vetterschen Ansatzes durchaus als gelungenes Modell zur Erklärung und Erfassung des vielschichtigen Geschehens in der psychomotorischen Praxis ein. Es versteht sich auch als Ordnungs- und Perspektivenmodell zur Integration verschiedener Facetten in der Psychomotorik wie zur Veränderung des motodiagnostischen Prozesses im Sinne einer ganzheitlichen Integration von Handlungs- und Beobachtungsprozessen. Hier steht die (empirische) Theorie-Praxis-Bewährung noch aus.

4.2.2 Die Kindzentrierte Mototherapie nach Volkamer und Zimmer sowie die kindzentrierte psychomotorische Entwicklungsförderung von Zimmer

Dieser Ansatz ist 1986 zeitlich parallel zu dem von Schilling formulierten Konzept entstanden. Meinhard Volkamer und Renate Zimmer (1986, 49) beschreiben ihren Ansatz als nicht-direktiv und kindzentriert und sehen die Stärkung des Selbstbewusstseins als Hauptaufgabe der Mototherapie an; sie wird im diesem Ansatz zum primären Ziel. Daneben findet aber auch eine motorische Förderung statt,

„(...) weil Sport mehr Spaß macht, wenn man mehr kann, dann aber auch, weil Bewegungsfertigkeiten und motorisches Können für die Selbstzufriedenheit und für die Interaktion mit anderen eine wesentliche Funktion haben und zu einem positiven Selbstbewußtsein verhelfen" (Volkamer/Zimmer 1986, 57).

Nicht-direktive Therapie

Die Kriterien des nicht-direktiven Therapeutenverhaltens und der kindzentrierten Arbeitsweise zeigen Gemeinsamkeiten mit der nicht-direktiven Spieltherapie nach Axline (1997). Die Spieltherapie von Axline ist von der Persönlichkeitstherapie nach Rogers (1973) abgeleitet, deren theoretischer Bezugsrahmen die humanistische Psychologie bildet. Verbindungen der Kindzentrierten Mototherapie zur nicht-direktiven Spieltherapie ergeben sich hauptsächlich in Bezug auf das Bild vom Kind und das Therapeutenverhalten. Das Kind wird als aktive, eigenständige, mitbestimmende Persönlichkeit gesehen, die vorbehaltlos akzeptiert wird. Nicht-direktives Therapeutenverhalten ist gekennzeichnet durch fehlende Einflussnahme und Lenkung des Kindes, Grenzen werden nur im Falle von Materialzerstörung bzw. aggressivem Verhalten gegenüber anderen Kindern gesetzt. Der Therapeut ist um eine warme, freundliche Beziehung zum Kind bemüht.

Stärkung des Selbstbewusstseins

Das Anliegen der Autoren besteht darin, verhaltensauffälligen Kindern, die oft ein mangelndes Selbstbewusstsein und ein unrealistisches Selbstbild zeigen, über Körper- und Bewegungserfahrungen Selbstbewusstsein und ein positives Selbstkonzept zu ermöglichen und damit einen wichtigen Bestandteil in der kindlichen Persönlichkeitsentwicklung zu fördern. Selbstbewusstsein und Selbstwertschätzung sind elementare Bestandteile des Selbstkonzeptes. Selbstkonzept und Selbstbild wiederum haben entscheidenden Anteil an der kindlichen Persönlichkeitsentwicklung. Selbstbewusstsein resultiert aus der Bewertung des Selbstbildes.

Die Realisierung der Ziele erfolgt über eine Arbeitsweise, die durch Kindzentriertheit und nicht-direktives Vorgehen des Therapeuten charakterisiert ist. Diese Aspekte beinhalten, dass das Kind selbst über seine Teilnahme und die Art und Weise der Teilnahme an der Mototherapie entscheidet. Dieses Prinzip, eigenständige Entscheidungen treffen zu dürfen, vermittelt dem Kind das Gefühl, ein gleichwertiger und akzeptierter Partner zu sein und aktiv auf seine Umwelt einwirken zu können. So können Hilflosigkeit und Ausgeliefertsein, und damit verbunden ein negatives Selbstwertgefühl, vermieden werden.

In planerischer Konsequenz bedeutet diese Vorgehensweise, dass die Handlungsimpulse primär vom Kind ausgehen. Die Aktivität des Kindes wird durch motivierendes Material und erlebnisintensive Bewegungssituationen angeregt. Das Kind entscheidet wiederum über die Ausgestaltung und den Sinn seiner Aktivitäten. Der Therapeut bietet sich als Spielpartner und als Helfer an, der die Impulse vom Kind aufgreift und zu deren Weiterentwicklung anregt. Er folgt dem Weg des Kindes, das die Richtung durch seine Handlungsimpulse bestimmt.

Impulse gehen vom Kind aus

Hier wird deutlich, dass die Ausgestaltung der therapeutischen Intervention wesentlich vom Kind ausgeht. Der Therapeut begleitet das Kind und seine Handlungen über positive und wertfreie Äußerungen. Über diese Art des Therapeutenverhaltens soll das Kind aus sich heraus seine Handlung als befriedigend und sinnvoll erleben und nicht vom Kommentar und der Bewertung anderer abhängig machen.

> „Veränderungen des Selbstkonzeptes treten nur dann ein, wenn der Erfolg der Tätigkeit als selbst bewirkt erlebt wird und nicht als zufallsbedingt oder von fremden Einflüssen bestimmt wahrgenommen wird" (Volkamer/Zimmer 1986, 51).

In Bezug auf die Inhalte werden u. a. bewegungsorientierte Angebote verwendet, weil sie entscheidenden Einfluss auf die Selbstwahrnehmung des Kindes haben. Die Bewegungssituationen sollen derart gestaltet sein, dass das Kind sich selbst als Verursacher erleben kann, d. h., dass Erfolg oder Misserfolg als Resultat eigener Handlung erlebt wird. Über Bewegung können Körpererfahrungen gemacht werden, die die Entwicklung des Körperkonzeptes fördern. Das Körperkonzept wiederum beeinflusst das Selbstkonzept. Diese Zusammenhänge kommen folgendermaßen zum Ausdruck:

Entwicklung des Körperkonzeptes

> „Da Bewegungserfahrungen gleichzeitig auch körperliche Erfahrungen sind und (...) die Entwicklung des Körper-Selbst und damit auch die Einstellung zu sich selbst, das Selbstkonzept beeinflussen, sind sie nicht ohne weiteres austauschbar gegen Erfahrungen, die durch ein anderes Medium gemacht werden können (...)" (Volkamer/Zimmer 1986, 58).

Allerdings schränken die Autoren ein, dass ihr Konzept nicht unbedingt an das spezifische Medium Bewegung gebunden ist. Das Setting ist die Gruppentherapie mit 6–8 Kindern im Alter von 4–10 Jahren und zwei Therapeuten, um gegebenenfalls Einzeltherapie innerhalb der Gruppe zu ermöglichen. Die Vorteile der Gruppe bestehen darin, dass Kinder sich in der Gruppe spontaner, unbeobachteter und natürlicher verhalten, dass dynamische Prozesse entstehen, und dass die Integration der Therapeuten erleichtert wird.

Übersicht, Bewertung und Weiterentwicklung des Konzepts

Der Kindzentrierte Ansatz von Volkamer und Zimmer lehnt sich direkt an die humanistische Psychologie, Rogers Persönlichkeitstheorie und Axlines nicht-direktive Spieltherapie an. Dadurch werden erstmals wesentliche Grundelemente der klientenzentrierten Spieltherapie (Menschenbild, Theorie des Selbst, Grundhaltung des Therapeuten) zu einem methodischen Eckpfeiler eines mototherapeutischen Konzepts. Das Hauptaugenmerk der Autoren bei der praktischen Umsetzung liegt vor allem auf dem nicht-direktiven, kindzentrierten Therapeutenverhalten bzw. einer das Selbstwertgefühl der Kinder stärkenden Beziehungs- und Situationsgestaltung. Dabei wird die spielerische Selbsterfahrung und Selbstentwicklung über die Bewegung angestrebt. Bewegung und Spiel werden als Einheit betrachtet.

Ein Hauptkritikpunkt des Ansatzes betrifft die Bewertung von Bewegung. Sie sei lediglich ein gut geeigneter Zugang zum Kind, für den therapeutischen Prozess jedoch nicht unbedingt notwendig. Seewald (1997, 7) geht sogar soweit zu behaupten, dass dem Ansatz überhaupt ein Bewegungskonzept fehle. Dabei geht es den Autoren um etwas anderes. Sie nennen deutlich den Wert der unmittelbaren Erlebnis- und Selbsterlebnismöglichkeiten des Kindes über Bewegung (1986, 58). Bewegung ist nicht Selbstzweck, sondern Mittel der Förderung. Es gilt, das Thema des Kindes zu entdecken, und das ist sehr oft ein vermindertes Selbstwertgefühl, das sich sehr gut über Bewegungs- und Spielanlässe stärken lässt.

Weiterentwicklung

Das ursprüngliche Konzept der kindzentrierten Mototherapie wird von Zimmer seit 1999 (2006b[8]) mehrfach zu einer kindzentrierten psychomotorischen Entwicklungsförderung weiterentwickelt. Dieses rekurriert auf den in der Psychomotorik bedeutsamen Schlüsselbegriffen *Körpererfahrung*, *Selbstkonzept* und *Identität* (Bielefeld 1986; Fischer 1996c; Zimmer 2001a, 2002) und stellt letztlich eine systematische Anwendung der Ergebnisse der Selbstkonzeptforschung mit einem Bezug zur Körperlichkeit dar. Die Grundlagen des Selbstkonzeptes und der Selbstwirksamkeit in der Psychomotorik sind weiter oben (Kap. 2.3.4) bereits dargestellt. Eckpunkte im Aufbau des Selbstkonzepts sind die beiden Säulen des Selbstbildes und des Selbstwertgefühls (s. Abb. 32, Zimmer 2006, 53).

Das *Selbstbild* gilt dabei als kognitive Komponente und beinhaltet ein neutrales Wissen über die eigene Person, während das Selbstwertgefühl bzw. die *Selbstwertschätzung* die bewertende, affektive Komponente darstellt. Das auf die sozial-kognitive Lerntheorie von Bandura (1984) zurückgehende Konzept der *Selbstwirksamkeit* sichert die motivationale Energie des Kindes in dessen Selbstsicherheit, die Welt und mögliche (problematische) Herausforderungen durch persönlich gesicherte frühere Handlungserfolge in den Griff zu bekommen. Diese Selbstwirksamkeitsüberzeugungen – letztlich handlungsbezogen und inter-

Abb. 32: Aufbau des Selbstkonzepts nach Zimmer (2006, 53).

aktiv in der Auseinandersetzung mit anderen Kindern erzeugt – sichern das aktionale Förderkonzept der Psychomotorik.

Erlernte Hilflosigkeit

Eng verknüpft mit dem Konzept der Selbstwirksamkeit ist der Begriff der erlernten Hilflosigkeit (Seligman 1990). Dieses Gefühl der Hilflosigkeit entwickeln Kinder aus der Erfahrung, Aufgabenstellungen, Situationen und zwischenmenschliches Interaktionsgeschehen nicht kontrollieren bzw. bewältigen zu können, was schlimmstenfalls in einer generalisierten Hilflosigkeit, Hoffnungslosigkeit oder gar resignativen, depressiven Grundhaltung resultiert.

Zimmer entwickelt mit der kindzentrierten psychomotorischen Entwicklungsförderung – wie schon zuvor Volkamer / Zimmer (1986) – ein systematisches Konzept, wie Kinder über die Erfahrung von Entscheidungsraum und Handlungsspielraum einen positiven Identifikationsprozess beschreiten. Der Ansatz ist wegbereitend für die Arbeit im Vorschulbereich wie in sozialpädagogisch- / pädiatrischen Anwendungsfeldern. Letztlich hat der

Ansatz durch die Formulierung von Arbeitsprinzipien einer kindzentrierten psychomotorischen Entwicklungsförderung (s. Zimmer 2004, 62–66) auch Bedeutung für eine elementare Didaktik der Psychomotorik.

4.2.3 Die Psychomotorische Entwicklungstherapie von Krus

Krus (2004a) transferiert die von Fischer (1996a,b) eingeführte ökologisch orientierte Psychomotorik und das Konstrukt des Entwicklungshandelns sowie das bei Zimmer (1999) differenzierte Selbstkonzept auf die Arbeit im kinderneurologischen Bereich und mahnt zum „Mut zur Entwicklung". Sie verlässt die *kindzentrierte* therapeutische Arbeit und konzipiert einen psychomotorischen Arbeitsprozess, der konsequent *kindorientiert* die systemisch-ökologischen Fachkompetenzen des Psychomotorikers ins Auge fasst (Interdisziplinarität). Weitere Konzeptbausteine des Ansatzes sind Ergebnisse zur Leistungsmotivation (Heckhausen 1989), zur Selbstkonzeptforschung (Filipp 1979, 1995[3]) sowie zur Selbstwirksamkeit bzw. wahrgenommenen Kompetenz (Bandura 1984; Flammer 1990, 1995).

Entwicklungs- und Störungskonzept

Das Konzept der psychomotorischen Entwicklungstherapie zielt sowohl auf eine *allgemeine Entwicklungsförderung* als auch auf eine an spezifischen Problemstellungen orientierte Intervention (Entwicklungs- und Störungskonzept). Ziel einer allgemeinen Entwicklungsförderung ist es, Anregungs- und Umgebungsbedingungen zu schaffen, die selbsttätiges, motiviertes Handeln des Kindes ermöglichen und das Kind durch eine Erweiterung eigener Handlungsmöglichkeiten in seiner Persönlichkeitsentwicklung bestärken. *Entwicklungsförderung als Intervention* beabsichtigt, das Individuum zu planvollem Handeln in der Auseinandersetzung mit Herausforderungen und Anforderungen zu befähigen. Dabei werden Bewältigungsstrategien gefördert, die primär kognitive und psychisch-emotionale Regulationsmechanismen fokussieren (Krus 2006, 2008). In ihrem Konzept definiert die Autorin Förderziele für die Bereiche

- Qualitative und quantitative Kompetenzvermittlung,
- Aufbau von Kontrollüberzeugungen,

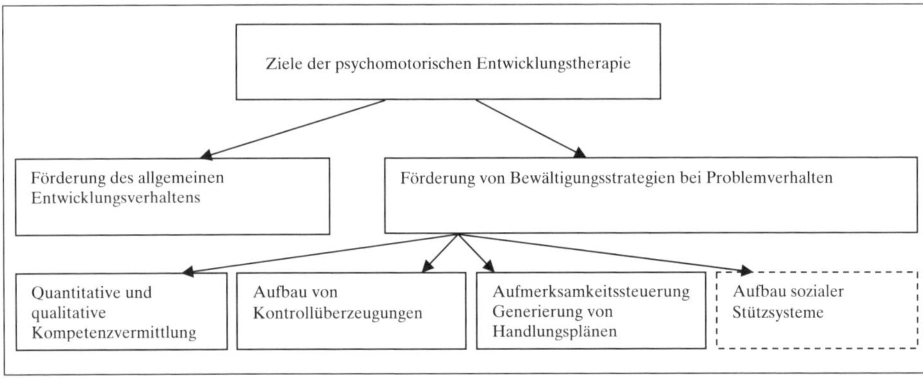

Abb. 33: Ziele in der psychomotorischen Entwicklungstherapie (Krus 2004a, 91; 2006, 359)

- Aufmerksamkeitssteuerung und Generalisierung von Handlungsplänen sowie den
- Aufbau sozialer Stützsysteme (s. Abb. 33).

Als weiteres Kernstück formuliert der Ansatz ein Inventar zur Entscheidungs- und Prozessdiagnostik, das die Interaktion mit dem Kind und dessen Eltern sowie den Kontakt zu anderen involvierten Erziehungseinrichtungen / therapeutischen Institutionen mehrdimensional und prozesshaft erfasst.

Der Ansatz von Krus beschreibt eine in der klinischen Praxis über viele Jahre erprobte und evaluierte Praxis, die bis auf die Ebene der Methodenregeln (s. Krus 2008, 68ff) heruntergebrochen wird und äußerst hilfreich ist für die Präzisierung eines eigenständigen psychomotorischen Förderkonzeptes im Reigen interdisziplinärer Interventionsformen.

4.3 Der Verstehende Ansatz in der Psychomotorik

Der verstehende Ansatz hat mehrere Mütter oder Väter, wird aber wesentlich von Seewald konturiert (Überblicksdarstellungen s. Hammer 2004d; Seewald 2004, 2007). Er wurde von Jürgen Seewald „als Antithese zum vorherrschenden empirisch-analytischen Denken" (Seewald 1992a, 204) insbesondere in Schillings erklärendem Ansatz konzipiert. Seewald kritisiert daran vor allem die naturwissenschaftliche Sichtweise von Bewegung und Persönlichkeit, die den subjektiven Sinn und die subjektive Bedeutung für den Einzelnen nicht zu erfassen vermag. Das Kind werde als Produzent motorischer Schemata und Träger von Persönlichkeitsfaktoren angesehen. Es komme zu Verallgemeinerungen, einer Entsubjektivierung und einer Kluft zwischen Theorie und Praxis.

Mensch als Sinnproduzent

Dem Verstehenden Ansatz liegt ein Menschenbild zugrunde, „das die Sinnfindung und das Verstehenwollen in das Zentrum des Menschseins rückt" (Seewald 1997, 10). Der Ansatz versteht den Menschen als Sinnproduzenten und versucht ihn in seiner Einzigartigkeit zu erfassen. „Bewegung wird [...] unter dem Aspekt der sich darin – implizit und explizit – ausdrückenden Sinnhaftigkeit und Bedeutung gesehen" (Seewald 1992a, 210). Sinnfindung erfolgt unmittelbar über den Leib und durch Bewegung, vollzieht sich im Entwickeln von Spielen und Geschichten und ist auf zwischenmenschliche Beziehungen angewiesen. Der Verstehende Ansatz geht von den Beobachtungen in der Praxis aus und versucht, das in Bewegung, Spielthemen und Geschichten Gezeigte zu verstehen. Unterschieden wird zwischen Verstehen als menschlicher Fähigkeit und Verstehen im wissenschaftlichen Sinne, das methodisch reflektiert ist und auf Theorien zurückgreifen kann, und damit für die Therapie von Bedeutung ist. Der Sinn kann methodisch auf drei verschiedenen Ebenen verstanden werden:

Hermeneutisches Verstehen: Das Verstehen des expliziten Sinns umfasst z. B. das objektiv beobachtbare Handeln eines Kindes.

Phänomenologisches Verstehen: Das Verstehen des impliziten Sinns beschreibt das Subjektive im Handeln des Kindes, wie z. B. Ausstrahlung, Ausdruck und Körperhaltung (leibliche Wahrnehmung).

Tiefenhermeneutisches Verstehen: Das Verstehen des verdrehten Sinns oder des scheinbaren Unsinns: Ein Kind sucht z. B. nach Liebe und Anerkennung, verhält sich aber gegensätzlich, so dass es abgelehnt wird.

Verstehen ist ein zwischenmenschlicher Prozess, der notwendig subjektiv und daher schwer überprüfbar ist.

Bewegung als Sinnträger

Entscheidender Sinnträger ist die Bewegung. Bewegung wird als Ausdrucksphänomen und symbolische Darstellungsform der inneren Realität des Kindes verstanden (Seewald 1993, 191), d. h. Kinder drücken über Bewegung, über Körperhaltung, im Spiel und in Geschichten ihre Lebensthemen aus, die es zu verstehen gilt. Die Verstehende Psychomotorik nutzt diese Ausdrucksmöglichkeit, die somit einen entscheidenden Heilfaktor darstellt. Förderung von Wahrnehmungs- und Bewegungskompetenz findet integriert in sinnvollen Handlungs- und Spielsituationen statt. Der Phantasie des Kindes wird ein hoher Stellenwert beigemessen. Erlebniszentrierte und selbstbestimmte Anteile überwiegen in der Förderung, die rein übenden Anteile verlieren an Bedeutung. Die präsentativen Symbolisierungen dienen nicht weiter als Verpackung von Förderinhalten, die sich der Erwachsene ausgedacht hat, sondern sind der Ausgangspunkt für einen dialogischen, therapeutischen Prozess.

Theoretische Grundlage

Der Verstehende Ansatz ist im Grunde an keine spezielle Entwicklungstheorie gebunden (vgl. Seewald 1992b, 217). In Anlehnung an Erikson, Mahler, Piaget u. a. greift Seewald Aspekte psychoanalytischer und strukturgenetischer Entwicklungstheorien heraus und verknüpft diese miteinander. Psychoanalytische Theorien teilen den Entwicklungsprozess zwar in Sinneinheiten ein, orientieren sich jedoch nicht am Lebensalter eines Kindes. Im Gegensatz hierzu sind strukturgenetische Theorien an Altersangaben gebunden und geben damit aber Entwicklungsnormen vor. Individuelle Entwicklungsverläufe und -tempi finden hingegen kaum Beachtung und lassen keinen Spielraum für die Entdeckung einer Sinnlinie im Erleben des Kindes (vgl. Seewald 1992a, 250ff). Unter Berücksichtigung der jeweiligen Vorzüge der genannten Entwicklungstheorien involviert Seewald in seine Theorie sowohl Reifungs- als auch Lernfaktoren und erstellt aus der „Kombination aus Lebensalter und Hauptthemen der Entwicklung“ eine Phaseneinteilung, in der eine Nähe zum Konzept der Entwicklungsaufgaben ersichtlich wird (Seewald 1992a, 252f). Er benennt sechs sich zeitlich überschneidende Phasen, die eine Orientierungsfunktion für das Verstehen der individuellen Lebensgeschichte eines Kindes in seiner konkreten Umwelt erfüllen. Jeder Phase ordnet Seewald spezifische Entwicklungs-, d. h. Leib- und Beziehungsthemen sowie auf sie bezogene symbolische Ausdrucksformen zu: Die chronologische Einteilung beginnt in der intrauterinen Phase (1), der sich die Phasen der Geburt (2) und

Tab. 8: Leib- und Beziehungsthemen in der Kindheit (nach Seewald 1992a, 467ff)

	Entwicklungsthema:	**Symbolischer Ausdruck:**
Phase 1	• im Uterus bewegt werden • Weite und Enge spüren	• Gewiegt- und Geschaukeltwerden • enge, dunkle Räume; Druckbelastungen
Phase 2	• Druck und Angst spüren • durch den Geburtskanal	• Bedrückendes enger Räume • Tunnel und Röhren ins Freie
Phase 3	• Umsorgt- und Gehaltenwerden • Hautkontakt aufnehmen	• Situationen des „Gehaltenfühlens" • massiert, geschminkt werden
Phase 4	• greifen und sich nehmen • wählen können	• „Geben-Nehmen"-Spiele • Situationen des Wählens (z. B. Partner)
Phase 5	• „auf eigenen Füßen stehen" • Nähe und Distanz zur Mutter	• Balancierspiele • Fang- und Versteckspiele
Phase 6	• einen Platz in der Familie finden • sich „Großfühlen"	• Rollenspiele um Familienbeziehungen • Spiele um „Groß- u. Unabhängigsein"

der ersten drei Lebensmonate (3) anschließen. Die vierte Phase umfasst den Zeitraum von drei bis zwölf Monaten (4), die fünfte reicht vom zweiten Lebensjahr bis zweieinhalb Jahren (5) und die letzte Phase endet im Kindesalter von ungefähr fünf Jahren (6) (vgl. Seewald 1992a, 467ff). Aus jeder Phase werden in der Tabelle 8 in Anlehnung an Seewald (1992a, 467ff) jeweils zwei der vorherrschenden Entwicklungsthemen und ihre jeweilige mögliche symbolische Entsprechung aufgelistet, um einen Einblick in die Inhalte der Phasen zu geben: Entwicklung wird demnach als „Abfolge von Leib- und Beziehungsthemen" interpretiert, „die jedes Kind mit Variationen erleiden und erleben muss oder darf" (1992a, 466). Die Entwicklungstheorie impliziert, dass jedes Kind vor die Aufgabe gestellt wird, sich mit seinen Entwicklungsthemen auseinander zu setzen.

Übersicht und Bewertung

Zweifelsohne stellt Bewegung ein vielschichtiges Phänomen dar; deshalb ist es notwendig, dieser Vielgestalt von verschiedenen Seiten zu begegnen. Der Ansatz liefert hier einen wichtigen Beitrag, indem er die bisher weniger akzentuierte Sinnebene des psychomotorischen Konzepts hervorhebt. Seewalds Anliegen ist es, der Sinnhaftigkeit kindlichen Handelns nachzuspüren. Damit verbunden sind Interpretationen. Therapieorientierte Sinnüber-

Sinnhaftigkeit kindlichen Handelns

legungen für das Verständnis des Kindes sind also sinnvoll, sie können sich aber im Falle einer Fehlinterpretation auch nachteilig auswirken. Dieser Aspekt der Gültigkeit von Interpretationen ist auf der Gefährdungsseite des Ansatzes zu verbuchen. Subjektive Interpretationen sind immer auch spekulativ und bergen die Gefahr des Machtmissbrauchs durch Vorwissen.

Rolle des Therapeuten

Vom Therapeuten wird für den Erfolg des Förderprozesses viel Hintergrundwissen über Entwicklung und viel Selbsterfahrung erwartet und ihm wird Supervision angeraten (Seewald 1997, 13). Seine Aufgabe besteht darin, zu erkennen, was das Kind situativ braucht (Bestätigung, Herausforderung, Anregung u. ä.) und welche Materialien, Spielrollen, Situationen oder Räume dazu passen. Dabei gibt das Kind immer den Weg an. Der Therapeut kann thematische Anregungen geben und sich als Spielpartner anbieten. Über symbolische Darstellung oder Gespräche kann er die Erlebnisverarbeitung des Kindes unterstützen. Deutungen im psychoanalytischen Verständnis sollten jedoch unterbleiben. Die Beziehung zwischen Kind und Therapeut ist für die Therapie sehr wichtig, da die kindlichen Themen oft Beziehungsthemen sind. Der Verstehende Ansatz in der Psychomotorik ebnet somit stärker einer Einzelförderung den Weg. Auf der Strecke bleibt verständlicherweise der normative Charakter, die sozialisierende Funktion und die strukturbildende Bedeutung der Bewegung, gegen die sich der Ansatz ausdrücklich wendet.

Vom Therapeuten gefordert wird fast schon eine psychotherapeutische Qualifikation; somit lässt sich der Ansatz, der weniger die erlebniszentrierte als gerade die konfliktzentrierte, aufdeckende Arbeit anstrebt, tendenziell eher der Kategorie bewegungspsychotherapeutischer Verfahren zuordnen. Genau diese Schwerpunktsetzung ist in jüngerer Zeit durch die Auseinandersetzung mit psychodynamischen Ansätzen, nicht zuletzt auch der französischen Psychomotorik vertieft worden (Eckert 2004; Esser 2004). Die Stärke des Ansatzes liegt eindeutig in der Ausgestaltung der Beziehung zwischen Kind und Therapeut. Kritisch anzumerken ist, dass das Verstehen des Lebensthemas des Kindes allein für die therapeutische Intervention nicht ausreicht, weshalb Seewald in neuerer Zeit (1997, 2007) die Verknüpfung mit erklärenden Sichtweisen vorschlägt.

Der Gewinn der frühen Phase des verstehenden Ansatzes ist sicherlich die Sensibilisierung für einzelfallbezogene, dennoch typische konfligierende Themen zur gegenständlichen Füllung des psychomotorischen therapeutischen Alltags. Erst mit Aufnahme des Konstrukts der Entwicklungsaufgaben (Fischer 1996a, Haas 1997; s. Kap. 3.5.2) werden normative alterstypische Aufgabenstellungen berücksichtigt, die nicht auf den Beziehungsbereich beschränkt bleiben. Für Hammer (2001, 2004d, 184) ist es dann selbstverständlich, die Konfliktbearbeitung auf das psychomotorische Umfeld auszuweiten und erste Konzepte einer systemischen psychomotorischen Familientherapie vorzulegen (Hammer/Paulus 2002).

4.4 Die ökologisch-systemische Perspektive

Die Einführung des Ökologiebegriffes in die Psychomotorik hat eine Blickerweiterung im Sinne einer Netzwerkperspektive ausgelöst (Fischer 1996d). Die Sichtweise ist in Kapitel 3.4.3 ausführlich dargestellt worden (s. auch Tab. 9). Die Ergebnisse der Ökologiediskussion verbinden sich gegenwärtig mit Fragestellungen, die mit dem Paradigmenwechsel in der Wissenschaftsauffassung generell zu tun haben und die maßgeblich mit Überlegungen zu Systemtheorien und (Radikalem) Konstruktivismus in Verbindung stehen.

4.4.1 Der systemisch-konstruktivistische Ansatz von Balgo und Voss

Die systemisch-konstruktivistische Position hat in den letzten Jahren zu einer radikalen Änderung der Sichtweisen geführt und wird durch Autoren wie Balgo (1996, 1998a,b, 1999, 2004); Balgo/Voss (1995); Hilbers (2000); Klaes/Walthes (1996) und Palmowski (1995) in die psychomotorische Konzeptdiskussion eingebracht. Balgo (1998b, 5) spricht sich deutlich sowohl gegen den erklärenden als auch den verstehenden Ansatz aus, da beide Ansätze auf in den modernen Natur- und Geisteswissenschaften entwickelten, methodologischen Idealvorstellungen basieren. Es komme zu einem unüberwindbaren Bruch zwischen beiden Richtungen, so dass er im Sinne eines wissenschaftlichen Paradigmenwechsels und einer umfassenden theoretischen Synthese die systemisch-konstruktivistische Position vorschlägt. Diese kontextbezogene Sichtweise versteht (so genannte) Wahrnehmungsstörungen und auffälliges (Bewegungs-)Verhalten von Kindern im Unterschied zu den individuumzentrierten Störungsmodellen als passenden Ausdruck der interaktionellen Beziehungen zwischen den Kindern und ihrer Lebenswelt.

Der Ansatz basiert wissenschaftstheoretisch auf Systemtheorien, dem Radikalen Konstruktivismus, der Kybernetik und dem Autopoiesis-Konzept. Balgo definiert die systemisch-konstruktivistische Perspektive als

> „eine Sichtweise, in der ein Beobachter […] Systeme zum Erkenntnisgegenstand seines […] Denkens macht, die sich und ihre jeweiligen Umwelten selber hervorbringen, konstruieren, erschaffen, gestalten" (Balgo 1998b, 5).

In dieser Definition zeigen sich zentrale Aspekte der systemisch-konstruktivistischen Perspektive wie das Verständnis des Systembegriffes als auch die veränderte Sichtweise von Wirklichkeit. Ein System (Ganzheit) wird als dynamisch beschrieben, weil es als ein in seinem Inneren aus Teilen bestehendes, sich ständig veränderndes Ganzes verstanden wird. Die miteinander verbundenen Teile (Subsysteme) wirken zirkulär (kreisförmig) zusammen und machen die Eigenschaften des Systems aus. Teile können auch jeweils eigenständige Systeme sein, wie beispielsweise die Systeme Körper, Wahrnehmung / Bewegung oder auch soziale Systeme.

Systeme

Wirklichkeit wird als Konstruktion eines jeden Systems (Individuums) verstanden, in dem es selbst enthalten ist. Es gibt so viele Wirklichkeiten wie Systeme. Wirklichkeitskonstruktionen werden ermöglicht – begrenzt und beeinflusst über die Körperlichkeit – über Emotionen und über kognitive Konzepte, müssen sich im Rahmen sozialer Lebenskontexte bewähren und gegebenenfalls angepasst werden. Im Zusammenwirken mit anderen Individuen bringen die Beteiligten eine gemeinsame, konsensuelle Wirklichkeit hervor. Jede individuelle Wirklichkeit ist immer auch ein gemeinsames soziales Produkt aller anderen. So ist auch ein Beobachter immer Teil der Wirklichkeit, da er selbst Beteiligter ist. Aufgrund dieser Sichtweise von Wirklichkeit kann es keine Objektivität geben. Bewertungen und Diagnosen sind nicht objektiv aussagekräftig.

Wirklichkeitskonstruktion

Im systemisch-konstruktivistischen Ansatz wird das „pathologisierende Konzept des Problemsystems“ (Balgo 1998b, 9) vermieden, da Störungen als ein nicht gelungener Umgang mit Verschiedenheit betrachtet werden. So genannte Störungen der Wahrnehmung oder des (Bewegungs-)Verhaltens müssen im interaktionellen und sozialen Kontext betrachtet werden. Sie können nicht auf körperliche Prozesse reduziert werden. Ein Kind konstruiert für sich immer eine passende (viable) Wirklichkeit, die weder richtig noch falsch ist. „Die Einheit des Kindes im Kontext seiner ganzheitlichen Lebenssituation [rückt] in das Zentrum einer kompetenz-und ressourcenorientierten psychomotorischen Entwicklung“ (Balgo 1996, 233).

Systemische Bewegungstherapie

Die Systemische Bewegungstherapie von Balgo und Voß (1995) orientiert sich an dem Ziel, das Kind beim Erreichen eines ihm individuell möglichen Zustands zu unterstützen. Sie versteht sich als ein dialogischer, kooperierender Prozess, bei dem der Therapeut aktive Schritte zur strukturellen Koppelung mit dem Kind unternimmt, das Kind aber lediglich anregt, gelegentlich aber auch (unbeabsichtigt) verstört bzw. irritiert. Die Therapie soll Rahmenbedingungen für den individuellen Veränderungsprozess des Kindes schaffen. Diagnostik wird eingesetzt, um die Kompetenzen und Ressourcen des Kindes ausfindig zu machen, die dann gestärkt werden können. Wichtig ist dabei eine partnerschaftliche, empathische Beziehung zwischen zwei oder mehreren autonomen und gleichberechtigten Menschen.

Übersicht und Bewertung

Der systemische Ansatz äußert Kritik an der traditionellen Sichtweise, etwa des Begriffes „Wahrnehmungsstörungen“. Diese werden bisher eher defizit- oder defektorientiert definiert. Einem wahrnehmungsgestörten Kind wird von den Fachleuten eine falsche Wahrnehmung und damit ein falsch funktionierender Körper attestiert. Auch verhaltensgestörte Kinder verhalten sich demnach nicht normal. In der systemischen Sichtweise wird diese Störung nur aus dem Lebenskontext verständlich. Für das Subjekt ist das abweichende Verhalten (z. B. Hyperaktivität) Ausdruck des eigenen Netzes von Beziehungen, und unter den individuellen Lebensbedingungen durchaus sinnvoll, etwa als eine Reaktion auf eine Überforderung. Das Kind hat keine, sondern

Störung nur im Lebenskontext verständlich

zeigt eine Störung. Es wird nicht versucht, der Störung oder Behinderung des Kindes entgegenzuwirken – etwa durch eine spezielle Therapie – sie wird statt dessen als Teil seiner Persönlichkeit akzeptiert. Durch persönlichkeitsstärkende psychomotorische Angebote wird ein Zustand angestrebt, der dem Kind ein Leben in Wohlbefinden ermöglicht. Die systemische Psychomotorik zielt auf eine Kooperation zwischen Therapeut und Kind als zwei gleichberechtigte, voneinander unabhängige Partner ab, in der der Therapeut unterstützt und dialogisch handelt. Die Beziehung sollte eine partnerschaftliche Spiel-Beziehung sein, mit dem Akzent „Akzeptanz ohne Forderung“ (Balgo 1996, 236). Das Spiel sollte als Tätigkeit um seiner selbst willen verstanden werden, um die Autonomie des Kindes als autopoietisches Wesen zu realisieren und zu respektieren.

Bei aller Sympathie für die „neuen“ Sichtweisen, ist es dennoch bedeutsam, sich kritisch und differenziert mit den neuen Begrifflichkeiten auseinander zu setzen. Drei Punkte seien an dieser Stelle angesprochen:

- Der systemisch-konstruktivistische Ansatz in der Psychomotorik rekurriert auf Begründungszusammenhänge, die sehr stark naturwissenschaftlich geprägt sind (Neurobiologie, Quantenphysik, Chaostheorie) (Burmeister 1998). Es ist zumindest Vorsicht geboten, diese Theoreme und Ableitungen ohne Modifikationen auf humanwissenschaftliche Bezugssysteme zu übertragen (etwa die Psychomotorik) und sie in pädagogisch-therapeutischen Feldern anzuwenden.
- Die psychomotorische Theoriekonstruktion hat mühsam, d. h. in langjähriger wissenschaftlicher Auseinandersetzung, das Subjekt (die Person) als autonome Instanz für sich gewonnen (s. dazu die Ausführungen zu den theorieübergreifenden Orientierungen der Psychomotorik zu Beginn des Kapitels 3). Balgo scheint diese Position wieder zu verlassen, wenn er formuliert: „Ausgangspunkt einer systemischen Sichtweise ist daher nicht das menschliche Subjekt oder Individuum als kleinste vorstellbare Einheit, sondern beobachtende Systeme, die sich und ihre spezifischen Umwelten selbst hervorbringen und aufrechterhalten“ (Balgo 1999, 108). Das Subjekt oder der Mensch wird also durch beobachtende oder psychische Systeme ausgetauscht (Hilbers 2000, 31), das Individuelle verliert an Prägnanz. Die ökologische Sichtweise sieht hingegen den

Menschen und seine Umwelt (auch nicht-personale Umwelt!) als komplementäre Entwicklungspartner; eine Entwicklungsförderung kann dann mit wechselnder oder doppelter Zentrierung bei beiden Partnern ansetzen und das Entwicklungsgeschehen insgesamt beeinflussen.

- Die Theorie-Diskussion dieses Ansatzes hat die Praxis-Ebene ausgeblendet. Eine Anwendung auf pädagogisch-therapeutische Handlungsfelder darf die Frage nach den Inhalten oder besser nach den Themen im Verhältnis zur Methode („Beziehungsgestaltung") nicht vernachlässigen.

4.5 Vergleichende Betrachtung und Ausblick

Förderung der Gesamtpersönlichkeit

Bei einer vergleichenden Betrachtung fällt auf, dass alle Ansätze als oberstes Ziel die Förderung der Gesamtpersönlichkeit des Kindes betonen, allen liegt ein ganzheitliches Menschenbild zugrunde. Es lassen sich zudem gemeinsame, übergeordnete Leitmotive erkennen, z. B. die Orientierung am Kind, an der kindlichen Entwicklung und an der kindlichen Lebenswelt. Unterschiede ergeben sich bei der methodischen Vorgehensweise und beim Therapeutenverhalten. Ältere Ansätze bevorzugen eine strukturiertere und funktionellere Vorgehensweise. Kiphard, Schilling und Kesper/Hottinger orientieren sich zwar an den Nöten und Bedürfnissen der Kinder und betonen die Notwendigkeit der Verbesserung des Selbstvertrauens und der Ermutigung der Kinder, das methodische Vorgehen gestaltet sich aber vorwiegend als ein therapeutenzentriertes Lern- und Übungsangebot mit dem Ziel der Verbesserung der Wahrnehmungs- und Bewegungsprozesse sowie der Handlungs- und Kommunikationsfähigkeit der Kinder.

Persönlichkeitsfördernde Ansätze orientieren sich an den kindlichen Stärken und Ressourcen, die therapeutische Beziehung zeichnet sich durch einen partnerschaftlichen Dialog aus. Da die Praxis sich nicht nach einem gesicherten Übungsgut ausrichtet, bleibt die Förderung des Kindes an sich oft unklar.

Den Schwerpunkt des aktuellen methodischen Vorgehens bilden erlebnisorientierte, bedeutungs- und handlungsgebundene Situationen, die das Kind zur aktiv tätigen Auseinandersetzung mit der Umwelt anregen. Die neueren Überlegungen zeigen außerdem eine stärkere Akzentuierung von ökologischen (lebensweltlichen) Aspekten in der Förderung sowie die Thematisierung von Entwicklungsaufgaben. Der Pädagoge bzw. Therapeut übernimmt die Aufgabe, entsprechende bewegungsgebundene – nicht unbedingt konfliktvermeidende – Erfahrungssituationen zu arrangieren.

Neues Selbstverständnis des Psychomotorikers

Die aktuellen Entwicklungen in der psychomotorischen Theorielegung haben ein neues Selbstverständnis des Psychomotorikers hervorgebracht. Die herkömmlichen Interventionsstrategien im Sinne einer expertenzentrierten Vorgehensweise eignen sich nur noch bedingt, da sich eine kausal-lineare Relation zwischen Angebot (psychomotorische Übung) und Wirkung (Lerngewinn und Verhaltensmodifikation) nicht als zwingend erweist. Das Potential des Subjekts als Gestalter seiner eigenen Entwicklung bleibt hier konzeptionell auf der Strecke.

Statt dessen eröffnen sich neue Fachkompetenzen für den Psychomotoriker (Hilbers 2000); man könnte sie als Entwicklungsaufgaben des Faches und als Schlüsselqualifikationen des Fachpersonals beschreiben:

Entwicklungsbegleitung als Prinzip der Förderung: Die neue Sichtweise thematisiert die Rolle des Pädagogen und Therapeuten eher im Sinne eines Moderators oder Kommunikationsspezialisten. Die Förderung wird dann zur Entwicklungsbegleitung in der Ausbalancierung von sinnvollen Steuerimpulsen und der Unterstützung der Eigenverantwortung des Kindes.

Modellierung der Kontexte: Die ökologisch-systemische Sichtweise dezentralisiert das Denken von den Eigenschaften des Edukanden oder des Patienten auf die Person-Umwelt-Perspektive. Die Aufmerksamkeit des Psychomotorikers verlagert sich (auch) auf neue Tätigkeitsfelder. Sie ist geleitet von der Frage: Wie ändere ich die Kontextbedingungen, um Selbstgestaltungskräfte für die individuelle Entwicklung zu wecken?

Dialogische Beziehung: In Anlehnung an das dialogische Konzept Milani-Comparettis (1980, 1986) vollzieht sich zwischen Kind und Psychomotoriker ein gegenseitiges spiralförmiges Fortschreiten durch Vorschlag und Gegenvorschlag. Das Kind bringt seine individuellen Kompetenzen ein, der Psychomotoriker sein spezielles Wissen und Können (Bewegungsangebote, Spiele, Beziehungskompetenz). In einem gemeinsam gestalteten Dialog werden Vorschläge und Gegenvorschläge exploriert. Vorschläge des Kindes werden aufgegriffen und konsensuell weiterentwickelt. Konflikte, Fehler und (Beziehungs-)Störungen müssen als Chance der Veränderung und Neustrukturierung gesehen werden. Hier liegt die wahre Kompetenz des Psychomotorikers: Durch Empathie, partnerschaftliche Beteiligung und Anbieten neuer Unterscheidungen Entwicklungsprozesse anzuregen, ohne die Autonomie und Integrität der Anvertrauten zu verletzen.

Tab. 9: Übersichtstabelle der vorgestellten Ansätze

Ansätze	**Zentrale Begrifflichkeiten und Wertungen**
I. Die funktionale Perspektive	
Kiphard *Psychomotorische Übungsbehandlung (PMÜ)* Göbel/Panten *Klinische Psychomotorische Therapie (KPT)* *Handlungsfähigkeit* *Therapeutenverhalten*	• ganzheitliche Wirkweise angestrebt • dennoch Übungscharakter • hoher Motivationsgrad durch attraktives Übungsgut • Effektivitätskontrolle über Diagnostik • medizinische Indikation • Prozessdiagnostik • Interdisziplinarität • Kindzentriert • erlebnisorientierte Übungssituationen • Therapeut führt, Klient folgt; Beziehung bleibt meist unreflektiert *Wertung:* Weiterentwicklung der PMÜ
Ayres: Sensorische Integration (SI) *Wahrnehmung als Förderansatz* Kesper/Hottinger *Sensorisch Integrative Mototherapie (SIM)*	• Akzentsetzung bei Lernstörungen und Verhaltensauffälligkeiten • Bewegung als Träger der sensorischen Integration *Kritik:* funktioneller Wahrnehmungsbegriff, Menschenbild *Wertung:* • großer Fundus an Praxisanregungen • fehlender Subjektbezug • Rückführung höherer Leistungen auf basale Erfahrungen

Fortsetzung der Tabelle auf Seite 242

Tab. 9: Fortsetzung

Ansätze	Zentrale Begrifflichkeiten und Wertungen
Brüggebors *Holistische Sensorische Balance*	• Funktionsdiagnostik und funktionelle Therapie • systematisch/übungszentriert • Elternarbeit: (Co-Therapeuten-Modell)
Ancouturier/Lapierre/Esser *La méthode Ancouturier*	• Weiterentwicklung unter konstruktivistischer Perspektive • Tiefenpsychologische Aspekte als Ergänzung des SI-Ansatzes
II. Die erkenntnisstrukturierende / kompetenztheoretische Perspektive	
Schilling; Zimmer (Piaget) *Handlungsorientierter Ansatz* *Motopädagogik*	• über das Handeln zur Erkenntnis • Kompetenzorientierung *Wertung:* • schlüssiges Konzept: Handeln → Kognition (Motopädagogik) • Übergewicht Kognition • geringe Bedeutung affektiver und sozial-ökologischer Aspekte (Beziehungsgestaltung + Bewegungsumwelt)
Mototherapie (Schilling)	*Wertung:* • positiv ist die klare Handlungsorientierung auch in der Therapie • mehrdimensionale Betrachtung der Persönlichkeit *Kritik:* • klassisches Störungskonzept • Sekundärstörungshypothese
Weiterentwicklungen Fischer *Metatheoretische Perspektive* *Vetter*	• Handeln als Entwicklungshandeln in dialogischer Perspektive • Bewegung als Person-Umwelt-Interaktion • Thematische Orientierung der Praxis • Betonung von Stärken und Ressourcen • Handlungstheorie als integratives Modell • Handlungsorientierte psychomotorische Diagnostik
Volkamer/Zimmer (Persönlichkeitstheorie Rogers) *Kindzentrierte Mototherapie*	• Akzentuierung des Subjekts im Förderprozess • Körperkonzept als Basis des Selbstkonzepts • Therapeut tritt in den Hintergrund

Weiterführung Zimmer: *Kindzentrierte psychomotorische Entwicklungsförderung* *Krus:* *Psychomotorische Entwicklungstherapie des Kindesalters*	*Wertung:* • keine entwicklungsbezogene Einordnung; keine systemischen Bezüge • Ausarbeitung des Konzepts des Selbst und der Selbstwirksamkeit über Bewegungsaktivität • Entwicklung einer elementaren Didaktik • Zielt auf allgemeine Entwicklungsföderung und Entwicklungsförderung als Intervention • Qualitative und quantitative Kompetenzvermittlung • Aufbau sozialer Stützsysteme • Integration einer differenzierten Entscheidungs- und Prozessdiagnostik
III. Der verstehende Ansatz in der Psychomotorik	
Seewald: *Das Kind „verstehen"*	• Gegenkonzept zum empirisch-analytischen Denkansatz • subjektive Bedeutung der Bewegung • subjektive Sinnfindung bzw. Ausdruck als *Heilsfaktor* • Phänomenologische und tiefenpsychologische Aspekte • Inszenierung von Geschichten; Betonung von Lebens- und Beziehungsthemen *Wertung:* • Stärke in der Beziehungsgestaltung zwischen Therapeut und Kind • keine systemischen Bezüge *Problem:* • Bewegungspsychotherapeutische Qualifikation notwendig • Verstehen des Lebensthemas des Kindes ist noch kein Förderangebot
IV. Die Ökologisch-systemische Perspektive in der Psychomotorik	
Bronfenbrenner: *mehrperspektivische Betrachtungsweise*	• Individuum und Umwelt als Analyseeinheit • Blickerweiterung durch Querdenken (= Netzwerkperspektive) • Lebensraum- und Spielraumkonzept für die Psychomotorik • Tätigkeit/ Handlung als Entwicklungsträger

Fortsetzung der Tabelle auf Seite 244

Tab. 9: Fortsetzung

Ansätze	**Zentrale Begrifflichkeiten und Wertungen**
	• aktuell eine starke gesellschaftspolitische Bedeutung (Armutsdebatte) • deutschsprachige Rezeption als Humanökologie
Balgo/Voss: *Systemisch-konstruktivistische Perspektive*	*Problem:* • keine Aussagen über inhaltlich-thematische Angebote • keine individuumsbezogene Sicht, sondern kontextuelles Verstehen der Handlungen des Kindes aus dem situativen Kontext bzw. den Lebensbedingungen • keine objektive Wirklichkeit, sondern radikale subjektive Konstruktion • objektive Betrachterrolle ist nicht möglich, da Beobachter immer Teil des Systems ist • Bewertungen (Diagnosen) sind immer interaktiv bestimmt und sozial definiert *Bewertung:* • Sichtweisen von Störungen, Auffälligkeiten sind radikal verändert, d. h. ausschließlich in systemischer Perspektive • fehlender Subjektbegriff • wichtige Anregungen für ein Beratungskonzept in der Psychomotorik • Aktuelle Psychomotorik zeigt Parallelen zur konstruktivistischen Didaktik Reichs
Neue Leitbegriffe für die Psychomotorik Handeln als Entwicklungs-handeln	• Entwicklungsbegleitung als Prinzip der Förderung • Modellierung der Kontexte • Dialogische Beziehung

Übungsaufgaben zu Kapitel 4

40. Beschreiben Sie die Begriffe *Gesundheit* und *Krankheit* in der psychomotorischen Diskussion.

41. Ist eine Grenzziehung von Pädagogik und Therapie in der Psychomotorik eindeutig herstellbar? Finden Sie Argumente und Gegenargumente.

42. Warum nennt Kiphard sein ursprüngliches Konzept *Psychomotorische Übungsbehandlung*?

43. Wodurch unterscheiden sich Psychomotorische Übungsbehandlung (PMÜ) und das Konzept Klinischen Psychomotorischen Therapie (KPT)?

44. Was heißt sensorische Integration?

45. Beschreiben Sie Beispiele aus der Praxis der Sensorischen Integrationstherapie.

46. Welcher Wahrnehmungsbegriff liegt diesem Ansatz zugrunde?

47. In jüngerer Zeit werden dialogisch-konstruktivistische und tiefenpsychologische Aspekte mit dem Ansatz der Sensorischen Integration in Verbindung gebracht. Nennen Sie wesentliche Aspekte dieser Diskussion.

48. Welchen Stellenwert hat das Handeln in Schillings Ansatz der Mototherapie?

49. Was versteht Fischer unter Entwicklungshandeln?

50. Worin unterscheidet sich Schillings Mototherapie vom Ansatz kindzentrierter Mototherapie nach Volkamer und Zimmer?

51. Welche Veränderungen nimmt Zimmer in ihrem Ansatz der kindzentrierten psychomotorischen Entwicklungsförderung gegenüber dem ursprünglichen Ansatz vor?

52. Skizzieren Sie eine Fördereinheit, die das Ziel der Veränderung des Selbstkonzeptes von Kindern zum Ansatz hat.

53. Skizzieren Sie das Konzept der psychomotorischen Entwicklungstherapie von Krus.

54. Wo liegen die Unterschiede zwischen dem erklärenden und dem verstehenden Ansatz in der Psychomotorik?

55. Wo liegen die Schwächen des verstehenden Ansatzes in der Psychomotorik?

56. Der systemisch-konstruktivistische Ansatz in der Psychomotorik kritisiert den traditionellen Begriff der *Wahrnehmungsstörungen*. Zeichnen Sie die Kritikpunkte nach.

57. Warum kann es keine alles umfassende Theorie der Psychomotorik geben? Zeichnen Sie die Geltungsbereiche, Vor- und Nachteile einzelner Ansätze nach.

5 Psychomotorik im Spannungsfeld von Theorie und Praxis – Ausgewählte Beispiele über die Entwicklungsspanne

Mit den Erörterungen im vorherigen Kapitel ist das Dilemma, aber auch die Chance der Psychomotorik als ein tragendes Konzept im Erziehungs- und Gesundheitssystem deutlich geworden: Psychomotorik befindet sich im Schnittfeld von Pädagogik und Therapie. Paradoxerweise liegt hier der besondere Reiz der Psychomotorik begründet, denn sie garantiert die „Offenheit des pädagogischen Blicks für die ganze Person und die Fokussierung des therapeutischen Blicks auf Wachstum und Entwicklungshindernisse" (Seewald 1997, 5). Auf der anderen Seite ergibt sich die Frage nach der Unterscheidung von Therapie und Pädagogik, die lange Zeit die Fachdiskussion bestimmt hat. Im Zuge des Paradigmenwechsels in den Wissenschaften sind die Aufgabenstellungen von Pädagogik und Therapie nicht durch unvereinbare Unterscheidungen, sondern durch den komplementären (= sich wechselseitig ergänzenden) Charakter bestimmt. So stellt Huschke-Rhein fest, dass sich der Unterschied von Pädagogik und Therapie minimiert hat, denn

Zwischen Pädagogik und Therapie

> „Erziehung, Bildung, Ausbildung, Beratung und Therapie sind nach systemischer Auffassung auf einem gemeinsamen Kontinuum vorzustellen, das die ansteigende Stärke der Selbstorganisationskräfte symbolisiert. Damit gewinnen Beratung und Therapie ein Stück erzieherischer Normalität zurück, und die Erziehung wird vom Makel der bloß externen Fremdsteuerung befreit" (Huschke-Rhein 1998, 26).

Therapie fungiert weder als Gegenstück noch als Ersatz für Erziehung, sondern als besondere Hilfe für das Subjekt. Aus einer systemischen Analyse ist es dennoch unerlässlich, die Spezifik der Aufgabenfelder zu bestimmen, zudem die Frage nach den fachspezifischen Ergänzungen zum Gesamtsystem zu stellen. Genau an dieser Stelle des Identitätsbildungsprozesses befindet sich das Fachgebiet der Psychomotorik gegenwärtig. Drei Anschluss-Stellen seien genannt:

1. Die Profilierung des Begriffes Entwicklungsförderung: Da Erziehung und Therapie normaler wie behinderter, von Behinderung bedrohter sowie entwicklungsgefährdeter bzw. entwicklungsverzögerter Kinder immer auf die Interdisziplinarität des fachlichen Zugangs angewiesen sind, hat das System Frühförderung dem neutralen Begriff Frühförderung gegenüber den Begriffen Früherziehung und Frühtherapie den Vorrang gegeben. Für das psychomotorische Paradigma in der Frühförderung habe ich selbst (Fischer 1991) die Leitidee der Entwicklungsförderung als Zielbegriff und die Handlungsorientierung der Förderpraxis vorgeschlagen. Gleiches gilt für die Vorschulpädagogik, die sich zunehmend als integrative Förderung behinderter wie nicht behinderter Kinder organisiert und deshalb unter der Leitidee der Entwicklungsförderung firmiert (Fischer 1996b, 32). Seewald (1998) hat diese Gedanken aufgegriffen und für die Psychomotorik ein paradigmatisches System um den Begriff Entwicklungsförderung zwischen Pädagogik und Therapie entworfen (Tab. 10).

Er kommt zu dem Ergebnis, dass sich die Psychomotorik weder auf die Begrifflichkeiten des Erziehungssystems (Pädagogik) beziehen kann, da dieses sich vor allem auf Schule (klassische Leitdifferenz: besser / schlechter) bezieht, noch sich verbindende Anschlüsse an das Medizinsystem (Therapie) ergeben, da die Psychomotorik nicht die Differenzierung krank / gesund übernommen hat. Als zentrale Leitdifferenz der Psychomotorik führt Seewald die Unterscheidung *spezieller Förderbedarf / kein spezieller Förderbedarf* ein. Damit rückt die Psychomotorik stärker an das System Heil- und Sonderpädagogik heran, das ebenfalls das Paradigma der Entwicklungsförderung vertritt.

Leitdifferenz der Psychomotorik

2. Die Eröffnung einer gesundheitswissenschaftlichen Perspektive in der Psychomotorik: Die Ottawa-Charta der Weltgesundheitsorganisation (WHO) gilt als ökologisch-systemisches Konzept der Gesundheitsförderung. In dieser Charta, die im Jahre 1986 auf der Internationalen Konferenz zur Gesundheitsförderung in Ottawa verabschiedet wurde, heißt es:

„Gesundheitsförderung soll Menschen befähigen, Kontrolle über ihre Gesundheit zu erlangen und ihren Gesundheitszustand zu verbessern. Einzelne oder Gruppen müssen, um einen Zustand möglichst weitgehenden physischen, psychischen und sozialen Wohlbefindens zu erreichen, zu Folgendem fähig sein: Sie müssen Erwartungen wahrnehmen und verwirkli-

Tab. 10: Entwicklungsförderung als System (nach Seewald 1998, 142)

	Erziehungssystem	**Medizinsystem**	**Entwicklungsförderung als System**
Gesellschaftlicher Auftrag	Erziehen, Bilden, Tradieren Selektion	Behandeln von Krankheiten Vorbeugung von Krankheiten	Unterstützung von Entwicklungsprozessen bes. bei schwieriger u./o. retardierter Entwicklung
Leitdifferenz	besser / schlechter	krank / gesund	spezieller / kein spezieller Förderbedarf
Programme	Pädagogische Theorien Didaktisch-methodische Konzepte	Krankheitslehre Behandlungslehre	Entwicklungstheorien Förderkonzepte
Haupt-Interaktionsformen	*Lehrer:* anleiten, lehren, überprüfen *Schüler:* lernen, sich anleiten und überprüfen lassen	*Arzt:* diagnostizieren, behandeln, kontrollieren, evaluieren *Patient:* befolgen, sich behandeln lassen, sich anvertrauen	*Förderer:* unterstützen, anregen, begleiten, eingrenzen *Geförderter:* Spielräume füllen u. erweitern, ausprobieren, erkunden
Effizienzkontrolle	Lernerfolge durch Prüfungen Noten	Therapieevaluation Verbesserung objektiver Parameter u. subjektiver Befindlichkeit	Feststellen von Entwicklungsfortschritten kommunikative Validierung durch Klienten bzw. Eltern/Angehörige
Institution	Schulen außerschulische Bildungseinrichtungen	Kliniken ambulante Zentren Arztpraxen	Fördervereine private Förderpraxen Frühförderung
Haupt-Kostenträger	Etatmittel der Länder	Krankenkassen	Sozialhilfeträger nach BSHG und KJHG

> chen, Bedürfnisse befriedigen und ihre Umwelt verändern oder mit ihr umgehen lernen. Gesundheit wird gleichwohl als eine Voraussetzung und nicht nur als Ziel alltäglicher Bestrebungen begriffen. Gesundheit ist ein positiver Begriff, der ebenso auf die sozialen und persönlichen Ressourcen des einzelnen abzielt wie auf seine physische Funktionsfähigkeit. Gesundheitsförderung fällt deshalb nicht allein in die Verantwortung medizinischer und anderer Gesundheitsdienste und beinhaltet auch mehr als gesunde Lebensweisen" (WHO 1986, 84).

Die Psychomotorik hat schon immer die besondere Bedeutung von Bewegung, Spiel und Sport für eine gesunde Lebensführung betont, sich aber lange Zeit nur wenig an der gesundheitswissenschaftlichen Diskussion über Krankheits- bzw. Gesundheitsmodelle beteiligt (für einen Anfang s. Amft 1996). Erst mit der Kritik an der Dichotomie von gesund und krank, von Aufgaben des Erziehungs- und des Gesundheitssystems, hat die Psychomotorik die salutogenetische Perspektive nach Antonovsky (1979, 1987) für sich entdeckt und in ihr Theoriegebäude integriert (etwa Haas 1999; Fischer et al. 2006; Schwerpunktheft Gesundheitsförderung: *Motorik* 2007/3). Inzwischen verortet die psychomotorische Gesundheitsförderung sich im Schnittfeld von Entwicklung und Gesundheit und versteht dieses als Erweiterung und nicht etwa als „umgeflaggtes neues Paradigma" der Psychomotorik (Seewald 2006; Haas 2006a, 2007).

HEDE-Kontinuum

Antonovsky entwickelt das so genannte HEDE-Kontinuum („Health ease/disease continuum"), mit welchem sich Fragen über Gesundheit und Krankheit besser erklären lassen. Das Kontinuummodell geht davon aus, dass Menschen nicht entweder gesund oder krank sind, sondern mehr oder weniger gesund bzw. mehr oder weniger krank sind. Gesundheit und Krankheit sind demnach zwei Pole einer Dimension und es wird möglich, ein individuelles Profil des Gesundheits- und Krankheitszustands einer Person zu erstellen. Allerdings ändert Antonovsky die Frageperspektive völlig: Der Blick richtet sich auf die Ressourcen und Stärken in Person und Umwelt, also die Schutzfaktoren, die das System trotz des Vorhandenseins von risikobehafteten Stressoren zwischen den Polen von Gesundheit und Krankheit ausbalancieren. Hier ergeben sich für die Psychomotorik interdisziplinäre Anschlussstellen – im Besonderen in der Diskussion um die Begriffe Salutogenese und Resilienz – und die Chance der Herausstellung des besonderen präventiven und rehabilitativen Charakters des psychomotorischen Praxisreichtums.

Psychomotorik und Sportunterricht

3. Positionierung in der Diskussion um den Doppelcharakter der Erziehung *durch* Bewegung und der Erziehung *zur* Bewegung: Die Emergenz der Entwicklungsperspektive in der Bildungsdiskussion: Die Didaktik-Debatte der 1990er-Jahre in der Sportpädagogik ist mit einem klaren Bekenntnis zum Erziehungsauftrag des Sportunterrichts (erneut) entschieden worden. Lange Zeit oszilliert die Diskussion zwischen zwei Polen: Die eine Position ist eine reine Fachlegitimation, die sich streng an außerschulisch relevanten Sportarten orientiert. Schulsport folgt danach lediglich der didaktischen Leitlinie, zu einem lebenslangen Sporttreiben nach außerschulischem Vorbild anzuregen. Alle Versuche alternativer Ansätze, eine aus Schülersicht subjektiv bedeutsame, weil auf Kritikfähigkeit basierende Position zum eigenen Sporttreiben nach persönlichen Sinngebungen zu entwickeln, wird als Instrumentalisierung des eigentlichen Sinns des Sports abgetan (Schaller 1992 in seiner Kritik der Didaktik-Modelle der Körpererfahrung, der Gesundheitserziehung und des sozialen Lernens). Die Debatte scheint in Richtung der anderen Position entschieden zu sein und hat eine klare Renaissance bildungstheoretischer Schwerpunkte mit der Doppelstruktur des erziehenden und zur Handlungsfähigkeit qualifizierenden Sportunterrichts ergeben. Hildebrandt-Stramann (2005) und Prohl (2006, 105ff) nehmen Ordnungsversuche zeitgeschichtlicher und aktueller Strömungen der Sportdidaktik vor.

Auch wenn sich noch von traditioneller Position Gegenwehr meldet – „The Empire strikes back“ (Schmidt-Millard 2007, 105) – so hat sich der Doppelauftrag der „Erziehung zum Sport und der Erziehung durch Sport“ zumindest in den Richtlinien der Schule etwa in NRW durchgesetzt. In dieser Debatte bezieht die Psychomotorik eindeutig Stellung: Sie fordert eine übersportliche Sinnerschließung und fragt nach dem Entwicklungspotenzial von Bewegung, Spiel und Sport. Die Situation gestaltet sich heute wie folgt. Die Psychomotorik hat von Anfang an dem Prinzip „Erziehung durch Bewegung“ den Vorrang gegeben (Kiphard/Huppertz 1968; Schilling 1977a) und damit die Bedeutung der Bewegung im Grundlagenbereich, quasi bei den Basiskompetenzen und im Allgemeinbildungsbereich verortet. Mit diesem implizierten Bedeutungstransfer auf andere Bildungsbereiche hat sie aber auch ihre Anerkennungsprobleme. Die Position ist nach den neurowissenschaftlichen Grundlagenergebnissen zur Bedeutung der Bewegung als strukturgebendes Anregungspotenzial nicht nur für Kinder sicherlich zu überdenken und im Sinne des speziellen (hier: funktionellen) Bildungspotenzials zu präzisieren. Anders als der Mainstream der Sportpädagogik hat die Psychomotorik aber schon immer den besonderen Förderbedarf entwicklungsbeeinträchtigter und behinderter Menschen zu ihrem Thema gemacht. Damit hat sie sich in die konzeptionelle Nähe zum genuinen Aufgabengebiet der Heil- und Sonderpädagogik begeben, die ihrerseits das Bildungs- und Förderpotenzial von Körper, Bewegung, Spiel und Sport noch nicht hinreichend realisiert. Durch die Renaissance bildungstheoretischer Überlegungen in der Erziehungswissenschaft kommt es zu Annäherungen der Disziplinen. Es geht zunehmend um gemeinsame Fragestellungen, etwa um

- epochaltypische Schlüsselprobleme und -qualifikationen, ein reformiertes Allgemeinbildungskonzept sowie die fachdidaktischen Beiträge (Klafki 1985 sowie Klafki / Braun 2007, die bei ihrer Diskussion der Sinndimensionen allgemeiner Bildung die Bewegungsbildung ausdrücklich einbeziehen);
- eine Inklusive Pädagogik und die Berücksichtigung von Bewegung und Körperlichkeit / Leiblichkeit bei Menschen mit Behinderung bzw. einem besonderen Förderbedarf (Kron 2005);
- eine echte Ausweitung der Fachdebatte auf die entwicklungsfördernden Bewegungsimplikationen. Während die Psychomotorik dieser Zielkategorie schon immer eine vordringliche Bedeutung beimisst (Fischer 1996b), macht in der Sportpädagogik lediglich Funke (2004, 182) mit seiner Konturierung einer entwicklungsfördernden Bewegungspädagogik ernst;
- tragfähige, am Konzept der Entwicklungsaufgaben und der Bewegungskultur orientierte, Praxiskonzepte.

An diesem Gestaltungsprozess beteiligt sich die Psychomotorik und kommt zunehmend aus der Nische ins Rampenlicht (Hölter 1996).

5.1 Psychomotorik zwischen Salutogenese und Resilienz

Nach dem Modell der Salutogenese Antonovskys ist das Befinden eines Menschen niemals absolut, sondern bewegt sich immer zwischen den Polen von krank und gesund. Antonovsky richtet sein Augenmerk auf die Lebensgeschichte des Menschen und sucht nach Faktoren, die eine Entwicklung in Richtung Gesundheitspol unterstützen. Diese bezeichnet er als *generalisierte Widerstandsressourcen*, die sich letztlich aus positiven Lebenserfahrungen speisen und die als Gegengewicht zu den Stressoren (generalisierte Widerstandsdefizite) helfen sollen, die Balance zwischen Krankheit und Gesundheit zu gewährleisten. Das Herzstück (Haas 1999, 61) seiner Theorie stellt allerdings der Kohärenzsinn oder das Kohärenzgefühl dar (Sense of Coherence = SOC). Dieser dient dazu, in Stresssituationen auch die angemessene Widerstandsressource gegen den Stressor zu mobilisieren. Abbildung 34 stellt das Salutogenesemodell von Antonovsky vereinfacht nach Haas (2006b, 76ff) vor.

Generalisierte Widerstandsressourcen

Der Kohärenzsinn steht im Mittelpunkt der Grafik, was seine zentrale steuernde Kraft verdeutlichen soll. Er wird allgemein als überdauerndes Gefühl des inneren und äußeren Zusammenhanges des eigenen Lebens definiert (Schiffer 2001, 29). In Wechsel-

Kohärenzsinn

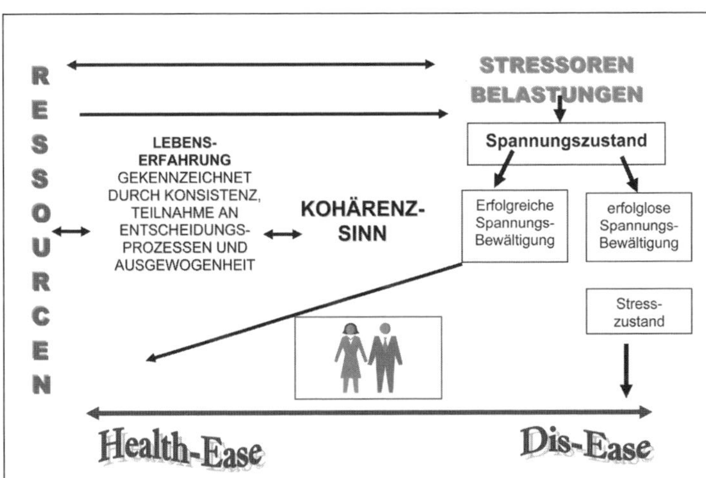

Abb. 34: Gesundheit und Krankheit als lebenslanger Entwicklungsprozess (Haas 2006b, 77)

wirkung nehmen Lebenserfahrung und Kohärenzsinn also aufeinander Einfluss. Dabei wird die Stärke oder Qualität des Kohärenzsinns von belastenden Herausforderungen (Stressoren) beeinflusst, wobei positive Bewältigungen von Herausforderungen und Aufgabenstellungen die Gesundheitsbilanz stärker zum positiven Pol (Health-Ease) lenken, gehäuftes Scheitern eher krankmachende Zustände (Dis-Ease) provoziert.

Einflüsse auf den Kohärenzsinn

Verschiedene Prozesse nehmen Einfluss auf die Qualität des Kohärenzsinns. Dabei können empirisch drei Komponenten differenziert werden:

- **Verstehbarkeit** steht für eine kognitive Komponente. Antonovsky behauptet, dass ein Mensch mit einem hohen Maß an Verstehbarkeit davon überzeugt ist, dass Ereignisse im Leben in einem gewissen Grad vorhersehbar oder zumindest einzuordnen und erklärbar sind. Ereignisse werden von dieser Person als sinnhaft wahrgenommen.
- **Handhabbarkeit** definiert das Ausmaß, in dem eine Person die ihr zur Verfügung stehenden Ressourcen einsetzt, um Anforderungen, mit denen sie konfrontiert wird, adäquat zu begegnen. Die Ressourcen können von der Person selbst ausgehen oder von anderen (vertrauten) Personen kontrolliert werden. Eine Person, die über diese Komponente verfügt, nimmt ein extremes Ereignis als Erfahrung oder sogar als Herausforderung wahr. Im Gegensatz dazu empfindet sich ein Mensch mit einem niedrigen Grad an „Handhabbarkeit / Bewältigbarkeit" (BzgA 2002) – im psychomotorischen Kontext spräche man von Handlungskompetenz – meist als „Pechvogel" (Antonovsky 1997, 35), dem ständig unglückselige Dinge begegnen.
- **Bedeutsamkeit:** Auch stellt Antonovsky bei seinen Forschungen fest, dass eine motivationale Komponente eine nicht unbedeutende Rolle bei der Entwicklung eines hohen Kohärenzwertes spielt. Es scheint von großer Relevanz zu sein, dass eine Person das Gefühl hat, dass die Ereignisse in ihrem Leben einen Sinn ergeben und es deshalb lohnenswert ist, sich dafür einzusetzen. Treffenderweise spricht Antonovsky in diesem Zusammenhang von „meaningfulness". Die Ereignisse, die einem widerfahren, sollen nicht nur kognitiv sinnhaft, sondern vor allem auch emotional sinnhaft sein. Antonovsky betont mit Bezug auf seine Forschungen, dass die beschriebenen Personen nicht ausnahmslos jedes Ereignis als sinnvoll empfin-

den, dass sie aber versuchen, die ihnen auferlegten Erfahrungen (also auch unangenehme) anzunehmen und ihnen Bedeutung beizumessen (vgl. Antonovsky 1997, 34ff).

In der Regel beinhalten die generalisierten Widerstandsressourcen Erfahrungen aus allen drei Komponenten. Nach Auswertung einer Befragung von Versuchspersonen in Israel stellt Antonovsky jedoch fest, dass *Verstehbarkeit, Handhabbarkeit* und *Bedeutsamkeit* nicht zwingend in gleichwertiger Zusammensetzung auftreten müssen. Er konstatiert, dass zwar alle drei Komponenten notwendig, aber nicht gleichbedeutend für den Aufbau eines positiven Kohärenzsinnes sind. Als besonders ausschlaggebend sieht er die motivationale Komponente (die Bedeutsamkeit) für erfolgreiche Copingprozesse in der Entwicklung an.

Die Forschung hat nach einer Klassifikation von Faltermeier (1997, 37ff) inzwischen fünf Bereiche von Widerstandsressourcen differenziert, die für die weiteren Betrachtungen unter dem Stichwort Resilienz und unter einer psychomotorischen Perspektive von Bedeutung sind.

Ressourcen

- Personale und psychische Ressourcen (Intelligenz, Ich-Identität, Kontrollüberzeugung, Selbstvertrauen, Selbstwertgefühl)
- Soziale Ressourcen (soziale Unterstützung durch Freunde und Verwandte, Einbindung in ein soziales Netzwerk)
- Körperliche Ressourcen (stabile körperliche Konstitution, positives Körpergefühl)
- Materielle Ressourcen (Geld)
- Soziokulturelle Ressourcen (Einbindung in eine Kultur, die stabile Antworten gibt auf große Lebensfragen, z.B. religiöser oder politischer Art).

Es ist bedeutsam, dass die Forschung inzwischen eindeutig Nachweise für die Wirksamkeit körperlicher Bewegung für Prozesse der Gesundheitsbildung / -förderung sowohl aus medizinischer als auch entwicklungspsychologischer und sozialwissenschaftlicher Perspektive erbracht hat (Hoffmann et al. 2006; Haverkamp 2006; Lohaus / Lißmann 2006; Opper et al. 2008). Im Gegensatz zu Konzepten der Wissensvermittlung und Aufklärung, die im Kinder- und Jugendalter von relativer Erfolgslosigkeit begleitet werden (Jerusalem 2006, 42), trifft Bewegungsaktivität durch die Unmittelbarkeit emotionalen Erlebens den

„Lebensstil" der Altersgruppe und erreicht dadurch seine Wirksamkeit (Neuber/Wentzek 2005; Fuchs et al. 2007). Allerdings erschließt sich Gesundheit nur im aktiven Geschehen und ist anfällig für belastende Sozialisationskontexte (Opper et al. 2008, 65ff).

Resilienzforschung

Resilienzforschung ist eigentlich der pädagogische Parallelbegriff zur Präventionsforschung in der Gesundheitsdebatte. Er ließe sich demnach einfach mit „psychischer Widerstandsfähigkeit" übersetzen (vgl. Frick 2003; Kühl 2003; Wustmann 2005). In der Sache geht es um die Herausarbeitung der Schutzfaktoren für die Entwicklung des Kindes und um ein Zurückdrängen des Konzepts der Entwicklungsrisiken. Ziel ist die Entwicklung von protektiver Qualität im Bildungsbereich. Schutzfaktoren lassen sich innerhalb eines Dreiecksverhältnisses von personalen, sozialen und umfeldbezogenen Ressourcen beschreiben. Kühl (2003, 55) beschreibt die Ressourcen wie folgt:

Personale Ressourcen:
- erstgeborenes Kind (Geschwisterfolge)
- weibliches Geschlecht (in der Kindheit)
- positives Temperament (flexibel, aktiv, offen)
- positives Selbstwertgefühl (Selbstwirksamkeit)
- positives Sozialverhalten
- überdurchschnittliche Intelligenz
- aktives Bewältigungsverhalten

Soziale Ressourcen:
- stabile emotionale Beziehung zu einer Bezugsperson
- offenes, unterstützendes Erziehungsklima
- familiärer Zusammenhalt
- Modelle positiver Bewältigung

Umfeld:
- soziale Unterstützung
- positive Freundschaftsbeziehungen
- positive Schulerfahrungen

Aufbau eines positiven Kohärenzsinnes

Die Ermöglichung eines Resilienzprozesses sowie des Aufbaus eines positiven Kohärenzsinnes (Salutogenese) ist gebunden an Gestaltungsprozesse, die alle drei Ebenen von Widerstandsressourcen ansteuern bzw. berücksichtigen. In diesen Prozess bringt die Psychomotorik erfolgreiche Angebote und Erfahrungen ein:

Aufbau personaler Ressourcen: Die Resilienzforschung (Weiß 2007) hat auf der personalen Ebene wesentliche Resilienzfaktoren identifiziert, die mit der Herausbildung eines positiven Selbstkonzeptes eine hohe innere Konsistenz aufweisen: Die Problemfähigkeit des Kindes, positive Selbstwirksamkeitsüberzeugungen, interne Kontrollattributionen als Voraussetzungen für die positive kognitive Verarbeitung von Selbstwirksamkeitserfahrungen (Krus 2006, 357). Diese sind an die Genese des Körper- und Handlungskonzepts als wesentliches Gestaltungsprinzip kindlicher Entwicklung gebunden. Ein solcher Begründungszusammenhang ist für die psychomotorische Entwicklungsförderung konstitutiv und wurde an anderer Stelle ausführlich hergeleitet. Personale Ressourcen entstehen also als dynamischer Prozess des Erlebens und Verstehens der eigenen Selbstwirksamkeit aus dem dialogischen Handlungsgeschehen.

Aufbau sozialer und umfeldbezogener Ressourcen: Die familiäre Situation ist in allen industrialisierten EU-Ländern heute ähnlich: die meisten Kinder wachsen ohne Geschwister auf. Nach Angaben für die Bundesrepublik Deutschland etwa hat nur ein Drittel der Ehepaare und Alleinerziehenden, die mit Minderjährigen unter einem Dach leben, zwei Kinder. Und nur bei 11,2% der Familien toben drei oder mehr Geschwister durch die Wohnung. Diese Umstrukturierung von der Mehr-Kind-Familie zur Ein-Kind-Familie bewirkt eine Veränderung der familiären Beziehungsmuster und Rollenerfahrungen. Einzelkinder genießen zwar die ungeteilte Aufmerksamkeit ihrer Eltern, müssen aber die sozialen Erfahrungen mit Geschwistern entbehren. Kinder brauchen aber andere Kinder und bedürfen *Freundschaftsbeziehungen*, um personale und soziale Ressourcen zu erwerben. Kinderfreundschaft variiert die frühen Bindungserfahrungen und damit die Fähigkeit, emotionale Beziehungen zu anderen aufzunehmen. Martin Buber sagt: Der Mensch wird am Du zum Ich. Kinderfreundschaften schärfen den Blick für Andersartigkeit; durch den Vergleich mit Anderen macht das Kind nicht nur Erfahrungen im Umgang mit anderen Kindern, es findet auch heraus, was es selbst will und wer es selbst ist. Somit sind Freundschaften bedeutsam für den Identitätsbildungsprozess.

Konkurrenz vs. Miteinander

Allerdings entsteht hier auch ein Scheideweg durch den Vorbildcharakter der Lebensumwelt. Werden bei den sozialen Vergleichen einseitig die Leistungsmaximierung und das Überbietungsprinzip in den Vordergrund gestellt und höher bewertet, entsteht automatisch ein Bild von Unterscheidung und Segregation und nicht von Vielfalt und Integration. Nur ein Vorgehen von persönlicher und institutioneller Einbindung und Teilhabe befördert Erfahrungsmuster von sozialer Verantwortung für einander.

B

Aus der Bewegungsförderung bekannt ist die Aufgabe des Tauziehens. Als Beispiel soll es diese Ambiguität verdeutlichen: Es versteht sich im psychomotorischen Sinne weniger als kämpferischer Wettstreit denn als freudvolles Kräftemessen eines kindlichen miteinander Ringens und Raufens.

Aufbau sozialer Kompetenzen

Mit Bewegung haben wir in der Psychomotorik ein attraktives, ein beliebtes und auch wirkungsvolles Mittel zur Anbahnung sozialer (nonverbaler) Kontakte und Ressourcen. Soziale Ressourcen haben eine Relevanz auch für *Empowermentprozesse*. Wir verstehen darunter etwa die Unterstützung durch Freunde, Verwandte und die Einbindung in ein soziales Netzwerk (z.B. in einen Sportverein). Grundvoraussetzungen für den Aufbau sozialer Beziehungen sind soziale Kompetenzen, wie *Kommunikationsfähigkeit, Sensibilität, Toleranz, Kontakt- und Kooperationsfähigkeit*. Diese vermittelt die Psychomotorik über das Themenfeld der Sozialerfahrungen. Es ist ein konstitutiver Bestandteil des psychomotorischen Konzepts, dass Förderung in Kleingruppen von drei bis acht Kindern stattfindet. In der Interaktion mit anderen Kindern und der Psychomotorikerin erlernt das Kind Basiskompetenzen für das Leben in der sozialen Gemeinschaft. Im gemeinschaftlichen Spiel erwirbt es ein Regelbewusstsein und beteiligt sich an Gestaltungsprozessen. Es muss sich mit anderen Kindern und der Gruppenleiterin über Inhalt und Gestaltung der Förderstunde verständigen und lernt so, Kompromisse zu schließen, Konflikte zu lösen, nachzugeben oder auch eigene Interessen durchzusetzen, ohne Andere dabei zu verletzen. Diese frühen Erfahrungen zeigen maßgebliche Auswirkungen auf die Fähigkeit, soziale Beziehungen bzw. soziale Netzwerke aufzubauen, auf die man in Problemsituationen zurückgreifen kann.

körperliche Aktivität als Ressource

Entwicklung körperlicher Ressourcen: Regelmäßige körperliche Aktivität und sinnliche Körpererfahrungen führen zur Verbesserung der körperlichen Ressourcen (stabile körperliche Konstitution und ein positives Körpergefühl). Das Kind benötigt zur Ausdifferenzierung und Stärkung des gesamten Organismus regelmäßige körperliche Beanspruchung. Nur so kann es sein ganzes Leistungspotential der inneren Organe, des Haltungs- und Bewegungsapparates und des Immunsystems vollständig entwickeln. Anderenfalls kann es zu Konditions- und Koordinationsschwächen und zu einer mangelnden Ausbildung der Muskulatur kommen (vgl. Zimmer 2002, 52). Auch derartige funktionale Aspekte sind bedeutsam für eine psychomotorische Persönlichkeitsförderung und sichern Gesundheitsressourcen. So sorgt eine gute, belastbare körperliche Verfassung des Kindes dafür, dass es seinen Körper als unproblematisch und funktionstüchtig in den alltäglichen Anforderungen erfährt. Nur so ist es dem Kind möglich, ein positives Körpergefühl zu entwickeln, welches maßgeblich am Aufbau eines positiven Selbstkonzepts beteiligt ist. Leider ist die reale Situation heute vielerorts anders: Bewegungsmangel herrscht vor, dessen Folgen bzw. Begleiterscheinungen sind häufig: Motorische Unruhe, Aufmerksamkeitsstörungen, Haltungsschäden, gestörtes Essverhalten, vermehrte Unfälle aufgrund mangelnder Kraft und Koordinationsfähigkeit, Lernschwierigkeiten und Schulprobleme.

Kindgerechte, unmittelbare Förderung

Die Praxis hat in den letzten Jahren systematisch die Umsetzung gesundheitsförderlicher Erkenntnisse realisiert. Im Sinne der gegenwartsgerichteten Perspektive ist kindgerechte Förderung dann effektiv, wenn sie am direkten Erleben von Wohlbefinden und der Verbesserung der aktuellen Befindlichkeit ansetzt und somit die Sinnhaftigkeit der Angebote durch die Unmittelbarkeit der Körpererfahrung für Kinder begreifbar macht. In diesem Sinne rücken erlebnisnahe Spielhandlungen im Spannungsfeld zwischen Aktivität und Ruhe, Anspannung und Entspannung, Konzentration und Kontemplation mit kindgerechten Themen (z.B. „selbst einmal Artist sein", „Abenteuer im Weltall") in den Vordergrund gesundheitsförderlicher Gestaltungsprozesse. So erleben beispielsweise Kinder mit sozial-emotionalem Förderbedarf (soziale Ängstlichkeit) mit Hilfe zirzensischer Elemente über die positive Erfahrung ihrer Selbstwirksamkeit eine Stärkung ihres Selbstkonzepts und werden sichtlich kontaktfreudiger. Quirlige Grundschulkinder erfahren über den handlungsorientierten

Spielprozess „Start ins Weltall" (Planungsprozesse, Kognition), „Bau der Raumstation" (konstruktive, praktische Prozesse) und „Leben in der Raumstation" (Kommunikation, Kooperation, Vertrauen, Empathie über Rollenspiele) ein vielschichtiges Präventivprogramm von Schutzfaktoren (Behrens 2006, 2007; Quante 2004; Liebisch / Quante 2006).

Gerade die Beschäftigung mit dem Fähigkeits- und Selbstkonzept des Kindes im psychomotorischen Konzept der letzten Jahre kann einen Beitrag leisten zur Implementation von Ergebnissen der Forschungen um Salutogenese und Resilienz in das Bildungs- und Gesundheitssystem. Dabei erweisen sich bewegungsgebundene Angebote als besonders wirksam, wenn:

- sie das Thema und das Interesse des Kindes treffen;
- der Schwierigkeitsgrad in der Lernsituation allmählich gesteigert wird;
- keine vorschnellen Hilfestellungen durch den Erwachsenen geleistet werden;
- ein Lernfortschritt ohne negative Zuschreibungen ermöglicht wird;
- ein Kind auch komplexe Aufgabenstellungen handlungsorientiert lösen darf;
- adäquate, d. h. für das Kind zu bewältigende Aufgabenstellungen formuliert werden;
- Spiele und Bewegungshandlungen zur Rollen- und Perspektivenübernahme motivieren;
- Aufgabenstellungen zur aktiven Teilhabe an einem kooperativen Gestaltungsprozess bei der Lösung von attraktiven Bewegungsaufgaben anregen.

5.2 Psychomotorik in Kindergarten und Frühförderung

Bewegung als Bildung?

Das Bildungsverständnis von Bewegung und Spiel als Bildungsgegenstände ist nicht neu, tritt in der gegenwärtigen Bildungsdebatte jedoch besonders in den Vordergrund. Zimmer (2003) warnt vor einer Verkopfung und hebt die Ganzheitlichkeit von Bildungsangeboten hervor. Die Bedeutung von Bewegung und Spiel als ganzheitliche Medien der Erziehung unter der Leitidee der Entwicklungsförderung hat in der Vorschulpädagogik und im Alltag des Kindergartens stetig zugenommen. Diese Entwicklungen setzen ein mit der Pragmatisierungsphase des Situationsansatzes im Rahmen der Entwicklung eines eigenständigen Vorschulcurriculums. Nach der Etablierung des Kindergartens als Elementarstufe des Bildungswesens und der Überwindung funktions- und disziplinorientierter Ansätze in der Vorschuldidaktik kann sich in den 1980er-Jahren das situationsbezogene Lernen im Kindergarten flächendeckend durchsetzen:

„Ziel der Erziehung im Kindergarten ist die Bereitstellung eines Erfahrungsraumes, in dem die Kinder an exemplarisch ausgewählten Situationen ihres gegenwärtigen Lebens erfahren sollen, daß sie diese Situationen autonom und kompetent im Sinne von Selbstbestimmung beeinflussen können, wobei die Situationen sowohl zur Bestimmung der Qualifikationen (unter dem Leitgedanken von Autonomie und Kompetenz) dienen als auch insoweit didaktisches Prinzip sind, als nicht nur für sie, sondern auch in ihnen gelernt wird" (Hebenstreit 1980, 128).

Auch wenn in jüngerer Vergangenheit einige Kritikpunkte (etwa zum Verständnis der *Lebenswirklichkeit* des Kindes, zum Begriff des *sozialen Lernens* und zum *didaktischen Vorgehen*; s. Schäfer 2005) die fachdidaktische Diskussion beeinflusst haben, prägen Situationsansatz und offene Vorgehensweise die Kindergartenpraxis bis heute entscheidend. Die Grundideen, sich an den Lebenssituationen der Kinder zu orientieren – heute vor dem Hintergrund enormer kultureller Vielfalt – und deren Interessen zu berücksichtigen, sind zeitlos hervorzuheben und zu thematisieren. Die Praxis scheitert oft an der Größe und Heterogenität der Kindergartengruppe und gestaltet sich eher nach den persönlichen Kompetenzen und Vorlieben der Erzieherinnen. Wichtige Bildungsgehalte des Alltagsgeschehens, etwa dass Kinder sich gern bewegen und sich handelnd die Welt erschließen, bleiben dann auf der Strecke, wenn die Erzieherin selbst keine Affinität zur Bewegungsthematik aufweist.

Bewegungskindergarten

Das im Zitat Hebenstreits offen gelegte Verständnis pädagogischen Handelns setzt nicht nur hohes Engagement der beteiligten Personen voraus, sondern erfordert eine institutionelle und konzeptionelle Öffnung des Kindergartens nach innen und außen. An diesen Entwicklungen ist die Psychomotorik wesentlich beteiligt. Die Öffnung nach innen ist heute weitgehend realisiert und entspricht den konzeptionellen Veränderungen, die Bewegung als wesentliches Ausdrucks- und Erfahrungsmedium des Kindergartenalltags und somit als integralen Bestandteil der Elementarerziehung begreift. Die jüngeren Entwicklungen offener Kindergartenarbeit mit den Strukturverschiebungen vom Sitzkindergarten zum Bewegungskindergarten sind ein gutes Zeugnis für diesen Erkenntniswandel (Regel 1992, 1997; Zimmer 1992, 2001b; Schaffner 2004; Kempf/Pfänder 2006). Öffnung nach außen bedeutet vor allem eine Verhinderung pädagogischer Verinselung im positiven Sinne einer gemeinwesenorientierten Stadtteilarbeit, bei der die Aktionen von Personen und Institutionen miteinander vernetzt werden (Barthels/Roddis 1996; Treeß 2001). So entsteht das interdisziplinäre Feld der Frühförderung, in dem die Bewegungshandlung zu einem ganzheitlichen Gestaltungsprinzip von Entwicklungsprozessen avanciert.

5.2.1 Der bewegungsfreundliche Kindergarten

Bewegungserziehung ist nicht allein auf die Förderung der motorischen Fähigkeiten gerichtet, sie ist vielmehr grundlegender Bestandteil einer frühkindlichen Erziehung, deren Ziel es ist, eine gesunde, harmonische Persönlichkeitsentwicklung des Kindes zu erreichen. Kinder haben ein natürliches Bedürfnis sich zu bewegen. Auf verschiedene Spiel- und Bewegungssituationen reagieren sie mit Freude und Lust. Indem Kinder ihre Bewegungsbedürfnisse ausleben können, wird ihre Phantasie, Kreativität und Spontaneität angeregt und gefördert. Diese Begründungszusammenhänge sind heute allgemein anerkannt, so dass der Bewegungserziehung eine tragende Bedeutung in der Vorschulerziehung zukommt. So hat etwa das größte deutsche Bundesland, Nordrhein-Westfalen, in den Jahren 1989 bis 1991 die Rahmenkonzeption Bewegungserziehung im Kindergarten neu gefasst. Diese zeichnet sich durch drei Merkmale aus:

Lust an Bewegung

- Situationsorientiertheit
- Ganzheitlichkeit
- Kindorientiertheit.

Ziel der Erziehung ist die Unterstützung der Gesamtentwicklung des Kindes durch Bewegung. Dabei wird das Kind in seiner emotionalen, sozialen, geistigen und körperlichen Ganzheit betrachtet. Die Bewegungserziehung verfolgt das Ziel, Kinder zu befähigen, sich über Bewegung

- mit sich selbst (Selbstkompetenz),
- mit ihren Mitmenschen (Sozialkompetenz),
- mit den räumlichen und materialen Gegebenheiten ihrer Umwelt auseinander zu setzen (Sach- und Handlungskompetenz) (Zimmer 1996, 151).

Ziele der Bewegungserziehung

Aus diesen Zielbereichen werden differenziertere Ziele für die Bewegungserziehung formuliert. Danach soll es Ziel und Aufgabe der Bewegungserziehung im Kindergarten sein,

- dem Bewegungsdrang der Kinder entgegenzukommen und ihr Bewegungsbedürfnis durch kindgerechte Spiel- und Bewegungsangebote zu befriedigen;
- Kindern Möglichkeiten zu geben, ihren Körper und ihre Person kennenzulernen;
- zur Auseinandersetzung mit der räumlichen und dinglichen Umwelt herauszufordern;
- motorische Fähigkeiten und Fertigkeiten zu erweitern und zu verbessern;
- das gemeinsame Spiel von leistungsschwächeren und leistungsstärkeren Kindern zu ermöglichen;
- Gelegenheit zur ganzheitlichen, körperlich-sinnlichen Aneignung der Welt zu geben;
- zur Erhaltung der Bewegungsfreude, der Neugierde und der Bereitschaft zur Aktivität beizutragen;
- Vertrauen in die eigenen motorischen Fähigkeiten zu geben und eine realistische Selbsteinschätzung zu ermöglichen (Zimmer 1996, 153).

Hier wird zum ersten Mal ein psychomotorisches Konzept zum tragenden Konzept eines (Fach-)Curriculums. Kindergärten versuchen zunehmend das Medium Bewegung in ihren Alltag zu integrieren. Dies kann in Form von offenen, aber auch angeleiteten Bewegungsstunden bzw. -angeboten umgesetzt werden. Neben freien Bewegungsspielen der Kinder und den offenen Bewegungsangeboten gibt es auch regelmäßige, zeitlich geplante Bewegungsangebote, in denen in Anlehnung an den Situationsansatz ganz bestimmte inhaltliche Schwerpunkte im Vordergrund stehen können. Den Erzieherinnen ist es vorbehalten, die angemessene Mischung unterschiedlicher Bewegungsangebote zu finden. Die augenblickliche Situation der einzelnen Kinder sollte bei der Auswahl der Aufgaben und Angebote Beachtung finden, da die Inhalte nur greifen können, wenn die Kinder Anregungen erhalten, die sie in ihren individuellen Lebenssituationen mit ihren aktuellen Bedürfnissen erreichen und umsetzen können. Dies schließt auch etwaige Entwicklungsrückstände oder Behinderungen mit ein.

Das Prinzip des bewegungsfreundlichen Kindergartens hat sich in den letzten Jahren im Rahmen eines offenen Kindergartenkonzepts durchgesetzt (Schaffner 2004, 2005; Zimmer 2001b). Dabei handelt es sich um einen Entwicklungsrahmen, der Kindern genügend Zeit und Raum zur Verfügung stellt, um sich mit der sozialen und dinglichen Umwelt auseinander zu setzen. Das Kind beeinflusst und prägt seine individuelle Entwicklung selbst. Kinder haben den Willen und die Kraft, ihre Entwicklung durch schöpferische Aktivität zu vollziehen, durch handelnde Auseinandersetzung mit der dinglichen und sozialen Welt zu gestalten (Regel 1997).

Der offene Kindergarten

Offene Kindergartenarbeit wird sowohl ideell-konzeptionell als auch praktisch-räumlich verstanden: Die Auflösung der Gruppenräume und die damit verbundene Entstehung verschiedenartiger Erfahrungsräume (Bewegungsraum, Bastelraum, Ruheraum usw.) eröffnet den Kindern die Möglichkeit eines eigenen Handlungsspielraumes, also den Aktionsraum mit den eigenen Bedürfnissen und Befindlichkeiten abzustimmen. In der so genannten Freispielphase wählen sich die Kinder ihre Spielaktivitäten selbst. Die Innenräume und das Außengelände können also von den Kindern frei genutzt werden. Diese sind so gestaltet, dass sie vielen Bedürfnissen entsprechen können. Neben diesen Freispielaktivitäten gibt es selbstverständlich thematisch geplante Angebote der Erzieherinnen, die Projektcharakter haben und von den Beteiligten gemeinsam geplant und durchgeführt werden.

Insbesondere die Landessportbünde verschiedener Bundesländer (zusammenfassend s. LSB Hessen 2005) entwickeln seit den 1990er-Jahren eine Initiative „Lobby für Kinder“ mit der Zielstellung, die gesellschaftlichen Bedingungen für Kinder zu verbessern und die Leitidee einer bewegungsfreundlichen Kindheit umzusetzen. Die Umsetzung erfordert dabei mehrere Perspekti-

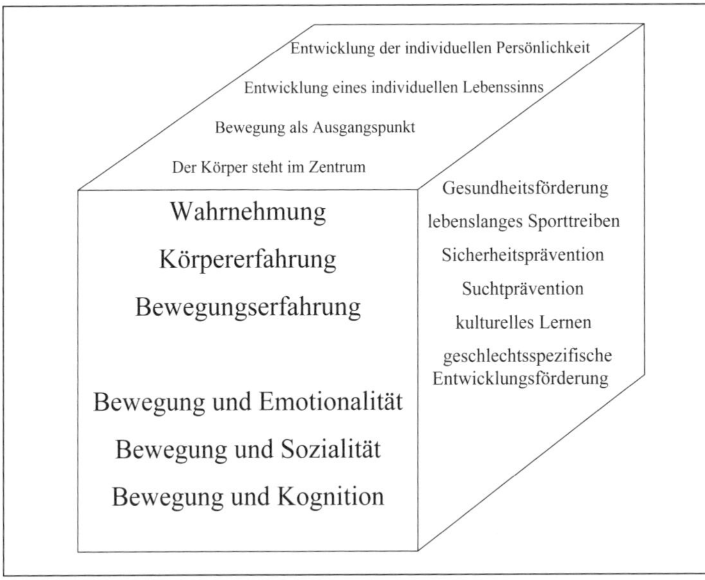

Abb. 35: Mehrperspektivität der Bewegungserziehung und Bewegungsbildung (Balster/Beckmann 2005, 62)

ven, die im nordrhein-westfälischen Konzept – stellvertretend für die meisten Initiativen – in Form einer würfelförmigen Grafik verdeutlicht werden (Abb. 35).

Die obere Quadratseite des Würfels veranschaulicht die wesentlichen Zielsetzungen des bewegungsgestützten Kindergartenkonzepts. Auf der vorderen Seite sind die inhaltlichen Bereiche / Konstrukte zur Realisation der Zielvorstellungen aufgelistet. Über Bewegungserziehung und Bewegungsbildung erwerben die Beteiligten Kompetenzen, die als Bausteine für übergreifende Bildungs- und Gesundheitskontexte herangezogen werden können (seitliche Quadratseite). So entstehen allein in Nordrhein-Westfalen zwischen 1999 und 2007 141 zertifizierte Bewegungskindergärten. Die Zertifizierung mit Gütesiegel ist an folgende Kriterien gebunden:

- Festschreibung des *Prinzips Bewegungserziehung im pädagogischen Konzept* des Kindergartens.
- Die Leitung des Kindergartens und mindestens eine Gruppenleitung müssen bei der Antragstellung die *Sonderausbildung Bewegungserziehung im Kleinkind- und Vorschulalter* oder eine gleichwertige Ausbildung nachweisen.

- Es muss ein geeigneter *Bewegungs- bzw. Mehrzweckraum* zur Durchführung von Bewegung, Spiel und Sport sowie ein entsprechend gestaltetes Außengelände im nahen Umfeld zur Verfügung stehen.
- Eine *kindgerechte Ausstattung mit Materialien und Geräten* muss vorhanden sein.
- Der Träger des beantragenden Kindergartens muss Mitglied des Landessportbundes sein oder eine *Kooperation mit einem ortsansässigen Sportverein eingehen*, der für sein Engagement als kinderfreundlicher Sportverein ausgezeichnet wird.
- Letztlich ist mit der Vergabe eines Gütesiegels eine regelmäßige Qualitätsentwicklung und Evaluation verbunden (Balster / Beckmann 2005, 168; Lehmann 2007).

Die Psychomotorik ist von Anfang an durch ihre Fachvertreter und Interessensverbände maßgeblich bei der Konzepterstellung von Bewegungskindergärten beteiligt (etwa Aktionsbündnis Bewegungskindergarten Rheinland-Pfalz 2005; Sportjugend NRW 2005). Dabei wird ein besonderes Augenmerk sowohl auf die Konzeptionalisierung der Bewegungsbedeutungen für die Erfüllung des Erziehungs- und Bildungsauftrages des Kindergartens im Allgemeinen als auch auf die Raumgestaltung im Kindergarten unter psychomotorischen Gesichtspunkten im Speziellen gelegt (Schönrade 2005; Seeger / Seeger 2005).

5.2.2 Die inhaltliche Diskussion nach PISA

Bildungsprozesse

Die Ergebnisse der PISA-Studie im Jahre 2000 schlagen wie eine Bombe in die bildungspolitische Landschaft der Bundesrepublik Deutschland ein und führen in der Folge zu einer bisher nicht gekannten Aufwertung des Potenzials früher Bildungs- und Förderprozesse. Das Problem stellt sich im Wesentlichen als mangelnde Lesekompetenz bundesdeutscher Schülerinnen und Schüler dar; diese wird als Schlüsselqualifikation angesehen und hat Auswirkungen auf alle anderen Lernbereiche inklusive der ebenfalls untersuchten mathematischen und naturwissenschaftlichen Fähigkeiten. Im Besonderen weisen deutsche Testergebnisse eine besonders große Leistungsstreuung auf, was auf das gestufte Schulsystem zurückgeführt wird. In anderen Ländern werden schwächere Schüler erfolgreicher an die Leistungsstandards der

Stärkeren herangeführt. Darüber hinaus gibt es in Deutschland klare Hinweise auf einen Zusammenhang von Schülerleistung und sozialer Herkunft.

Die gegenwärtige Bildungsdebatte kreist um Fragen der Konzeptbildung und geeignete Bildungsgegenstände. Bei der Sichtung des Fachdiskurses zum Thema Bildung zeigen sich verschiedene Verweise auf den (frühkindlichen) Bildungsgegenstand, die ausdrücken:

- „dass Bildungsprozesse Selbst- und Weltbilder zu einem mehr oder weniger spannungsvollen Gesamtbild verknüpfen";
- „dass in Bildungsprozessen Handeln, Empfinden, Fühlen, Denken, Werte, sozialer Ausgleich, subjektiver und objektiver Sinn miteinander in Einklang gebracht werden müssen";
- „dass Lernen einen persönlichen Sinn geben muss – das gilt auch schon für Säuglinge und Kleinkinder" (Schäfer 2005, 15);
- „dass man sich nur selbst bilden kann in einem sozialintegrativen Prozess" (Fischer 1996a, 40ff).

Handeln, Wahrnehmung und Identität

Die entscheidenden neuen Begriffe in der jüngeren Konzeptdiskussion um kindliche Bildungsprozesse sind *Entwicklungsorientierung*, *Menschenbild* – seit neuestem auch die *Werteorientierung* –, *handlungsorientiertes Lernen*, *Wahrnehmungslernen*, *Identitätsbildung*. Die Fachdiskussion konzentriert sich zurzeit sowohl auf die Bildungsadressaten – also die Kinder – als auch auf das Lernumfeld. In mehreren interdisziplinären Fachtagungen des Deutschen Jugendinstitutes München etwa zur „Elementarpädagogik nach PISA" (Fthenakis 2003) oder zum Thema „Auf den Anfang kommt es an!" (Bundesministerium für Familie, Senioren, Frauen und Jugend 2003) verdichtet sich ein Bild vom Kind (Menschenbild), das auch in der psychomotorischen Theoriekonstruktion zunehmend an Klarheit gewinnt. Die entscheidende kindliche Ressource ist das *Handeln*, über das das Kind die eigene Identität und das Weltverständnis dialogisch konstruiert. Jedoch ist Entwicklung kein Ergebnis eines isoliert handelnden Kindes. Der kindliche Bildungsprozess ist das Resultat eines kollaborativen Gestaltungsprozesses, bei dem die Motorik als motivierender Faktor interdisziplinäre Anerkennung erfährt (Singer 2003; Gisbert 2003; Ohrt 2006). Auch die anderen für die Psychomotorik bedeutsamen entwicklungspsychologischen Konstrukte – die Wahrnehmung oder die Identität – werden zunehmend als bedeutsame Ressourcen für Bildungsprozesse im Kindesalter ausgewiesen (vgl. Kazami-Veisari 2003; Sechtig/Viernickel 2003). Wahrnehmung ist danach ein *aktiver Gestaltungsprozess* und kindliche Identität ergibt sich quasi aus sozial gestifteten positiv bewältigten Handlungsprozessen. Mit diesen Sichtweisen liegen psychomotorisch vermittelte Themen und Theoriekonstrukte im Zentrum der aktuellen Bildungsdiskussion.

Selbsttätigkeit und Selbstbildung

Notwendig jedoch ist eine Präzisierung der psychomotorischen Fachposition im Rahmen der vorschulischen Bildungsdebatte. Schäfer (2005) sieht die ästhetische Bildung als paradigmatisches Modell einer vorschulischen Bildung und profiliert die Begriffe Selbsttätigkeit und Selbstbildungsprozess für die vorschulische Entwicklung des Kindes. Die Aufgabe des Erwachsenen ist es, Bildungsmöglichkeiten durch die Gestaltung von Räumen, das Angebot an Materialien usw. bereitzustellen und den Selbstbildungsprozess des Kindes beobachtend zu begleiten. Dem gegenüber steht das sozialkonstruktivistische Verständnis von Fthenakis (2003, 2007), nach dem das Kind von Geburt an in soziale Beziehungen eingebettet ist und *Lernen* als konstruktiver Prozess aufgefasst wird. Dabei geht es Fthenakis um die bewusste Gestaltung des Interaktionsprozesses zwischen Kind und Erwachsenem, „denn Entwicklung ist nicht etwas, das im Kind von selbst voranschreitet, sondern ein Prozess, der von der sozialen Lebenswelt des Kindes untrennbar ist. Bildung muss somit notwendigerweise entwicklungs- und kompetenzfördernde Interaktionen erhalten, die gezielt zu gestalten sind. Auf selbstbildende Potenziale zu bauen kann mithin dieser Auffassung nach in Bildungskonzepten für die heute aufwachsenden Kinder bei weitem nicht genügen“ (Kunze/Gisbert 2007, 34).

Aus psychomotorischer Perspektive geht es nicht darum, sich dem Zugriff schulischer Fachdidaktiken zu öffnen. Psychomotorik versteht sich als Angebot, kindliche Entwicklung als Selbstkonstruktionsprozess (gezielt) zu begleiten und dabei vor allem die sozialen, peer-bezogenen Wirkungen zu nutzen. Dennoch gilt es, die nachgewiesene Wirkkraft der Bewegungsaktivität für Lernprozesse (handlungsbezogenes Lernen) in der Übergangsthematik zur Schule (Stichwort: Transitionsforschung) nicht außer acht zu lassen.

5.2.3 Bewegungsbaustellen und Bewegungslandschaften als psychomotorische Beispiele offener Bewegungsangebote

Bewegungslandschaften und -baustellen sind ein Medium zur Entwicklung von Handlungskompetenz im Kindesalter. Das Konzept der Bewegungsbaustelle wurde als Vorschulprojekt mit der Grundidee *Bauen und Bewegen* (Miedzinski 1983) unter dem Motto *Hilfe zur Selbsthilfe* entwickelt. Es ist für behinderte wie nicht behinderte Kinder gleichsam anwendbar.

Bewegungsumwelt mitgestalten

Die Bewegungsbaustelle versteht sich als eine Möglichkeit, Kindern die Chance zu geben, selbsttätig ihre Bewegungsumwelt mitzugestalten, d. h. in aktiver Auseinandersetzung mehr über Eigenschaften und Handhabung von Materialien sowie über den eigenen Körper zu erfahren. Das Erlebnis der spielerischen Verwirklichung von Bauplänen und Bewegungsabsichten durch gemeinsame Bemühungen und die lustvolle Erfahrung der Bewegungsexperimente vermitteln Bewegungssicherheit und Selbstvertrauen (Miedzinski 1983, 7; ausführlich Miedzinski/Fischer 2006). Aus psychomotorischer Sicht zu beklagen sind vorgefertigte Spielsituationen für großräumige Bewegungen auf Spielplätzen (Rutsche, Wippe etc.), die die Handlungsmöglichkeiten der Kinder weitgehend festlegen und begrenzen, also nur wenige Bewegungsvariationen zulassen. Ziel des Projektes ist es, Kindern eine Vielzahl an großmotorischen Bewegungserfahrungen zu ermöglichen, wie z.B. die Kraft gezielt einsetzen, kippeln, gleiten, rutschen, Gleichgewicht erproben, überwinden von Hindernissen, hindurchschlüpfen, hinaus-, hinüber- und hinuntersteigen, schaukeln und klettern. Durch den selbsttätigen Umgang mit Materialien soll es den Kindern ermöglicht werden, Wissen über Eigenschaften und Funktion ihrer materialen Umwelt zu erlangen, aber auch Gefahrenmomente zu erkennen und Bewegungssicherheit zu erleben. All diese Gedanken sprechen gegen fertige Bewegungssituationen. Miedzinski entscheidet sich für Materialien und Bauelemente, die Bewegungen herausfordern und Kinder zur Schaffung eigener Bewegungsanlässe provozieren. Inspiriert von Fröbels Baukastenidee sind Bretter und Balken, Holzklötze, Styroporwürfel, Leitern und Autoreifen die ersten Materialien der

Bewegungsbaustelle, später wird dieses Repertoire erweitert durch LKW-Schläuche, Walzen, Teppichreste, Röhren, Drainageschläuche, Plastikwannen, Mülltüten, Schlauchtramps etc. Diese Bauelemente fordern die Kinder zu Konstruktionen und Kombinationen heraus, zu gemeinsamem Handeln, Transportieren, gegenseitigem Helfen, Planen. Zudem gehen aus den Deutungen des jeweiligen Bewegungsanlasses auch Rollenspiele hervor.

Anders als die heutige kindliche Bewegungsumwelt bietet die Bewegungsbaustelle eine Vielzahl von Angeboten, die die kreative Aktivität des Kindes herausfordern. Die verschiedenen Bauelemente der Bewegungsbaustelle sind Situationskomponenten des Handelns, aber das Kind bleibt Entscheidungsträger der Handlung. Je nach Entwicklungsalter differenziert das Kind die Anregungen der Umwelt und wählt die persönlich bedeutsamen Handlungsangebote heraus. Dieses Angebot kann beispielsweise ein Wackelsteg sein, der aus zwei aufeinanderliegenden Autoreifen und einem darauf aufgelegten Brett besteht. Das Kind wird versuchen, den Steg hinaufzubalancieren. Die Bewältigung dieser Aufgabe fördert sein Selbstvertrauen. Es erfährt, dass es die Kontrolle über diese Handlungssituation hat und wird nun selbsttätig die Schwierigkeit erhöhen, indem es beispielsweise einen dritten Reifen unter das Brett legt, möglicherweise mit der Unterstützung eines anderen Kindes. Planung im Vorschulalter erfolgt durch konkretes Handeln. Detailpläne können noch nicht verbal entworfen werden, die Sprache ist lediglich handlungsbegleitend. Handlungskonzepte erhalten die Bedeutung der gedanklichen Strukturierung und sind Vorformen der mentalen Vorausschau. Planung ist im Kindesalter als Synthese von Vorausplanung und Improvisation zu betrachten.

Gerade motorische Problemlösesituationen haben einen hohen Aufforderungscharakter, mit dem hohe Motivation verbunden ist. Die Bewegungsbaustelle ist aus psychomotorischer Sicht eine ideale Möglichkeit für das Kind, Bewegungssituationen altersgemäß wahrzunehmen und über die handelnde Auseinandersetzung sowohl mit den Bauelementen als auch mit den anderen Kindern Ich-, Sach-, Sozialkompetenz zu erwerben und somit seine Handlungskompetenz in allen Dimensionen der Entwicklung zu erweitern.

Handlungskompetenz erwerben

In einer *Bewegungslandschaft* werden mit den unterschiedlichen Geräten einer Turnhalle und mit Hilfe der Phantasie Stationen zum Schaukeln, Schwingen, Klettern, Springen, Hüpfen,

Balancieren etc. konstruiert und es finden Bewegungsspiele statt. Diese können in eine Geschichte eingebunden oder als Kleinprojekt in einen thematischen Zusammenhang gestellt werden, wie z.B.

- Tarzan im Dschungel: Die Taue werden als Lianen verwendet. Der Hallenboden dient als Gewässer und Weichbodenmatten als fester Untergrund.
- Robinson Crusoe: Mit Hilfe von Turngeräten werden Höhlen, Inseln, Wasser, Aussichtspunkte etc. nachgebaut. Neben gewöhnlichen Turngeräten kann auch spezielles psychomotorisches Material (Rollbretter, Luftballons, Schwungtücher etc.) in die Bewegungslandschaft eingebaut werden (Vetter 1998, 4).

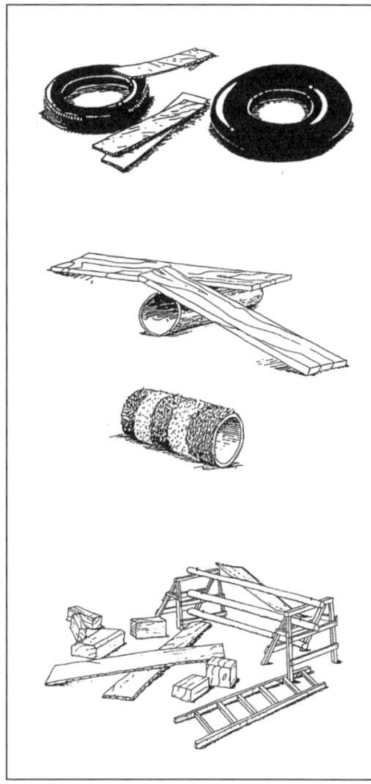

Abb. 36: Materialangebote der Bewegungsbaustelle (Miedzinski 1983)

Bewegungslandschaften ermöglichen vielfältige Sinneserfahrungen: Der optische, akustische, haptische, kinästhetisch-propriozeptive und der Gleichgewichtssinn, das Koordinationsvermögen sowie die Grob- und Feinmotorik werden geschult. Durch spezielle Aufgaben oder Gerätearrangements kann ein bestimmter Wahrnehmungsbereich besonders angesprochen werden. Entscheidend ist jedoch, dass die Aufgabenstellung nicht isoliert, sondern in komplexen, für das Kind verständlichen und motivierenden Handlungskontexten vermittelt wird. So übt ein bewegungsunsicheres Kind nicht (freiwillig) mehrmals hintereinander eine bestimmte Balanceübung, sondern es verbessert seine Körperbalance und damit seine Sicherheit durch das Überqueren, Hinaufklettern und Hinabrutschen oder -balancieren einer schiefen Ebene, das Überwinden einer gefährlichen Schlucht oder einer Urwaldlandschaft. Wenn Kinder aus eigenem Antrieb kein Spiel entwickeln, kann über Aufgabenstellungen – etwa: Wir erklimmen einen Aussichtsturm, um die Ankunft eines Schiffes zu beobachten – die Motivation und damit die Spielbereitschaft gesteigert werden. Im Vordergrund steht die freie Aufgabenbewältigung, nicht die perfekte Bewegungsausführung.

Entscheidend für den Erfolg einer Erfahrungssituation in einer Bewegungslandschaft oder einer Bewegungsbaustelle ist die methodische Erfahrung des Pädagogen, der gezielt eingreift oder im richtigen Augenblick Zurückhaltung übt. Durch ein sich frei entwickelndes Spiel erlangt das Kind Sicherheit. Es entwickelt Strategien der Aufgaben- und Anforderungsbewältigung. Das Kind erlernt Ausdauer, Geduld und Ruhe. Durch die Planung und Ausführung der Aktivitäten, durch Spielen und Bewegen erhält das Kind Anstöße zur Entwicklung seiner Handlungsfähigkeit.

5.2.4 Frühförderung als kindorientierte Förderung im ökologisch-systemischen Kontext

Förderkonzept

Im Mittelpunkt der Frühförderung steht das Kind und sein familiäres und soziales Umfeld. Die Kinder sollen mit Hilfe eines integralen Förderkonzepts (interdisziplinärer Ansatz) dahingehend gefördert werden, dass sie durch die Entfaltung ihrer Fähigkeiten am Leben in der Gemeinschaft teilnehmen können. Frühförderung umfasst die Altersspanne von 0–6 Jahren. Frühförderung orientiert sich nicht am Nachvollzug der normalen Entwicklung, sondern an den individuellen Bedürfnissen und Möglichkeiten des einzelnen Kindes in seinem psychosozialen Umfeld. Die Frühförderung verfolgt das Ziel, die Handlungs- und Erlebnisfähigkeit des Kindes im Lebensalltag zu fördern. Dabei ist es nach wie vor das Ziel, kindorientiert, aber nicht mehr länger kindzentriert zu fördern. Es geht darum, das Kind zu stärken, ihm Selbstvertrauen zu geben und auf diesem Wege seine Schwierigkeiten zu verringern. Weiterhin soll seine Lebensfreude, seine Lebenssicherheit sowie seine soziale Eingliederung in die unmittelbare Umwelt bestmöglich gefördert werden.

Grundsätze der Förderung: „Das oberste Ziel der Frühförderung ist, die Kinder in ihrer Entwicklung so zu fördern, daß sie ihre Anlagen und Fähigkeiten entfalten und am Leben in der Gemeinschaft teilnehmen können“ (Hessisches Ministerium für Jugend, Familie und Gesundheit 1995, 2). Die Frühförderung hat immer zum Ziel, „im Zusammenwirken von Eltern und Fachleuten die Entwicklung behinderter und entwicklungsverzögerter Kinder sowie die Entfaltung ihrer Persönlichkeit anzuregen, zu unterstützen, ihre Erziehung und soziale Entwicklung zu fördern und zu helfen, sie sicherzustellen" (Bundesvereinigung Lebenshilfe 1996, 9). Im Rahmen einer systemischen Betrachtungsweise besteht die Frühförderung aus drei großen Aufgabengebieten. Das *erste* ist die direkte Förderung des Kindes (Entwicklungsförderung). Das *zweite* ist elternbezogene Beratungstätigkeit zur prophylaktischen Vorbereitung auf entstehende Schwierigkeiten, aber auch das fachliche Bestreben, die besondere familiäre Situation zum besseren Verstehen des Kindes kennen zu lernen. Der *dritte* Bereich umfasst die Hilfen für die soziale Integration. Die Ziele der Frühförderung sind dann erreicht, wenn sich die Zufriedenheit der Familie verbessert, wenn Ängste und Sorgen abgebaut werden und sich neue Lebensperspektiven entwickeln.

3 Aufgabengebiete

Interdisziplinäre Zusammenarbeit: Unter Interdisziplinarität verstehen wir die Zusammenarbeit der einzelnen Fachdisziplinen der Frühförderung. Sie strebt danach, die fachspezifische Kompetenz der einzelnen Mitarbeiter durch Zusammenarbeit im Team zu vergrößern und dabei die monodisziplinären Sichtweisen auf das Kind zugunsten einer mehrperspektivischen, interdisziplinären Kompetenz aufzugeben (vgl. Speck 2008, 459ff). Eine solche interdisziplinäre Zusammenarbeit bedeutet gleichsam eine Erweiterung der auf das eigene Berufsfeld bezogenen Arbeitsweise. Frühförderung erfordert die Kooperation von verschiedenen Fachleuten und Institutionen. Hierzu gehören Mediziner, Psychologen, Pädagogen, Motologen, Logopäden, Physiotherapeuten und Ergotherapeuten. Da man heute nicht mehr von einer monokausalen Denkweise in der Förderung ausgeht, muss das Kind in seinem Umfeld und zusammen mit seiner Familie betrachtet werden. Ziel der Interdisziplinarität ist, dass die Fachleute eine offene Zusammenarbeit praktizieren, die durch ein spezielles Eigeninteresse an der Frühförderung geprägt ist. Dabei sollte man beachten, dass die Anzahl der Fachleute möglichst klein ist und die Förderung einem einheitlichen Förderplan folgt. Der Aspekt der Interdisziplinarität ist eng verknüpft mit den Gesichtspunkten der Familienorientierung und der Ganzheitlichkeit. Ein ganzheitliches Vorgehen setzt eine kontinuierliche Zusammenarbeit aller beteiligten Fachkräfte voraus und ist ohne Orientierung an der Situation des Kindes und seiner Familie nicht zu verwirklichen. Eltern sind in das interdisziplinäre Vorgehen bei Diagnostik, Therapie und Förderung partnerschaftlich einzubeziehen.

Familienorientierung: Die Familie als primäres soziales System nimmt in der Frühförderung einen besonderen Stellenwert ein. Unter Familie versteht man nicht nur die biologischen Nächsten, sondern alle, die an der Erziehung teilhaben und zur Familie gehören. Den Eltern als Primärerziehern kommt bei der Frühförderung eine aktive Rolle zu. Die Zusammenarbeit mit den Eltern ist immer situationsgebunden und gestaltet sich nach drei Modellvorstellungen (Weiß 1989). Beim *Laienmodell* bestimmt der Therapeut als autoritäre Fachkraft die Therapie. Die Eltern haben die Rolle des erzieherischen und therapeutischen Laien. Die wesentlichen Kennzeichen dieses Modells sind das klare Ungleichgewicht der Kompetenzen und die eindeutige Abhängigkeit der Eltern von den Fachleuten. Die Eltern dienen lediglich als Informationszubringer und Empfänger von Ratschlägen und Anweisungen. Das *Co-Therapeutenmodell* zeichnet sich durch eine aktive Mitwirkung der Eltern an der Förderung ihres Kindes unter fachlicher Anleitung aus. Die Eltern werden von den Therapeuten in ihre Methoden und Techniken eingewiesen, so dass sie in der Lage sind, die Übungen mit ihrem Kind zuhause durchzuführen. Dies ist zwar ein Fortschritt gegenüber dem Laienmodell, da die Elternrolle aufgewertet wird und die Eltern nun eine gewisse Mitverantwortung übernehmen, doch entscheidet immer noch der Therapeut allein über Erfolg oder Misserfolg der Therapie.

Elternarbeit

Das *Kooperationsmodell* hat eine partnerschaftliche Zusammenarbeit zwischen Familie und Therapeut zum Ziel, in der auch die Probleme der Eltern zur Sprache kommen. Die unterschiedlichen Kompetenzen der Eltern und Fachleute ergänzen sich; sie werden als gleichwertig und gleich wichtig akzeptiert. Gemeinsam wird ein Therapiekonzept erstellt, wobei die Eltern aber Eltern bleiben und nur ihre Erfahrungen einbringen. Das Kooperationsmodell zeichnet sich durch einen permanenten Erfahrungsaustausch und die Bereitschaft, sich aufeinander einzustellen, aus.

Verändertes Rollenverständnis

Der Paradigmenwechsel der Frühförderung in Richtung einer *systemischen Sichtweise* zeigt sich in jüngerer Zeit durch ein verändertes Rollenverständnis aller beteiligten Partner. Das Kind wird als gleichberechtigte und aktive Person des familiären Systems gesehen, was zugleich das Schlaglicht der Familienarbeit auf die gesamte psychosoziale Situation der Familie wirft und ein gemeinschaftliches Handeln der Partner erfordert bzw. ermöglicht (vgl. Leyendecker 2008b).

Der Anspruch der Ganzheitlichkeit: Früherkennung, Frühbehandlung und pädagogische Frühförderung sind Teile eines ganzheitlichen Förderkonzepts. Familienorientierte und interdisziplinäre Frühförderung wird als ganzheitliche Förderung der Gesamtpersönlichkeit des Kindes in seinem sozialen Umfeld begriffen. Im Zentrum der Bemühungen steht also das Kind selbst; die Förderung versucht die kindlichen Eigenkräfte anzusprechen und unter Berücksichtigung des familiären Umfeldes und der Alltagsherausforderungen des Kindes zu unterstützen.

Generell hat sich im Fachgebiet der Frühförderung eine Kompetenz- bzw. Ressourcenorientierung entwickelt, die langsam aber stetig den Blick auf die Defizite des Kindes ausblendet. Dabei ist der fachliche Beitrag der Psychomotorik auf die Erweiterung der Handlungskompetenz und der Problemlösefähigkeit des Kindes gerichtet. Es soll über erfolgreich durchlebte und bewältigte Spiel- und Handlungssituationen in seiner Selbstwirksamkeitsüberzeugung gestärkt werden (Fischer 2008; Krus 2008). Auf die Frühförderung im Allgemeinen und den psychomotorischen Beitrag im Speziellen kommen aber auch neue Aufgaben zu. Veränderte Lebensbedingungen, Kinder aus sozial benachteiligten Familien mit einem wachsenden Anteil von Familien mit Migrationshintergrund stellen neue Anforderungen dar. Schlack (2008, 150) spricht von „neuer Morbidität“ im Gesundheitskontext und versteht darunter, „Störungen der funktionellen und der psychischen Entwicklung sowie verhaltensabhängige körperliche Gesundheitsprobleme wie die Adipositas und ihre Folgeerkrankungen“. In der neuen Favorisierung des gemeinsamen Handelns zwischen Kind, Eltern und Fachleuten statt der Verordnung von Behandlung findet der handlungsbezogene Zugang der Psychomotorik seine Bedeutung.

„Neue Morbidität“

5.2.5 Einzelintegration im Regelkindergarten als Beispiel einer psychomotorisch orientierten Förderung

Einzelintegration ist eine sozial-pädagogische Maßnahme, die die Möglichkeit schafft, ein behindertes Kind in den Lebensraum eines Regelkindergartens zu integrieren und dort zu fördern. Der

Kindergartenalltag bietet für das Kind eine Fülle von Gelegenheiten im Rahmen von Gruppenprozessen und Spielen, sich zu erproben und sich selbst noch besser einschätzen zu lernen. Somit sind die Voraussetzungen geschaffen, um sich effektiver mit der eigenen sozialen und materialen Umwelt auseinander setzen zu können. Diese Situationen präsentieren sich natürlich spontan und aus dem eigenen Tun heraus. Dadurch wird das betroffene Kind aufgefordert, fortlaufend zu interagieren. Hier werden optimale Bedingungen zum Erlernen von Handlungskompetenzen geschaffen. Dieser situationsorientierte Ansatz strebt das Lernziel zur autonomen, handelnden Bewältigung von typischen Situationen im eigenen Lebensraum an. Nicht nur die sozialen Erlebnisse, sondern auch die Natur- und Sachumwelt des Kindes werden hier berücksichtigt. Einen zentralen Punkt der Einzelintegrationsmaßnahme stellt die Möglichkeit für das behinderte Kind dar, in seiner gewohnten Umgebung (Nachbarschaft) zu bleiben und dort geschlossene soziale Kontakte weiterzuführen. Übergeordnetes Ziel der gemeinsamen Erziehung ist es, eine Atmosphäre der gegenseitigen Akzeptanz unter Berücksichtigung der individuellen Besonderheiten herzustellen.

B

Vorgehensweise der Förderung am Beispiel des Integrationskindes Petra: Das ist Petra! Petra wird 8 Wochen zu früh im Juni 1988 geboren. Am 3. Lebenstag kommt es durch eine Lungenblutung zu einem kurzzeitigen Herz-Kreislauf-Versagen mit nachfolgender Hirnblutung. Bei den neurologischen Untersuchungen werden deutliche linksseitige Hirnschädigungen, später erhebliche Schädigungen festgestellt. In den nachfolgenden Jahren durchläuft Petra verschiedene therapeutische Maßnahmen. Zu Beginn der Einzelintegration lässt sie sich als ein freundliches, aufgewecktes fünfjähriges Mädchen beschreiben, das seiner Umwelt mit ausgesprochener Neugier begegnet. Bei Aufträgen, die ihr nicht gefallen, zeigt sie jedoch erhebliche Widerstandsreaktionen.

Symptomatik

Anhand eines umfangreichen quantitativen und qualitativen Diagnostikverfahrens und intensiver Gespräche mit Petras Mutter (Anamnese und familiäre Situation) ist auf eine sensorische Integrationsstörung (z.B. bilaterale Integrationsstörung, Dyspraxie, taktil-kinästhetische Wahrnehmungsstörung) zu schließen. Petra wirkt bei Bewegungsaufgaben, die das Gleichgewicht und die Körperpositionssicherheit erfordern, oft torkelig und ängstlich. Sie zeigt eine deutlich verminderte Gesamtkörperkontrolle. Ebenso hat sie große Schwierigkeiten in der Feinsteuerung ihrer Körperbewegungen. Trotz Problemen in der Sprachmotorik zeigt sie große Freude bei musikalischen, rhythmischen Angeboten.

Die methodische Vorgehensweise in dieser psychomotorisch-orientierten Integrationsmaßnahme ähnelt in groben Zügen dem situationsorientierten Ansatz der Elementarpädagogik. Nicht hierarchisch geordnete Lern- und Förderziele, sondern das Kind mit seinen individuellen Fähigkeiten, Bedürfnissen und Interessen in der jeweiligen Gruppensituation bestimmt die konkrete Methodik und inhaltliche Gestaltung des Förderalltags. Interessanterweise kommt es im Laufe des ersten Förderjahres zu einem Wechsel in der Ausrichtung der integrativen Interventionen. Abgesehen von festen, immer wiederkehrenden Gruppenaktivitäten, wie zum Beispiel Abschlusskreis, ist zunächst Petra selbst Ausgangspunkt vieler gemeinsamer Aktivitäten und Spielhandlungen, meist in der Auseinandersetzung mit der psychomotorischen Fachkraft und den Erzieherinnen. Andere Kinder gesellen sich hauptsächlich aufgrund von Neugier hinzu. Später ist es zunehmend möglich, mit der Gruppe oder nur einigen Kindern Spielhandlungen vorzugeben oder Spielsituationen zu entwickeln, denen sich Petra dann selbsttätig anschließt. Zunächst wird eine gemeinsame Spielsituation mit den Kindern besprochen bzw. durch eine Materialvorgabe provoziert, in deren weiterem Verlauf die Kinder mehr und mehr die Eigeninitiative übernehmen. Wenn anfangs noch einige Impulse und Hilfestellungen notwendig sind, kann sich der Betreuer schließlich ganz zurückziehen. Die Rolle des Betreuers ist nicht konstant vorgegeben. Obwohl generell eher eine begleitende und unterstützende Funktion vorausgesetzt wird, wechselt der Grad der tatsächlichen Einbindung in den Prozess der integrativen Förderung erheblich. Um Petra in die Gruppe und die ablaufenden Prozesse zu integrieren, ist es insbesondere zu Beginn des Kindergartenjahres notwendig, sie mit den verschiedensten Handlungen und Tätigkeiten vertraut zu machen und mit zahlreichen Anregungen und Hilfestellungen zu begleiten. Im Laufe des Kindergartenjahres kann Petra zunehmend selbstständig an gemeinsamen Handlungen mit anderen Kindern teilnehmen. Dadurch eröffnen sich natürlich Möglichkeiten, Petra in der jeweiligen Situation intensiv zu beobachten. Die Inhalte werden bis auf wenige Ausnahmen nicht durch das Kindergartenteam vorgegeben. Petra kann jeden

Methodik

Tag ihre Bedürfnisse und Interessen äußern und sich selbstständig für bestimmte Tätigkeiten entscheiden. Wichtig ist es jedoch, dass sie trotz dieser Freiheiten bestimmte Regeln und Absprachen, die für die gesamte Gruppe Gültigkeit haben und die in der jeweiligen Handlung und Spielsituation notwendig sind, zu berücksichtigen lernt. Umgekehrt wird mit den anderen Kindern der Gruppe stets die besondere Situation Petras thematisiert, um eine bessere Einsicht und ein natürliches Verhalten im Umgang mit behinderten Kindern zu entwickeln.

Themen und Inhalte

Förderthemen: Neben der pädagogischen Zielsetzung, Petra in die Gruppenprozesse einzubinden, sollen ihr ebenso neue Ich-, Sach- und Sozialerfahrungen ermöglicht und ihre Handlungs- und Kommunikationskompetenz erweitert werden. Vielfältige Angebote zur handlungsbezogenen Auseinandersetzung mit Materialien und Gegenständen sowie zahlreiche Regel- und Rollenspiele werden dazu angeboten. Die jeweiligen Angebote werden dabei stets als Anlass für die sprachliche Begleitung des Erlebten genutzt. Die Berücksichtigung von Petras individuellem Entwicklungsstand ist allerdings bei der Auswahl dieser Inhalte eine Grundbedingung. Ein weiterer pädagogischer Schwerpunkt ist die Erziehung zu Selbstständigkeit im lebenspraktischen Bereich. Wenn immer es möglich ist, wird Petra zu Tätigkeiten wie Kochen, Aufräumen, Bügeln, Eindecken des gemeinsamen Esstisches usw. herangezogen. Sie selbst verrichtet diese Tätigkeiten sehr gerne und in der Regel auch aus eigener Initiative. Beim Essen, An- und Ausziehen, der Zahnpflege, aber auch generell bei allen anderen Tätigkeiten wird Petras Selbsttätigkeit unterstützt. Ausgehend von ihrem Entwicklungsstand im motorischen und perzeptiven Bereich entsteht ein Katalog von möglichen Förderthemen, die aber weder als eine vorgegebene Reihenfolge im Sinne einer funktionellen Therapie zu verstehen sind, noch zu einer unabdingbaren Umsetzung verpflichten. Eine wichtige Voraussetzung für die Entstehung dieses Kataloges ist die Absprache mit den Erzieherinnen unter Berücksichtigung der Rahmenbedingungen (materielle Ausstattung, räumliche Gegebenheiten, zeitliche und thematische Einbindung in den Kindergartenalltag). Eine klare Trennung im Sinne einer Bewegungs- und Wahrnehmungsförderung lässt sich nicht vornehmen, da diese beiden Bereiche untrennbar zueinander gehören. Die Auflistung (Abb. 37) versteht sich lediglich als bereichsspezifische Akzentsetzungen,

I Arbeit am Kind

Eingliederungshilfe leisten

Unterstützung geben, ggf. Anregungen bieten, um das Kind in Gruppenprozesse zu integrieren

Konfliktbetreuung: Gruppenregeln, Verhaltensrichtlinien verständlich machen und diese umsetzen. Aufklärungsarbeit innerhalb der Kindergruppe.

Erweiterung des Lern- und Spielverhaltens

Möglichkeiten in Gruppenprozessen nutzen, um Erfahrungshorizont des Kindes erweitern.

Gezielte Spielthemen (z.B. Rollenspiele, Regelspiele) anbieten, um Handlungs- und Kommunikationskompetenzen zu erweitern.

Erziehung zur Selbständigkeit besonders in lebenspraktischen Bereichen

z.B. An- und Ausziehen

Essen (Schneiden, Schmieren etc)

Zahnpflege

Sauberkeitserziehung

Förderung spezieller Bereiche

a) Bewegung
= Bewegungshandeln fördern

Grobmotorik:
- Gleichgewicht
- Körperkoordination
- Bewegungsplanung

Feinmotorik
- Händigkeit
- Gezielte Fingerfertigkeit
- Körperliche Feinsteuerung
- Mundmotorik

b) Wahrnehmungsfähigkeit in folgenden Bereichen erweitern und ausdifferenzieren
- kinästhetische und vestibuläre Wahrnehmung
- taktile Empfindlichkeit
- Raum- und Körperwahrnehmung und Orientierung
- Akustische Wahrnehmung
- Optische Wahrnehmung

c) Sprachanbahnung
- Sprachanlässe schaffen
- gezielte Lautübungen durchführen.

II Kooperationsarbeit

Vernetzung der Kontaktpersonen des behinderten Kindes

Elternarbeit/ Elternberatung

Zusammenarbeit und Beratung im Kindergartenteam

Kontaktaufnahme und Zusammenarbeit mit zuständigen niedergelassenen Therapeuten

Absprachen mit betreuendem Kinderarzt treffen

Kontakt mit Behörden sicherstellen, z.B. Bericht schreiben; Zusammenarbeit mit Gesundheitsamt und Schulamt, um die Einschulung vorzubereiten.

Die Methodik der Förderschwerpunkte in der Integrationsarbeit werden von der Behinderung des Kindes abhängig sein.

Abb. 37: Konzept einer psychomotorisch orientierten Integrationsmaßnahme im Kindergarten (Fischer/Müller-Schwarz 1998)

die möglichst in Spielsituationen realisiert werden soll. Während die auf Grobmotorik ausgerichteten Themen vorwiegend in der zweimal wöchentlich stattfindenden Bewegungsstunde eingebracht werden, sind die feinmotorischen Angebote eher Bestandteil der Förderung in der Kindergartengruppe. Viele der hier angeführten Förderinhalte sind über einen längeren Zeitraum hinweg in Geschichten wie Zirkus, Fahrzeuge bauen oder wir verreisen eingebunden gewesen. Diese Strukturierung ermöglicht Petra, und auch den anderen Kindern, eine bessere Orientierung.

Veränderungen im Kindergarten: Im Laufe von drei Jahren ergeben sich im Kindergarten eine Reihe von Veränderungen in der Organisation und der inhaltlichen Gestaltung im Team selbst, aber auch in der Einstellung und dem Verhalten der Kinder und Eltern in Bezug auf die Einzelintegrationsmaßnahme. In der Anfangsphase des ersten Integrationsjahres bestehen erhebliche Unsicherheiten bei allen Beteiligten, nicht zuletzt aufgrund von fehlenden Informationen und Kenntnissen über entsprechende Integrationsmaßnahmen. Durch einen intensiven Austausch können viele Unsicherheiten abgebaut und eine sinnvolle Kooperation im Team entwickelt werden. Der leider häufige Wechsel der zuständigen Erzieherinnen sowie der Wechsel der betreuenden psychomotorischen Fachkraft im zweiten Kindergartenjahr stellen sicherlich keine günstigen Voraussetzungen dar. Die zunächst bestehende Distanz zwischen den Erzieherinnen und der psychomotorischen Fachkraft ist aber einer doch insgesamt sehr kooperativen und konstruktiven Zusammenarbeit gewichen. In vielen Gesprächen entwickelt sich ein weitgehend einheitliches Verständnis von der Integration behinderter Kinder in den Regelkindergarten.

Die pädagogische Vorgehensweise hat ihre Ursprünge daher in einer gemeinsamen gedanklichen Basis. Durch die zunehmende Annäherung der alltäglichen Kindergartenarbeit und der psychomotorisch-orientierten Förderung Petras entsteht eine gemeinsame inhaltliche Konzeption, die auch für die gesamte Kindergartengruppe eine große Bedeutung erlangt. Die psychomotorisch-orientierte Praxis erfordert allerdings einige Veränderungen in der Nutzung der vorhandenen Räumlichkeiten, deren jeweilige Gestaltung und materielle Ausstattung. Für Petra ist es zunächst wichtig, einen Raum zu schaffen, in den sie sich bei Müdigkeit und Überforderung zurückziehen kann. Ebenso bedeutsam ist die klare Abgrenzung von bestimmten funktionsgebundenen Räumen, z.B. der Frühstückstisch, die Bastel- und Maltische, das Puppenhaus usw. Insofern entstehen innerhalb der drei zur Verfügung stehenden Zimmer einige klar gegliederte und für Petra übersichtliche Funktionsräume. In einem weiteren Schritt wird für Petra und die anderen Kinder ein Aktionsraum geschaffen, in dem sie ihren Bedürfnissen nach Springen, Hüpfen, Klettern, Rollen, Wälzen, Schaukeln, Raufen, Höhlen bauen u.a. ähnlichen Tätigkeiten nachgehen können. Zu diesem Zweck werden tragende Haken am Türrahmen und an der Decke befestigt und Ösen zum Binden von Leinen in verschiedenen Höhen an den Wänden angebracht. Außerdem soll durch Teppiche, Matratzen sowie einer Rundumverkleidung des Raumes möglichen Verletzungen vorgebeugt werden. Neben dem gewöhnlichen Gebrauch der vorhandenen Materialien wird auf alternative Einsatzmöglichkeiten hingewiesen. Bei der Neuanschaffung von Materialien wird stets die Zweckmäßigkeit für den Einsatz innerhalb der Einzelintegration bzw. der psychomotorisch-orientierten Praxis berücksichtigt.

Räumliche Veränderungen

Im Laufe von drei Jahren können auffallende Verhaltensänderungen bei den Kindern der Kindergartengruppe beobachtet werden. Der anfänglichen Unkenntnis und Gleichgültigkeit folgt eine gewisse Neugier gegenüber Petra. Warum kann sie nicht sprechen? Warum kann sie nicht so laufen wie wir? Auf Initiative des Teams (oder auch aus nicht eindeutig zu klärenden Gründen) wenden sich einige Kinder Petra aktiv zu, spielen regelmäßig mit ihr und helfen ihr auch wenn nötig. Mittlerweile ist Petra eine feste Größe in der Kindergartengruppe, die von den meisten Kindern mit ihrer gesamten Persönlichkeit akzeptiert und anerkannt wird. Auch bei den Eltern scheint sich eine weitgehende Akzeptanz gegenüber der Integrationsmaßnahme und den damit verbundenen Änderungen durchzusetzen. Die Gründe dafür liegen sicherlich in der für alle Beteiligten recht konfliktlosen und insgesamt erfolgreichen Umsetzung der Integrationsmaßnahme sowie in der Erkenntnis, dass die oben angesprochenen Veränderungen einer psychomotorisch-orientierten Praxis positive Einflüsse auf alle Kinder der Gruppe haben.

Verhaltensänderungen

Interessanterweise können diese exemplarischen Erfahrungen und Erkenntnisse in einem Modellprojekt im Auftrag des Hessischen Sozialministeriums mit dem Titel „Qualitätsentwicklung Integration“ (QUINT) unter der konzeptionellen Planung und Leitung von Adams (2006a,b) mit 15 Kindertagesstätten und drei Frühförderstellen in drei Gebietskörperschaften Hessens repräsentativ nachgewiesen werden. Das Projekt geht der Frage nach, was eine gute und was eine weniger gute Integration ausmacht, und versucht, Antworten auf der Basis eines intensiven Dialogs aller Beteiligten des gesamten Integrationssystems zu eruieren. Über einen Zeitraum von zwei Jahren (2001–2003) und einer anschließenden Implementationsphase (2004–2006) können einzelfallbezogene (Prozess- und Ergebnisqualität) sowie überindividuelle Strukturmerkmale von 24 Integrationsmaßnahmen gesichert werden und für ein übergreifendes Qualitätsentwicklungskonzept generalisiert werden. Beteiligungsprozesse auf allen Ebenen sichern die Kompetenzvielfalt und die konzeptionelle Aussagekraft des Projektes, ein Praxishandbuch und ein abgestimmtes Fortbildungskonzept die Multiplikation der Ergebnisse. Die Quintessenz des Projekts ist:

Modellprojekt QUINT

„Die Planung des pädagogischen Handelns ist an den individuellen *Bedarfen* des Kindes zu orientieren. Eine Kategorisierung des Kindes in Bezug auf die Behinderungsform ist für die Hilfeplanung zu vermeiden – sie lässt sich mit einer individuellen Hilfeplanung und dem Kerngedanken der Integration nicht vereinbaren. Eine präzise Definition, in welchem Umfang und in welcher Art das Kind Unterstützung und Anregung bedarf, um Stärken auszubauen und Beeinträchtigungen zu mindern bzw. ihnen vorbeugen zu können, ist hingegen eine notwendige Voraussetzung für die Betreuung, Erziehung und Bildung des einzelnen Kindes" (Adams 2006b, 190).

Interessant ist in jedem Fall die Beobachtung, dass erfolgreiche Maßnahmen zur Integration besonders förderbedürftiger Kinder immer ein abgestimmtes (inhaltliches) Gesamtkonzept und Teamarbeit einer Einrichtung voraussetzen; damit setzen sich die besonderen Ergebnisse des Integrationsprojektes ins Blickfeld des allgemeinen Bildungsauftrags einer Kindertagesstätte / Fördereinrichtung.

5.3 Psychomotorik im Grundschulalter

Die veränderte lebensweltliche Situation heutiger Kindheit, die Erfahrungen aus erster Hand für Kinder immer schwieriger gestaltet, konfrontiert die Schule mit der Herausforderung, früher für selbstverständlich erachtete Voraussetzungen für schulische Lernprozesse – die Eigentätigkeit als materiale Grundlage der Erkenntnistätigkeit – zum Thema unterrichtlichen Wirkens machen zu müssen. Hier setzt der psychomotorische Basisunterricht an. Er ist für alle Kinder zu Beginn des Grundschulalters sinnvoll, weil er themenzentrierte Spielhandlungen und Bewegungshandeln als Basiserfahrungen entwicklungssystematisch vermittelt.

Psychomotorischer Basisunterricht

Keller / Fritz (1998) sehen das Spiel als geeignetes Medium an, die Kluft zwischen Erfahrungen und Erkenntnis zu mindern. Das kindliche Spiel wird längst nicht mehr als zweckfreies Tun betrachtet. Es stellt die Grundform der Auseinandersetzung des Kindes mit sich, seinen bedeutsamen Themen und Entwicklungsaufgaben in seiner Lebenswelt dar. Für das Kind ist Spielen sinnvolles Handeln und bietet vielfältige Möglichkeiten sowohl zur Eigentätigkeit als auch zum gemeinsamen Handeln. Kinder können im Spiel verschiedene Handlungsweisen angstfrei ausprobie-

Das kindliche Spiel

ren, können ihren Gefühlen Ausdruck verleihen, erfahren sich als Initiator von Handlungen und erhalten Rückmeldung über sich selbst und den Handlungserfolg. Das Spiel bietet sich an, um Sozialverhalten, Interesse, Ausdauer, Neugier, Aktivität und vielerlei kreative Prozesse zu fördern.

Planungsfähigkeit

Die Spieltätigkeit ist besonders bedeutsam für die Entwicklung der Kulturtechnik Planungsfähigkeit. Im Altersbereich von drei bis sieben Jahren dominieren Rollen- und Phantasiespiele sowie Bau- und Konstruktionsspiele, in denen Planungs- und Kontrollprozesse eingeübt werden (Fritz et al. 1997, 112). Im Rollen- und Phantasiespiel vollziehen Kinder selbst erdachte Handlungssequenzen und Alltagsgeschehnisse in einem geordneten Ablauf nach. Sind mehrere Kinder am Spiel beteiligt, wird Abstimmung über die Handlungsziele und den Spielverlauf erzielt und die notwendigen Materialien bereitgestellt. Die kognitiven Prozesse der Handlungssteuerung werden zu Beginn des Spiels verbal formuliert. Das Spiel ermöglicht somit den Erwerb eines autonomen Systems zur Planung und Kontrolle von Handlungen.

Bei Bau- und Konstruktionsspielen (im mittleren Kindesalter) wechselt das Spiel zwischen Aktivität und Handlungsvorausplanung; ist das Ergebnis nicht wie erwartet, werden neue Pläne erarbeitet. Die Qualität der Planung wird im Bauergebnis sichtbar. Die Autoren sehen im Spiel ideale Voraussetzungen, um metakognitive Prozesse der Handlungssteuerung (Planerstellung und Plankontrolle) einzuüben.

Die Basis des psychomotorischen Förderkonzepts ist daher der spiel- und handlungsorientierte Unterricht. Ziel des Unterrichts ist der Aufbau einer komplexen Handlungsfähigkeit, definiert als „Fähigkeit, ein Ziel zu formulieren und die Realisierung des Ziels unter Beachtung der inneren (eigenen Fähigkeiten / Fertigkeiten) und äußeren Bedingungen zu planen" (Keller / Fritz 1998, 23) zu fördern. Weitere Ziele sind etwa die Integration zum Klassenverband, die Förderung sozialer Kompetenz und der Aufbau einer positiven, erfolgszuversichtlichen Leistungsmotivation.

Die drei Phasen des Förderkonzepts (Abb. 38): Die Förderung erfolgt über großmotorische Spielhandlungen in drei schrittweise aufeinander aufbauenden Phasen. Beginnend mit der explorativen Spielhandlung werden die Kinder nach und nach zu komplexen, zielgerichteten Spielhandlungen geführt.

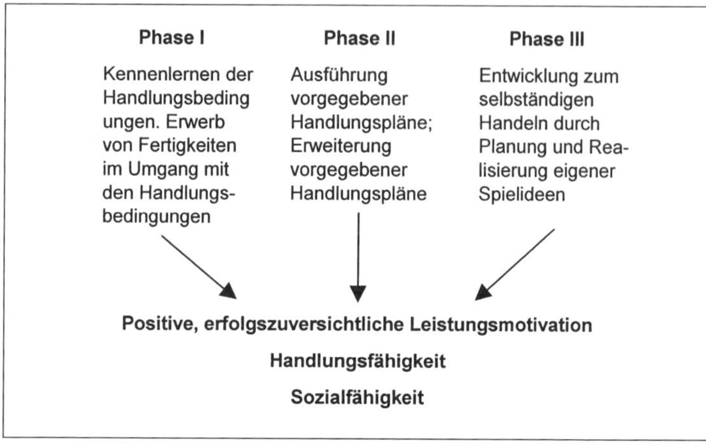

Abb. 38: Überblick über den Verlauf des spiel- und handlungsorientierten Unterrichts (Keller/Fritz 1998, 25)

Phase I: Erfahren der Handlungsbedingungen und Erwerb von Handlungsfertigkeiten

Vertraut werden und Ausprobieren

Zu Beginn ist es wichtig, dass die Kinder sich eine Orientierungsgrundlage schaffen und sich mit dem Umfeld (Turnhalle) und den Materialien vertraut machen. Das Spielmaterial besteht aus:

- (Groß-)Geräten der Turnhalle (Kästen, Langbänken, Lüneburger Stegel, Barren, Leitern, Ringen, Matten, Tauen)
- psychomotorischen Übungsgeräten (Rollbrettern, Schwungtüchern, Drifties, Pedalos, Sandsäckchen, Teppichfliesen, Tüchern)
- Alltagsmaterialien (Bierdeckeln, Korken, Zeitungen, Wolle, Kastanien)
- einer Kleiderkiste (mit Hüten, Schminke, Masken).

Die Kinder lernen die Materialien und Geräte im Rahmen von Bewegungsstationen oder Bewegungslandschaften kennen. Sie klettern, rutschen, springen, hangeln, balancieren und lernen so die Beschaffenheit der Gegenstände kennen. Im Vordergrund dieser Phase steht die Förderung der Neugier und Explorationsfreude. Die Kinder bekommen nach und nach das Gefühl, das Handlungsfeld zu kennen und die Materialien unter Kontrolle zu haben. Wichtig ist hier, den Kindern genügend Zeit zu lassen, damit sich eigene Spielideen und Ideen zur Veränderung des

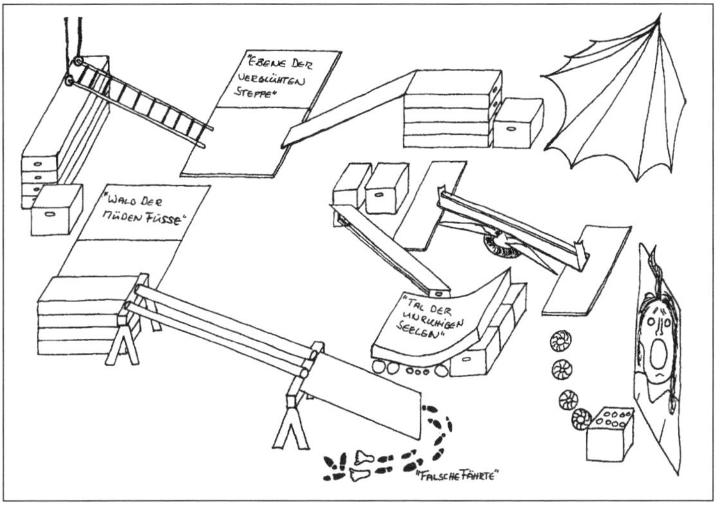

Abb. 39: Der Schleichpfad in der Turnhalle (Keller/Fritz 1998, 124)

Spielaufbaus entwickeln können. Dieser sollte für alle Kinder stets überschaubar bleiben, ihrem Entwicklungsstand entsprechen, zum Erfahren mit allen Sinnen einladen und zum Experimentieren und Verändern auffordern. Die Erfahrungsbildung wird durch Sprache und kleine Spiele unterstützt. Wiederholungen und bewusst geplante Variationen sind erste zielgerichtete Handlungen.

Phase II: Erprobung und Entwicklung von Handlungsplänen

Die Kinder haben auch in dieser Phase noch die Möglichkeit, den Aufbau mit seinen Funktionen spielerisch zu erforschen, wie beispielsweise diesen Indianerschleichpfad (Abb. 39).

Spielthema Indianer

Sie lernen das Spielthema Indianer kennen, indem sie in einer Geschichte von einem Indianerstamm erfahren, der sich wegen des herannahenden Winters aufmacht, Vorräte zu sammeln und zu jagen. Die Aufgabe liegt für die Kinder jetzt im Nachspielen dieser Geschichte. Sie sprechen über die Geschichte und legen die Handlungsabfolge, die Rollenverteilung und die Beschaffung ausschmückender Details (Federschmuck, Seile, Behälter) fest. Innerhalb dieser für alle klar strukturierten Spielhandlung ergibt sich die Möglichkeit zur Ausgestaltung des Spiels, etwa durch den Bau eines Tipis, in dem die gesammelten Vorräte gelagert werden oder die Feier am Ende des erfolgreichen, harten Arbeitstages stattfinden soll. Ist die Geschichte spielerisch realisiert, so beginnt die eigenständige Planung und ein freies Spiel der Kinder innerhalb des gesteckten Spielrahmens. Sie können den Aufbau der Spielhandlung durch Ideen und Spielvorschläge erweitern, so z.B. durch den Bau von Kanus, die sie zum Fischen brauchen.

Das in Form einer Geschichte vorgegebene Spielthema mit seinem klar strukturierten Handlungsablauf wird im Verlauf der Phase II mehr und mehr zurückgenommen. Ein Spielthema soll die Kinder zur Formulierung eines selbstbestimmten Handlungszieles inspirieren. Es wird angeregt, Spielstationen unter einem übergeordneten Thema (etwa: wir verreisen) zu planen und zu gestalten. Jetzt werden Fahrgeräte (Flugzeug, Auto, Fähre) entstehen und Orte nachgebaut (Strandbad, Insel, Ponyfarm).

Phase III: Entwicklung zum selbstständigen Handeln

Haben die Kinder im Laufe der Phase II gelernt, gemeinsam ein Handlungsziel zu formulieren, Teilziele zu analysieren sowie einen Handlungsplan zu entwerfen und diesen zu realisieren, so folgt in einem nächsten Schritt das selbstständige Planen und Verwirklichen komplexer Spielhandlungen. Den Kindern sind die Komponenten einer umfassenden Planung einer Handlung bekannt:

- das Handlungsziel
- die aktuellen Ausgangsbedingungen
- die Ausführungsbedingungen.

Zunächst wird ein Thema angeregt, das sich aus dem Unterricht oder aus einem aktuellem Anlass ergibt. Vielleicht hat der Winter Einzug gehalten, dann bietet sich das Thema Eskimos an. Zu Beginn sind Informationen zu sammeln und in ausführlichen Gesprächen auszutauschen, damit alle Kinder über den erforderlichen Kenntnisstand verfügen. In ihrem Spiel „präzisieren“ die Kinder ihre Handlungsgeschichte: Sie planen den Bau eines ganzen Eskimodorfes. In den vorherigen Phasen sollten die vorgegebenen Bedingungen von den Kindern erforscht werden. In dieser Phase schlagen sie den umgekehrten Weg ein, schaffen sich ihr eigenes Spielumfeld und stellen die notwendigen Utensilien her.

Wie sehen die Häuser der Eskimos aus? Sollen Holzhütten oder Iglus gebaut werden? Aus welchen Materialien sollen sie konstruiert werden? Wie kleiden sich Eskimos? Wer baut was? Dies sind die handlungsleitenden Fragen. Das psychomotorische Konzept ist geeignet, einem unreflektierten Einsatz von Handlungssituationen im Unterricht vorzubeugen; statt dessen formuliert es klare pädagogische, bewegungsgetragene Zielsetzungen in fächerübergreifender Perspektive. Grundschulpädagogen schätzen den Appellcharakter von Gerätearrangements und Spielsituationen, aber erst unter der Leitperspektive der Erprobung und Entwicklung von Handlungsplänen (Können und Wissen) entfalten diese ihr entwicklungsbezogenes Förderpotenzial.

Bewegung als Bildungsprozess

Das Beispiel des spiel- und handlungsorientierten Unterrichts hat eine exemplarische Bedeutung für den Stellenwert der Bewegung im mittleren und späten Kindesalter. Aus den bisherigen Ausführungen ist deutlich geworden, dass ein spiel- und handlungsorientierter Unterricht absolut das Ziel verfolgt, den Aufbau von Wissen und Verstehensprozessen zu fördern oder zu begünstigen. Gerade im schulischen Kontext kann es nicht darum gehen, „mal einfach etwas mit Bewegung oder handlungsorientiert zu machen“. Insofern ist Möllers (2006, 273) mahnender Position, Handlungsorientierung im (naturwissenschaftlichen) Sachunterricht nicht „praktizistisch“ zu interpretieren, ohne Einschränkung zuzustimmen. Die Psychomotorik versteht Bewegung im Handlungskontext und hat ihre konzeptionellen Grundlagen in den letzten Jahrzehnten systematisch weiterentwickelt und begründet (z.B. Beudels 2007; Wendler 2006). Handlungen sind Mittel zum Zweck und damit immer zielorientiert. Jenseits ihrer zugegebenermaßen hoch motivierenden Einstiegsbedeutung bei Lernprozessen verfolgen Bewegungshandlungen die Funktion der Symbolisierung und unterstützen Denkprozesse. Über Bewegungshandlungen lassen sich Erkenntnisprozesse entwicklungslogisch ausgehend von basalen intuitiven Erfahrungen (etwa der intuitiven Physik) bis zu komplexen physikalischen Erkenntnisprozessen strukturieren (Wilkening et al. 2006). Dabei haben Handlungsprozesse eine unterstützende und entwickelnde Bedeutung für Denkprozesse und sind zudem äußerst kindgerecht. Über systematische Aufgabenstellungen und Arbeitsaufträge können z.B. physikalische Gesetzmäßigkeiten erfahrbar gemacht werden („Einstein turnt“, Hammer 2006 oder das Konzept der Bewegungsbaustelle, Miedzinski / Fischer 2006). Bewegungserfahrungen erweisen sich im fachlichen Diskurs als Basiskompetenzen für allgemeine schulische Lernprozesse (etwa für den Schriftspracherwerb, Wendler 2007), für den Sportunterricht der Grundschule und eine Bewegungspädagogik der Vielfalt als inklusive Perspektive in der Debatte um Schüler mit Behinderung (Fediuk / Hölter 2003). Bewegungskompetenzen sind Gegenstand von Bildungsprozessen und leisten einen Beitrag zur Veränderung der Schulkultur (Lange / Woll 2005; Funke-Wieneke / Kretschmer 2005; Beckmann et al. 2005; Hildebrandt-Stramann 1999; Laging / Schillak 2000).

Bewegungspädagogik und Psychomotorik bedienen aber auch spezielle Thematiken der Entwicklungsförderung und sind längst Gegenstand der Gesundheitsförderung im schulischen Kontext (Ungerer-Röhrich et al. 2007). Die fortschreitende Zahl von Kindern mit Gesundheitsproblemen (z.B. hyperaktive, ängstliche oder adipöse Kinder) machen psychomotorische Angebote in der Schule zum anerkannten Medium der Ressourcenstärkung (Behrens 2007, 2008). Neben der Erkenntnisfunktion und der motorischen Funktion selbst geht es immer häufiger um sozial-emotionale Thematiken, etwa der Unterstützung des kindlichen Selbstwertgefühls auch in schulischen Kontexten.

5.4 Von der Psychomotorik im Jugendalter über das Erwachsenenalter bis ins vierte Lebensalter (Motogeragogik)

Die Anfänge der psychomotorischen Arbeit mit Jugendlichen liegen neben dem Arbeitsfeld der Kinder- und Jugendpsychiatrie in der Heimerziehung. Kiphard (1970) überträgt seine Erfahrungen aus dem klinischen Bereich auf die Arbeit mit männlichen Jugendlichen im heilpädagogischen Heim: Mannschaftsspiele, Kampfsportarten, Geschicklichkeitsübungen, Circuittraining, Hindernisturnen, Staffeln, kleine Wettspiele, Trampolinturnen, Leichtathletik, Turnen und Schwimmen. Zum damaligen Zeitpunkt ist eine körperlich aktive, sportive Praxis vorherrschend. Flosdorf und Rieder (1967) sowie Rieder (1970) entwickeln als erste ein systematisches, von der Intention eher heilpädagogisch-therapeutisch wirkendes Programm und nennen es *Heilpädagogischen Spielsport* (Hölter / Flosdorf 2006, 149; Hammer 2007, 60). Das Programm ist vor allem auf einen hohen Erlebniswert und auf soziale Interaktionsmöglichkeiten ausgelegt. In langjährigen Erfahrungen im Therapeutischen Heim St. Josef (Würzburg) reift ein Konzept der Heilpädagogischen Beziehungsgestaltung (Flosdorf / Rieder 1990; Flosdorf 2004), das durch seine in Anlehnung an das von Ruth Cohn (1997) beschriebene Modell der themenzentrierten Interaktion konzipierte Grundstruktur der bewegungsgestützten dialogischen Prozesse seine Wirkung entfaltet und in Fachkreisen anerkannt ist.

Heilpädagogischer Spielsport

Hammer (2007, 60--61) nennt weitere gelungene Modellbeispiele, Bewegung, Spiel und Sport in der Kinder- und Jugendhilfe als Medium der Persönlichkeitsbildung einzusetzen. Beispielsweise im St. Josephs-Haus (Kleinzimmer, Hessen) sowie im Palotti-Haus (Neunkirchen, Saar) werden *Bewegungsthemen* nicht zur Vermittlung von sportlichen Techniken oder zur Leistungsoptimierung eingesetzt, sondern zur Entwicklung von Ich-, Sach- und Sozialkompetenzen der Heimbewohner. Knab (1999, 2003) beschreibt exemplarisch die Sportakrobatik als paradigmatisches Praxisfeld, das gerade bei verhaltensauffälligen Jugendlichen über den Körper den Kontakt sowohl zu den Peers als auch zum Betreuer im Sinne wachsender Empathie aufbaut. Hammer (2001; 2007, 60) beschreibt das Konzept der *psychomotorischen Entwicklungsbegleitung* im Heimkontext, das über Bausteine der Psychomotorik, der Erlebnispädagogik und der systemischen Familientherapie „die heilenden Kräfte im kindlichen Spiel wirksam werden lässt“.

Erst in jüngerer Zeit werden die Entwicklungsspannen jenseits der Kindheit von psychomotorisch forschenden Autoren systematisch einer mehrperspektivischen Analyse unterzogen und auf ihre handlungsleitenden Konstrukte hin überprüft, anschließend stimmigen Praxisangeboten zugeordnet; so z. B. Jessel (2006, 2007) für das Jugendalter sowie Haas (1999, 2000), Hölter (1993a) und Hölter / Deimel (2009, im Druck) für das Erwachsenenalter.

Jessel richtet sein Augenmerk auf Identitätsentwicklungsprozesse von Jugendlichen unter besonderer Berücksichtigung des Konstrukts der Gewalt mit dem Ziel, eine psychomotorische Gewaltprävention zu konturieren. Aus der fast unüberschaubaren

Gewaltprävention

Publikationslage von Ansätzen, Konzepten und Projektvorschlägen zur schulischen und außerschulischen Gewaltprävention werden geeignete Modelle extrahiert, die einer Passung zu körper-/leib- bzw. bewegungsorientierten Präventionsstrategien genügen. Als praxeologische Konsequenz wird kein Programm abgeleitet – dieses widerspricht dem zugrunde gelegten systemisch-konstruktivistischen Wissenschaftsverständnis –, sondern es werden Perspektiven entfaltet, die je nach Zielgruppe und Kontext individuell zu gestalten sind. Nach Auftragsklärung, die einerseits die Klientenspezifik gewährleistet und andererseits Transparenz bezüglich der Realisierbarkeit eines entwicklungsförderlichen Prozesses herstellt, kann entschieden werden, welchen Charakter der nachfolgende Prozess haben soll: Soll er eher beraterischen, supervisorischen oder (primär-, sekundär- oder tertiär-)präventiven Charakter haben? Die nachfolgende Auflistung zeigt Themenstellungen der präventiv psychomotorischen Arbeit Jessels auf, die nach o. g. Kriterien (Auftragsklärung, Zielgruppenbestimmung) spezifisch angepasst werden müssen:

- Wahrnehmen von Gefühlen und körperlich-leiblichen Empfindungen,
- Auseinandersetzung mit persönlichen Wahrnehmungsmustern,
- Körperlich-leibliches Erleben von Beziehung,
- Körperlich-leibliches Erleben von Bedürfnissen und Konflikten,
- Auseinandersetzung mit der eigenen Identität,
- Auseinandersetzung mit dem eigenen Kommunikationsverhalten,
- Anerkennung und Empathie,
- Auseinandersetzung mit Rollenverhalten und Rollenerwartungen,
- Umgang mit Impulsen und Provokationen,
- Entwicklung von Strategien für Bedrohungssituationen,
- Auseinandersetzung mit gesellschaftlichen und kontextuellen Bedingungen (Jessel 2006, 375).

Haas (1999, 2000) nimmt eine entwicklungspsychologische und systemische Perspektive bei der Konzeption ihrer psychomotorischen Therapie des Erwachsenenalters ein. Wesentlicher Baustein des Ansatzes ist der Rückgriff auf die Theorie Kegans (1991), die Entwicklung als Prozess der Bedeutungsbildung und Konstruktion in Verschränkung strukturgenetischer und psychodynamischer Erklärungsansätze sieht und den Entwicklungsverlauf als spiralförmiges Wechselspiel des subjektiven Selbst mit den Beziehungsstrukturen der einbindenden Kultur abbildet. Die Persönlichkeitsentwicklung ist dann das Ergebnis der Bewältigung von lebensspannenspezifischen Entwicklungsthemen, die als Orientierungsmarker für die Annäherung an individuelle Biografien betrachtet werden. Der psychomotorische Zugang für themenorientierte Bewegungsangebote ergibt sich aus der „multifaktoriellen Analyse des Gesamtbildes" des Klienten (Haas 2000, 15ff).

Hölter (2007) und Hölter / Deimel (2009, im Druck) nehmen für die Neubearbeitung ihrer klinischen Bewegungstherapie in Psychiatrie, Psychosomatik und Suchtbehandlung eine Neujustierung ihres Ansatzes vor und positionieren ihn zwischen Bewegungswissenschaften, Psychologie und Medizin (s. Abb. 40).

Nach differenzierter Analyse psychosomatischer, phänomenologischer, anthropologischer sowie bewegungswissenschaftlicher

Abb. 40: Klinische Bewegungstherapie im Schnittpunkt von Bewegungswissenschaften, Medizin und Psychologie (Hölter / Deimel 2009, im Druck)

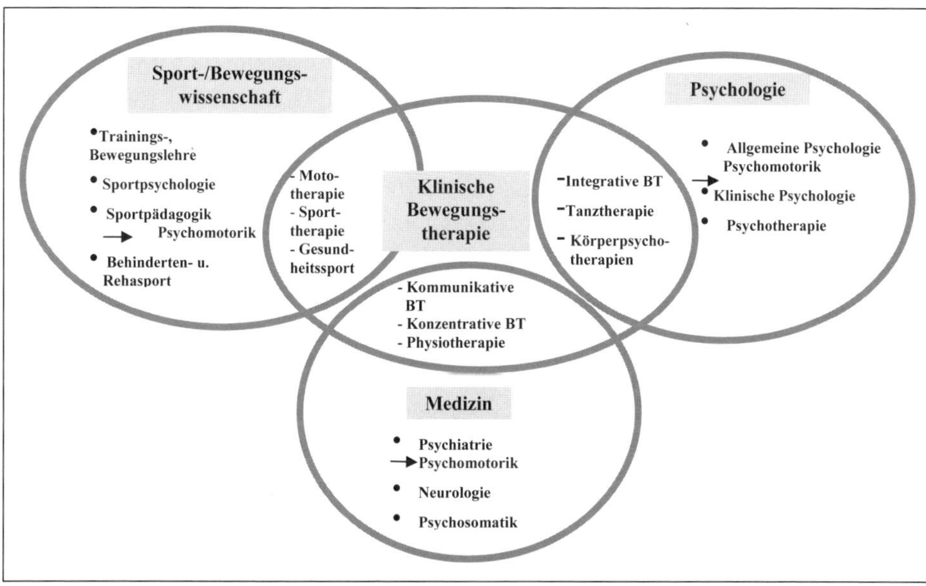

Begründungszusammenhänge zur Körper-/Leib- bzw. Motorik-/Handlungs-/Bewegungs-Begriffsdebatte favorisieren die Autoren den Begriff der *Bewegung*, da sich dieser offensichtlich für eine interdisziplinäre Begründung des Ansatzes am stimmigsten eignet und sich einer thematischen Beschreibung des Praxisfeldes der Bewegungstherapie öffnet.

In diesem Sinne strukturieren sie drei Ebenen bewegungstherapeutischer Themenstellungen:

- *Bewegungstherapeutische Themen im engeren Sinne:* Koordination, Ausdauer, Kraft, Aktivierung etc.
- *Bewegungstherapeutische Themen im weiteren Sinne:* Haltung, Gang, Atmung, Spannung etc.
- *Bewegungstherapeutische Themen als Entwicklungs- und Lebensthemen:* Vertrauen/Misstrauen, Autonomie/Abhängigkeit etc.

Damit setzt sich die von mir schon in der ersten Auflage dieser Einführung (2001) angemahnte Themenorientierung gegenüber einer klassischen Sportartenzentrierung (nach Inhaltsbereichen wie Gymnastik, Schwimmen, Tanz etc.) infolge altersspezifischer, klientenspezifischer und ökologisch-situativer Entwicklungsaufgaben allmählich durch. Die Tabelle 11 aus einer Diplomarbeit meines Arbeitsbereiches (Rathke 2003) soll die thematisch-methodische Umsetzung dreier jugendspezifischer Entwicklungsaufgaben und damit den Zusammenhang exemplarisch verdeutlichen.

Motogeragogik

Auch Eisenburger (2004, 2005, 2006) nimmt eine thematische Grundlegung ihrer psychomotorischen Arbeit mit alten Menschen vor. Entstanden ist sie als Konzept der *Motogeragogik* (Philippi-Eisenburger 1989, 1991b,c) in Anlehnung an Thomaes (1968, 1996[3]) Analyse des Alterns. Es versteht sich als bewegungsbezogene Begleitung des „Entwicklungs- und Bildungsprozesses alt werdender und alter Menschen" (Philippi-Eisenburger 1989, 194), verfolgt also eher eine breit gefächerte „Motopädagogik des beweglich-Bleibens" (Eisenburger 2004, 531). Erst in jüngerer Zeit passt die Autorin das Konzept an das vierte Lebensalter und die spezifischen Bedürfnisse der Menschen in einem Alten- und Pflegeheim an. Als Grundlage der thematischen Analyse werden die Entwicklungsaufgaben und Daseinsthemen der Men-

Tab. 11: Thematische Umsetzung dreier jugendspezifischer Entwicklungsaufgaben unter besonderer Berücksichtigung des Geschlechts (Rathke 2003)

Entwicklungs-aufgabe	**Bewegungsthema**	**Konkretisierung**	**Methode**	**Umsetzungs-beispiele**
‚Entwicklung der Geschlechtsidentität'	bevorzugte Sportarten von Jungen bzw. Mädchen aufgreifen		Fußball auf Rollbrettern	mit und ohne Partner
			Tanz mit Elementen aus dem Bewegungs-theater erweitern; Tanzformen anbieten	Bauchtanz; Afrikanischer Tanz
	Geschlechts-typologisches Körper- und Bewegungsver-halten erleben und er-kennen	Geschlechts-Stereotyppien ausdrücken/ überzeichnen	Bewegungstheater, Rollenspiele, Video, Interviews	
	Spezifische Körperwahrnehmung in bezug auf persönliche Grenzen bei Körpernähe und Kör-perkontakt (vgl. Eisenburger 1995, 63)		Partner-/innenübungen, Rollenspiele	
.... Für Mädchen:	Risiko- und Abenteuererlebnisse		Gerätearrangements in der Halle	‚Sprung über den An-grund', ‚Steilwand', ‚Spinne' (vgl. Böhnke 2000)
	Erleben eigner Körperkraft (vgl. auch Eisenburger 1995, 63)		Spielerischer Umgang mit Aggression	Ringen, Kämpfen, Raufen (vgl. Beudels/ Anders 2001)
.... Für Jungen:	Intensive Körper- und Wahrnehmungserfah-rungen (vgl. Neuwirth 1996, 139)		Geräusche Gegen-ständen zuordnen	Geräuschememory (Gruppe: auf Halle übertragen)
			‚Geschmackstest' (vgl. Balster 2000, 42-43; 105-106)	
			Ertasten von Gegenständen	‚Isostar-Test': Unter-schiedliche Fitness-Drink Flaschen erken-nen
			Entspannungsübun-gen (auch in Partner-arbeit)	Wahrnehmungen von Gegenständen auf dem Rücken
	Kooperation – Hilfe geben und annehmen		Kooperative Spiele (vgl. Orlick 1985)	
‚Ablösung von den Eltern'	Abhängigkeit – Unabhängigkeit; Distanz – Nähe, Autonomie – Bezogenheit über den Körper und Bewegung erfahren		Verschiedenste Fortbewegungsarten mit dem Rollbrett	Partner/-innenarbeit: ziehen – ziehen lassen schieben – schieben lassen gezogen werden und gegen Mattenwand fahren
			Pedalo	Partner/-innenarbeit: Wie viel Hilfestellung ist erwünscht, not-wendig, überflüssig? Was geht alleine, was besser zu zweit, zu mehreren etc.?

Fortsetzung der Tabelle auf Seite 294

Tab. 11: Fortsetzung

Entwicklungs-aufgabe	Bewegungsthema	Konkretisierung	Methode	Umsetzungs-beispiele
...............Für Mädchen:	Körperschema (Körperausdehnung) mit Körperbild in Verhältnis setzen (vgl. auch Fischer 2001, 54)		Gewichtsabnahme, Ernährungs- und Essgewohnheiten thematisieren	Durch einen Bewegungsparcours (‚Tunnel', unterschiedlichster Form und Größe) bewegen
...............Für Jungen:	Umgang mit Aggressionen und Gewaltbereitschaft, Achtung der eigenen und fremden Körpergrenzen (vgl. Neuwirth 1996, 139)		Kampfspiele mit unterschiedlich dosiertem Körperkontakt (vgl. Hammer 2000, 65-67)	
‚den Körper bewohnen lernen'	Intensive sinnliche Körperwahrnehmung und Körpererfahrung	kinästhetisch, taktil, vestibulär, akustisch oder visuelle Körpererfahrung	‚Tastparcours', den unterschiedlichen Sinnen zugeordnete Stationen, Partner/-innenübung	mit verbundenen Augen Materialien, Gegenstände mit dem Körper wahrnehmen und erkennen
	Erleben von Körperidentität	Grenzen, Haltung und Ausdruck des Körpers, Einstellung zum eigenen Körper	‚Skulpturen', spez. Körperhaltung einnehmen, Partner/-in imitiert oder spiegelt sie – Impulse zur Reflexion und Fragen für Einzelne oder Anregung eines Gruppengeschehens	
			Körperumrisszeichnungen erstellen und einzelne Körperzonen mit unterschiedlichen Materialien gestalten, dann ‚Fotoausstellung'	
			Fantasiereise durch den Körper: ‚angenehme, neutrale und unangenehme Körperzonen/Körperteile'	
	Körper in Bewegung erleben	Körperliche Fähigkeiten entdecken und ausprobieren	Kleine Spiele, Variationen bekannter Ballsportarten	Völkerball, Brennball
			Akrobatik	
			Abenteuerlandschaften in der Halle, Angebote aus der Erlebnispädagogik	Klettern in Natur oder Kletterhallen
	Körperliche Ausdrucksfähigkeit	Gefühle und Stimmungslagen ausdrücken lernen	Elemente aus dem Bewegungstheater oder ‚Schwarzen Theater' (vgl. Eisenburger 1995, 62)	Alltagssituationen darstellen (vgl. Neuber 2000, 82)
		Gefühle in Körperausdruck und Bewegung umsetzen	In ganzer Gruppe, in Partner/-innenarbeit, als Spiel mit zwei Mannschaften	Gefühle oder Stimmungslagen müssen jeweils von der anderen Gruppe erraten werden

schen im Lebensabschnitt *Alter* herausgearbeitet und der inhaltlichen Struktur der Psychomotorik mit ihren personalen, sozialen und sachbezogenen Kompetenzen zugeordnet. Eisenburger geht von der Bewegung als *existenziellem Bedeutungsträger* besonders

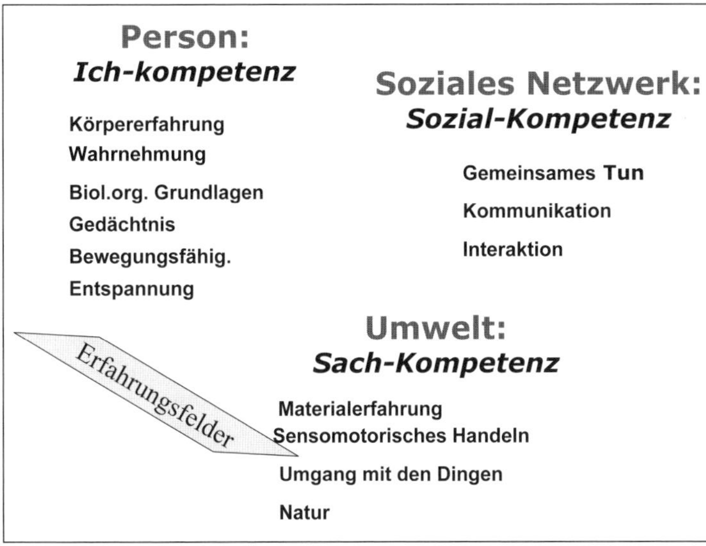

Abb. 41: Psychomotorik im Alter (Motogeragogik) (Eisenburger 2006, 226).

im Alter aus und definiert Bereiche von Förder- und Bildungsthemen für die Arbeit mit alten Menschen, die sowohl personenorientiert als auch lebensfeldbezogen sind, dabei vor allem den Lebensbedürfnissen der betreffenden Menschen entsprechen (sollen). So sind Erfahrungsfelder der Motogeragogik entstanden, die theoriegeleitet und praxiserprobt psychomotorische Förderung bzw. Begleitung älterer und alter Menschen gestalten können (s. Abb. 41).

5.5 Didaktische Orientierungen für die Psychomotorik

„Während also der Sportpädagoge im Kind den Sportler entdeckt, weil er seine Anpassungsleistung an die sportlichen Formen und Forderungen sieht, entdeckt der Psychomotoriker das sich bewegende Kind in einer kreativen und natürlich auch soziobiographisch bedingten Auseinandersetzung mit den begegnenden Bewegungsgelegenheiten. So gesehen besitzt die Psychomotorik keinen Gegenstand der Vermittlung und bedarf daher auch keiner gegenstandsbezogenen Didaktik. Wohl aber besitzt sie, wenn schon keine lehrbare Sache, so doch eine besondere Sachlichkeit. Während Sachlichkeit im Sport heißt, sich sportgerecht zu verhalten, heißt Sachlichkeit in der Psychomotorik, den Dingen, mit denen man umgeht nach Maßgabe der eigenen Absichten gerecht zu werden. Damit wird Psychomotorik im Grundsatz zu einer ästhetischen Disziplin" (Funke-Wieneke 1990, 84).

In seinen Betrachtungen der Psychomotorik aus sportpädagogischer Sicht verortet Funke-Wieneke das Wesentliche der Psychomotorik im Dialogischen und Ästhetischen, wobei er der Beziehungsebene gegenüber der Sachebene den besonderen didaktischen Bezug einräumt. Tatsächlich hat die Psychomotorik nie eine eigene Fachdidaktik entwickelt, wohl weil sie nicht als eigenes Fach – wie etwa der Sportunterricht in der Schule – ausgewiesen ist. Vielmehr wird die Idee psychomotorischer Förderung durch Prinzipien geleitet, die den Rahmen für die inhaltliche Gestaltung der Förderung darstellen und damit als didaktische Orientierungen gelten können.

Prinzip der Ganzheitlichkeit

Das Prinzip der Ganzheitlichkeit bedeutet, dass sich das Augenmerk im Rahmen der Fördermaßnahmen nicht auf die Problemlage beim Kind konzentriert. Fördermaßnahmen richten sich auf die gesamte Person mit ihren motorischen, geistigen, emotionalen und sozialen Komponenten: „Anstelle von funktions- und symptomorientierten Übungen zum Ausgleich ganz bestimmter Auffälligkeiten und Schwächen soll das Kind über Bewegung in allen seinen Sinnen angesprochen werden, seinen Körper annehmen und mit ihm umgehen lernen, sich selbst als wichtigstes Element einer Gruppe erfahren“ (Zimmer/Cicurs 1987, 35). Ebenso bedeutsam ist, dass die Neigungen und Interessen der Kinder im Rahmen psychomotorischer Förderung aufgegriffen werden. Es müssen Möglichkeiten geschaffen werden, bei denen sie Situationen eigenverantwortlich mitgestalten. Kindorientiertheit setzt voraus, dass das Kind ernst genommen wird und ihm Gelegenheit zu einem Lernen gegeben wird, das ihm einsichtig und wichtig erscheint (Irmischer 1987, 19).

Prinzip der Handlungsorientiertheit

Das Prinzip der Handlungsorientiertheit hängt sehr eng mit der Orientierung am Kind zusammen, denn hier wird seine Selbsttätigkeit besonders gefordert und gefördert. Handlungsorientierte Förderung erschöpft sich aber nicht in purem Aktionismus, sondern stellt Bewegungsaufgaben und Lernsituationen in den Vordergrund. Sie sollen das Kind auffordern, Probleme zu erkennen, Lösungsmöglichkeiten zu suchen und Materialien kreativ handelnd einzusetzen. Dabei wird ihm ein selbsttätiges Explorieren mit sich selbst, seiner materiellen und personalen Umwelt ermöglicht. Ziel ist neben dem Handlungsprozess auch immer das Handlungsergebnis.

Prinzip der Offenheit

Selbsttätigkeit und Kindorientierung verlangen stets nach dem Prinzip der Offenheit und damit die Abkehr von festgelegten Inhalten. Psychomotorische Förderung bietet deshalb weitgehend offene Bewegungs- und Spielsituationen an, die dem Kind Wahlmöglichkeiten für sein Handeln und die Art der Auseinandersetzung lassen. Dadurch wird eine Überforderung des Kindes ausgeschlossen. Besonders Kinder mit Entwicklungsproblemen brauchen individuelle Lerngelegenheiten, was im Prinzip der Entwicklungsorientiertheit verdeutlicht werden soll. So kann das Kind immer an seinen Möglichkeiten ansetzen und somit seine Handlungskompetenz erweitern.

Psychomotorische Förderung ist kommunikationsorientiert, denn die Fähigkeit, sich anderen mitzuteilen ist eine wesentliche Grundlage der Beziehungsgestaltung. Bewegung ist Träger kommunikativer Elemente, die nicht zwangsläufig verbal ausgelegt sein müssen. Psychomotorik versteht sich eher als Förderprinzip denn als Methode. Die Verwirklichung der gesamten Orientierungen hängt jedoch zu einem sehr beachtlichen Teil von der Persönlichkeit des Psychomotorikers ab. Er muss für die Kinder und ihre Ideen offen sein und sich selbst in der Rolle des Lehrenden und Fördernden zugunsten einer motivierenden, fröhlichen und entspannten Atmosphäre zurücknehmen.

„Selbständiges Handeln, Eigeninitiative und intrinsisch motivierte Aktivität sind abhängig von einem positiven emotionalen Unterrichtsklima und von einem Lehrer, der sich durch Geduld, Verständnis und Einfühlungsvermögen auszeichnet" (Zimmer/Cicurs 1987, 43).

Didaktische Ansätze

Mit diesen klassischen Orientierungen ist die Psychomotorik auf dem richtigen Weg. Will sie sich jedoch als eigene Disziplin im pädagogischen Feld weiter etablieren, ist die weiterführende Diskussion von zwei Seiten zu führen. Auf einer fachdidaktischen Ebene ist die eigene Positionierung zur bildungstheoretisch begründeten Sportdidaktik (Prohl 2006, 105ff) sowie zum Konzept des „Erziehenden Sportunterrichts" (Kurz 1998) zu führen. Da die Sportpädagogik nach wie vor das Thema des entwicklungsbeeinträchtigten oder behinderten Kindes vernachlässigt, ist die Nähe zur sonderpädagogischen Didaktikdiskussion einleuchtend. In der „entwicklungslogischen Didaktik" (Feuser 1995) steht – wie in der Psychomotorik – die Entwicklungsorientierung im Vordergrund. Das integrative Modell versteht sich als mehrdimensionale Analyse der Ausgangs-, Anfangs- und Randbedingungen für Entwicklungsförderung und ist systemisch ausgerichtet. Das Modell der „subjektiven Didaktik" nach Kösel (1993) akzentuiert das Subjekt und konturiert den Rahmen einer „Selbstverwirklichungs-Lernkultur" für behinderte und nicht behinderte Menschen. Eine hohe Affinität besteht zum Didaktikkonzept Hansens (2006), das sich an das Konzept der konstruktivistischen Didaktik Reichs anlehnt. Mit diesen Ansätzen wird sich das psychomotorische Konzept stärker auseinander zu setzen haben.

Die konstruktivistische Didaktik Reichs

Auf der allgemeindidaktischen Ebene ist die konzeptionelle Nähe zur konstruktivistischen Didaktik (Reich 1998; 2004; 2005; 2006) auffallend. Diese gibt Orientierungen, die als solche auch für die Psychomotorik von Bedeutung sind und hier thesenartig zusamengefasst werden. Hierbei handelt es sich um Grundforderungen an didaktische Praktiken im Sinne konstruktivistischer Ziele.

1. Vom Monolog zum Dialog: Aus Sicht einer konstruktivistischen Lerntheorie kann kein Beobachter einen besten Standpunkt und damit die Wahrheit für sich reklamieren. Förderprozesse werden nicht als Lehr-Lern-Prozesse ausgewiesen, sondern als Gestaltungsprozess von Lerngelegenheiten. Lernende müssen auf allen Ebenen an den normativen Setzungen im Sinne kritischen Hinterfragens beteiligt werden. In dieser Weise habe ich das reformierte Konzept der Entwicklungsaufgaben (Kapitel 3.3.2) als Orientierungskonzept für die Psychomotorik ausgewiesen. Entscheidende Positionen für ein Förderkonzept sind die Aspekte der Tätigkeit und der Selbstbestimmung in sozialer Integration, die im psychomotorischen Paradigma eine tragende Funktion haben.

Von den Inhalten zum Kontext der Beziehungen: Für diese These ist die Psychomotorik geradezu geschaffen. Die Dominanz der Inhalte wird zugunsten eines Kontextes, der beziehungsförderlich ist, aufgegeben. Bedingungen hierfür sind überschaubare Gruppen, offene Kommunikationsverhältnisse und eine weitreichende Lebendigkeit des Konstruktionsprozesses (Förderung). Damit verbunden ist der Rollenwechsel vom Besserwisser zum Mehrwisser. Auch diese These findet in psychomotorischen Kontexten Berücksichtigung. Die Kompetenz des Psychomotorikers zeichnet sich aus durch einfühlsames Verhalten und durch die Fähigkeit, die Lernsituation angemessen zu strukturieren.

2. Von den Rekonstruktionen zu Konstruktionen: Vom sicheren Weg in das didaktische Wagnis und von den theoretischen Schlachten zur praktischen Relevanz: Ungewissheit und Offenheit für inhaltliche Veränderungen und Beziehungen gehören zu jeder pädagogischen Tätigkeit. Es ist nie vorherzusagen, wie eine Förderstunde verlaufen, wie ein Angebot angenommen wird und was sich in der Fördersituation entwickelt. Ein erfolgreicher Prozess ist als Aushandlungsprozess zu verstehen, an dem alle Teilnehmer immer wieder beteiligt werden. Thematische Entscheidungen verlieren nie ihren Angebotscharakter vor dem Hintergrund lebensweltlicher Bezüge.

3. Vom Exerzitium zur Kreativität: Das didaktische Exerzitium der Präsentation von Stoffvermittlung über die Übung zur Kontrolle erweist sich nur als begrenzt wirkungsvoll. Kognitive Vermittlungen sind zu abstrakt, trocken und langweilig. Welch ein methodischer und inhaltlicher Reichtum eröffnet sich in psychomotorischen Förderstunden, in denen Bewegung als Medium der Entwicklungsförderung und in fächerübergreifender Perspektive als Lernprinzip für Mathematik-, Deutsch- oder Sachunterricht gestaltet wird (Köckenberger 1997; Beins 2007). Ausgehend von dieser Methodenvielfalt ist ein fruchtbarer Austausch mit der Allgemeinpädagogik und eine enorme Aufwertung der Bewegung als Medium der Erziehung zu erwarten.

4. Vom Lehrkontrolleur zum Moderator: Vom Verwalter der Zeit zum Öffner von Zeiträumen und vom geschlossenen Raum zur Öffnung von Räumen: Den vermutlich größten Schaden für eine konstruktivistische Didaktik richten der Zeittakt moderner Unterrichtsformen und geschlossene Lernorte an. Aktuell richten sich Schulen und Therapiestandorte auf eine Öffnung hin aus. Der Mensch funktioniert nicht als triviale Maschine nach einem unvorhersagbaren Plan im Sinne eines Inputs und Outputs (Black Box), sondern alles für die Entwicklung eines Menschen Notwendige ist in diesem schon angelegt und entwickelt sich nach Selbstorganisationstendenzen. Dem Pädagogen kommt so die Aufgabe zu, den Entwicklungsprozess als Prozess des Erfindens, Entdeckens und als Selbstgestaltungsprozes der Persönlichkeit zu arrangieren. In diesem Aufgabenfeld kommt dem psychomotorischen Förderkonzept eine zukunftsweisende Bedeutung zu.

Kann Psychomotorik nun eine umfassende Fachdidaktik entwickeln? Die überarbeiteten Kapitel dieser Einführung haben deutlich gemacht, dass der psychomotorische Fachdiskurs seine Theoriekonstrukte differenziert, aber auch verdichtet. Eine generelle Anwendung aller Konstrukte auf pädagogische und therapeutische Felder verteilt über die gesamte Entwicklungsspanne macht das Unterfangen der Entwicklung einer allgemeingültigen Fachdidaktik unmöglich. Vielmehr müssen die jeweiligen bereichsspezifischen Diskurse auf ihre Kompatibilität mit den didaktischen Orientierungen der Psychomotorik überprüft werden. Metatheoretische Orientierungen sind von mir an verschiedenen Stellen, etwa mit der triadischen Struktur des subjektiven Konstruktionsprozesses zwischen Person, materialer sowie sozialkultureller Umwelt als Bezugsrahmen für didaktische Entscheidungen formuliert worden. Insofern liegt das psychomotorische Modell in unmittelbarer Nähe zur interaktionistisch begründeten konstruktivistischen Basis sensu Reich, was vor allem in der wohl begründeten Unterscheidung eines genuinen inhaltlichen Gegenstandsbereiches (Körper und Bewegung) und dem Wechselspiel zwischen Selbst und Anderen auf der Beziehungsebene (Bewegungsdialog) zum Ausdruck kommt.

Übungsaufgaben zu Kapitel 5

58. Skizzieren Sie den Begriff der *Entwicklungsförderung* in Abgrenzung zum Erziehungs- und Medizinsystem.

59. Was bedeuten die Begriffe Salutogenese und Resilienz?

60. Finden Sie Beispiele für den Aufbau personaler, sozialer und körperlicher Entwicklungsressourcen.

61. Wodurch unterscheiden sich die Zielsetzungen „*Erziehung durch Bewegung*" und „*Erziehung zur Bewegung*"?

62. Was verstehen Sie unter einem *bewegungsfreudigen Kindergarten?*

63. Was ist unter *Selbstbildungsprozess* in der erziehungswissenschaftlichen Fachdiskussion zu verstehen?

64. Was sind *Bewegungsbaustellen* und *Bewegungslandschaften?*

65. Wo liegen die Berührungspunkte zwischen dem System der Früherkennung und der vorschulischen Erziehung?

66. Welchen gemeinsamen Beitrag kann die Psychomotorik im interdisziplinären Feld der Frühförderung leisten?

67. Welche Bedeutung haben die Kompetenzen *Spielfähigkeit* und *Planungsfähigkeit* für den Erwerb von Kulturtechniken im Grundschulalter?

68. Bewegung ist in den letzten Jahren zunehmend zu einem Lernprinzip in einer fächerübergreifenden Perspektive für schulisches Lernen avanciert. Skizzieren Sie Beispiele und Möglichkeiten einer bewegungsgebundenen Lernförderung etwa für Mathematik-, Deutsch- oder Sachunterricht.

69. Welche sozial-emotionalen Thematiken werden im schulischen Kontext neben der üblichen Fächerorientierung Ihrer Meinung nach immer vordringlicher und welche psychomotorischen Angebote eignen sich als Beiträge zur Problem- bzw. Aufgabenbewältigung?

70. Kennen Sie Konzepte und Praxisbeispiele der psychomotorischen Arbeit mit Jugendlichen?

71. Welche Themen und Praxisangebote sind in der klinischen Bewegungstherapie in Psychiatrie, Psychosomatik und Suchtbehandlung erwachsener Klienten in der Fachdiskussion?

72. Was heißt *Motogeragogik*?

73. Im letzten Abschnitt dieses Kapitels werden didaktische Orientierungen für die Psychomotorik diskutiert und die konzeptionelle Nähe zur konstruktivistischen Didaktik ausgewiesen. Finden Sie Argumente für

a) das dialogische Verständnis
b) den konstruktiven und kreativitätsfördernden Charakter sowie
c) die Modernität des Konzeptes einer Raum- und Zeitorganisation von Förderprozessen im psychomotorischen Konzept.

74. Skizzieren Sie Eckpunkte einer psychomotorischen Didaktik.

6 Motodiagnostik, Evaluation und Qualitätsentwicklung

6.1 Motodiagnostik als wesentlicher Bestandteil des Fachgebietes Psychomotorik

6.1.1 Begriffliches und Historisches

Definition Motodiagnostik

Motodiagnostik als wesentlicher Bereich der Psychomotorik beschäftigt sich mit der qualitativen und quantitativen Erfassung motorischer Kompetenzen von Kindern, Jugendlichen und Erwachsenen in ihrer Bedeutung für Entscheidungs- und Planungsprozesse der (Selbst-)Bildung, Förderung und Entwicklungsbegleitung.

Es ist dies der kreative Versuch, die Definition von Deimann / Kastner-Koller (2007, 558) zur Entwicklungsdiagnostik des Kindesalters auf das Gesamtfeld der Psychomotorik zu transferieren. *Diagnose* stammt im Wortursprung aus dem Griechischen, wobei „dia" *durch* und „gnosis" *Erkenntnis* bedeutet. Der Begriff impliziert also im Allgemeinen einen tiefgreifenden und umfassenden Erkenntnis- und Verstehensprozess in Bezug auf eine Person. Eine solche Erkenntnisabsicht schließt in einem modernen Verständnis den Blick auf das Umfeld ein. Motodiagnostik ist dann einerseits Fokussierung auf die besondere Bedeutung der Motorik für eine Person und andererseits die Blickerweiterung auf die dynamischen Wirkungszusammenhänge im System personaler und ökologischer Faktoren. Hierauf wird noch zurück zu kommen sein.

Der spezifische Gegenstand der Motodiagnostik ist die *menschliche Motorik*. Motorik umfasst dabei die Gesamtheit aller Bewegungsvollzüge – modern sprechen wir eher von (Bewegungs-) Handlungen –, die den Zugang des Menschen zu und die Auseinandersetzung mit der materialen und sozialen Umwelt einschließlich der eigenen Person ermöglichen. Motorik ist demnach Ausdruck der Einmaligkeit und Individualität, aber auch der Sozialität und Handlungsfähigkeit des Menschen. Motorik ist im Fachverständnis ein komplexes, persönlichkeitsbezogenes Konstrukt.

In der Historie des Faches kommt Schilling das Verdienst zu, eine Motodiagnostik des Kindesalters (1973) als pragmatische Einteilung in Anlehnung an Oseretzky (1931) entsprechend der Erhebungstechniken von Daten / Informationen entwickelt zu haben. Diese klassische Einteilung bestimmt lange Zeit die Fachdiskussion und ist Garant für die Anerkennung des Faches in klinischen und sonderpädagogischen Kontexten (Baedke 1981; Bielefeld 1981; Neuhäuser 1992, 1996, 2002; Schilling 1977b, 1987, 1993; Zimmer 1981c).

Motoskopie

Motoskopie umfasst Verfahren mit deren Hilfe *qualitative Bewegungsmerkmale* beschrieben werden können. Das Hauptaugenmerk liegt daher im Bereich der Beobachtung. Es werden offene Spiel- und Bewegungssituationen, die zu spontanen und eigenständigen Bewegungen anregen, von strukturierten Situationen mit spezifischen Bewegungsaufgaben unterschieden. Als Beispiel seien der Trampolin-Körper-Koordinations-Test (TKT) von Kiphard (1980) und die Checkliste motorischer Verhaltensweisen (CMV) von Schilling (1976b) genannt. In der klassischen Periode wird die Bewegungsbeobachtung vor allem von Irmischer (1981, 1983) systematisch weiterentwickelt, heute von Zimmer (2006b) als Basis- oder Einstiegsdiagnostik der Psychomotorik beschrieben. Irmischer unterscheidet die *ungebundene* von der *strukturierten Bewegungsbeobachtung*. Während erstere dem Beobachter schon wichtige allgemeine Informationen zum kindlichen Verhalten (Bewegungsverhalten, Sozialverhalten, Materialbevorzugung, etc.) offenbart, damit als wichtige Grundlage für Planungsentscheidungen für Bewegungssituationen und -angebote gelten kann und vor allem durch eine offene Beobachtungshaltung gekennzeichnet ist, vermittelt letztere spezifischere Informationen aufgrund festgelegter Beobachtungskriterien. Die o. g. CMV (Schilling) und TKT (Kiphard) sind ein weiterer Schritt zur Objektivierung des Beobachtungsverhaltens aufgrund standardisierter Einschätzskalen. Positiv zu bewerten ist die Betrachtung der Person im Sinne der Ganzheitlichkeit. Jedoch unterliegen motoskopische Verfahren dem Einfluss der Subjektivität. Tagesform, Erwartungshaltungen und der subjektive Blickwinkel des

Betrachters sind Beispiele für Störfaktoren bei der Einschätzung motorischer Verhaltensweisen.

Motografische Verfahren

Motografische Verfahren zeichnen Bewegungsabläufe mit Hilfe elektrischer oder elektronischer Geräte wie Filmspur- oder Videokamera auf, um diese anschließend einer Analyse zu unterziehen. Positiv zu bewerten ist die Möglichkeit der zeitversetzten Wiederholbarkeit der Betrachtung. Motografische Verfahren werden häufig zu Forschungszwecken eingesetzt, etwa zur Detailanalyse schreibmotorischer Leistungen (Sattler / Marquardt 2006) oder der computergestützten Erfassung rhythmischer oder auch gestörter Bewegungsintegration mittels akustisch erfasster Bewegungsmuster (Sonification) (Effenberg / Mechling 1999).

Motometrische Verfahren

Die *motometrischen Verfahren* versuchen mit Hilfe standardisierter Leistungstests den motorischen Entwicklungsstand eines Kindes zu erfassen. Klassische Verfahren dieser Art sind die heute noch gängigen Instrumente des Körper-Koordinations-Tests für Kinder (KTK) von Kiphard / Schilling (1974, 2007²) sowie der Motoriktest für 4–6-jährige Kinder (MOT 4–6) nach Zimmer / Volkamer (1987). Diese Verfahren versuchen mittels Erhebung von beispielsweise Längen-, Zeit- und Fehlermaßen den Entwicklungsstand eines Kindes in einem umschriebenen Bereich zu erfassen. Ziel ist die Objektivierung der Erfassung menschlicher Bewegung, die Ermöglichung eines Vergleichs von individuellen Ergebnissen mit dem Durchschnitt der Altersklasse mit Hilfe von Norm-Tabellen oder auch die Erfolgskontrolle psychomotorischer Fördermaßnahmen zu verschiedenen Messzeitpunkten (Evaluation von Effekten).

6.1.2 Paradigmenwandel oder: Von der Kritik an den motometrischen Verfahren zur qualitativen Motodiagnostik

Kritik an Diagnostik

Mit Eggert und Mitarbeitern ändert sich das (moto-)diagnostische Weltbild radikal, obwohl die Veränderungen von den Akteuren kontinuierlich hergeleitet werden. Eggert selbst gestaltet mit seiner eigenen Entwicklung vom Psycho- und Motometriker (Eggert 1969, 1975) zum qualitativen Motodiagnostiker (Eggert 1994,

1995, 1997) den diagnostischen Paradigmenwechsel nicht nur für die Psychomotorik, sondern für die gesamte Sonder(schul)pädagogik (s. das umfassende Schrifttum in Reichenbach 2005, 215ff). Eggert wird zum unermüdlichen Anwalt für die neue Schule, die die Schüler als lernende Subjekte zum Gegenstand wissenschaftlicher Betrachtungen macht. Er geht von den Stärken der Kinder aus, ohne die Schwächen zu übersehen. Hauptpunkte der Systemkritik beziehen sich vor allem auf drei Aspekte (vgl. Zimmer 2006b, 95):

- Das beziehungslose Nebeneinander von Diagnose und Förderung,
- die Verwendung der Ergebnisse aus der Testdiagnostik im Sinne einer Selektionsdiagnostik,
- damit verbunden den unverrückbaren Glauben an die diagnostische Objektivität der gespiegelten Notengebung durch die Schule bzw. des kindlichen Entwicklungsstandes.

Konstitutive Rahmenbedingungen eines Neubeginns sind drei Aspekte, die Eggert (1995, 2001) als Merkmale eines Paradigmenwandels in der Diagnostik identifiziert. Diese werden im folgenden unter Bezugnahme auf Reichenbach (2006, 18) dargestellt: Der Wechsel

- von der Konstanz- zur Veränderungsannahme
- von der Segregation zur Integration
- von der Typologie und Klassifikation zur individuellen Beschreibung und Beurteilung.

Verbindung von Diagnostik und Förderung

Sichtbares Zeichen des Veränderungsprozesses ist die Entwicklung von diagnostischen Inventaren zur Abgrenzung von motometrischen Tests. Diese ermöglichen es, Diagnostik und Förderung miteinander zu verbinden. Gewählt wird ein breites Spektrum von Alltagshandlungen (in der Schule und in Spielsituationen) als Gegenstandsbereich für Beobachtungssituationen. Dabei ist die diagnostische Zielsetzung nicht auf Homogenität ausgerichtet, sondern geht von der Vorannahme der Heterogenität und der Vielfalt der Verhaltensmöglichkeiten und damit der Individualität der Verhaltensrealisation aus. Auf diese Weise werden Inventare zum Bestandteil eines umfassenden Förderprozesses.

Als Auftakt einer förderdiagnostischen Sequenz von Inventaren veröffentlicht Eggert (1993) das diagnostische Inventar motorischer Basiskompetenzen (DMB) für Kinder zwischen 5 und 10 Jahren. Dabei handelt es sich um ein Beobachtungsverfahren bestehend aus 29 Kernaufgaben der motorischen Basiskompetenzen Gleichgewicht, Kraft, Ausdauer, Schnelligkeit, Gelenkigkeit, Feinmotorik und der sensomotorischen Funktionssysteme, die in kindgerechte Spielhandlungen eingebettet sind. Hinzu kommt eine große Anzahl motodiagnostischer Situationsbeschreibungen zur variablen und vertiefenden Beobachtung der Kernaufgaben. Die Ergebnisse münden in eine Formulierung differenzierter individueller Entwicklungspläne unter Einschluss fortlaufender Dokumentation des Förderprozesses. Als diagnostische Methoden in diesem Sinne liegen inzwischen weitere Inventare vor:

DMB

- DIAS (Diagnostisches Inventar auditiver Alltagshandlungen),
- DITKA (Diagnostisches Inventar taktil-kinästhetischer Alltagshandlungen),
- RZI (Raum-Zeit-Inventar),
- SKI (Selbst-Konzept-Inventar).

Neuentwicklungen

Die Entwicklungen Eggerts beeinflussen zahlreiche Neuentwicklungen diagnostischer Konzepte, die sich als Modifikationen bzw. bereichsspezifische Spezialisierungen psychomotorischer Förderdiagnostik verstehen (Schönrade/Pütz 2000; Reichenbach/Lücking 2007). Während Eggert noch neben den Kernaufgaben seiner Inventare zahlreiche Beobachtungssituationen spezifiziert, versuchen jüngere Entwicklungen die zu beobachtenden Merkmale etwa zu verschiedenen Sinnesbereichen in eine Märchengeschichte mit einem festen roten Faden zu integrieren. Während das Kind verschiedene Aufgaben nachspielt, erfolgen kriteriengestützte Protokollierungen des Beobachters. So sind die jüngeren Konzepte der psychomotorischen Diagnostik (beispielsweise Hackelberg-Buff 2003; Passolt 2003, 2006) durchaus ein Beitrag zur Profilbildung der Psychomotorik durch Diagnostik.

Qualitative versus quantitative Motodiagnostik? Schäfer (1997) weist mit Recht darauf hin, dass der Veränderungsprozess der Motodiagnostik durch Eggert vor allem im sonder*schul*pädagogischen Bereich im Rahmen des allgemeinen Paradigmenwandels stattgefunden hat. Die inklusive Perspektive, die Grundannahme der Entwicklung und Veränderung und die Betonung der subjektbezogenen individuellen Förderperspektive sind uneingeschränkt auf der Gewinnseite zu verbuchen. Der beabsichtigte Gewinn liegt auf der dialogischen Ebene, der Verbesserung des Verstehens und der Beziehungsgestaltung. Diagnostische Situationen müssen aber auch den Fehler der totalen Subjektivität vermeiden (Schilling 2002b). Sinn der Konstruktion von Testitems ist gerade die Vergleichbarkeit von Verhalten und Veränderungsprozessen durch Standardisierung der Prüfbedingungen, um eine zeitliche Ökonomisierung gegenüber rein subjektiver Beobachtung zu erreichen (Schäfer 1997, 10). Ein Fachgebiet wie die Psychomotorik, das einen Zuständigkeitsanspruch für verschiedene Anwendungsfelder in Therapie und Pädagogik über die gesamte Entwicklungsspanne erhebt, muss dem Faktum Rechnung tragen, dass sich in interdisziplinär arbeitenden Förder- und Beratungsinstitutionen komplementäre Diagnosemodelle unterschiedlichster Auftragsprovenienz entwickeln. In dieser Hinsicht wird es unter dem Oberbegriff *Psychomotorische Diagnostik* sicherlich bereichsspezifische Anpassungen und Verschränkungen qualitativer und quantitativer Verfahren in Abhängigkeit von der Fragestellung und unter Offenlegung der theoretischen Modellannahmen sowie sozial-ökologischen Bedingungen geben müssen, ohne die mühsam errungene eigene Fachidentität aufzugeben.

Problem der Subjektivität

6.2 Evaluation und Qualitätsentwicklung

Effekte motorischer Therapie?

Walter (2002) rezipiert in seinem Beitrag über Effekte von „Interventionsformen im sonderpädagogischen Feld“ Forschungsergebnisse ausgewählter US-amerikanischer Meta- und Mega-Analysen und löst dadurch eine rege Diskussion aus. Der Beitrag greift (weit) zurück auf eine Reihe kritischer Beiträge – etwa den grundlegenden Beitrag von Kavale / Mattson (1983) –, in denen in den USA seit den 70er Jahren (z. B. Goodmann / Hamill 1973) die „Effektivität perzeptuell-motorischer Förderansätze“ analysiert und verglichen werden. Bei der Fragestellung geht es präzise um die Zusammenhänge zwischen Motorik und kognitivem Funktionsniveau (schulischem Lernen). In ihrer Metaanalyse von 180 Untersuchungen finden Kavale und Mattson nur eine geringe, dem Zufall entsprechende Effektstärke. Als Ergebnis formulieren sie: „The wide acceptance of perceptual-motor intervention techniques has been based, for the most part, on informal subjective evidence rather than formal experimental investigations“ (Kavale/Mattson 1983, 165; zit. nach Eggert/Koller 2006, 221).

Perzeptuell-motorische Förderansätze in den USA sind praktisch immer Trainings, also motorische Förderprogramme und Wahrnehmungstrainings wie sie von den Klassikern der amerikanischen Lernbehindertenpädagogik – Ayres (1972) und (!) Kephart (1960) – beispielsweise konzipiert werden. Obwohl der Beitrag von Walter (2002) keine einzige Literaturquelle zur deutschen Psychomotorik enthält, – es sei hier erwähnt, dass (!) Kiphard als Begründer der deutschen Psychomotorik 1960 sein erstes Buch *Bewegung heilt* und 1968 zusammen mit Huppertz das erste Buch zur *Erziehung durch Bewegung* vorlegt – werden in der Rezeption des Beitrags von Walter die inhaltlichen Aussagen im Zitierzirkel weitergetragen, ohne sich mit den konzeptionellen Entwicklungen des Fachgebietes der Psychomotorik auseinander zu setzen (z. B. Grünke 2006a,b; Nußbeck 2007, 2008).

Die empirische Evidenz der amerikanischen Wirksamkeitsforschungen kann nicht ignoriert werden und wird von Vertretern der Psychomotorik früh rezipiert (z. B. Franken 1977; Eggert 1994, 2005[6]; Moser 2003). In einer aktuellen Übersicht infolge langjähriger empirischer Forschung räumen Eggert/Koller (2006) mit der Frage der direkten Wirksamkeit des Lernens durch Bewegung auf und fassen die Realität wie folgt zusammen:

„Ein direkter Zusammenhang zwischen schulischem Lernen und motorischer Förderung lässt sich nicht befriedigend nachweisen. Die Effekte einer psychomotorischen Förderung sind somit

- generell eher schwach,
- legen keine direkte Lernübertragung von motorischem auf schulisches Lernen nahe,
- sind umso stärker bei Kindern mit niedrigem kognitiven Ausgangsniveau,
- sind wesentlich auf den Ausbau der adaptiven Verhaltensweisen (Selbstkontrolle, Selbstwirksamkeit, soziale Kompetenzen, Motivation u. a.) beschränkt“ (Eggert/Koller 2006, 222).

Förderung von Teilfunktionen

Völlig anders ist die (empirische) Situation, wenn Teilkonstrukte auch komplexer kognitiver Leistungen ins Auge gefasst werden. Lernen über Bewegungshandlungen sind dann wirksam, wenn spezifische Aufgabenstellungen etwa zur Förderung der *Raumorientierung* oder der *Raum-Zeit-Entwicklung* von Kindern über rhythmische Bewegungssequenzen zum Thema gemacht werden (Bertrand 1997; Röttgen/Müllenbach 2000, nach Eggert/Koller 2006, 224f). Genau diese Teilkonstrukte lassen sich über körpermotorische Leistungen sehr gut ansteuern und leisten einen Beitrag zur Entwicklung exekutiver Funktionen, die nach systematisch erfassten neurowissenschaftlichen Erkenntnissen gleichsam die Basis von Handlungsplanung, Sprachproduktion, Aufmerksamkeitssteuerung und Strategiebildung für Problemlöseverhalten sind und damit einen wesentlichen Baustein der Entwicklung abstrakter Denkprozesse darstellen (Kubesch 2007, 23). Bewegungs- und Wahrnehmungslernen erscheinen heute in einem völlig anderen Licht, wenn sie nicht als „allgemeine Wahrnehmungsförderung“, sondern als spezifisches Lernangebot etwa im Rahmen grafomotorischer Förderangebote eingesetzt werden. So konnten die theoretisch-konzeptionellen Erkenntnisse zur Grafomotorikforschung (Fischer/Wendler 1994; Wendler 2001) in einer Längsschnittstudie zu den „Auswirkungen wahrnehmungs- und bewegungsorientierter Förderung auf die Graphomotorik von Schulanfängern“ empirisch gesichert werden (Stachelhaus 2003; Stachelhaus/Strauß 2005).

Bewegungs- und Wahrnehmungslernen erscheinen heute nicht nur in einem anderen Licht, sondern werden grundsätzlich in veränderten theoretischen Zusammenhängen erforscht und erklärt. Der dieser Einführung zugrunde liegende dynamisch-systemische Ansatz (s. Kap. 3.1–3.2) macht eine Neuinterpretation der Ergebnisse von Studien zur Wirksamkeitsforschung von Psychomotorik notwendig – hier ist Eggert/Koller (2006, 226) unbedingt zuzustimmen. Notwendig sind keine linearen Ursache-Wirkungsmodelle, sondern Forschungen, die die Mehrdimensionalität und Wechselwirkung der Entwicklungskonstrukte unter Einschluss der Motorik als Prämisse formulieren (Lerner 2006; Röhr-Sendmeier u. a. 2007) und aufklären. Dabei sind die positiven Effekte der Psychomotorik (Selbstwirksamkeit, soziale Kompetenz, hohe Motivation und Angstabbau) dann nicht Störvariablen unaufklärbarer Varianz, sondern Teilkonstrukte des kindlichen Lern- bzw. Entwicklungsprozesses.

Mit der Neufassung des Bundessozialhilfegesetztes (BSHG) und des Kinder- und Jugendhilfegesetztes (KJHG) in den 90er Jahren des letzten Jahrhunderts setzt ein Prozess ein, der von Vertretern der Psychomotorik in der Kinder- und Jugendhilfe maßgeblich mitgestaltet wird. Macsenaere (2006) gibt einen Überblick über zehn Jahre Wirkungsforschung in der Kinder- und Jugendhilfe und leitet daraus Konsequenzen für die Psychomotorik ab. Mit der Jugendhilfe-Effekte-Studie (JES) wird der Grundbaustein für eine empirische Wirkungsforschung im Bereich der Kinder- und Jugendhilfe gelegt. Die Ergebnisse zeigen, dass Jugendhilfe ausgeprägte Wirkungen aufweist und dafür zentrale Wirkfaktoren, wie z. B. die aktive Kooperation der Beteiligten inklusive der Eltern, verantwortlich ist. Auf der JES-Studie aufbauend wird die Evaluation erzieherischer Hilfen (EVAS) (Institut für Kinder- und Jugendhilfe 2004) entwickelt und ist mit bundesweit über 20.000 evaluierten Fällen mittlerweile das größte Qualitätsentwicklungsverfahren in diesem Bereich. EVAS belegt eine hohe Effektivität der untersuchten Hilfen, die durch bewegungspädagogische Hilfen verstärkt werden kann. Diese Erfahrungen werden gegenwärtig genutzt, um mit einem überregional einheitlichen Instrumentarium (SPES) die Effekte psychomotorischer Interventionen zu erfassen und zur internen Qualitätsentwicklung zu nutzen (Macsenaere 2006, 194).

Jugendhilfe-Effekte-Studie

Das Instrument SPES (System psychomotorischer Effekte-Sicherung) wird seit fünf Jahren erfolgreich zur Evaluation und Qualitätsentwicklung psychomotorischer Förder- und Therapiemaßnahmen für Kinder und Jugendliche eingesetzt. Die speziell zu diesem Zweck entwickelten Fragebögen (Abb. 42) werden dabei in verschiedenen Arbeitsfeldern (motopädische Praxen, klinisch-therapeutische Institutionen, Fördervereine, Kinder- und Jugendhilfeeinrichtungen, Förderschulen etc.) zur Einzelfalldokumentation von Kindern und Jugendlichen mit Förderbedarf eingesetzt. SPES ermöglicht den teilnehmenden Institutionen den Aufbau eines einheitlichen Dokumentationssystems zur Erfassung von Struktur-, Prozess- und Ergebnisqualität ihrer Arbeit (Donabedian 1982) (Abb. 43).

SPES

Darüber hinaus ergeben sich durch den Vergleich der eigenen Evaluationsergebnisse mit denen anderer Teilnehmer grundlegende Erkenntnisse über die Qualität der eigenen Angebote und Leistungen. Die SPES-Daten dienen somit einer wissenschaftlich

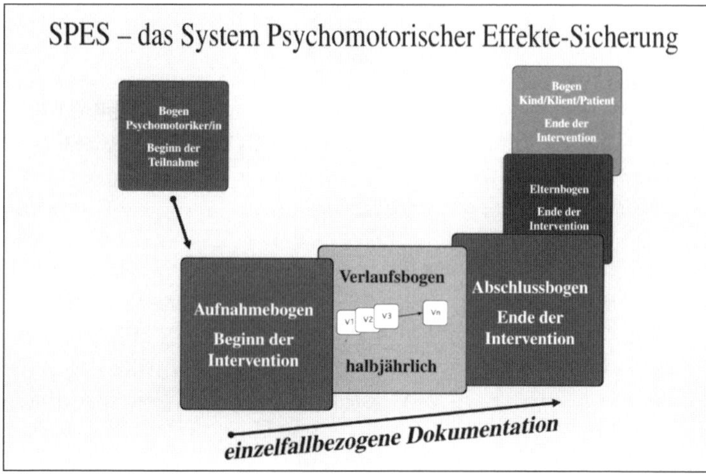

Abb. 42: Erhebungsdesign von SPES mit den verschiedenen Fragebogenarten

fundierten Evaluation und Qualitätsentwicklung des psychomotorischen Förderkonzeptes und der Strukturqualität von Einrichtungen. Zu den Detailergebnissen liegen mittlerweile mehrere detaillierte Beiträge vor (Fischer 2008; Klein / Knab / Fischer 2006; Knab / Klein 2006). Die Ergebnisse der bislang abgeschlossenen psychmotorischen Interventionen (n=758) bei insgesamt 1087 dokumentierten Förderprozessen von Kindern und Jugendlichen

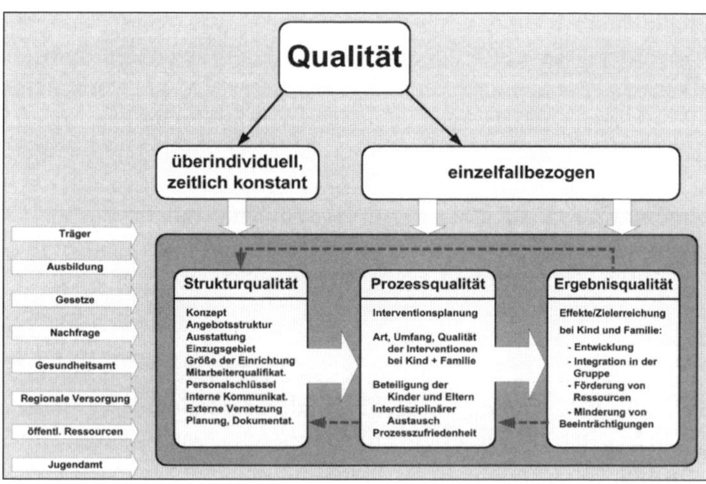

Abb. 43: Qualitätsdimensionen nach Donabedian (1982, verändert nach Adams 2006b, 188)

zeigen insgesamt eindeutige Erfolge. Differenziert wird nach einem Problemlagenindex und zwei Ressourcenindizes (eher psychosozial und psychomotorisch ausgerichtete Fragestellungen bzw. Entwicklungsbereiche): Im Bereich bestehender Problemlagen und Defizite kommt es sowohl in der Anzahl als auch im Schweregrad der Symptombelastung zu einer signifikanten Reduzierung. Auf dem Gebiet vorhandener Ressourcen und Schutzfaktoren kann die Ressourcenlage der Kinder und Jugendlichen nachweisbar gestärkt werden. Dabei soll bewusst darauf hingewiesen werden, dass sich die positiven (statistisch höchst signifikanten) Veränderungen nicht allein auf die motorische Dimension beziehen.

Das psychomotorische Fachgebiet hat sich über die Jahrzehnte verändert, differenziert, konturiert, verwissenschaftlicht. Bei allem Bestreben um Theoriekonstruktion und Qualitätssicherung betont die Psychomotorik immer ihre kindgerechte Art und Weise und das dialogische Moment ihres Förderansatzes. Deshalb ist das Maß nicht das evidenzbasierte Qualitätskonzept der Medizin bzw. der Gesundheitsökonomie, sondern eine ökologisch-systemisch orientierte Qualitätsentwicklung (vgl. Peterander 2008).

Gerhard Neuhäuser als interdisziplinär denkender Neuropädiater formuliert dafür das Motto: „Vergesst die Emotionen nicht!" (2008, 97 und 98).

„Eine besondere Beziehung gibt es zwischen den Emotionen und dem Bewegungsverhalten: Wir drücken unsere Gefühle durch Bewegungen aus, am motorischen Verhalten ist die Gemütsverfassung leicht zu erkennen. Über Bewegungen können aber auch Gefühle wirksam angesprochen werden – neurobiologische Grundlage sind die engen Verbindungen des limbischen Systems mit den das Bewegungsverhalten steuernden Arealen. Die psychomotorische Arbeitsweise hat hier eine ihrer Grundlagen: Denken, Fühlen, Handeln – in welcher Reihenfolge auch immer – sind eng miteinander verbunden und stets aufeinander bezogen" (Neuhäuser 2008, 98).

Übungsaufgaben zu Kapitel 6

75. Was versteht man unter Diagnostik im Allgemeinen und Motodiagnostik im Speziellen?

76. Differenzieren Sie motoskopische von motografischen und motometrischen Verfahren.

77. Skizzieren Sie den Paradigmenwechsel von der quantitativen zur qualitativen Motodiagnostik.

78. Was ist das System psychomotorischer Effekte-Sicherung (SPES) und wozu wird es eingesetzt?

79. Die Psychomotorik als pädagogisch-therapeutisches Fachgebiet hat sich als entwicklungsorientiertes Konzept etabliert. Was heißt danach Entwicklungsförderung über Bewegung und Spiel?

80. Inwiefern ist ein solcher Ansatz als anthropologisch zu bezeichnen?

Anhang

Literatur

Achten, M., Deepen, M., Harn, N., Schronen, D. (2008): Kinderarmut und Bildung – Eine kindzentrierte Perspektive. In: Caritas Luxemburg (Hrsg.), 167–187

Adams, D. (2006a): Qualitätsentwicklung in integrativen Kindertageseinrichtungen in Hessen. Motorik 29, 4, 186–193

– (2006b): QUINT (Qualitätsentwicklung Integrationsplatz) Implementierung. Abschlussbericht. Download www.ikj-mainz.de

Affolter, F. (1987): Wahrnehmung, Wirklichkeit und Sprache. Nechar, Villingen Schwenningen

Ahnert, L. (Hrsg.) (2004, 2008²): Frühe Bindung. Entstehung und Entwicklung. Ernst Reinhardt, München

Akasha, E. S. (2004): In the beginning was the relation. … Portuguese Review of Psychomotricity, 3, 87–95

Aktionsbündnis Bewegungskindergarten Rheinland-Pfalz (Hrsg.) (2005): Der Bewegungskindergarten in Rheinland-Pfalz. Sportjugend Rheinland-Pfalz, Selbstverlag, Mainz

Alsaker, F. D., Kroger, J. (2007): Identitätsentwicklung. In: Hasselhorn / Schneider (Hrsg.), 371–380

Amft, H. (1990): Die Relaxationsmethode. Motorik 13, 3, 115–118

– (1996): Gesundheitswesen im Wandel – neue Chancen für die Motologie? In: Amft / Seewald (Hrsg.), 54–69

–, Amft, S. (2003): Studie zur Klientel der Psychomotoriktherapie. Zürich: Interkantonale Hochschule für Heilpädagogik. Ergebnispräsentation 3. April 2003

Amft, S., Seewald, J. (Hrsg.) (1996): Perspektiven der Motologie. Hofmann, Schorndorf

Antonovsky, A. (1979): Health, Stress and Coping. Jossey-Bass, San Francisco

– (1987): Unraveling the mystery of health. How people manage stress and stay well. Jossey-Bass, San Francisco

– (1997): Salutogenese. Zur Entmystifizierung der Gesundheit. Dt. erw. Hrsg. von A. Franke. DGVT, Tübingen

Arnold, J. (2006): Qualitätsentwicklung im Kontext psychomotorischer Interventionen. Motorik 29, 4, 179–185

Arnold, M. (2006): Brain-based Learning and Teaching. Prinzipien und Elemente. In: Herrmann (Hrsg.), 145–158

Asendorpf, J. B. (Hrsg.) (2005): Soziale, emotionale und Persönlichkeitsentwicklung. Hogrefe, Göttingen

Asher, S. R., Gottmann, J. M. (Eds.) (1981): The development of children's friendships. Cambridge University Press, Cambridge

Astington, J. W. (2000): Wie Kinder das Denken entdecken. Ernst Reinhardt, München

Aucouturier, B. (2005): La méthode Aucouturier. De Boeck, Bruxelles

–, Lapierre, A. (1995, 1999³): Bruno. Ernst Reinhardt, München

–, – (1998, 2002²): Die Symbolik der Bewegung. Ernst Reinhardt, München

Axline, V. M. (1997, 2002¹⁰): Kinder-Spieltherapie. 9. Aufl. Ernst Reinhardt, München

Ayres, J. (1972): Sensory integration and learning disorders. Western Psychological Services, Los Angeles

– (1984; 1998³): Bausteine der kindlichen Entwicklung. Springer, Berlin

Bach, I., Siekmann, H. (Hrsg.) (2003): Bewegung im Dialog. Czwalina, Hamburg

Baedke, D. (1981): Motodiagnostik: Motometrische Testverfahren. In: Clauss (Hrsg.), 281–291

Bahrick, L. E. (2003): Development of intermodal perception. In: Nadel (Ed.), 614–617

Balgo, R. (1996): Systemisch-konstruktivistische Perspektive für die Psychomotorik. In: Amft / Seewald (Hrsg.), 233–236

– (1998a): Bewegung und Wahrnehmung als System: Systemisch-konstruktivistische Positionen in der Psychomotorik. Hofmann, Schorndorf

– (1998b): Systemisch-Konstruktivistische Positionen in der Psychomotorik. Motorik 21, 1, 2–12

– (1999): Wir sehen mit unseren Armen und Beinen. Praxis der Psychomotorik 24, 1, 4–13

– (2004): Systemische Positionen im Kontext der Motologie. In: Köckenberger / Hammer (Hrsg.), 187–222

–, Voss, R. (1995): „Kinder, die sich auffällig zeigen“: Die systemisch-konstruktivistische Wende in der Psychomotorik. In: Kiphard / Olbrich (Hrsg.), 167–194

Balster, K. (2000): Kinder mit mangelnden Bewegungserfahrungen – Praktische Hilfen zur Förderung der Wahrnehmung und Bewegungsentwicklung. Teil 2. Sportjugend NRW, Selbstverlag, Duisburg

–, Beckmann, U. (2005): Anerkannter Bewegungskindergarten des LandesSportBundes Nordrhein-Westfalen. In: Landessportbund Hessen (Hrsg.), 167–170

Baltes, P. B. (1990): Entwicklungspsychologie der Lebensspanne: Theoretische Leitsätze. Psychologische Rundschau 41, 1–24

Bandura, A. (1984): Self-efficiency: Toward an unifying theory of behavioral chance. Psychological Review, 84, 192–215

Barthels, B., Roddis, M. (1996): Manchmal bewegen wir uns vorwärts, manchmal rückwärts und manchmal auch im Kreis. Vom Bewegungskindergarten zur kooperativ-integrativen Kindertagesstätte. Sportpädagogik 20, 5, 37–41

Bathke, I. (2007): Die Konzeptionelle Entwicklung der Psychomotorik in Deutschland und Frankreich. Unveröff. Diplomarbeit. Humanwissenschaftliche Fakultät, Universität zu Köln

Bauer, J. (2007): Spiegelneurone. Nervenzellen für das intuitive Verstehen sowie Lehren und Lernen. In: Caspary (Hrsg.), 38–53

Bauer, M. (2004): Das Geheimnis des Körpers. Wie Beziehungen und Lebensstil unsere Gene steuern. Piper, München

Bechstein, M., Borgmeier, Chr., Luckert, H., Reichenbach, Chr., Roob, I. (2002): Motopädische Berufskompetenzen auf dem Prüfstand. Praxis der Psychomotorik, 27, 4, 267–274

Becker, P. (1993): Erlebnisintensive Bewegungsabenteuer und praktisches Lernen. In: Hildebrandt-Stramann / Landau / Schmidt (Hrsg.), 136–147

Beckmann, H., Hildebrandt-Stramann, R., Wichmann, K. (2005): Bewegungsunterricht inszenieren. Grundschule 37, 1, 46–50

Behrens, M. (2006): „Selbst Artist sein“ – Sozial-emotionale Entwicklungsförderung in der Psychomotorik. In: Fischer / Knab / Behrens (Hrsg.), 376–384

– (2007): Ressourcenstärkung durch zirkuspädagogische Arbeit bei sozial ängstlichen Kindern. Haltung und Bewegung 27, 2, 5–15

– (2008): Die Bedeutung von Körper und Bewegung zur Stärkung der kindlichen Resilienz unter besonderer Berücksichtigung der Methodenvielfalt. Motorik 31, 2, 74–81

Beilin, H. (1993): Konstruktivismus und Funktionalismus in der Theorie Jean Piagets. In: Edelstein / Hoppe-Graff (Hrsg.), 28–67

Beins, H.-J. (Hrsg.) (2007): Kinder lernen in Bewegung. Borgmann, Dortmund

Benz, B. (2008): Armutspolitik der Europäischen Union. In: Huster / Boeckh / Mogge-Grotjahn (Hrsg.), 523–540

Bernstein, N. A. (1967): The coordination and regulation of movement. Pergamon Press, Oxford, UK

– (1988): Bewegungsphysiologie. J. A. Barth, Leipzig

Bertrand, L. (1997): Das Verständnis raum-zeitlicher Begriffe beim 5- und 6jährigen Kind und ihre Bedeutung für die schulische Leistung. Diss. FB Erziehungswissenschaften Hannover

Beudels, W. (2007): Kinder lernen in und durch Bewegung. Theoretische Hintergründe und praktische Konsequenzen. In: Beins (Hrsg.), 149–171

– (2008): Gegen Gewalt ankämpfen: Ringen und Raufen als präventives Angebot im Kindergarten. Motorik 31, 1, 25–34

–, Anders, W. (2001): Wo rohe Kräfte sinnvoll walten. Handbuch zum Ringen, Rangeln und Raufen in Pädagogik und Therapie. Borgmann, Dortmund

Beywl, W. (1996): Anerkannte Standards und Leitprinzipien der amerikanischen Evaluation. In: Heiner (Hrsg.), S. 85–107

Bielefeld, J. (1981): Theoretisch-wissenschaftliche Aspekte der Motodiagnostik. In: Clauss (Hrsg.), 219–233

– (Hrsg.) (1986): Körpererfahrung. Hogrefe, Göttingen

Bischof-Köhler, D. (1998): Zusammenhänge zwischen kognitiver, motivationaler und emotionaler Entwicklung in der frühen Kindheit und im Vorschulalter. In: Keller (Hrsg.), 323–382

– (2000): Kinder auf Zeitreise. Theory of Mind, Zeitverständnis und Handlungsorganisation. Huber, Bern

Blahus, P. (2004): On the conceptual foundations of Psychomotricity as a science. In: Portuguese Review of Psychomotricity 3, 33–43

Böhnke, J. (2000): Pädagogische Konzeption – Abenteuer- und Erlebnissport. Sportjugend NRW, Selbstverlag, Duisburg

Borchert, J., Hartke, B., Jogschies, P. (Hrsg.) (2008): Frühe Förderung entwicklungsauffälliger Kinder und Jugendlicher. Kohlhammer, Stuttgart

Borgmeier, Chr. (2002): Die Entwicklung der Ausbildung in Motopädie auf Fachschulebene in Deutschland. In: Mertens (Hrsg.), 47–52

Boscaini, F. (2004): The specifity of psychomotor semiology for an adequate diagnostic. Portuguese Review of Psychomotricity, 3, 50–60

Bosscher, R. J. (2006): A Dutch view on psychomotor therapy. In: Fischer/Knab/Behrens (Hrsg.), 238–247

–, Probst, M. (2001): Psychomotorische Therapie in Vlaanderen en Nederland. In: Bosscher/Probst (Hrsg.): Ontwikkelingen in de psychomotorische therapie. Cure & Care Publisher, Utrecht, 1–16

Brähler, E. (Hrsg.) (1986): Körpererleben. Ein subjektiver Eindruck von Leib und Seele. Springer, Berlin

Brand, I., Breitenbach, E., Maisel, V. (1985): Integrationsstörungen. Edition Bentheim, Würzburg

Brandt, U. (2004): Abenteuerorientierte Bewegungserziehung. In: Irmischer/Hammer/Wendler/Hoffmann (Hrsg.), 105–112

Brandtstädter, J. (1986): Personale Entwicklungskontrolle und entwicklungsregulatives Handeln: Überlegungen und Befunde zu einem vernachlässigten Forschungsthema. Zeitschrift für Entwicklungspsychologie und Pädagogische Psychologie 18, 316–334

– (2001): Entwicklung – Intentionalität – Handeln. Kohlhammer, Stuttgart

–, Greve, W. (2006): Entwicklung und Handeln. In: Schneider/Wilkening (Hrsg.), 409–459

Brodtmann, D. (2000): Was hält Kinder gesund? In: Dietrich/Teichert (Hrsg.), 111–132

Brokmann-Nooren, Chr., Gereke, I., Kiper, H., Renneberg, W. (Hrsg.) (2007): Bildung und Lernen der Drei- bis Achtjährigen. Klinkhardt, Bad Heilbrunn

Bronfenbrenner, U. (1981): Die Ökologie der menschlichen Entwicklung. Klett-Cotta, Stuttgart

– (1989): Ecological systems theory. Annals of Child Development 6, 187–249

– (1990): The ecology of cognitive development. Zeitschrift für Sozialisationsforschung und Erziehungssoziologie, 10, 101–114

– (2005): Making human beings human. Sage, Thousand Oaks, CA

Brüggebors, G. (1992): Einführung in die Holistische Sensorische Integration (HSI). Teil 1: Sensorische Integration (SI) und holistische Evaluation. Modernes Lernen, Dortmund

– (1994): Einführung in die Holistische Sensorische Integration (HSI). Teil 2: Von der HSI zur Holistischen Sensorischen Balance. Modernes Lernen, Dortmund

Bründel, H., Hurrelmann, K. (1996): Einführung in die Kindheitsforschung. Beltz, Weinheim

BSJ (Hrsg.) (1993): Abenteuer – Ein Weg zur Jugend? Afra, Frankfurt

Buch, A., Heinecke, B. (Hrsg.) (1980): An den Rand gedrängt – Was Behinderte daran hindert, normal zu leben. Rowohlt, Reinbek

Bundesministerium für Familie, Senioren, Frauen und Jugend (Hrsg.) (2003): Qualitätsanforderungen in der Jugendsozialarbeit. Auswirkungen auf die Trägerstrukturen. Selbstverlag, Bonn

Bundesvereinigung Lebenshilfe (1996): Frühe Hilfen: Frühförderung aus Sicht der Lebenshilfe. Lebenshilfe, Marburg

Bundeszentrale für Gesundheitliche Aufklärung (BzgA) (Hrsg.) (2002): Was hält Menschen gesund? Antonovskys Modell der Salutogenese – Diskussionsstand und Stellenwert. Eine Expertise von Bengel, J./Strittmatter, R./Willmann, H., 7. erw. Aufl. Selbstverlag, Köln

Burmeister, H. A. (1998): Über die moderne Physik und neue Biologie zu einer verstehenden Entwicklungsberatung: Die Bedeutung des Weltbildes für eine Theorie menschlicher Entwicklung: Eine systemtheoretische Perspektive. Motorik 21, 1, 13–18

Burmeister, J. (1996): Benchmarking statt Zertifikate. In: Bundesministerium für Familie, Senioren, Frauen und Jugend (Hrsg.), 26–35

Büttner, C., Emde, A. (Hrsg.) (1985): Jahrbuch der Kindheit. Bd. 2. Beltz, Weinheim

Caliari, E. (2004): Psychomotor prevention project in schools. Portuguese Review of Psychomotricity, 3, 107–112

Caritas Luxembourg (Hrsg.) (2008): Sozialalmanach. Schwerpunkt: Kinderarmut & Bildung. Selbstverlag, Luxembourg

Capra, F. (2002): Verborgene Zusammenhänge. Scherz, München

Case, R. (1985): Intellectual development. Academic Press, New York (dt: Die geistige Entwicklung des Menschen. Schindele, Heidelberg, 1999)

Caspary, R. (Hrsg.) (2007): Lernen und Gehirn. Herder Spektrum, Freiburg

Clauss, A. (Hrsg.) (1981): Förderung entwicklungsgefährdeter und behinderter Heranwachsender. Perimed, Erlangen

Cohn, R. (1983, 1997[13]): Von der Psychoanalyse zur themenzentrierten Interaktion. Klett, Stuttgart

Collins, W. A., Laursen, B. (Eds.) (1999): Relationships as developmental contexts. The Minnesota Symposia on child psychology, Vol. 30, Erlbaum, Mahwah

Contant, M., Calza, A. (1994): Les troubles psychomoteurs et le thérapeute en psychomotricité. Masson, Paris

Conzelmann, A., Hänsel, F. (Hrsg.) (2008): Sport und Selbstkonzept. Struktur, Dynamik und Entwicklung. Hofmann, Schorndorf

Conzen, P. (1990): Erik H. Erikson und die Psychoanalyse. Asanger, Heidelberg

Crain, W. (2005): Theories of Development. Concepts and Applications. 5th Edition. Pearson Edition, London

Damon, W. (Series Ed.), Lerner, R. M. (Vol. Ed.) (1998) 5th edition; (2006) 6th edition: Handbook of child psychology, Vol. 1: Theoretical models of human development. Wiley, New York

Decker, R. (1967): Die psycho-kinetische Erziehung. Die Leibeserziehung, 4, 106–111

– (1969): Die Theorie der Leibeserziehung in Deutschland und in Frankreich. Die Leibeserziehung, 9, 289–295

– (1984): Die Psychomotorik – Entwicklungstendenzen und Zielrichtungen der deutschen und französischen Bewegungsforschung. Sportunterricht, 2, 51–58

– (2002): Auf der Suche nach neuen Inhalten für das Fach „Methodik und Didaktik der Leibeserziehung“ in der Grundschullehreraus- und Fortbildung in Luxemburg. In: Mertens, K. (Hrsg.): Psychomotorik – Grundlagen und Wege der Förderung. Verlag Modernes Lernen, Dortmund, 39–46

Deimann, P., Kastner-Koller, U. (2007): Entwicklungsdiagnostik. In: Hasselhorn / Schneider (Hrsg.), 558–569

Demetriou, A. (2006): Neo-Piagetsche Theorien der kognitiven Entwicklung. In: Schneider / Wilkening (Hrsg.), 191–263

Denzer, M. (1997): Die mit dem Wind tanzen. Betrachtungen erlebnispädagogischen Arbeitens in der Heimerziehung aus psychomotorischer Sicht. Motorik 20, 4, 148–157

Diem, L. (1935): Juchei, die Kleinsten turnen. Ein Beitrag zur Bewegungserziehung der 3–6jährigen. Limpert, Frankfurt

Dietrich, K. (2003): Anmerkungen zum dialogischen Bewegungskonzept als Grundlage einer pädagogischen Bewegungsforschung. In: Bach, I., Siekmann, H. (Hrsg.), 11–23

–, Teichert, W. (Hrsg.) (2000): Gesundheit als Lebenskunst. XOX-Verlag, Jesteburg

Döbler, E., Döbler, H. (1992): Kleine Spiele. 19. Aufl. Sport und Gesundheit Verlag, Berlin

Donabedian, A. (1982): The definition of quality and approaches to its assessment and monitoring (vol. 1). Health Administration Press, Ann Arbor, Mich.

Dornes, M. (2001): Der kompetente Säugling. 10. Aufl. Fischer, Frankfurt a. M.

Dreher, E., Dreher, M. (1985): Wahrnehmung und Bewältigung von Entwicklungsaufgaben im Jugendalter: Fragen, Ergebnisse und Hypothesen zum Konzept der Entwicklungs- und Pädagogischen Psychologie des Jugendalters. In: Oerter (Hrsg.), 30–61

von Dreusche, I., Graul-Mayr, P. (2006): Rhythmisch-musikalische Elemente in der psychomotorischen Entwicklungsförderung. In: Fischer / Knab / Behrens (Hrsg.), 133–135

Duncker, H.-R. (2005): Die entwicklungsbiologischen Grundlagen der spezifisch menschlichen Motorik. Motorik 28, 4, 178–188

Eckert, A. R. (2004): Menschen psychomotorisch verstehen und begleiten. In: Eckert / Hammer (Hrsg.), 59–73
–, Hammer, R. (Hrsg.) (2004): Der Mensch im Zentrum. Verlag Aktionskreis Literatur und Medien, Lemgo
Edelstein, W. (1993): Soziale Konstruktion und die Äquilibration kognitiver Strukturen. In: Edelstein / Hoppe-Graff (Hrsg.), 92–106
–, (Hrsg.) (1995): Entwicklungskrisen kompetent meistern. Roland Asanger Verlag, Heidelberg
–, Hoppe-Graff, S. (Hrsg.) (1993): Die Konstruktion kognitiver Strukturen. Huber, Bern
Effenberg, A. O. (2003): Unbewusste Wahrnehmungsfunktionen bei der Bewegungsregulation. In: Mechling / Munzert (Hrsg.), 197–217
– (2007): Bewegung und Wahrnehmung. Motorik 30, 4, 185–193
–, Mechling, H. (1999): Akustisch-rhythmische Informationen und Bewegungskontrolle. Von der rhythmischen Begleitung zur Sonification. Motorik 22, 4, 150–169
Eggert, D. (1969): Die Testbatterie für geistig behinderte Kinder. Zeitschrift Lebenshilfe II, 75–78
– (Hrsg.) (1975): Psychomotorisches Training. Beltz, Weinheim
– (1993): Diagnostisches Inventar motorischer Basiskompetenzen (DMB). Borgmann, Dortmund
– (1994, 2005[6]): Theorie und Praxis der psychomotorischen Förderung. Borgmann, Dortmund
– (1995): Von der Kritik an den motometrischen Tests zu den individuellen Entwicklungsplänen in der qualitativen Motodiagnostik. Motorik 18, 4, 134–148
– (1997): Von den Stärken ausgehen … Individuelle Entwicklungspläne (IEP) in der Lernförderungsdiagnostik. Borgmann, Dortmund
– (2001): Von der Kritik an der Motometrie zur qualitativen Motodiagnostik. In: Fischer / Holland-Moritz (Hrsg.), 39–73
–, Bertrand, L. (2002): RZI – Raum-Zeit-Inventar der Entwicklung der räumlichen und zeitlichen Dimensionen bei Kindern im Vorschul- und Grundschulalter und deren Bedeutung für den Erwerb der Kulturtechniken Lesen, Schreiben und Rechnen. Borgmann, Dortmund
–, Brandt, K., Jendritzki, H., Küppers, B. (2000): Verändern sich die motorischen Kompetenzen von Schulkindern? Sportunterricht 49, 11, 350–355
–, Koller, D. (2006): Was kann eine Bewegungsförderung für die kindliche Entwicklung leisten? In: Fritz / Klupsch-Sahlmann / Ricken (Hrsg.) (2006a), 219–226
–, Reichenbach, Chr. (2004): Was kann Psychomotorik heute leisten? – Eine öko-systemische Sicht auf Theorie und Praxis. Praxis der Psychomotorik 29, 2, 99–108
–, –, Bode, S. (2003): Das Selbstkonzeptinventar (SKI) für Kinder im Vorschul- und Grundschulalter. Borgmann, Dortmund
Ehni, H., Kretschmer, J., Nimtsch, B., Scherler, K., Weichert, W. (1982): Kinderwelt: Bewegungswelt. Friedrich, Seelze
Einax-Wagner, M., Leickel, A. (1991): Erfahrungen in und mit der Natur – theoretische Überlegungen und praktische Konsequenzen aus motopädagogischer Sicht. Dipl.-Arbeit Motologie, Marburg
Eisenburger, M. (1995): Mädchengruppen in der Motopädagogik? Motorik 18, 2, 55–64
– (2003a): Das Wissenschaftsgebiet Motologie. In: Weiß / Ullmann (Hrsg.) (2003), 39–47
– (2003b): Psychomotorik im alten Menschen (Motogeragogik). In: Weiß / Ullmann (Hrsg.) (2003), 49–58
– (2004): Psychomotorik im Alter. In: Köckenberger / Hammer (Hrsg.), 531–570
– (2005): „Zuerst muss die Seele bewegt werden“. Psychomotorik im Pflegeheim. Verlag Modernes Lernen, Dortmund
– (2006): Psychomotorik im Alter. In: Fischer / Knab / Behrens (Hrsg.), 225–230
Elias, N. (1980): Über den Prozeß der Zivilisation. Soziologische und psychogenetische Untersuchungen. Bd. I / II, Suhrkamp, Frankfurt a. M.
Emck, C. (2004): Psychomotor functioning of children with psychiatric disorders. A Psicomotricidade 3, 61–69
Epstein, S. (1984): Entwurf einer integrativen Persönlichkeitstheorie. In: Filipp (Hrsg.), 15–45
Erikson, E. H. (1950, 1989[11]): Identität und Lebenszyklus. Suhrkamp, Frankfurt a. M.

Esser, M. (1992, 2000[3]): Beweg-Gründe. Psychomotorik nach Bernard Aucouturier. Ernst Reinhardt, München
– (2004): Psychomotorische Praxis Aucouturier. In: Köckenberger / Hammer (Hrsg.), 144–164
Everling, S. (1985): Der „letzebuurger aktiounskrees psychomotorik" (lap) zog seine erste Jahresbilanz. Motorik 8, 3, 126–127

Faltermeier, T. (1997): Die Salutogenese als neue Perspektive in der Gesundheitspsychologie. Störfaktor 10, 1, 37–58
Fediuk, F., Hölter, G. (2003): Schüler mit Behinderung. Für eine Sportpädagogik der Vielfalt. Sportpädagogik 27, 4, 22–25
Feuser, G. (1995): Behinderte Kinder und Jugendliche: Zwischen Integration und Aussonderung. Wissenschaftliche Buchgesellschaft, Darmstadt
Filipp, S.-H. (Hrsg.) (1979, 1995[3]): Kritische Lebensereignisse. Urban & Schwarzenberg, München
– (1984): Selbstkonzept-Forschung. Klett, Stuttgart
– (2000): Selbstkonzept-Forschung in der Retrospektive und Prospektive. In: Greve (Hrsg.), 7–14
–, Frey, D. (1988): Das Selbst. In: Immelmann / Scherer / Vogel / Schmoock (Hrsg.), 415–454
–, Mayer, A.-K. (2005): Selbstkonzept-Entwicklung. In: Asendorpf (Hrsg.), 259–334
Fischer, K. (1985): Begründung eines vielseitigen Bewegungsangebotes aus lerntheoretischer Sicht. In: Reiber (Hrsg.), 42–51
– (1988): Rechts-Links-Probleme in Sport und Training. Hofmann, Schorndorf
– (1991): Psychomotorik und Frühförderung. Motorik 14, 1, 17–23
– (1996a): Entwicklungstheoretische Perspektiven der Motologie des Kindesalters. Hofmann, Schorndorf
– (1996b): Psychomotorik: Bewegungshandeln als Entwicklungshandeln. Sportpädagogik 20, 5, 26–36
– (1996c): Körpererfahrung und Identität als Grundbegriffe der Psychomotorik. Motorik 19, 3, 102–105
– (1996d): Entwicklung im Netzwerk – Neue Tendenzen der Entwicklungspsychologie und ihre Bedeutung für die Theorie-Konstruktion der Motologie. In: Amft / Seewald (Hrsg.), 193–200
– (1999): Psychomotorik in der Zeitschrift Motorik – formale Strukturen und inhaltliche Merkmale. Motorik 22, 3, 94–105
– (2000): Psychomotorik und kindliche Entwicklung: Metatheoretische Perspektiven. Motorik 23, 1, 22–26
– (2001a): Einführung in die Psychomotorik. 1. Aufl. Ernst Reinhardt, München
– (2001b): Etablierung der Psychomotorik als Wissenschaftsdisziplin – Psychomotorische Konzepte im Wandel. In: Fischer / Holland-Moritz (Hrsg.) (2001), 74–85
– (2001c): Vom Sinn der Sinne. Zum Wahrnehmungsbegriff in der Psychomotorik. In: Zimmer / Hunger (Hrsg.) (2001), 27–33
– (2001d): Die Entwicklung vom erlebten Körperraum zum repräsentierten Lebensraum. In: Frank / Müller / Mundigler (Hrsg.) (2001), 29–33
– (2006a): Psychomotorik in Europa. In: Fischer / Knab / Behrens (Hrsg.) (2006): Bewegung in Bildung und Gesundheit, 232–238
– (2006b): Händigkeit als Basiskompetenz für den Schriftsprachenerwerb. Motorik 29, 3, 95–101; 158–160
– (2007): Therapiekonzepte auf den Punkt gebracht: Psychomotorik. Frühförderung interdisziplinär 26, 3, 87–93
– (2008): Das psychomotorische Paradigma in der Frühförderung. In: Leyendecker (Hrsg.), 53–64
–, Holland-Moritz, H. (Hrsg.) (2001): Mosaiksteine der Motologie. Hofmann, Schorndorf
–, Knab, E., Behrens, M. (Hrsg.) (2006): Bewegung in Bildung und Gesundheit. Verlag Aktionskreis Literatur und Medien, Lemgo
–, Müller-Schwarz, M. (1998): Einzelintegration behinderter Kinder im Regelkindergarten – Konzept und Erfahrungsbericht. In: Zimmer (Hrsg.), 171–177
–, Wendler, M. (1993): Abenteuer – Ein Weg an den Behinderten vorbei? In: BSJ (1993), 134–155
–, – (1994): Der Schriftsprachenerwerb und kindliche Entwicklung – Neurowissenschaftliche Grundlagen und praktische Konsequenzen für eine graphomotorische Förderung. Kindheit und Entwicklung 8, 74–83
Fischer, K. W. (1980): A theory of cognitive development: The control and construction of hierarchies of skills. Psychological Review 87, 477–531

– (1987): Relations between brain and cognitive development. Child Development 58, 623-632
Fischer, T., Ziegenspeck, J. (2008): Erlebnispädagogik: Grundlagen des Erfahrungslernens. Klinkhardt, Bad Heilbrunn
Fisher, A., Murray, E. A., Bundy, A. C. (1998, 2004[2]): Sensorische Integrationstherapie. Theorie und Praxis. Springer, Heidelberg
Flade, A. (1993): Wohnungsumgebung als Erfahrungs- und Handlungsraum für Kinder. In: Tietze / Rossbach (Hrsg.), 35–55
Flammer, A. (1990): Erfahrung der eigenen Wirksamkeit. Huber, Bern
– (1993): Entwicklungsaufgaben als gesellschaftliche Eintrittskarten. In: Mandl / Dreher / Kornadt (Hrsg.), 119–128
– (1995): Kontrolle, Sicherheit und Selbstwert in der menschlichen Entwicklung. In: Edelstein (Hrsg.), 35–42
– (1996, 2003, 2008): Entwicklungstheorien. 2. bis 4. vollst. überarb. Aufl. Huber, Bern
–, Gasser, L. (2007): Strukturgenese. In: Hasselhorn / Schneider (Hrsg.), 15–25
Flehmig, I. (Hrsg.): Kindheit heute. Realität und Wunschdenken. Modernes Lernen, Dortmund
Fleig, P. (2008): Der Zusammenhang zwischen körperlicher Aktivität und kognitiver Entwicklung. Theoretische Hintergründe und empirische Ergebnisse. Sportunterricht 57, 1, 11–16
Flosdorf, P. (2004): Heilpädagogische Beziehungsgestaltung. Lambertus, Freiburg
–, Rieder, H. (1967): Sport und Spiel in Gruppe und Heim. Lambertus, Freiburg
–, – (1990): Ein historischer Rückblick auf die Entwicklung eines Konzeptes. In: Huber / Rieder / Neuhäuser (Hrsg.), 39–54
Fonseca, V. da (2004): Psychomotricity: a multidisciplinary approach. A Psicomotricidade 3, 18–29
Frank, E., Müller, Chr., Mundigler, J. (Hrsg.) (2001): Was kann Psychomotorik leisten? Arbeitsvereinigung der Sozialhilfe Kärntens, Selbstverlag, Klagenfurt
Franke, A., Fischer, K. (2001): Spielraum anders begreifen und gestalten. Motorik 24, 3, 108–118
Franken, M. L. O. (1977): Psychomotorische theorieen en trainingsprogrammas. Wolters noordhof, Groningen
Frick, J. (2003): Resilienz – Konsequenzen aus der Forschung für die Praxis. Kindergarten heute 33, 9, 6–13.
Friedlmeier, W., Holodynski, M. (Hrsg.) (1999): Emotionale Entwicklung. Spektrum Akademischer Verlag, Heidelberg
Friedrich, G. (2006): Neurodidaktik – eine neue Didaktik? In: Hermann (Hrsg.), 215–228
Frijda, N. H. (1986): The emotions. Cambridge University Press, Cambridge
Frimodt, L. H. (2003): Psychomotorische Praxis als präventives Angebot – ein Schwerpunkt in Dänemark. Motorik 26, 1, 12--16
Fritz, A., Hussy, W., Bartels, S. (1997): Ein spielbasiertes Training zur Verbesserung der Planungsfähigkeit bei Kindern. Psychologie in Erziehung und Unterricht 44, 110–124
–, Klupsch-Sahlmann, R., Ricken, G. (Hrsg.) (2006a): Handbuch Kindheit und Schule. Neue Kindheit, neues Lernen, neuer Unterricht. Beltz, Weinheim
–, Ricken, G., Schuck, K.-D. (2006b): Wie die Welt nach innen kommt. In: Fritz / Klupsch-Sahlmann / Ricken (Hrsg.), 180–191
Frühauf, T. (1997): Chancen und Risiken neuerer gesetzlicher Entwicklungen für die Qualität der Dienstleistung in Einrichtungen der Behindertenhilfe. In: Schubert / Zink (Hrsg.), 9–31
Fthenakis, W. E. (Hrsg.) (2003): Elementarpädagogik nach PISA. Herder, Freiburg
– (2007): Bildung von Anfang an: Perspektiven zur weiteren Entwicklung des Systems der Tageseinrichtungen für Kinder unter sechs Jahren in Deutschland. In: Hunger / Zimmer (Hrsg.), 43-58
Fuchs, R., Göhner, W., Seelig, H. (Hrsg.) (2007): Aufbau eines körperlich-aktiven Lebensstils. Theorie, Empirie und Praxis. Hogrefe, Göttingen
Fuhrer, U. (2008): Die Rolle enger Bindungen und Beziehungen. In: Hurrelmann / Grundmann (Hrsg.), 129–140
Funke, J. (2004): Bewegungs- und Sportpädagogik. Schneider, Hohengehren
Funke-Wieneke, J. (1990): Psychomotorik aus sportpädagogischer Sicht. In: Huber / Rieder / Neuhäuser (Hrsg.), 79–91
–, Kretschmer, J. (2005): Wie gut sollen Kinder sich am Ende der Grundschulzeit bewegen können? Grundschule 37, 1, 38–45

Gabler, H., Nitsch, J. R., Singer, R. (Hrsg.) (2001): Einführung in die Psychologie. Teil 1: Grundthemen. Hofmann, Schorndorf

Geulen, D. (1987): Die Integration von entwicklungspsychologischer Theorie und empirischer Sozialforschung. Zeitschrift für Sozialisationsforschung und Erziehungssoziologie 7, 1, 2–25

– (2005): Subjektorientierte Sozialisationstheorie. Sozialisation als Epigenese des Subjekts in Interaktion mit der gesellschaftlichen Umwelt. Juventa, Weinheim

Gibson, E. J. (1969): Principles of perceptual learning and development. Appleton-Century-Crofts, New York

– (1992): How to think about perceptual learning: Twenty-five years later. In: Pick / Van den Broeck / Knill (Eds.), 215–237

– (2000): Perceptual learning in development: Some basis concepts. Ecological Psychology 12, 4, 295–302

Ginsburg, H., Opper, S. (1978): Piagets Theorie der geistigen Entwicklung. Klett-Cotta, Stuttgart

Gisbert, K. (2003): Wie Kinder das Lernen lernen. In: Fthenakis (Hrsg.), 79–105

Gissel, N. (2007): Von der neuen Theorie des Geistes zu einer neuen Pädagogik des Körpers? Sportwissenschaft 37, 1, 3–18

Glück, J., Heckhausen, J. (2006): Entwicklungspsychologie der Lebensspanne: Allgemeine Prinzipien und aktuelle Theorien. In: Schneider / Wilkening (Hrsg.), 677–738

Göbel, H., Jarosch, B., Panten, D. (1996): Die Bewegungslandschaft – ein Beispiel für psychomotorische Therapie bei bewegungsunruhigen und aufmerksamkeitsgestörten Kindern. In: Passolt (Hrsg.), 153–166

–, Panten, D. (1995): Möglichkeiten und Grenzen der Elternarbeit in der psychomotorischen Therapie im Netzwerk psychomotorischer Hilfsmaßnahmen. In: Kiphard / Olbrich (Hrsg.), 87–102

Goldstein, E. B. (2007): Wahrnehmungspsychologie. 7. Auflage. Spektrum Akademischer Verlag, Heidelberg

Goleman, D. (1997): Emotionale Intelligenz. DTV, München

Goodman, L., Hamill, D. (1973): The effectiveness of the Kephart Getmann activities in developing perceptual-motor and cognitive skills. Focus on Exceptional Children 4, 1–9

Gordijn, C. C. F., van der Brink, C., Meerbrink, P., Tamboer, J. W. I., Vermeer, A. (1975): Wat beweegt ons. Busch & Kenning, Baarn

Görlitz, D. (Hrsg.) (1993): Entwicklungsbedingungen von Kindern in der Stadt: Praxisbeiträge der Hertener-Tagung. Selbstverlag der Stadt Herten

Goswami, U. (2001): So denken Kinder. Einführung in die Psychologie der kognitiven Entwicklung. Huber, Bern

Greve, W. (Hrsg.) (2000): Psychologie des Selbst. Psychologie Verlags Union, Weinheim

Größing, S. (1993): Bewegungskultur und Bewegungserziehung. Grundlagen einer sinnorientierten Bewegungspädagogik. Hofmann, Schorndorf

Grossmann, K. (2005): Frühe Bindungen und psychische Sicherheit bis ins junge Erwachsenenalter. Frühförderung interdisziplinär 24, 2, 55–64

–, Grossmann, K. E. (2005): Bindungen – das Gefüge psychischer Sicherheit. 2. Aufl. Klett-Cotta, Stuttgart

Grossmann, K. E., Grossmann, K. (2007): Die Entwicklung von Bindungen: Psychische Sicherheit als Voraussetzung für psychologische Anpassungsfähigkeit. In: Opp / Fingerle (Hrsg.), 279–298

–, –, Kindler, H., Scheuerer-Englisch, H., Spangler, G., Stöcker, K., Suess, G. J., Zimmermann, P. (2003a): Die Bindungstheorie: Modell, entwicklungspsychologische Forschung und Ergebnisse. In: Keller (Hrsg.), 223–282

–, –, Becker-Stoll, F., Maier, M., Scheuerer-Englisch, H., Schieche, M., Stöcker, K., Suess, G., Wensauer, M., Zimmermann, P. (2003b): Internalisierung unterschiedlicher kindlicher Bindungserfahrungen und ihre klinische Relevanz. In: Keller (Hrsg.) (2003), 1153–1194

Grünke, M. (2006a): Zur Effektivität von Fördermethoden bei Kindern und Jugendlichen mit Lernstörungen: Eine Synopse vorliegender Metaanalysen. Kindheit und Entwicklung 15, 238–253

– (2006b): Der Stellenwert der Psychomotorik in der Lernförderung von Kindern und Jugendlichen mit gravierenden Schulschwierigkeiten. In: Fischer / Knab / Behrens (Hrsg.) (2006), 32–44

Grundmann, M. (2008): Humanökologie, Sozialstruktur und Sozialisation. In: Hurrelmann / Grundmann / Walper (Hrsg.), 173–182

Gschwend, G. (2002): Psychomotorik aus neurophysiologischer Sicht. In: Mertens (Hrsg.), 122–130
Guillarmé, J. J. (1990): Psychomotorik in Frankreich – éducation et rééducation psychomotorices. Hofmann, Schorndorf
Gukenbiehl, H.-L. (1990): Materiell-räumliche Faktoren in der ökologischen Sozialisationsforschung. Zeitschrift für Sozialisationsforschung und Erziehungssoziologie 10, 2, 130–146

Haag, H., Strauß, B. (Hrsg.) (2006): Themenfelder der Sportwissenschaft. Hofmann, Schorndorf
Haas, R. (1997): Psychomotorische Entwicklungsbegleitung erwachsener Menschen. Motorik 20, 3, 108–115
– (1999): Entwicklung und Bewegung. Der Entwurf einer angewandten Motologie des Erwachsenenalters. Hofmann, Schorndorf
– (2000): Entwicklung und Bewegung – Psychomotorische Therapie auf der Basis eines multifaktoriellen Gesamtbildes (MfGb). Motorik 23, 1, 11–21
– (2003): Entwicklung und Bewegung – angewandte Motologie des Erwachsenenalters. In: Weiß / Ullmann (Hrsg.), 59–81
– (2006a): Praxis und Verortung einer psychomotorisch orientierten Gesundheitsförderung. In: Fischer / Knab / Behrens (Hrsg.) (2006), 323–337
– (2006b): Chancen des neuen Präventionsgesetzes für eine psychomotorisch orientierte Gesundheitsförderung. Motorik 29, 2, 75–84
– (2007): Psychomotorische Gesundheitsförderung – eine erste Standortbestimmung. Motorik 30, 3, 124–129
Habermas, T., Döll-Hentschker, S. (2007): Psychoanalytische Grundlagen der Entwicklungspsychologie. In: Hasselhorn / Schneider (Hrsg.), 62–70
Hackelberg-Buff, U. (2003): Systemisch-konstruktivistische Motodiagnostik. Motorik 26, 4, 164–173
Hammer, R. (1995): Bewegung in der Heimerziehung. Dissertation, Dortmund
– (1997): „… in seiner Einheit von Wahrnehmen, Erleben und Bewegen …“ Auf der Suche nach dem Erleben in der Psychomotorik. Motorik 20, 4, 134–147
– (2000): Jugendliche und Gewalt. Motorik 24, 2, 65–72
– (2001): Bewegung allein genügt nicht. Verlag Modernes Lernen, Dortmund
– (2004a): Von der Praxeologie der Psychomotorik zu den Zukunftsaufgaben einer Motologie als Wissenschaft. In: Köckenberger / Hammer (Hrsg.) (2004), 243–247
– (2004b): Menschenbilder. In: Eckert / Hammer (2004), 9–16
– (2004c): Der kompetenztheoretische Ansatz in der Psychomotorik. In: Köckenberger / Hammer (Hrsg.) (2004), 43–55
– (2004d): Der verstehende Ansatz in der Psychomotorik. In: Köckenberger / Hammer (Hrsg.) (2004), 164–186
– (2006): Einstein turnt. In: Fischer / Knab / Behrens (Hrsg.), 101–106
– (2007): Bewegung, Spiel und Sport als bewährte Maßnahme in der Kinder- und Jugendhilfe. Motorik 30, 2, 58–62
–, Paulus, F. (2002): Psychomotorische Familientherapie – Systeme in Bewegung. Motorik 25, 1, 13–19
Hanne-Behnke, K. (2005): Die Rolle der Eltern in der psychomotorischen Therapie. Praxis der Psychomotorik 30, 4, 234–240
Hannover, B. (2000): Das kontextabhängige Selbst oder warum sich unser Selbst mit dem sozialen Kontext verändert. In: Greve (Hrsg.), 227–254
– (2005): Die erweiterte Version des semantisch-prozeduralen Interface-Modells des Selbst: Funktion des mentalen Interface und Implikationen für motivierte Prozesse. Psychologische Rundschau 56, 99–112
Hansen, G. (2006): Didaktik. In: Hansen / Stein (Hrsg.), 168–181
–, Stein, R. (Hrsg.) (2006): Kompendium Sonderpädagogik. Klinkhardt, Bad Heilbrunn
Hasselhorn, M., Schneider, W. (2007): Handbuch der Entwicklungspsychologie. Hogrefe, Göttingen
Haunert, P. (1989): Kindheit im Wandel der Zeit. Kindergarten heute 19, 4, 147–154
Haverkamp, F. (2006): Körperliche Bewegung und ihre Bedeutung für die Gesundheit. In: Fischer / Knab / Behrens (Hrsg.), 140–147
– (2008): Gesundheit und soziale Lebenslage. In: Huster / Boeckh / Mogge-Grotjahn (Hrsg.), 320–334
Havighurst, R. J. (1948 / 1972): Developmental tasks and education. McKay, New York

Haywood, K. M., Getchel, N. (2005): Life span motor development. Human Kinetics, Champaigne, Ill.
Head, H., Holmes, G. (1911): Sensory disturbances from cerebral lesions. Brain 102–254
Hebenstreit, S. (1980): Einführung in die Kindergartenpädagogik. Klett, Stuttgart
Heckhausen, H. (1989): Motivation und Handeln. 2. Aufl. Springer, Berlin
Heckmair, B., Michl, W. (2008): Erleben und Lernen. Einführung in die Erlebnispädagogik. Ernst Reinhardt, München
Heiner, M. (Hrsg.) (1996): Qualitätsentwicklung durch Evaluation. Lambertus, Freiburg
Heintz, N. (1983): Psychomotorische Erziehung und psychomotorische Reedukation in französischsprachigen Ländern. Diss., Hannover
Heisel, A. (2008): Schaukeln, Seilbrücken, Hangeln & Co. Verlag Modernes Lernen, Dortmund
Helmsen, J., Petermann, F. (2008). Nah bei sich selbst sein und auf andere zugehen können. Emotionale Intelligenz fördern. Kindergarten heute 38, 5, 8–13
Hengst, H., Zeiher, H. (Hrsg.) (2005): Kindheit soziologisch. VS, Wiesbaden
Herpertz-Dahlmann, B., Resch, F., Schulte-Markwort, M., Warnke, A. (Hrsg.) (2005): Entwicklungspsychiatrie. Schattauer, Stuttgart
Herrmann, U. (Hrsg.) (2006): Neurodidaktik. Beltz, Weinheim
Hessisches Ministerium für Jugend, Familie und Gesundheit (Hrsg.) (1995): Fachliche Handanweisungen für die Frühförderung behinderter und von Behinderung bedrohter sowie entwicklungsgefährdeter oder entwicklungsverzögerter Kinder. Selbstverlag, Wiesbaden
Heuer, H., Jäncke, L. (2006): Psychomotorik. In: Spada (Hrsg.), 553–614
–, Keele, S. W. (Hrsg.) (1994): Psychomotorik. Enzyklopädie der Psychologie – Kognition – Bd. 3. Hogrefe, Göttingen
Hilbers, M. (2000): Zwischen Irritation und Transformation: Der Paradigmenwechsel und die Psychomotorik. Motorik 23, 1, 27–33
Hildebrandt-Stramann, R. (1999): Bewegte Schulkultur. Schulentwicklung in Bewegung. Afra-Verlag, Butzbach-Griedel
– (2005): Aktuelle didaktische Konzepte im Schulsport. Sportunterricht 54, 6, 163–167
–, Landau, G., Schmidt, W. (Hrsg.) (1993): Kindliche Lebens- und Bewegungswelt im Umbruch. Czwalina, Hamburg
Hillenbrand, C. (1994): Reformpädagogik und Heilpädagogik. Klinkhardt, Bad Heilbrunn
– (1999): Paradigmenwechsel in der Sonderpädagogik? Eine wissenschaftstheoretische Kritik. Zeitschrift für Heilpädagogik 50, 5, 240–246
Hinsch, R., Wittmann, S. (2003): Soziale Kompetenz kann man lernen. PVU, Weinheim
Hockfield, S., Kalb, R. G. (1993): Activity-dependent structural changes during neuronal development. Current Opinion in Neurobiology 3, 87–92
Hoffmann, A., Brand, R., Schlicht, W. (2006): Körperliche Bewegung. In: Lohaus/Jerusalem/Klein-Heßling (Hrsg.), 201–220
v. Hofsten, C. (2003): On the development of perception and action. In: Valsiner/Connolly (Eds.), 114–140
Hollmann, W., Strüder, H. K., Tagarakis, Chr. V. M. (2005): Gehirn und körperliche Aktivität. Sportwissenschaft 35, 1, 3–14
Holodynski, M. (2006): Emotionen – Entwicklung und Regulation. Springer, Heidelberg
–, Friedlmeier, W. (1999): Emotionale Entwicklung und Perspektiven ihrer Erforschung. In: Friedlmeier/Holodynski (Hrsg.), 1–16
Hölter, G. (1987): Als Pädagoge von Therapien lernen. Überlegungen zur Erweiterung des pädagogischen Bezuges im Sportunterricht. Sportpädagogik 11, 4, 16–26
– (Hrsg.) (1993a): Mototherapie mit Erwachsenen. Sport, Spiel und Bewegung in Psychiatrie, Psychosomatik und Suchtbehandlung. Hofmann, Schorndorf
– (1993b): Selbstverständnis, Ziele und Inhalte der Mototherapie. In: Hölter, G. (Hrsg.) (1993a), 12–33
– (1996): Aus der Nische ins Rampenlicht? Motopädagogik auf dem Prüfstand bildungstheoretischer Überlegungen zur Bewegungserziehung. In: Amft/Seewald (Hrsg.), 118–127
– (1998): Entwicklungslinien der Psychomotorik im deutschsprachigen Raum. Motorik 21, 2, 43–49
– (2002): Beziehungsgestaltung in der Psychomotorik. In: Mertens (Hrsg.), 77–86
– (2005): Psychomotorik und Psychotherapie. Motorik 28, 3, 130–137

– (2007): Sport- und Bewegungstherapie in der Psychosomatik. In: Deimel / Huber / Pfeifer / Schüle (Hrsg.), 213–223

–, Deimel, H. (2009, im Dr.): Klinische Bewegungstherapie in Psychiatrie, Psychosomatik und Suchtbehandlung – Ein Lehrbuch. Thieme, Stuttgart

–, –, Huber, G., Pfeifer, K., Schüle, K. (Hrsg.) (2007): Neue aktive Wege in Prävention und Rehabilitation. Deutscher Ärzte-Verlag, Köln

–, Flosdorf, P. (2006): Beziehung als dialogischer Prozess. In: Fischer / Knab / Behrens (Hrsg.), 148–160

Homburger, A. (1923): Zur Gestaltung der normalen menschlichen Motorik und ihre Beurteilung. Zeitschrift für die gesamte Neurologie und Psychiatrie 83, 274–314

Honig, S. (1999): Entwurf einer Theorie der Kindheit. Suhrkamp, Frankfurt a. M.

Hopkins, B. (Ed.) (2005): The Cambridge Encyclopedia of Child Development. Cambridge University Press, Cambridge, UK

Huber, G., Rieder, H., Neuhäuser, G. (Hrsg.) (1990): Psychomotorik und Pädagogik. Modernes Lernen, Dortmund

–, –, – (Hrsg.) (1996): Psychomotorik in Therapie und Pädagogik. Verlag Modernes Lernen, Dortmund

Hunger, I., Zimmer, R. (Hrsg.) (2007): Bewegung. Bildung. Gesundheit – Entwicklung fördern von Anfang an. Hofmann, Schorndorf

Hünnekens, H., Kiphard, E. J. (1960): Übung der Motorik als therapeutische Methode bei entwicklungsrückständigen Kindern. In: Villinger, R. (Hrsg.): Jahrbuch der Kinder- und Jugendpsychiatrie, Bd. II. Huber, Bern, 177–193

–, – (1975): Bewegung heilt – Psychomotorische Übungsbehandlung bei entwicklungsrückständigen Kindern. 5. Aufl. Flöttmann, Gütersloh

–, – (1990): Zum Beginn psychomotorischer Fragen, diagnostischer Maßnahmen und therapeutischer Versuche. In: Huber / Rieder / Neuhäuser (Hrsg.), 27–37

Hupke, V. (1991): Gestaltung eines Spielplatzes zum Bewegungs- und Erlebnisraum. Motorik 14, 3, 110–121

Hurrelmann, K., Albert, M., Infratest (2006): 15. Shell-Jugendstudie. Fischer, Frankfurt a. M.

–, Andresen, S., Infratest (2007): 1. World Vision Kinderstudie. Fischer, Frankfurt a. M.

–, Grundmann, M., Walper, S. (Hrsg.) (2008a): Handbuch Sozialisationsforschung. 7., vollst. überarb. Aufl. Beltz, Weinheim

–, –, – (2008b): Zum Stand der Sozialisationsforschung. In: Hurrelmann / Grundmann / Walper (Hrsg.) (2008a), 14–31

–, Mürmann, M., Wissinger, J. (1986): Persönlichkeitsentwicklung als produktive Realitätsverarbeitung. Zeitschrift für Sozialisationsforschung und Erziehungssoziologie 6, 91–109

–, Ulich, D. (Hrsg.) (1991): Neues Handbuch der Sozialisationsforschung. Beltz, Weinheim

Huschke-Rhein, R. (1998): Systemische Erziehungswissenschaft. Beltz, Weinheim

Huster, E., Boeckh, J., Mogge-Grotjahn, H. (Hrsg.) (2008): Handbuch Armut und soziale Ausgrenzung. Verlag für Sozialwissenschaften, Wiesbaden

Hüther, G. (2006): Die Bedeutung sozialer Erfahrungen für die Strukturentwicklung des menschlichen Gehirns. In: Herrmann (Hrsg.), 41–48

Immelmann, K., Scherer, K. R., Vogel, Chr., Schmoock, P. (Hrsg.) (1988): Psychobiologie. G. Fischer, Psychologie Verlags Union, München

Inhelder, B. (1993): Vom epistemischen zum psychologischen Subjekt. In: Edelstein / Hoppe-Graff (Hrsg.), 24–27

Irmischer, T. (1984): Quellen der Psychomotorik. In: Knab (Hrsg.) (1983), 29–36

– (1981): Bewegungsbeobachtung. In: Clauss (Hrsg.), 202–218

– (1983): Lehrbrief: Einführung in die Bewegungsbeobachtung. In: Irmischer / Fischer / Müller (Hrsg.), 1–16

– (1987): Lehrbrief: Grundzüge der Motopädagogik. In: Irmischer / Fischer / Müller (Hrsg.), 1–20

– (1993): Ursprünge. In: Irmischer / Fischer (Hrsg.), 9–18

– (Hrsg.) (1995): Psychomotorik in Europa. Materialien zum Symposium Psychomotorik in Europa. Aktionskreis Psychomotorik, Selbstverlag, Lemgo

– (1998): Psychomotorik in Europa. Motorik 21, 3, 133–137

–, Fischer, K. (Hrsg.) (1989, 1993): Psychomotorik in der Entwicklung. 2. Aufl. Hofmann, Schorndorf

–, – ,Müller, H.-J. (Red.): Arbeitsmaterialien zur Motopädagogik. Lehrbriefsammlung. Aktionskreis Psychomotorik, Selbstverlag, Lemgo
–, Hammer, R. (Hrsg.) (2001): Psychomotorik in Geschichten. Verlag Aktionskreis Literatur und Medien, Lemgo
–, –, Wendler, M., Hoffmann, S. (Hrsg.) (2004): Spielen in der Psychomotorik. Verlag Aktionskreis Literatur und Medien, Lemgo

James, W. (1890): Principles of Psychology (Vol. 1 u. 2). Holt, New York
Jarosch, B., Göbel, H., Panten, D. (1993): Von der Psychomotorischen Übungsbehandlung zur Klinischen Psychomotorischen Therapie. In: Irmischer / Fischer (Hrsg.), 147–161
–, Panten, D., Göbel, H. (1987): Die Abteilung für Psychomotorik in Hamm stellt sich vor. Motopäde 3, 12–15
Jerusalem, M. (2006): Theoretische Konzeptionen der Gesundheitsförderung im Kindes- und Jugendalter. In: Lohaus / Jerusalem / Klein-Heßling (Hrsg.), 31–57
Jessel, H. (2006): Psychomotorische Gewaltprävention – ein mehrperspektivischer Ansatz. In: Fischer / Knab / Behrens (Hrsg.), 371–376
– (2007): Psychomotorische Gewaltprävention – ein mehrperspektivischer Ansatz. Diss. FB Erziehungswissenschaft, Marburg
Joraschky, P. (1986): Körperschema und das Körper-Selbst. In: Brähler (Hrsg.), 34–49

Kambas, A. (2003): Die Griechische Psychomotorik ist da. Motorik 26, 2, 94
Kaufmann-Hayoz, R. (1988): Entwicklung der Wahrnehmung – kein Thema für die deutschsprachige Entwicklungspsychologie? Schweizerische Zeitschrift für Psychologie 47, 3 / 3, 193–202
– (1989): Entwicklung der Wahrnehmung. In: Keller (Hrsg.), 401–418
–, van Leeuwen, L. (2003): Entwicklung der Wahrnehmung. In: Keller (Hrsg.), 861–894
Kaufmann, L., Nuerk, H.-Chr., Konrad, K., Willmes, K. (Hrsg.) (2007): Kognitive Entwicklungsneuropsychologie. Hogrefe, Göttingen
Kavale, K., Mattson, P. D. (1983): One jumped over the balance beam: Meta-analysis of perceptual-motor training. Journal of learning disabilities 16, 3, 165–173
Kazami-Veisari, E. (2003): Hinsehen allein genügt nicht! Was man über Beobachtung und Wahrnehmung wissen muss. Kindergarten heute 33, 2, 6–14
Kegan, R. (1991[2]): Die Entwicklungsstufen des Selbst. Fortschritte und Krisen im menschlichen Leben. Kindt, München
Keller, H. (Hrsg.) (1989, 2003[3]): Handbuch der Kleinkindforschung. Luchterhand, Neuwied
– (1993): Kind und städtische Umwelt aus der Sicht der Entwicklungspsychologie. In: Görlitz (Hrsg.), 95–100
– (Hrsg.) (1998): Lehrbuch der Entwicklungspsychologie. Huber, Bern
Keller, R., Fritz, A. (1998): Auf leisen Sohlen durch den Unterricht. Ein Arbeitsbuch zum spiel- und handlungsorientierten Unterricht im 1. und 2. Grundschuljahr. 2. Aufl. Hofmann, Schorndorf
Kempf, H.-D., Pfänder, B. (2006): Kindergarten in Bewegung. Borgmann, Dortmund
Kephart, N. C. (1960): The slow learner in the classroom. Charles E. Merill, Columbus, Ohio
Kesper, G., Hottinger, C. (1992, 2007[7]): Mototherapie bei Sensorischen Integrationsstörungen. Eine Anleitung zur Praxis. Ernst Reinhardt, München.
–, – (1993): Mototherapie bei Sensorischen Integrationsstörungen. Praxis der Psychomotorik 18, 4, 200–202
–, – (1996): Ein Konzept der Förderung motorisch unruhiger Kinder nach den Prinzipien der Sensorischen Integration. In: Passolt (Hrsg.), 85–109
Kesselmann, G. (1990): Konzeption und Wirksamkeit in der Mototherapie. Psychomotorik in Forschung und Praxis – Bd. 14. Gesamthochschule, Universität, FB Psychologie, Selbstverlag, Kassel
Kiesling, U. (1999): Sensorische Integration im Dialog. Modernes Lernen, Dortmund
–, Klein, J. (Hrsg.) (2002): Inge Flehmig – Sensorische Integration. Modernes Lernen, Dortmund
Kiphard, E. J. (1960): Bewegung heilt. Flöttmann, Gütersloh
– (1970): Leibeserziehung als Therapie. Flöttmann, Gütersloh
– (Hrsg.) (1979): Psychomotorik als Prävention und Rehabilitation. Flöttmann, Gütersloh
– (1980): Der Trampolin-Koordinations-Test. Motorik 3, 3, 78–83

– (1991): Unterschiede und Gemeinsamkeiten französischer und deutscher Psychomotorik. Motorik 14, 1, 31–35
– (1998): Psychomotorik als „Meisterlehre". Motorik 21, 3, 87–91
– (2001): Die Anfänge. In: Irmischer / Hammer (Hrsg.), 9–13
– (2002): „Man sieht nur mit dem Herzen gut" – Mein Weg zur Psychomotorik. In: Mertens (Hrsg.), 19–32
– (2004a): Entstehung der Psychomotorik in Deutschland. In: Köckenberger / Hammer (Hrsg.) (2004), 27–43
– (2004b): Lachen, Humor und Clownerie in Pädagogik und Therapie. In: Kuntz / Voglsinger (Hrsg.) (2004), 59–66
–, Huppertz, H. (1968): Erziehung durch Bewegung. Dürr, Bad Godesberg
–, Miedzinski, K., Prenner, K. (1983): Psychomotorische Förderung im Verein – Arbeitsmöglichkeiten für Motopäden. Motorik 6, 4, 158–163
–, Olbrich, I. (Hrsg.) (1995): Psychomotorik und Familie: Psychomotorische Förderpraxis im Umfeld von Familie und Pädagogik. Modernes Lernen, Dortmund
–, Schilling, F. (1974, 2007²): Körperkoordinationstest für Kinder (KTK). Manual von F. Schilling. Beltz, Weinheim
Klaes, R., Walthes, R. (1996): Störung ist so gut wie Kaviar. In: Amft / Seewald (Hrsg.), 41–52
Klafki, W. (1985): Neue Studien zur Bildungstheorie und Didaktik. Beltz, Weinheim
–, Braun, K.-H. (2007): Wege pädagogischen Denkens. Ein autobiografischer und erziehungswissenschaftlicher Dialog. Ernst Reinhardt, München
Klein, J., Knab, E., Fischer, K. (2006): Evaluation und Qualitätsentwicklung im Bereich der psychomotorischen Förderung und Therapie. Motorik 29, 4, 168–178
Klein, M. (1991): Von der Seele des Körpers. Aufsätze zur Soziologie, Pädagogik und Psychologie des Sports. Bd. I. Bibliotheks- und Informationssystem der Universität. Oldenburg-Verlag, Oldenburg
Knab, E. (Hrsg.) (1983): Motopädagogik in der Heimerziehung. Lang, Frankfurt a. M.
– (1999): Sport in der Heimerziehung. Bewegungspädagogik und Psychomotorik in der Heimerziehung für verhaltensgestörte Kinder und Jugendliche. Peter Lang, Frankfurt
– (2003): Psychomotorik in der Kinder- und Jugendhilfe. In: Knab / Macsenaere (Hrsg.), 158–170
–, Klein, J. (2006): Qualitätsentwicklung in der Psychomotorik. In: Fischer / Knab / Behrens (Hrsg.), 166–175.
–, Macsenaere, M. (Hrsg.) (2003): Heimerziehung als Lebensaufgabe. Schriftenreihe des Instituts für Kinder- und Jugendhilfe, Bd. 4, Selbstverlag, Mainz
Koch, J. (1994): Abenteuer und Risiko als pädagogische Kategorien. Sportpädagogik 19, 1, 39–43
–, Rose, L., Schirp, J., Vieth, J. (Hrsg.) (2003): Bewegungs- und körperorientierte Ansätze in der Sozialen Arbeit. Leske und Budrich, Opladen
Köckenberger, H. (1997): Bewegtes Lernen. Verlag Modernes Lernen, Dortmund
–, Hammer, R. (Hrsg.) (2004): Psychomotorik. Ansätze und Arbeitsfelder. Verlag Modernes Lernen, Dortmund
Koppes, M. (2007): Auf meinem Weg vom bewegten Spiel zum kompetenten Handeln. Motopädagogische Anregungen zur Begleitung der Handlungskompetenz bei drei- bis sechsjährigen Kindern. Motorik 30, 3, 142–150
Kösel, E. (1993): Die Modellierung von Lernwelten. Ein Handbuch zur subjektiven Didaktik. 3. Aufl. Laub, Elztal-Dallau
Kossakowski, M. (1991): Theoretische Ansätze zur Periodisierung der psychischen Entwicklung der Persönlichkeit. In: Schmidt-Denter / Manz (1991), 68–77
Kränzl-Nagl, R., Mierendorff, J. (2007): Kindheit im Wandel. Annäherung an ein komplexes Phänomen. SWS-Rundschau 47, 1, 3–25
Krenz, A. K. (2006): Der Verlust des Spiel-Raumes Kindheit – Kinder(t)räume als Grundlage für eine kindorientierte Entwicklung. Motorik 29, 1, 12–20
Kretschmer, J. (Hrsg.) (1981a): Sport und Bewegungsunterricht. Urban und Schwarzenberg, München
– (1981b): Bewegungsunterricht – Aspekte einer kindorientierten Bewegungsdidaktik. In: Kretschmer (Hrsg.) (1981a), 14–79.
Krist, H. (2006): Psychomotorische Entwicklung. In: Schneider / Sodian (Hrsg.), 151–238

Kron, M. (2005): In den Bildungsdebatten vergessen: Kinder mit Behinderung im vorschulischen Alter. Behindertenpädagogik 44, 3, 235–244

Krus, A. (2004a): Mut zur Entwicklung. Das Konzept der psychomotorischen Entwicklungstherapie. Hofmann, Schorndorf

– (2004b): Die Ausarbeitung von Therapiezielen als zentraler Bestandteil der begleitenden Elternarbeit. Motorik 29, 2, 74–80

– (2006): Psychomotorische Entwicklungsförderung zur Stärkung der kindlichen Resilienz. In: Fischer/Knab/Behrens (Hrsg.), 355–361

– (2008): Mut zur Entwicklung – Bewegen und Handeln als Motor der kindlichen Entwicklung. In: Leyendecker (Hrsg.), 65–70

Kubesch, S. (2004): Das bewegte Gehirn – an der Schnittstelle von Sport- und Neurowissenschaft. Sportwissenschaft 34, 2, 135–144

– (2007): Das bewegte Gehirn. Körperliche Aktivität und exekutive Funktion. Hofmann, Schorndorf

Kühl, J. (2003): Kann das Konzept der „Resilienz" die Handlungsperspektiven in der Frühförderung erweitern? Frühförderung interdisziplinär 22, 2, 51–60.

Kühner, C., Vaaler, S. (2004): Bewegung macht schlau. Psychologie heute, 12, 38–40

Kükelhaus, H., zur Lippe, R. (1982): Die Entfaltung der Sinne. Fischer, Frankfurt a. M.

Kuntz, St., Voglsinger, J. (Hrsg.) (2004): Humor, Phantasie und Raum in Pädagogik und Therapie. Zum 80. Geburtstag von E. J. Kiphard. Modernes Lernen, Dortmund

Kunze, H.-R., Gisbert, K. (2007): Förderung lernmethodischer Kompetenzen in Kindertageseinrichtungen. In: Bundesministerium für Bildung und Forschung (BMBF) (Hrsg.): Auf den Anfang kommt es an: Perspektiven für eine Neuorientierung frühkindlicher Bildung. Selbstverlag, Bonn, 15–119

Kurz, D. (1998): Schulsport in Nordrhein-Westfalen. Das pädagogische Konzept der Richtlinien- und Lehrplanrevisionen. Sportunterricht 47, 4, 141–147

– (2005): Der siebte Sinn. Praxis der Psychomotorik 30, 4, 224–233

Laging, R., Schillak, G. (Hrsg.) (2000): Die Schule kommt in Bewegung. Schneider, Hohengehren

Landessportbund (LSB) Hessen e.V. (Hrsg.) (2005): Sport- und Bewegungskindergärten. Grundlagen – Konzepte – Beispiele. Selbstverlag, Frankfurt a. M.

Lang, A. (1988): Die kopernikanische Wende in der Psychologie steht noch aus! – Hinweise auf eine ökologische Entwicklungspsychologie. Schweizerische Zeitschrift für Psychologie 47, 2/3, 93–108

Lange, H., Woll, A. (2005): Basiskompetenzen für den Bewegungsunterricht der Grundschule. Grundschule 37, 1, 34–36

Langenfeld, H.-P., Lutz, R. (Hrsg.) (1996): Sein, Sollen und Handeln. Hogrefe, Göttingen

Lapierre, A., Aucouturier, B. (2002): Die Symbolik der Bewegung. Psychomotorik und kindliche Entwicklung. 2. Aufl. Ernst Reinhardt, München

Le Boulch, J. (1966): L'Éducation par le Mouvement. E.S.F., Paris

– (1977): Face au sport: De l'éducation physique en France depuis 1945 à la psychocinétique. E.S.F., Paris

– (1983): L'Éducation psychomototrice à l'école élémentaire et la psychocinétique à l'age scolaire. E.S.F., Paris

– (1998): Le corps á l'école au 21e siecle. PUF, Paris

Lehmann, B. (2007): Kindergärten kommen in Bewegung. Handlungsrahmen für ein bewegungspädagogisches Konzept. Sportjugend NRW, Selbstverlag, Duisburg

Leontjew, A. N. (1973): Probleme der Entwicklung des Psychischen. Fischer, Frankfurt a. M.

Lensing-Conradi, R. (2008): Bewegungsfreundliche Raumgestaltung in der Kindertagesstätte. Haltung und Bewegung 28, 1, 18–25

Lerner, R. M. (1988): Children and adolescents as producers of their own development. Developmental Review 2, 342–370

– (2006): Developmental science, developmental systems, and contemporary theories of human development. In: Damon/Lerner (Eds.) Chapter 1, 1–17

Lesemann, G. (1925): Das Problem des Gesamtunterrichts in der Hilfsschule. Die Hilfsschule 18, 140–143

– (1972): Lebendige Krücken. Geistesstützen und Erziehungshilfen für Schwache am Geist. 4. Aufl. Marhold, Berlin

Lewin, K. (1936): Principals of topological psychology. McGraw-Hill, New York

Lewis, M. C., Granic, I. (Eds.) (2000): Emotion, development and self-organization. Cambridge University Press, Cambridge

Leyendecker, Chr. (Hrsg.) (2008a): Gemeinsames Handeln statt Behandeln. Aufgaben und Perspektiven der Komplexleistung Frühförderung. Ernst Reinhardt, München

– (2008b): Der Weg von der Behandlung zum gemeinsamen Handeln. In: Leyendecker (Hrsg.) (2008a), 22–33

–, Horstmann, T. (Hrsg.) (2000, 2002²): Große Pläne für kleine Leute. Grundlagen, Konzepte und Praxis der Frühförderung. Ernst Reinhardt, München

Liebisch, R., Quante, S. (2006): „Abenteuer im Weltall". Wie kann der salutogenetische Ansatz in der Psychomotorik umgesetzt werden? In: Fischer/Knab/Behrens (Hrsg.), 384–393

Lindenberger, U., Schaefer, S. (2008): Erwachsenenalter und Alter. In: Oerter/Montada (Hrsg.), 366–409

Lippuner, R. (2005): Raum, Systeme, Praktiken. Zum Verhältnis von Alltag, Wissenschaft und Geographie. Franz Steiner, Stuttgart

Lohaus, A., Lißmann, I. (2006): Entwicklungsveränderungen und ihre Bedeutung für die Gesundheitsförderung. In: Lohaus/Jerusalem/Klein-Heßling (Hrsg.), 58–86

–, Jerusalem, M., Klein-Heßling, J. (Hrsg.) (2006): Gesundheitsförderung im Kindes- und Jugendalter. Hogrefe, Göttingen

Lüscher, K. (2006): Urie Bronfenbrenner 1917–2005. Facetten eines persönlichen Portraits. Zeitschrift für Soziologie und Sozialisation 26, 232–246

Macsenaere, M. (2006): 10 Jahre Wirkungsforschung in der Kinder- und Jugendhilfe. Welche Befunde lassen sich für die Psychomotorik gewinnen? Motorik 29, 4, 194–200

Mandl, H., Dreher, M., Kornadt, H.-J. (Hrsg.) (1993): Entwicklung und Denken im kulturellen Kontext. Hogrefe, Göttingen

Markefka, M., Nauck, B. (Hrsg.) (1993): Handbuch der Kindheitsforschung. Luchterhand, Neuwied

Martins, R. (2006): Body movement and identity. In: Fischer/Knab/Behrens (Hrsg.): Bewegung in Bildung und Gesundheit, 254–264

Mascolo, M. F., Fischer, K. W. (2005): Constructivist theories. In: Hopkins (Ed.), 49–63

Mattner, D. (1989): Anthropologische Bestimmung der Mototherapie. Motorik 12, 4, 142–149

– (2004): Psychomotorik aus anthropologischer Perspektive. Zur Aktualität des anthroplogischen Denkens. In: Eckert/Hammer (Hrsg.), 17–26

Maturana, H.-R., Varela, F. J. (1987): Der Baum der Erkenntnis. Scherz, München

Mechling, H., Munzert, J. (Hrsg.) (2003): Handbuch der Bewegungswissenschaft – Bewegungslehre. Hofmann, Schorndorf

–, Effenberg, A. O. (2006): Motorische Entwicklung. In: Tietjens/Strauss (Hrsg.), 80–94

Mertens, K. (Hrsg.) (2002): Psychomotorik – Grundlagen und Wege der Förderung. Modernes Lernen, Dortmund

Martzy, F. (2006): Historische und aktuelle Aspekte der Evaluationsforschung. Motorik 29, 4, 201–206

Mester, L. (1952): Erziehung durch Bewegung im dritten und vierten Schuljahr. Schulsport 3, 9, 4–9

Michaelis, R. (2003): Motorische Entwicklung. In: Keller (Hrsg.), 815–859

Miedzinski, K. (1983): Die Bewegungsbaustelle. Modernes Lernen, Dortmund

–, Fischer, K. (2006): Die Neue Bewegungsbaustelle. Lernen mit Kopf, Herz, Hand und Fuß. Modell bewegungsorientierter Entwicklungsförderung. Borgmann, Dortmund

Mietzel, G. (2002): Wege in die Entwicklungspsychologie. Kindheit und Jugend. 4. Aufl. Beltz, PVU, Weinheim

Milani-Comparetti, A. (1980): Integration – Wunsch und Wirklichkeit. In: Buch/Heinecke (Hrsg.), 137–145

– (1986): Von der „Medizin der Krankheit" zu einer „Medizin der Gesundheit". In: Paritätisches Bildungswerk Bundesverband (Hrsg.), 9–18

Miller, P. (1993): Theorien der Entwicklungspsychologie. Spektrum Akademischer Verlag, Heidelberg

Möller, K. (2006): Handlungsorientierung im naturwissenschaftlichen Sachunterricht mit dem Ziel, den Aufbau von Wissen zu unterstützen. In: Fritz/Klupsch-Sahlmann/Ricken (Hrsg.), 273–282

Montada, L. (2002): Die geistige Entwicklung aus der Sicht Jean Piagets. In: Oerter/Montada (Hrsg.), 418–442

Moser, Th. (2003): Evaluation und Effektkontrolle in der Psychomotorik. In: Weiß / Ullmann (Hrsg.), 267–291
Motorik (2007 / 1): Schwerpunkt Bewegung und Bildung in der Kindheit. Nr. 30, Heft 1
– (2007 / 3): Schwerpunkt Gesundheitsförderung. Nr. 30, Heft 3
Mrakotsky, Chr. (2007): Konzepte der Entwicklungsneuropsychologie. In: Kaufmann / Nuerk / Konrad / Willmes (Hrsg.), 23–44
Mroncz, T. (2001): Klettern für Kinder mit Wahrnehmungsstörungen – mehr als nur die Eroberung der dritten Dimension. Motorik 25, 3, 87–93
Müller, H. J. (2001): Aufbruchstimmung im Jahre 1975. In: Irmischer / Hammer (Hrsg.), 17–20
– (2002): Ein Waldspaziergang mit Folgen. Daten und Namen zur Gründung des „Aktionskreises Psychomotorik“. In: Mertens (Hrsg.), 33–38
–, Decker, R., Schilling, F. (Hrsg.) (1975): Motorik im Vorschulalter. Wissenschaftliche Grundlagen und Erfassungsmethoden. Hofmann, Schorndorf

Nadel, L. (Ed.) (2003): Encyclopedia of Cognitive Science (Vol. 2). Nature Publishing Group, London
Neto, Carlos (2004): Children's play and psychomotor development. A psicimotricidade 3, 127–143
Neubauer, W. (1993): Identitätsentwicklung. In: Markefka / Nauck (Hrsg.), 303–315
Neuber, N. (2000): Kreative Bewegungserziehung. Meyer & Meyer, Aachen
–, Wentzek, Chr. (2005): Lebensstilorientierte Gesundheitsförderung im Jugendalter. Prävention 28, 1, 22–25
Neuhäuser, G. (1990): Das Therapiekonzept der Psychomotorik aus medizinischer Sicht. In: Huber / Rieder / Neuhäuser (Hrsg.), 121–135
– (1992): Bewegungsstörungen bei Kindern. Praxis der Psychomotorik 17, 1, 4–10
– (1996): Motodiagnostik im Vorschulalter. Motorik 19, 1, 12–17
– (1999): Psychomotorik und Mototherapie – Wirkfaktoren und Behandlungsergebnisse. Motorik 22, 3, 106–112
– (2002): Motodiagnostik als Indikation für Mototherapie. In: Mertens (Hrsg.), 112–121
– (2008): Editorial: Vergesst die Emotionen nicht! Frühförderung interdisziplinär 27, 3, 97–87
Neuwirth, M. (1996): Junge sein als Risikofaktor. Eine Diskussion aus Sicht der Psychomotorik. Motorik 19, 3, 133–141
Nitsch, J. R. (2001, 2004²): Handlungstheoretische Grundlegung der Sportpsychologie: In: Gabler / Nitsch / Singer (Hrsg.), 43–164
–, Munzert, J. (1997): Handlungstheoretische Ansätze des Techniktrainings. Ansätze zu einem integrativen Modell. In: Nitsch / Neumaier / de Marées / Mester (Hrsg.), 109–172
–, Neumaier, A., de Marées, H., Mester, J. (Hrsg.) (1997): Techniktraining. Hofmann, Schorndorf
Nußbeck, S. (2007): Möglichkeiten und Grenzen allgemeiner Wahrnehmungsförderung in der Sprachtherapie. In: Schöler / Welling (Hrsg.), 906–921
– (2008): Vorschulische Förderung bei sprachlichen und kognitiven Beeinträchtigungen. In: Borchert / Hartke / Jogschies (Hrsg.), 95–197

Oerter, R. (Hrsg.) (1985): Lebensbewältigung im Jugendalter. Edition Psychologie, VCH, Weinheim
– (1987): Pädagogische Psychologie im Wandel. Rückblick und Neuorientierung. Zeitschrift für Pädagogische Psychologie 1, 1–28
– (1995, 2008): Kultur, Ökologie und Entwicklung. In: Oerter / Montada (Hrsg.), 84–127
–, Dreher, E. (1995, 2008): Jugendalter. In: Oerter / Montada (Hrsg.) (1995), 310–395; (2008), 271–332
–, Immelmann, K. (1988): Kognitive und soziale Entwicklung. In: Immelmann / Scherer / Vogel / Schmoock (Hrsg.), 181–218
–, Montada, L. (Hrsg.) (1995³, 1998⁴, 2002⁵, 2008⁶): Entwicklungspsychologie. Beltz, Psychologie Verlags Union, Weinheim
Ohlmeier, G. (Hrsg.) (1979): Frühförderprogramme für behinderte Kinder. Modernes Lernen, Dortmund
Ohrt, B. (2006): Motorisches Lernen und seine Beziehung zu weiteren Dimensionen der kindlichen Entwicklung. Frühförderung interdisziplinär 4, 145–158
Opp, G., Fingerle, M. (Hrsg.) (2007, 2008³): Was Kinder stärkt. Erziehung zwischen Risiko und Resilienz. 2. Aufl. Ernst Reinhardt, München
Opper, E., Oberger, J., Worth, A., Woll, A., Bös, K. (2008): Wie motorisch leistungsfähig sind aktive

Kinder und Jugendliche in Deutschland? Motorik 31, 2, 61–73
Orlick, T. (1985): Neue kooperative Spiele. Beltz, Weinheim
Oseretzky, N. I. (1931): Psychomotorik und Methoden zur Untersuchung der Motorik. In: Stern, W., Lipmann, O. (Hrsg.): Beihefte zur Zeitschrift für angewandte Psychologie. Beiheft 57, Barth, Leipzig
Österreicher, H., Prokop, E. (2006): Kinder wollen draußen sein. Natur entdecken, erleben und erforschen. Seelze, Kallmeyer
Osterwälder, P. (2004): Wahrnehmungslernen. Eleanor Gibsons ökologischer Ansatz. Praxis der Psychomotorik 29, 1, 31–49

Palmowski, W. (1995): Psychomotorik und systemisches Denken. Praxis der Psychomotorik 23, 4, 194–198
Paritätisches Bildungswerk Bundesverband (Hrsg.) (1996): Von der Behandlung der Krankheit zur Sorge um Gesundheit. Selbstverlag, Frankfurt a. M.
Paschen, K. (1954): Bewegungserziehung. Dürr, Bad Godesberg
Passolt, M. (Hrsg.) (1996): Mototherapeutische Arbeit mit hyperaktiven Kindern. Ernst Reinhardt, München
– (2003): Psychomotorische Diagnostik. Die STEP-Diagnostik, ein prozessorientiertes, mehrperspektivisches Beobachtungsverfahren. Praxis der Psychomotorik 29, 3, 168–175
– (2006): Profilentwicklung durch psychomotorische Diagnostik. In: Fischer/Knab/Behrens (Hrsg.), 160–166
–, Petzold, H. G. (2001): Supervision: Möglichkeit zur Förderung von beruflicher Kompetenz und Performanz im Rahmen psychomotorischer Aus- und Weiterbildung. Praxis der Psychomotorik 26, 3, 152–159
Paulus, P. (1986): Körpererfahrung und Selbsterfahrung in persönlichkeitspsychologischer Sicht. In: Bielefeld (Hrsg.), 87–123
Perleth, Chr., Ziegler, A. (Hrsg.) (1999): Pädagogische Psychologie. Grundlagen und Anwendungsfelder. Huber, Bern
Pescador, J. E. P., Lázaro, A. L., Domínguez, M. R. F. (2000): Psicomotricidad y educatión. Univ. Publ., Zaragoza
Peterander, F. (2008): Von der Qualitätsentwicklung zum evidenzbasierten Handeln in der Frühförderung? Frühförderung interdisziplinär 27, 3, 107–114
Petermann, F., Jugert, G., Tänzer, U., Verbeek, D. (1997): Sozialtraining in der Schule. PVU, Weinheim
–, Macha, Th. (2008): Entwicklungsdiagnostik. In: Petermann/Schneider (Hrsg.): Angewandte Entwicklungspsychologie. Hogrefe, Göttingen
–, Niebank, K., Scheithauer, H. (2004): Entwicklungswissenschaft. Springer, Berlin
–, Schneider, W. (Hrsg.) (2008): Angewandte Entwicklungspsychologie. Hogrefe, Göttingen
–, Wiedebusch, S. (2003): Emotionale Kompetenz bei Kindern. Hogrefe, Göttingen
Petzold, H. (1990): Integrative Bewegungs- und Leibtherapie. Ein ganzheitlicher Weg leibbezogener Psychotherapie. Bd. 1, 2. Aufl. Junfermann, Paderborn
Pfeffer, C. (1958): Bewegung ist aller Erziehung Anfang. Sämann, Zürich
Philippi-Eisenburger, M. (1989): Motogeragogik. In: Irmischer/Fischer (Hrsg.), 193–210
– (1991a): Motologie. Einführung in die theoretischen Grundlagen. Hofmann, Schorndorf
– (1991b): Bewegungsarbeit mit älteren und alten Menschen. Hofmann, Schorndorf
– (1991c): Praxis der Bewegungsarbeit mit älteren und alten Menschen. Hofmann, Schorndorf
Piaget, J. (1975): Gesammelte Werke. Studienausgabe. Klett-Cotta, Stuttgart
– (1987): Possibility and necessity. Vol. 1: The role of possibility in cognitive development. Vol. 2: The role of necessity in cognitive development. University of Minnesota Press, Minneapolis. Original: Le possible et le nécessaire. Vol. 1: L`évolution du possible chez l`enfant. Vol. 2: L'évolution du nécessaire chez l'enfant. PUF, Paris (1981/1983)
–, Szeminska, A. (1975): Die Entwicklung des Zahlbegriffs beim Kinde. Gesammelte Werke. Bd. 3. Klett-Cotta, Stuttgart
Pick, H. L. jr. (1992): Eleanor J. Gibson: Learning to perceive and perceiving to learn. Developmental Psychology 28, 5, 787–794
–, Van den Broeck, P., Knill, D. C. (Eds.) (1992): Cognition: Conceptual and Methodological Issues. American Psychological Association, Washington, D. C.

Picq, L., Vayer, P. (1965): Éducation psychomotrice et arriération mentale. Doin, Paris
Pinel, J. P. J. (Hrsg.) (1997a): Biopsychologie. Eine Einführung. Spektrum Akademischer Verlag, Heidelberg
– (1997b): Neuronale Plastizität: Entwicklung, Lernen und Wiederherstellung nach Hirnschädigung. In: Pinel (Hrsg.) (1997a), 396–428
Pinter-Theiss, V., Theiss, Chr. (1997): Bewegt durchs Leben. Psychomotorik als Beitrag zur Entwicklung des Menschen. Hölder-Pichler-Tempsky, Wien
Plutchik, R. (1991): The emotions: University Press of America, Lanham, MA
Portuguese Review of Psychomotricity (2004): Psychomotricity. European Congress of Psychomotricity Lisboa 2004, 3
Praagh, F. van (2003): Entwicklung der Psychomotorik in den Niederlanden. Unveröff. Diplomarbeit, FB Sozialpädagogik, Fachhochschule Darmstadt
Prechtl, S. (1986): Kommt der Aspekt des subjektiven Bewegungserlebens in der Theorie der Motopädagogik zu kurz? Motorik 9, 4, 120–126
Prenner, G. (1998): Vereine organisiert im AKP? Motorik 21, 3, 123–124
Prenner, K. (1996): Quo vadis Motologie? Eine kleine Bestandsaufnahme und einige Perspektiven. In: Amft / Seewald (Hrsg.), 12–27
Preuss-Lausitz, K. (Hrsg.) (1983): Kriegskinder, Konsumkinder, Krisenkinder. Zur Sozialisationsgeschichte seit dem zweiten Weltkrieg. Beltz, Weinheim
Preuss-Lausitz, U. (1990a): Kinder zwischen Selbständigkeit und Zwang. Widersprüche in der Schule. In: Preuss-Lausitz (Hrsg.), 54–67
– (Hrsg.) (1990b): Selbständigkeit für Kinder – die große Freiheit? Kindheit zwischen pädagogischen Zugeständnissen und gesellschaftlichen Zumutungen. Beltz, Weinheim
Prévost, J. J. (1990): Grundzüge der Psychomotorik in Frankreich. Motorik 13, 3, 107–113
Prohl, R. (1999): Grundriss der Sportpädagogik. Limpert, Wiebelsheim
– (2006): Grundriss der Sportpädagogik. 2., stark überarb. Aufl., Limpert, Wiebelsheim
Quante, S. (2004): Was Kindern gut tut! – Handbuch der erlebnisorientierten Entspannung. Borgmann, Dortmund

Rathke, Chr. (2003): Psychomotorik mit Jugendlichen. Unveröff. Diplomarbeit Erziehungswissenschaft / Heilpädagogik Köln
Rattansi, A., Phoenix, A. (2005): Rethinking youth identities: modernist and postmodernist framework. Identity, 5, 97–123
Rauh, H. (2008): Vorgeburtliche Entwicklung und frühe Kindheit. In: Oerter / Montada (Hrsg.), 149–224
Reed, E. S. (1982): An outline of a theory of action systems. Journal of Motor Behavior 14, 98–134
– (1996): Encountering the world: Toward an ecological psychology. Oxford University Press, New York
Regel, G. (1992): Zusammenwirkende Strukturelemente offener Kindergartenarbeit. Kindergarten heute 22, 3, 36–44
– (1997): Der offene Kindergarten – Eine Weiterentwicklung die überzeugt. Kindergarten heute 27, 9, 6–12
Reiber, H. (Hrsg.) (1985): Bewegungserziehung mit Kindern im Vorschulalter. Schriftenreihe des Deutschen Sportlehrerverbandes, Bd. 8. DSLV-Selbstverlag, Wetzlar
Reich, K. (1998): Thesen zu einer konstruktivistischen Didaktik. Pädagogik 7, 43–46
– (2002): Systemisch-konstruktivistische Pädagogik. Eine Einführung in Grundlagen einer interaktionistisch-konstruktivistischen Pädagogik. Luchterhand, Neuwied
– (2004): Konstruktivistische Didaktik. Luchterhand, Neuwied
– (2005): Konstruktivistische Didaktik auf dem Weg, die Didaktik neu zu erfinden. In: Voß (Hrsg.), 179–190
– (2006): Konstruktivistische Didaktik – ein Lehr- und Studienbuch inklusive Methodenpool auf CD. Beltz, Weinheim
Reichenbach, Chr. (Hrsg.) (2005): Begegnungen mit Dietrich Eggert. Borgmann, Dortmund
– (2006a): Förderung des Selbstkonzeptes in der Psychomotorik als Teil einer Gesundheitsförderung. In: Fischer / Knab / Behrens (Hrsg.), 365–370
– (2006b): Bewegungsdiagnostik in Theorie und Praxis. Borgmann, Dortmund

–, Lücking, Chr. (2007): Diagnostik im Schuleingangsbereich. Borgmann, Dortmund

Reinelt, T. (2003): Tiefenpsychologische Dimension der Psychomotorik. In: Weiß/Ullmann (Hrsg.), 195–213

Remschmidt, H. (Hrsg.) (1997): Psychotherapie im Kindes- und Jugendalter. Thieme, Stuttgart, New York

Reusser, K. (2006): Jean Piagets Theorie der Entwicklung des Erkennens. In: Schneider/Wilkening (Hrsg.), 91–189

Reutlinger, Chr. (2008): Sozialisation in räumlichen Umwelten. In: Hurrelmann/Grundmann/Walper (Hrsg.), 333–350

Rieder, H. (1970): Sport als Therapie. Bartels und Wernitz, Berlin

Rieser, J. J., Lockmann, J. J., Nelson, Ch. A. (Eds.) (2005): Action as organizer of learning and development. Lawrence Earlbaum Associates, New Jersey

Rittner, V. (1978): Zur Soziomotorik. Motorik 1, 3, 81

– (1986): Körper und Körpererfahrung in kulturhistorisch-gesellschaftlicher Sicht. In: Bielefeld, J. (Hrsg.): Körpererfahrung. Hogrefe, Göttingen, 125–155

Rogers, C. R. (1973): Die klientenbezogene Gesprächspsychotherapie. Kindler, München

– (1993): Entwicklung der Persönlichkeit. Klett-Cotta, Stuttgart

Rogge, J.-W. (1985): Los-Sein und Los-Machen. Über Wahrnehmungsstile, Erfahrungszusammenhänge und Aneignungstätigkeiten in den Medienkindheiten. In: Büttner/Emde (Hrsg.), 83–97

Röhr-Sendlmeier, U. (Hrsg.) (2007): Frühförderung auf dem Prüfstand. Die Wirksamkeit von Lernangeboten in Familie, Kindergarten und Schule. Logos Verlag, Berlin

–, Knopp, K., Franken, S. (2007): Auswirkungen psychomotorischer Förderung auf die körperliche, kognitive und Persönlichkeitsentwicklung. In: Röhr-Sendlmeier (Hrsg.), 17–33

Roth, G. (2006): Warum sind Lehren und Lernen so schwierig? In: Hermann (Hrsg.), 49–59

– (2007): Möglichkeiten und Grenzen von Wissensvermittlung und Wissenserwerb. Erklärungsansätze und Hirnforschung. In: Caspary (Hrsg.), 54–69

Röthig, P. (1966): Beiträge zur Theorie und Lehre vom Rhythmus. Hofmann, Schorndorf

– (2002): Zur Bedeutung der rhythmischen Bewegung in der Psychomotorik. In: Mertens (Hrsg.), 87–96

Rottansi, A., Phoenix, A. (2005): Rethinking youth identities: modernist and postmodernist frameworks. Identity, 5, 97–123

Röttgen, G., Müllenbach, M. (2000): Ort und Richtung – Wahrnehmungstraining zur Orientierungsverbesserung für Sechs- und Achtjährige. Borgmann, Dortmund

Rüssel, A. (1976): Psychomotorik. Steinkopff, Darmstadt

Sattler, J. B., Marquardt, Chr. (2006): Rückschulung bei erwachsenen umgeschulten Linkshändern. Motorik 29, 3, 121–127

Schaefgen, R. (1996): Sensorische Integration. Eine Elterninformation zur Sensorischen Integrationstherapie. Phänomen-Verlag, Schnega

Schäfer, G. E. (2005): Bildungsprozesse im Kindesalter. Selbstbildung, Erfahrung und Lernen in der frühen Kindheit. 3. Aufl. Juventa, Weinheim/München

– (2006): Bewegung als Grundlage von Bildung und Gesundheit. In: Fischer/Knab/Behrens (Hrsg.), 291–306

Schäfer, I. (1993): Grundbausteine der Psychomotorischen Übungsbehandlung – Entwicklungsabschnitt 1955 bis 1975. In: Irmischer/Fischer (Hrsg.), 19–31

– (1998): Von der psychomotorischen Idee zu den Gründungsjahren des Aktionskreises Psychomotorik. Motorik 21, 3, 82–86

Schäfer, M. (1997): Zur Anwendung motometrischer und psychologischer Testverfahren in unterschiedlichen Praxisfeldern. Motorik 20, 1, 9–14

Schaffner, K. (2004): Der Bewegungskindergarten. Kinder stark machen – mit Praxisvorschlägen. Hofmann, Schorndorf

– (2005): Sport- und Bewegungskindergärten – eine historische und pädagogische Standortbestimmung. In: Landessportbund Hessen (Hrsg.), 47–59

Schaller, H.-J. (1992): Instrumentelle Tendenzen in der Sportpädagogik. Sportwissenschaft 22, 1, 9–31

Scheiblauer, M. (1956): Musikerziehung und Heilpädagogik. Zeitschrift für Rhythmische Erziehung, 3/4, 14–20

Scherler, K. (1975): Sensomotorische Entwicklung und materiale Erfahrung. Hofmann, Schorndorf
– (2006): Sportwissenschaft und Schulsport: Trends und Orientierungen. Sportdidaktik. Sportunterricht 55, 10, 291–297
Schiebl, F. (2007): Sportwissenschaft und Schulsport: Trends und orientierungen. Bewegungswissenschaft – Bewegungslehre. Sportunterricht 56, 5, 131–138
Schiffer, E. (2001): Wie Gesundheit entsteht. Salutogenese: Schatzsuche statt Fehlerfahndung. Beltz, Weinheim
Schilling, F. (1973): Motodiagnostik des Kindesalters. Marhold, Berlin
– (1976a): Das Fachgebiet der Motologie. Med. Habilitation, Marburg
– (1976b): Checkliste motorischer Verhaltensweisen. Westermann, Braunschweig
– (1977a): Bewegungsentwicklung, Bewegungsbehinderung und das Konzept der „Erziehung durch Bewegung". Sportwissenschaft 7, 4, 361–373
– (1977b): Einführung in die Motodiagnostik des Kindesalters. Zeitschrift Psychomotorik 2, 2, 90–94
– (1981): Grundlagen der Motopädagogik. In: Clauß (Hrsg.), 184–194
– (1982): Entwicklungspsychologische Aspekte des Sports. In: Thomas (Hrsg.), 91–108
– (1984): Mototherapie vorerst nicht verordnungsfähig. Motorik 7, 3, 101–102
– (1986a): Zur Situation von Psychomotorik, Motopädagogik und Mototherapie. Der Kinderarzt 17, 726–734
– (1986b): Ansätze zu einer Konzeption der Mototherapie. Motorik 9, 2, 59–64
– (1987): Motodiagnostik als Grundlage von Förderung und Therapie. Kinderarzt 19, 6, 947–949
– (1990): Das Konzept der Psychomotorik – Entwicklung, wissenschaftliche Analysen, Perspektiven. In: Huber/Rieder/Neuhäuser (Hrsg.), 57–77
– (1993): Motodiagnostik und Mototherapie. In: Irmischer/Fischer (Hrsg.), 55–60
– (1996): Motologie – das Marburger Konzept. In: Werle (Hrsg.), 59–88
– (2001): Persönliches zur Geschichte der Psychomotorik. In: Irmischer/Hammer (Hrsg.), 21–25
– (2002a): Von den Anfängen des KTK zu einem umfassenden motodiagnostischen Konzept. In: Mertens (Hrsg.) (2002), 131–142
– (2002b): Motodiagnostisches Konzept zur Planung von psychomotorischer Förderung und Behandlung. Motorik 25, 2, 50–58
– (2003): Die Entwicklung der Psychomotorik und Motologie in Deutschland sowie ihr bewegungsdiagnostisches Konzept. In: Weiß/Ullmann (Hrsg.), 15–37
Schlack, H. G. (1998) (Hrsg.): Welche Behandlung nützt behinderten Kindern? Kirchheim Verlag, Mainz
– (2000): Handeln statt Behandeln. In: Leyendecker/Horstmann (Hrsg.), 31–38
– (2008): Wie (un)gesund sind Kinder in Deutschland? Fakten, Einschätzungen, Handlungsbedarf. Frühförderung interdisziplinär 27, 4, 147–154
Schleiffer, R. (1994): Zur Unterscheidung von Erziehung und Therapie bei dissozialen Kindern und Jugendlichen. Heilpädagogische Forschung 20, 1, 2–8
Schmidt, N. (1992): Erziehungsberatung. Welt des Kindes 70, 4, 16–19
Schmidt-Denter, U. (1999): Soziale Kompetenz. In: Perleth/Ziegler (Hrsg.), 123–132
– (2005): Soziale Beziehungen im Lebenslauf. Beltz, Weinheim
–, Manz, W. (Hrsg.) (1991): Entwicklung und Erziehung im ökopsychologischen Kontext. Ernst Reinhardt, München
Schmidt-Millard, T. (2007): Erziehender Sportunterricht oder Erziehung durch Sportunterricht? Sportunterricht 56, 4, 105–107
Schneewind, K. A. (2002): Familienentwicklung. In: Oerter/Montada (Hrsg.), 105–128
Schneider, W., Sodian, B. (Hrsg.) (2006): Kognitive Entwicklung, Enzyklopädie der Psychologie, Serie V, Band 2, Hogrefe, Göttingen
–, Wilkening, F. (Hrsg.) (2006): Theorien, Modelle und Methoden der Entwicklungspsychologie. Enzyklopädie der Psychologie, Serie V, Band 1, Hogrefe, Göttingen
Schöler, H., Welling, A. (Hrsg.) (2007): Handbuch der Sonderpädagogik. Bd. 1, Sonderpädagogik der Sprache. Hogrefe, Göttingen
Schölmerich, A., Lengning, A. (2004): Neugier, Exploration und Bindungsentwicklung. In: Ahnert (Hrsg.), 198–212

Schöner, G. (2005): Dynamical systems approaches. In: Hopkins (Ed.), 89–97
Schönrade, S. (2005): Raumgestaltung im Kindergarten unter psychomotorischen Aspekten: Kinderräume – KinderTräume. In: LSB Hessen (Hrsg.), 71–82
–, Pütz, G. (2000): Die Abenteuer der kleinen Hexe. Borgmann, Dortmund
Schröer, S. (2006): Räume, Ort, Grenzen. Auf dem Weg zu einer Soziologie des Raumes. Suhrkamp, Frankfurt a. M.
Schubert, H.-J., Zink, K. J. (Hrsg.): Qualitätsmanagement in sozialen Dienstleistungsunternehmen. Luchterhand, Neuwied, Kriftel
Sechtig, J., Viernickel, S. (2003): Identität – das Bewusstwerden der eigenen Persönlichkeit. Kindergarten heute 33, 4, 24–31
Seeberger-Wissing, R. (2006): Ausbildung in Europa. In: Fischer/Knab/Behrens (Hrsg.): Bewegung in Bildung und Gesundheit, 247–253
Seeger, C., Seeger, R. (1996): Kostengünstige Naturspielräume und die Umsetzung durch Bürgeraktionen. Forschungsstelle für Spielraumplanung, Selbstverlag, Hohenahr-Altenkirchen
–, – (2001): Naturnahe Spiel- und Bewegungsräume. Handbuch für Planung und Gestaltung. Ökotopia-Verlag, Münster
–, – (2005): Der Außenraum im Kindergarten – Abenteuer und Entdeckergarten. In: Landessportbund Hessen (Hrsg.), 97–116
Seewald, J. (1991): Plädoyer für ein erweitertes Bewegungsverständnis. Praxis der Psychomotorik 16, 1, 30–38
– (1992a): Leib und Symbol. Fink, München
– (1992b): Vorläufiges zu einer „verstehenden Motologie". Motorik 15, 4, 204–221
– (1993): Entwicklungen in der Psychomotorik. Praxis der Psychomotorik 18, 2, 49–58
– (1997): Der „Verstehende Ansatz" und seine Stellung in der Theorielandschaft der Psychomotorik. Praxis der Psychomotorik 22, 1, 4–14
– (1998): Zwischen Pädagogik und Therapie – Entwicklungsförderung als Paradigma der Psychomotorik. Praxis der Psychomotorik 23, 3, 136–141
– (2004): Über die Genese des „Verstehenden Ansatzes" in der Motologie. In: Eckert/Hammer (Hrsg.), 27–58
– (2006): Gesundheitsförderung als neues Paradigma der Motologie? In: Fischer/Knab/Behrens (Hrsg.), 282–290
– (2007): Der Verstehende Ansatz in Psychomotorik und Motologie. Ernst Reinhardt, München
Seiler, T. B. (1991): Entwicklung und Sozialisation: Eine strukturgenetische Sichtweise. In: Hurrelmann/Ulich (Hrsg.), 99–119
Seligman, M. E. P. (1975, 1990): Helplessness. Freeman, San Francisco. (dt.: Erlernte Hilflosigkeit. Urban & Schwarzenberg, München 1990)
Selman, R. L. (1981): The child as a friendship philosopher. In: Asher/Gottmann (Eds.), 242–272
Siegler, R., DeLoache, J., Eisenberg, N. (2005): Entwicklungspsychologie im Kindes- und Jugendalter. Spektrum Akademischer Verlag, Heidelberg
Silbereisen, R. K., Noack, P. (2006): Kontexte und Entwicklung. In: Schneider/Wilkening (Hrsg.), 311–368
Simon, H. (1929): Aktivere Krankenbehandlung in der Irrenanstalt. De Gruyter, Berlin
Simons, J. (2000a): Geschichte der psychomotorischen Therapie in Flandern. Motorik 23, 2, 63–67
– (2000b): Psychomotorik in der Therapie von Kindern und Jugendlichen. Motorik 23, 2, 72–76
Singer, W. (2003): Was kann ein Mensch wann lernen? Ein Beitrag aus Sicht der Hirnforschung. In: Fthenakis (Hrsg.), 67–75
Sodian, B. (2008): Entwicklung des Denkens. In: Oerter/Montada (Hrsg.), 436–479
Spada, H. (Hrsg.) (2006): Lehrbuch Allgemeine Psychologie. 3. Aufl. Huber, Bern
Speck, O. (2008): System Heilpädagogik. Eine ökologisch reflexive Grundlegung. 6. Aufl. Ernst Reinhardt, München
–, Thurmair, M. (Hrsg.) (1989): Fortschritte der Frühförderung entwicklungsgefährdeter Kinder. Ernst Reinhardt, München
Spektrum der Wissenschaft (1987): Verständliche Forschung. Spektrum der Wissenschaft Verlagsgesellschaft, Heidelberg
Spitzer, M. (1996): Geist im Netz. Spektrum, Heidelberg
Sportjugend NRW (Hrsg.) (2005): Praktischer Ratgeber zur Bewegungserziehung im Kleinkind- und Vorschulalter. 4. Aufl. Selbstverlag, Duisburg
Sroufe, L. A., Egeland, B., Carlson, E. A. (1999): One social world: The integrated development

of parent-child and peer-relationships. In: Collins/Laursen (Eds.), 241–264
Stabe, E. R. (1996): Rhythmik im Elementar-, Primär- und Sonderschulbereich. Haupt-Verlag, Wien
Stachelhaus, A. (2003): Auswirkungen wahrnehmungs- und bewegungsorientierter Förderung auf die Graphomotorik von Schulanfängern – Eine Längsschnittstudie. Diss. Universität Münster
–, Strauß, B. (2005): Die Förderung graphomotorischer Fertigkeiten von Erstklässlern durch psychomotorische Übungen im Sportunterricht. Zeitschrift für Entwicklungspsychologie und Pädagogische Psychologie 37, 4, 194–204
Stange, H. (2006): Kindheit heute. In: Fritz/Klupsch-Sahlmann/Ricken (Hrsg.), 37–60
Staudinger, U. M. (2007): Lebensspannen–Psychologie. In: Hasselhorn/Schneider (Hrsg.), 71–82
Stehno, V. (1997): Zur Geschichte der Motopädagogik in Österreich. In: Pinter-Theis/Theis (Hrsg.), 9–10
Stiller, J., Alfermann, D. (2008): Inhalte und Struktur des physischen Selbstkonzepts. In: Conzelmann/Hänsel (Hrsg.), 14–25
Storch, M., Cantieni, B., Hüther, G., Tschacher, W. (2006): Embodiment. Die Wechselwirkung von Körper und Psyche verstehen und nutzen. Huber, Bern
Strengmann-Kuhn, W., Hauser, R. (2008): International vergleichende Armutsforschung. In: Huster/Boeckh/Mogge-Grotjahn (Hrsg.), 133–150

Teuchert-Noodt, G., Lehmann, K. (2005): Entwicklungsneuroanatomie. In: Herpertz-Dahlmann/Resch/Schulte-Marwort/Warnke (Hrsg.), 19–36
Thelen, E. (1995): Motor Development. A new synthesis. American Psychologist 50, 2, 79–95
– (2000a): Motor development as foundation and future of developmental psychology. International Journal of Behavioral Development 24, 4, 385–397
– (2000b): Grounded in the world: Developmental Origins of the embodied mind. In: Thelen (Ed.) (2000c), 3–28
– (Ed.) (2000c): Infancy. Earlbaum, Mahwah, N.J.
–, Smith, L. B. (1994): A dynamic systems approach in the development of cognition and action. MIT University Press, Cambridge, MA
–, – (1998): Dynamic systems theories. In: Damon/Lerner (Eds.), 563–634
Thomae, H. (1968, 1996[3]): Das Individuum und seine Welt: eine Persönlichkeitstheorie. Hogrefe, Göttingen
Thomas, A. (1992): Sportpsychologie. Ein Handbuch in Schlüsselbegriffen. Urban & Schwarzenberg, München
Tietjens, M., Strauss, B. (Hrsg.) (2006): Handbuch der Sportpsychologie. Hofmann, Schorndorf
Tietze, W., Rossbach, G. (Hrsg.) (1993): Erfahrungsfelder in der frühen Kindheit. Bestandsaufnahme, Perspektiven. Lambertus, Freiburg
Treeß, H. (2001): Psychomotorik und Gemeinwesenarbeit. Praxis der Psychomotorik 26, 4, 224–229
Trojan, A., Sturm, B. (Hrsg.) (1986): Gesundheit fördern statt kontrollieren. Fischer, Frankfurt a. M.

Ullmann, J. (2003): Meilensteine in der Entwicklung der Psychomotorik und Motopädagogik in Österreich. In: Weiß/Ullmann (Hrsg.): Motopädagogik, 11–14
Ungerer-Röhrich, U., Poo, V., Thieme, I. (2007): Bildung und Bewegung. In: Brokmann-Nooren/Gereke/Kiper/Renneberg (Hrsg.), 282–292

Valsiner, J., Connolly, K. J. (Eds.) (2003): Handbook of developmental psychology. Sage, London
Varela, F. J. (1988): Autonomie und Autopoiese. In: Schmidt, S. J. (Hrsg.): Der Diskurs des Radikalen Konstruktivismus. Suhrkamp, Frankfurt a. M., 119–132
Vetter, M. (1998): Was lernt man eigentlich in einer Bewegungslandschaft? Praxis der Psychomotorik 23, 1, 4–12
– (2001): Handlungsorientierte psychomotorische Diagnostik. Aktueller Diskussionsstand und Bezugspunkte im empirischen Unterrichtsversuch. Verlag Dissertation.de, Berlin
– (2003): Handlungstheorie als integratives Modell in der Psychomotorik. Motorik 26, 2, 55–66
Volkamer, M., Zimmer, R. (1986): Kindzentrierte Mototherapie. Motorik 9, 2, 49–58
Vortisch, E., Wendler, M. (1993): Vom Körperraum zum Lebensraum. Eine Sammlung von Spielanregungen zur Entwicklungsförderung von Kindern. Sportunterricht 42, 8, 113–120 (Lehrhilfen)
Voß, R. (Hrsg.) (2005): LernLust und EigenSinn.

Systemisch-konstruktivistische Lernwelten. Carl-Auer Verlag, Heidelberg

Wachter, B. (2002): „Die Schweiz feiert". 70 Jahre Suzanne Naville, Pionierin und Gründerin der Psychomotorischen Therapie in der Schweiz. Motorik 25, 4, 185–186

Waddington, C. H. (1957): The strategy of the genes. Allen & Unwin, London

Walter, J. (2002): „Einer flog über das Kuckucksnest" oder welche Interventionsformen erbringen im sonderpädagogischen Feld welche Effekte? Zeitschrift für Heilpädagogik 53, 11, 442–450.

Wehle, P. (2003): Am Anfang war der Rhythmus. In: Weiß / Ullmann (Hrsg.), 175–194

Weinert, F. E. (2000): Begabung und Lernen. Neue Sammlung 3, 353–368

Weiß, H. (1989): Entwicklungen und neue Problemstellungen in der Zusammenarbeit mit den Eltern. In: Speck / Thurmair (Hrsg.), 71–102

– (2007): Frühförderung als protektive Maßnahme – Resilienz im Kleinkindalter. In: Opp / Fingerle (Hrsg.), 158–174

Weiß, O. (1996): Motologie aus Sicht der Soziologie: Zur sozialen Bedeutung der Bewegung. In: Amft / Seewald (Hrsg.), 153–158

– (2003): Soziomotorik und Kommunikation. In: Weiß / Ullmann (Hrsg.), 229–238

–, Ullmann, J. (Hrsg.) (2003): Motopädagogik. Facultas Verlags- und Buchhandels AG, Wien

Weizsäcker, V. von (1947): Der Gestaltkreis. Theorie der Einheit von Wahrnehmen und Bewegen. Thieme, Stuttgart

Wendler, M. (2001): Diagnostik und Förderung der Grafomotorik. Konzeptionelle Überlegungen zu einem entwicklungs- und bewegungsorientierten Schriftspracherwerb. Diss. Phil. Erziehungswissenschaften Marburg

– (2006): Der Körper als Fundament des Lernens und seine Bedeutung im Spiegel der aktuellen Bildungsdiskussion. In: Fischer / Knab / Behrens (Hrsg.), 44–57

– (2007): Schriftspracherwerb über Bewegung?! – Diagnostik und Förderung der Graphomotorik. Praxis der Psychomotorik 32, 4, 255–262

– (2008): Bewegung und Körperlichkeit als Risiko und Chance. In: Huster / Boeckh / Mogge-Grotjahn (Hrsg.), 438–454

–, Irmischer, T., Hammer, R. (Hrsg.) (2000): Psychomotorik im Wandel. Aktionskreis Literatur und Medien, Selbstverlag, Lemgo

Werle, J. (Hrsg.) (1996): Forschung im Sport mit Sondergruppen. Heidelberger Fachgespräche zur Sportwissenschaft. Bd. 7. Institut für Sport und Sportwissenschaft, Selbstverlag, Heidelberg

WHO (1986): Die Ottawa-Charta. In: Trojan / Sturm (Hrsg.), 84–92

Wiedebusch, S. (2008): Förderung sozial-emotionaler Kompetenzen. In: Petermann / Schneider (Hrsg.), 135–161

Wilkening, F., Cacchione, T. (2007): Theorien dynamischer Systeme in der Entwicklungspsychologie. In: Hasselhorn / Schneider (Hrsg.), 49–61

–, Huber, S., Cacchione, T. (2006): Intuitive Physik im Kindesalter. In: Schneider / Sodian (Hrsg.), 823–859

–, Krist, H. (2002, 2008): Entwicklung der Wahrnehmung und Psychomotorik. In: Oerter / Montada (Hrsg.) (2002), 395–417; (2008), 413–435

Wirtz, S. (2007): Kinder und Eltern in Bewegung. Ideen und Ansätze einer psychomotorischen Familienbegleitung in der Frühförderung unter besonderer Berücksichtigung bildungstheoretischer Grundlagen. Unveröff. Diplomarbeit Köln

Wittmann, G. W. (1991): Soziale Kompetenz im Kindergarten. Eine Explorationsstudie mit türkischen und deutschen Kindern. Profil-Verlag, Freiburg

Wustmann, C. (2005): Die Blickrichtung der neueren Resilienzforschung. Zeitschrift für Pädagogik 51, 192–206

Wygotski, L. S. (1971): Denken und Sprechen. Fischer, Stuttgart

Zeiher, H. (1983): Die vielen Räume der Kinder. Zum Wandel räumlicher Lebensbedingungen seit 1945. In: Preuss-Lausitz (Hrsg.), 176–195

– (2005a): Der Machtgewinn der Arbeitswelt über die Zeit der Kinder. In: Hengst / Zeiher (Hrsg.) (2005), 201–226

– (2005b): Neue Zeiten – neue Kindheiten? Wandel gesellschaftlicher Zeitbedingungen und die Folgen für die Kinder. Zeitschrift für Familienforschung. Sonderheft 5, 74–91

Zeiher, H. J., Zeiher, H. (1998): Orte und Zeiten der Kinder. 2. Aufl. Juventa, München

Zimmer, R. (1981a): Motorik und Persönlichkeits-

entwicklung bei Kindern im Vorschulalter. Hofmann, Schorndorf
– (1981b): Die Bedeutung sensomotorischer Erfahrungen für die kognitive Entwicklung des Kindes. Motorik 4, 4, 139–149
– (1981c): Methoden zur Erfassung des motorischen Entwicklungsstandes. In: Clauss (Hrsg.) (1981), 234–280
– (1983): Lehrbrief: Materiale Erfahrung und Umwelterfahrung. Aktionskreis Psychomotorik, Selbstverlag, Lemgo
– (1992): Bewegung, Spiel und Spaß im Kindergarten – Eine Rahmenkonzeption zur Integration von Spiel und Bewegung im Kindergartenalltag. Projektbericht Kultusministerium NRW. Ritterbach, Frechen
– (Hrsg.) (1998): Kongreßbericht Osnabrück „Bewegte Kindheit". Hofmann, Schorndorf
– (1999, 2006b[8]): Handbuch der Psychomotorik. Herder, Freiburg
– (2001a): Was Kinder stark macht. Fähigkeiten wecken – Entwicklung fördern. Herder, Freiburg
– (2001b): Alles über den Bewegungskindergarten – Profile für Kitas und Kindergärten. Herder, Freiburg
– (2002): Selbstkonzept und Identität – Schlüsselbegriffe psychomotorischer Förderung. In: Mertens (Hrsg.), 68–76
– (2003): Es kommt das ganze Kind – nicht nur der Kopf. Kindergarten heute 33, 3, 26–33
– (2004c): Kindzentrierte psychomotorische Entwicklungsförderung. In: Köckenberger / Hammer (Hrsg.), 55–67
– (2005a): Wirkungsvolles Lernen – Selbstwirksamkeit erleben. Erleben und lernen. Internationale Zeitschrift für handlungsorientiertes Lernen 3, 4, 16–20
– (2005b): Bedeutung der Bewegung für die Erfüllung des Erziehungs- und Bildungsauftrages des Kindergartens. In: LSB Hessen (Hrsg), 39–46
– (2006a): Psychomotorik. In: Haag / Strauß (Hrsg.), 187–203
– (2006b): Handbuch der Psychomotorik. 8. Aufl. Herder, Freiburg
– (1996, 2006c[13]): Handbuch der Bewegungserziehung. Herder, Freiburg
– (2007): Bildung durch Bewegung – Bewegung in der Bildung. Motorik 30, 1, 3–11
–, Cicurs, H. (1987): Psychomotorik: Neue Ansätze im Sportförderunterricht und Schulsonderturnen. Hofmann Schorndorf
–, Dzikowski, P. (2007): Sozialkompetenz stärken – Ein Beitrag aus dem Projekt „Bewegungs- und Gesundheitsförderung in Kindertagesstätten". Motorik 30, 1, 35–43
–, Hunger, I. (Hrsg.) (2001): Kongressbericht „Kindheit in Bewegung" 23.–25.3.2000 in Osnabrück. Hofmann, Schorndorf
–, Volkamer, M. (1987): MOT 4–6. Motoriktest für vier- bis sechsjährige Kinder. Manual. Beltz, Weinheim
Zimmermann, K. W. (1996): Die Vernachlässigung der Psychomotorik in der Entwicklungspsychologie. In: Langenfeld / Lutz (Hrsg.), 55–74
–, Kaul, P. (1998, 2002): Einführung in die Psychomotorik. 4. Aufl. Universität Kassel, Selbstverlag, Kassel
Zimmermann, P. (2007): Bindungsentwicklung im Lebenslauf. In: Hasselhorn / Schneider (Hrsg.), 326–335
zur Oeveste, H. (1987): Kognitive Entwicklung im Vor- und Grundschulalter. Hogrefe, Göttingen

Adressen

Nationale und internationale Vereinigungen für Psychomotorik

Deutsche Gesellschaft für Psychomotorik e. V.
www.dgfpm.org

Aktionskreis Psychomotorik e. V.
www.psychomotorik.com

Berufsverband der Motologen – Diplom / Master (BVDM)
www.motologie.net

Deutscher Berufsverband der Motopäden und Mototherapeuten e. V. (DMB)
www.motopaedie-verband.de

Wissenschaftliche Vereinigung für Psychomotorik und Motologie e. V. (WVPM)
www.wvpm.org

Europäisches Forum für Psychomotorik
www.psychomot.org

Aktionskreis Psychomotorik e. V.

Bundesgeschäftsstelle
Kleiner Schratweg 32
32657 Lemgo
E-Mail: akP@psychomotorik.com
Internet: www.psychomotorik.com

Leitungen der Regional- und Landesvertretung im AKP

– Landesvertretung Baden-Württemberg
Peter Bentele
Hoher Rain 51
88276 Berg
E-Mail: Peter.Bentele@t-online.de

– Landesvertretung Nordrhein-Westfalen
Cordula Camara
Heinrich-Bürgers-Str. 13
50827 Köln
E-Mail: caruso68@arcor.de

– Landesvertretung Rheinland-Pfalz
Carola Gerstmann
Mühlstr. 2
76879 Essingen
E-Mail: CarolaGerstmann@gmx.net

– Landesvertretung Bremen
Michael Junger
Isarstr. 22
28199 Bremen
E-Mail: gesundheit@t-online.de

– Regionalvertretung Niedersachsen Nord-West
Egon Kassens
Flachsweg 35
26219 Bösel
E-Mail: egonkassens@ewetel.net

– Regionalvertretung NRW-Niederrhein
Beate-Maria Kempf
Preußenstr. 23
40883 Ratingen
E-Mail: dr.kempf-ratingen@t-online.de

– Landesvertretung Bayern
Beate Köferler-Rupp
Adam Kleinstr. 23
90579 Langenzenn
E-Mail: alle.rupps@web.de

– Landesvertretung Hessen
Sabine Lau-Lewald
Dorfstr. 33
34471 Volkmarsen
E-Mail: lalelebenswert@aol.com

– Regionalvertretung Hessen-Nord
Inga Lembke
Wehrdaer Weg 2
35091 Cölbe

– Regionalvertretung Hessen-Süd
Brigitte Metscher
Eberstädter Str. 30
64367 Mühltal
E-Mail: brigittemetscher@t-online.de

– Regionalvertretung Bayern-Nord
Marion Müller
Mathildenstr. 38
90489 Nürnberg
E-Mail: marion.mueller@caritas-nuernberg.de

– Landesvertretung Hamburg
Sven Müller
Berner Heerweg 204 a
22159 Hamburg
E-Mail: mueller-hamburg@freenet.de

– Landesvertretung Saarland
Wolfgang Müller
Oberdorfstr. 21
66606 St. Wendel
E-Mail: womuewo@web.de

– Regionalvertretung NRW-Köln-Bonn
Franz Ridderbecks
Bahnstr. 37
50170 Kerpen
E-Mail: nc-ridderfr@netcologne.de

– Landesvertretung Berlin / Brandenburg
Annette Röttger
Carl-von-Ossietzky-Str. 5
14471 Potsdam
E-Mail: annetteroettger@yahoo.de

– Landesvertretung Thüringen
Corinne Rößner
Ortstr. 19
98701 Friedersdorf

– Landesvertretung Sachsen
Juliane Stark
Härtelstr. 19
04107 Leipzig
E-Mail: juliane.stark2@web.de

– Regionalvertretung Baden-Württemberg Nord-West
Silvia Strecker
Freihofgärten 1
71546 Aspach
E-Mail: motopaedagogin@strecker-aspach.de

– Landesvertretung Schleswig Holstein
Maud Zimmermann
Willendorf 17a
23619 Rehhorst
E-Mail: maud@menschen-in-bewegung.de

Hochschul- und Fachschulausbildungen in der Psychomotorik

Institut für Sportwissenschaft und Motologie
Universität Marburg
Studiengang Motologie
Barfüßerstr. 1
35032 Marburg

Universität Hannover
Fachbereich Erziehungswissenschaften I
Schwerpunkt Psychomotorik
Bismarckstr. 2
30173 Hannover

Universität zu Köln
Humanwissenschaftliche Fakultät
Lehrstuhl: Bewegungserziehung
und Bewegungstherapie
Frangenheimstr. 4a
50931 Köln

Universität Dortmund
Fachgebiet: Bewegungserziehung und Bewegungstherapie in Rehabilitation und Pädagogik bei Behinderung
Emil-Figge-Str. 50
44227 Dortmund

Evangelische Fachhochschule
Rheinland-Westfalen-Lippe
Studiengang Heilpädagogik
Immanuel-Kant-Str. 18–20
44803 Bochum

Fachhochschule Oldenburg / Ostfriesland / Wilhelmshaven
Fachbereich Soziale Arbeit und Gesundheit
Constantiaplatz 4
26723 Emden

Studiengang Sozialwesen
Fachhochschule Fulda
Marquardstr. 35
36039 Fulda

Fachhochschule Darmstadt
Fachbereich Sozialpädagogik
Adelungstraße 51
64283 Darmstadt

Weiterbildungsstudiengang Psychomotorik / Bewegungspädagogik für Pädagogische Fachkräfte
Fachhochschule Braunschweig / Wolfenbüttel
Ludwig-Winter-Str. 2
38120 Braunschweig

Heilpädagogisches Seminar Zürich
Abteilung Psychomotorische Therapie
Neptunstr. 96
8032 Zürich
Schweiz

Fachschulen für Motopädie / Mototherapie mit staatlich anerkannter Ausbildung

Nordrhein-Westfalen

Ernst-Kiphard-Berufskolleg
Dortmunder Fachschule für Motopädie
Victor-Toyka-Straße 6
44139 Dortmund
www.motopaedieschule.de

Berufskolleg Bergisch Gladbach
Fachschule für Motopädie
Bensberger Straße 134–146
51469 Bergisch Gladbach
www.motopaedie-bkgl.de

LWL Berufskolleg-Fachschulen Hamm
Staatliche Fachschule für Motopädie
Heithofer Allee 64
59071 Hamm
www.westf-berufskolleg.de

Sophie-Scholl-Berufskolleg
Fachschule für Motopädie
Dahlmannstraße 26
47169 Duisburg
www.sophie-scholl-berufskolleg.de

St. Ursula-Berufskolleg
Fachschule für Motopädie
Eiskeller Straße 11
40213 Düsseldorf
www.st-ursula-berufskolleg.de

Weber Schule
Fachschule für Motopädie
Emanuel-Leutze-Str. 8
40547 Düsseldorf
www.weber-schule.de

Berufskolleg Michaelshoven
Fachschule für Motopädie
Pfarrer-te-Reh-Straße 5
50999 Köln
www.diakonie-michaelshoven.de

Berufskolleg Lise Meitner
Fachschule für Motopädie
Lonsweg 24
48683 Ahaus
www.bklm-ahaus.de

Berufskolleg Vera Beckers
Fachschule für Motopädie
Girmesgath 1131
47803 Krefeld
www.bkvb.de

Rheinland-Pfalz

Fachschule für Motopädie
Henri-Dunant-Platz 1
77815 Bühl / Baden

Sachsen-Anhalt

IWK Aschersleben
Staatlich anerkannte Ersatzschule –
Fachschule für Motopädie
Lindenstraße 16
06449 Aschersleben
www.I-W-K.de

Thüringen

Staatliche Berufsbildende Schule für Gesundheit, Soziales und Wirtschaft
Fachschule für Motopädie
Dr.-Robert-Koch-Straße 40
99734 Nordhausen
www.th.schule.de.ndh.mefa

schule für Wirtschaft und Soziales Suhl
Fachschule für Motopädie
Weidbergstraße 10
98527 Suhl

Bildungs- und Technologiezentrum
Fachschule für Motopädie
Klosterlausnitzer Straße 19
07607 Eisenberg
www.butz-eisenberg.de

Private Fort- und Weiterbildungsinstitute und -akademien

Deutsche Akademie für Psychomotorik
Kleiner Schratweg 32
32657 Lemgo
E-Mail: info@dakp.de
Internet: www.dakp.de

Fortbildungsinstitut für Psychomotorik – FIPS
Gustav-Adolf-Str. 17
33605 Bielefeld
www.FIPS-bielefeld.de

Rheinische Akademie – Erwachsenenbildung im Förderverein Psychomotorik
Wernher-von-Braun Str. 3
53113 Bonn
www.psychomotorik-bonn.de

Institut für Fortbildung und Beratung Döring
Hagenauer Str. 19
28211 Bremen
www.info-doering.de

Institut für Bewegungsbildung und Psychomotorik
Gröbenhüter Str. 9
82194 Gröbenzell
www.ibp-psychomotorik.de

Forschungsstelle für Frei- und Spielraumplanung (FFS)
Birkenweg 1
35644 Hohenahr
www.fff-hohenahr.de

Aktionskreis Motopädagogik Österreich (AKMÖ)
Ungargasse 22/1/4
1030 Wien
Österreich
akmö@motopaedagogik.at

valeo
Psychomotorische Entwicklungsbegleitung GmbH
Charlottendorfgasse 6
8010 Graz
Österreich
info@valeo.at

Verband Schweizerischer Psychomotorik-Therapeutinnen und -Therapeuten
Postfach 495
1870 Monthey
Schweiz
www.astp.ch

Psychomotorikvereine

Verein zur Förderung begabter Kinder und Jugendlicher mit sensomotorischen Störungen e. V.
Artur-Landgraf-Str. 79
96049 Bamberg
info@sterntalerverein.de

Bewegen, Spielen und Lernen e. V.
Psychomotorische Förderstelle
Berger Heide 9
32049 Herford
www.PF-Bielefeld-Herford.de

Bewegen, Spielen und Lernen e. V.
Psychomotorische Förderstelle
Gustav-Adolf-Str. 17
33615 Bielefeld
www.PF-Bielefeld-Herford.de

Verein für psychomotorische Entwicklungsförderung e. V.
Domplatz 4
38100 Braunschweig
info@psychomotorik.org

EPSYMO
Elternverein Psychomotorischer
Entwicklungsförderung e. V.
Haus der Zukunft
Lüssumer Heide 6
28777 Bremen
epsymo@t-online.de

Förderverein Psychomotorik e. V.
Wernher-von-Braun-Str. 3
53113 Bonn
info@psychomotorik-bonn.de

Verein zur Bewegungsförderung / Psychomotorik
im Kreis Borken e. V.
Ahauserstr. 14
46325 Borken
www.ksb-borken.de

Bewegungsambulatorium an der Universität
Dortmund e. V.
Otto-Hahn-Str. 3
44227 Dortmund
www.bwa-dortmund.de

Verein zur Förderung wahrnehmungsgestörter
Kinder e. V.
Kinderzentrum für Wahrnehmungsstörungen
Ben-Gurion-Ring 161
60437 Frankfurt
www.wahrnehmungsstoerung.com

MOVERE
Verein für psychomotorische
Entwicklungsförderung e. V.
Pädagogisches Zentrum
Stadthausstr. 3
59069 Hamm
info@movere.de

Psychomotorikverein Zappelhase e. V.
Albert-Einstein-Str. 24
02977 Hoyerswerda
standtke@fshy.de

Verein zur Bewegungsförderung
Psychomotorik e. V.
Weißdornweg 61
76149 Karlsruhe
info@psychomotorik-ka.de

Bewegen-Spielen-Lernen
Verein für psychomotorische Entwicklungshilfe
e. V.
Frankfurter Str. 92
34121 Kassel
bsl@bsl-ks.de

Verein zur Förderung von Kindern und
Jugendlichen mit Teilleistungsstörungen
(MCD / HKS) e. V.
Wendelinstr. 64
50933 Köln
www.koelner-therapiezentrum.de

Verein zur Bewegungsförderung
Psychomotorik e. V.
Schlettstadter Str. 44a
76829 Landau
www.psychomotorik-in-landau.de

Verein zur Bewegungsförderung
Psychomotorik e. V.
Barfüßerstr. 1
35032 Marburg
www.psychomotorik-marburg.de

Verein zur Bewegungsförderung
Psychomotorik Bamberg e. V.
Weichendorfer Str. 13
96117 Memmelsdorf / Drosendorf
G.Rahm@t-online.de

Verein für Mototherapie und Psychomotorische
Entwicklungsförderung e. V.
Gasselstiege 13
48159 Münster
mototherapie@gmx.de

Verein zur Förderung von bewegungsauffälligen
Kindern und Jugendlichen e. V.
Im Winkel 12
49434 Neuenkirchen / Vörden
www.psychomotorikverein.de

Verein zur Bewegungsförderung
Psychomotorik e. V. München
Oberanger 14
82140 Olching
juergen.schindler@psychomotorik-verein.de

Psychomotorische Entwicklungsförderung
Fachgebiet Sportwissenschaft
Universität Osnabrück
Jahnstr. 75
49069 Osnabrück
kindheit@uni-osnabrück.de

FIPS
Förderung in Psychomotorik
Kindersport Wiesbaden e. V.
Willy-Brandt-Allee 8
65197 Wiesbaden
www.fips-wi.de

Verein für Körper- und Mehrfachbehinderte e. V.
Würzburg-Heuchelhof
Berner Str. 10
97084 Würzburg-Heuchelhof
Zfk-wuerzburg@t-online.de

Fachzeitschriften

Motorik – Zeitschrift für Motopädagogik und Mototherapie
Redaktionsanschrift
Haselhecke 50
35041 Marburg

Praxis der Psychomotorik
verlag modernes lernen
Hohe Str. 39
44139 Dortmund

Sachregister

Martin Thurmair / Monika Naggl
Praxis der Frühförderung

Einführung in ein interdisziplinäres Arbeitsfeld
Mit einem Geleitwort von Otto Speck
3., überarb. und erw. Aufl. 2007. 295 Seiten. 12 Abb. 8 Tab.
UTB-S (978-3-8252-2171-3) kt

Die interdisziplinäre Frühförderung behinderter und von Behinderung bedrohter Kinder im Alter von 0-6 Jahren hat sich seit den 70er Jahren zu einem strukturierten und professionellen Arbeitsfeld entwickelt.
Das vorliegende Lehrbuch beschreibt und analysiert dieses Arbeitsfeld systematisch nach seinen Bereichen der Förderung und Therapie der Kinder, der Zusammenarbeit mit den Eltern und den institutionellen Voraussetzungen, die die Qualität der fachlichen Angebote sichern. Mit zahlreichen Praxisbeispielen illustriert das Autorenduo die einzelnen Arbeitsschritte des Frühförderprozesses: Diagnostik, Therapie, Förderung und Elternberatung. Die Prinzipien der Ganzheitlichkeit, Familienorientierung, Interdisziplinarität und Vernetzung werden auf diesen Prozess bezogen und für professionelles Handeln fruchtbar gemacht.

reinhardt
www.reinhardt-verlag.de